21 世纪经济学类管理学类专业主干课程系列教材

跨文化交流

（第 2 版修订本）

蔡青　主编

清 华 大 学 出 版 社

北京交通大学出版社

·北京·

内 容 简 介

本书共五章，分为两大部分。第一、二章为跨文化交流学的理论部分，主要介绍跨文化交流的重要理论和方法、跨文化交流过程中存在的沟通障碍，以及克服障碍的技能和方法。第三、四、五章是与跨文化交流密切相关的文化知识部分，分为世界文化综述、世界地域文化、中外文化差异与交流。本书内容丰富，博采众长，各部分之间既互相联系，又可独立成章，方便不同专业的师生讲授、学习。

本书既可以作为跨文化交流、汉语国际教育、国际贸易、国际关系、国际金融、旅游管理、广告等专业的专业教材，也可以作为公共素质课教材或文化素质基础读本，是青年学生学习跨文化理论与技能、提高人文素养、提升文化交流能力、打造个人交际魅力的必备书籍。

图书在版编目(CIP)数据

跨义化交流/蔡青主编. —2 版. —北京：北京交通大学出版社：清华大学出版社，2018.1
(2024.1重印)

（21 世纪经济学类管理学类专业主干课程系列教材）

ISBN 978-7-5121-2909-2

Ⅰ. ①跨…　Ⅱ. ①蔡…　Ⅲ. ①文化交流-高等学校-教材　Ⅳ. ①G115

中国版本图书馆 CIP 数据核字（2016）第 278054 号

跨文化交流

KUA WENHUA JIAOLIU

策划编辑：郭东青
责任编辑：郭东青
出版发行：清 华 大 学 出 版 社　　邮编：100084　　电话：010-62776969
　　　　　北京交通大学出版社　　邮编：100044　　电话：010-51686414
印 刷 者：北京虎彩文化传播有限公司
经　　销：全国新华书店
开　　本：185 mm×230 mm　　印张：17.5　　字数：396 千字
版　　次：2023 年 6 月第 1 次修订　　2024 年 1 月第 7 次印刷
书　　号：ISBN 978-7-5121-2909-2/G · 1262
印　　数：12 501～13 000 册　　定价：49.00 元

本书如有质量问题，请向北京交通大学出版社质监组反映。对您的意见和批评，我们表示欢迎和感谢。
投诉电话：010-51686043，51686008；传真：010-62225406；E-mail：press@bjtu.edu.cn。

编写人员名单（按姓氏音序排序）

包小玲　蔡　青　陈晓锋　邓杏华
黄　劲　吉彦波　李跃敏　李彩霞
刘　莹　韦依娜　于哲霏　钟琼华

第 2 版前言

本书初版已经发行几年时间了，在这段时间里中国与世界各国的经济和文化交流已跃升至一个新的台阶。这是一句俗话，却也是句大实话。单看每年出国旅游人数的增长就足以令人咋舌。中国历史上，无论就广度还是深度而言，都没有哪个时代的国际交流规模能比得上今时今日。但是，随着中外文化的大规模接触，各种矛盾和尴尬也层出不穷。因替子女刮痧被错判虐待儿童的，因不通风俗而怒目相向的，一再现于媒体；甚至有离谱到出国旅游被误送难民营的。这些矛盾和尴尬的出现，是我们与世界接触过程中不可避免的。只有坚持不懈地开展交流，才能逐步减少类似的文化差异或跨文化交流障碍引起的种种矛盾。

有交流才有理解，有交流才有进步。改革开放以来的大好形势和当今世界的格局，为我们提供了跨文化交流的良好环境。2016 杭州 G20 峰会提出的对世界经济"创新、活力、联动、包容"的期望，其实同样适用于文化的发展和交流。

本书由广西科技大学从事跨文化交流教学及研究的相关教师撰写，全书由蔡青策划并提出框架，陈晓锋草拟了大纲并经过参编人员讨论完善后分工进行编撰。具体为：吉彦波负责绪论及第一章第一节、第二节、第三节的编写；李跃敏负责第一章第四节、第二章第四节的编写；刘莹负责第二章第一节、第二节、第三节的编写；陈晓锋负责第三章第一节、第二节（部分）、第三节、第五章第二节、第三节的编写；于哲霏负责第三章第五节、第六节的编写；蔡青负责第三章第四节的编写；包小玲负责第三章第二节（部分）、第五章第一节的编写；钟琼华、李彩霞负责第四章第一节的编写；韦依娜、邓杏华负责第四章第二节、第四节的编写；黄劲负责第四章第三节的编写。本书的最后统稿和审定由蔡青负责，于哲霏、陈晓锋参与了初稿校对及统稿工作。

本书自出版以来，深受读者喜爱。在跨文化交流事业繁荣的大背景下，我们有心对其进行进一步的修改和整理，以适应社会发展的需要。

本次再版，最主要的改进是对原先比较薄弱的理论部分进行了补充，使之更为系统和完整。但是由于本书所涉内容过于庞杂，而编者水平有限，部分问题依然存在，恳请专家与读者批评指正。

本书的再版，得到了北京交通大学出版社的大力支持，特别是责任编辑郭东青女士付出了艰辛的努力，在此谨致由衷的谢意。

编　者
2017 年 12 月

前　言

　　跨文化交流并非现代社会的一项新尝试，我国历史上的丝绸之路、玄奘取经、郑和下西洋等都是跨文化交流的典范。随着全球化趋势的加剧，互联网的迅猛发展与普及，以及中国加入世界贸易组织，不管主观上愿不愿意，我们都会在日常生活中直接或间接地接触一些外来文化，甚至与拥有外来文化背景的人物打交道。然而，虽然经济全球化是当今世界的必然趋势，但是经济全球化不可能带来"文化全球化"。文化不可能出现统一的标准或统一的模式，更不能像世界贸易组织那样制定众多国家公认的"规则"。世界文化的多样性将作为一种客观现实继续存在。

　　在面对外来文化，或者在与外来群体交流的过程中，如果对彼此的文化差异毫不在意，或者缺少相应的文化知识和交流技巧，那么，跨文化交流就会产生障碍，往往会弄得当事人啼笑皆非，或者使要办的事情事与愿违。

　　比较典型的例子是赠送礼物。如果是送给中国人，中国人会客气地说："哎呀，这么贵重！您留着自己用吧。"对此，西方人会认为中国人的客气是要与他保持距离，因为你拒绝他的礼物。结果当然会很不愉快。而如果是中国人送礼物给外国人，他会说："哎呀，我正需要这个呢！赶紧打开看看吧。"这两个例子里，都充满了客气，但是，如果不了解文化间的差异，就会产生交流障碍。20世纪60年代中期，我国某歌舞团赴日演出。一天，他们乘坐的大巴正好停在一所邮政局门前。一位陪同的日本女演员用手指着窗外的邮政局，然后又在一张纸上写下一个"便"字，示意身边的一位中国演员看，中国演员不解其意，这位女演员又写下"手纸"二字。中国演员以为对方内急找手纸，却不知道日本人称邮政为"邮便"，而称信为"手纸"。日本女演员是想问："你来日本后，给家人写信没有？"

　　对文化差异的漫不经心也会产生误解。法国前国防部部长就曾质问中国的一位新闻人士："中国人喝酒为什么强迫？为什么不喝就是瞧不起他？为什么让我喝醉，出现丑态，大家就高兴？这是什么意思？下次再去中国，谁让我喝酒，我就不上谁那儿去。"中国人的好心肠被当成了驴肝肺。再比如，中国人在与外国人说话的时候，经常眼睛不看对方。这种类似的小习惯上的差异也会在不经意间成为跨文化交流的障碍。

　　跨文化交流，是现代人必须学会的一项基本功。而作为研究这一领域的学科，跨文化交流学，其核心就是研究文化与交流的关系，特别是文化对交流所产生的影响。

　　跨文化交流学诞生于1959年，在这一年，美国学者Edward Hall在他的《无声的语言》中，首次提出了"跨文化交流"的概念。此后，跨文化交流学开始作为传播学的一个分支学科确立，旨在研究来自不同文化背景的人们如何进行交流及如何提高跨文化交流技巧，研究跨越跨文化交流障碍的方法和途径。跨文化交流学是一门跨领域的学科，融合了人类学、文化学、心理学及传播学各领域的研究成果。至20世纪80年代，跨文化交流学的相关理论开始被应用于国际商业领域。

我国学者大概在 20 世纪 80 年代开始注意到跨文化交流学这一领域，当时研究的重点为外语教学与文化的关系。此后不久，北京外国语大学、上海外国语大学相继开设了这一课程，有关跨文化交流的著作和外文的影印和翻译文本也开始相继出版，比较有代表性的是：关世杰著的《跨文化交流学》、胡文仲著的《跨文化交际学概论》、郭镇之主编的《全球化与文化间传播》、麻争奇译的《文化模式与传播方式》。1995 年，我国召开了第一届跨文化交际研讨会，会议成立了中国跨文化交际研究会。

到目前为止，我国已经有多所高校的外语系设立了"跨文化交流学"专业，很多高校的汉语国际教育、国际关系、旅游管理等涉外专业中也开设了这一课程。尤为可喜的是，近几年来，"跨文化交流学"开始在其他专业以选修课的形式出现，作为最年轻最具活力的传播学分支之一，"跨文化交流学"逐渐开始展现其应有的独立性。

本书的编写，立足于对"跨文化交流"课程教学的创新与改革，以及对相关教材体例的探索和尝试，力图多角度、多侧面、深层次地介绍跨文化交流的相关理论和知识。在体例方面，本书主要分为两大部分：第一部分为理论部分，主要介绍跨文化交流学的相关理论与技能；第二部分为知识部分，主要介绍与跨文化交流密切相关的历史、地理、宗教、习俗、服饰、饮食、礼仪、文学、艺术等各方面的知识。本书既适合作为跨文化交流、汉语国际教育、国际贸易、国际金融、国际关系、旅游管理等专业的专业教材，也可以作为公共素质课教材或文化素质基础读本，是青年学生学习跨文化理论与技能、提高人文素养、提升文化交流能力、打造个人交际魅力的必备书籍。

本书由广西科技大学从事跨文化交流教学及研究的相关教师撰写。全书由蔡青策划并提出框架，陈晓锋草拟了大纲并经过编写人员讨论完善后分工进行编撰。具体为：吉彦波负责绪论及第一章第一节、第二节、第三节的编写；李跃敏负责第一章第四节、第二章第四节的编写；刘莹负责第二章第一节、第二节、第三节的编写；陈晓锋负责第三章第一节、第二节（部分）、第三节、第五章第二节、第三节的编写；于哲霏负责第三章第五节、第六节的编写；蔡青负责第三章第四节的编写；包小玲负责第三章第二节、第五章第一节的编写；钟琼华、李彩霞负责第四章第一节的编写；韦依娜、邓杏华负责第四章第二节、第四节的编写；黄劲负责第四章第三节的编写。本书的最后统稿和审定由蔡青负责，于哲霏、陈晓锋参与了初稿排版及统稿。

本书在编写过程中，由于编者水平有限且时间仓促，错误和偏颇在所难免，恳请专家与读者批评指正。

本书在编撰过程中参考了大量的书籍文章，汲取了众多中西方文化交流方面专家、学者研究成果的丰富营养。同时，本书的出版，得到了北京交通大学出版社与清华大学出版社的大力支持。特别是本书的责任编辑郭东青及相关校对人员，他们在为本书校对的过程中，为我们指出、改正了许多错误，他们在多次的审阅中，付出了辛勤的劳动。在此，对给予我们支持与帮助的出版社、编辑及各位专家、学者同仁们一并表示衷心的感谢！

编　者

2011 年 10 月

目　　录

绪 论

一、"文化"的定义

关于"文化"的定义，历来众说纷纭，莫衷一是。

"文化"是汉语言系统中古已有之的词汇。"文"的本义，指各色交错的纹理。《易·系辞下》："物相杂，故曰文。"《礼记集解·乐记》称："五色成文而不乱。"

在此基础上，"文"又有若干引申义。其一，包括语言文字内的各种象征符号，进而具体化为文物典籍、礼乐制度。《尚书·序》所载"伏羲画八卦，造书契，由是文籍生焉"，《论语·子罕》所称"文王既没，文不在兹乎"，是其实例。其二，由伦理之说导出彩画、装饰、人为修养之义，与"质""实"对称，所以《尚书·今古文注疏》曰："经纬天地曰文。"《论语·雍也》曰："质胜文则野，文胜质则史。文质彬彬，然后君子。"其三，在前两层意义之上，更导出美、善、德行义，这便是《礼记·乐记》所谓"礼减两进，以进为文"，郑玄注"文犹美也，善也"。《尚书·大禹谟》所谓"文命敷于四海，祗承于帝"。

"化"，本义为改易、生成、造化，如《庄子·逍遥游》的"化而为鸟，其名曰鹏"，《易·系辞下》的"男女构精，万物化生"，《礼记·中庸》的"可以赞天地之化育"等。归纳以上诸说，"化"指事物形态或性质的改变，同时"化"又引申为教行迁善之义。

"文"与"化"并联使用，最早见之于战国末年的《易·贲·象》："刚柔交错，天文也。文明以止，人文也。观乎天文，以察时变；观乎人文，以化成天下。"日月往来交错文饰于天，即"天文"，亦即天道自然规律。同样，"人文"指人伦社会规律，即社会生活中人与人之间纵横交织的关系，如君臣、父子、夫妇、兄弟、朋友等，构成复杂网络，具有纹理表象。治国者须观察天文，以明了时序之变化，又须观察人文，使天下之人均能遵从文明礼仪，行为止其所当止。在这里，"人文"与"化成天下"紧密联系，"以文教化"的思想已十分明确。

西汉以后，"文"与"化"方合成一个合成词，如"圣人之治天下也，先文德而后武力。凡武之兴，为不服也。文化不改，然后加诛"（《说苑·指武》），"文化内辑，武功悠远。外悠也"（《海录碎事·补亡诗》）。这里的"文化"，或与天造地设的自然对举，或与无教化的"质朴""野蛮"对举。因此，在汉语言系统中，"文化"的本义就是"以文教化"，它表示对人的性情的陶冶，品德的教养，本属精神领域之范畴。

随着时间的流逝和空间的差异，现在"文化"已成为一个内涵丰富、外延宽广的多维概念，成为众多学科探究、阐发、争鸣的对象，但基本形成了以下的共识：文化作为人类社会的现实存在，具有与人类本身同样古老的历史。人类从"茹毛饮血、茫然于人道"（王夫之《读通鉴论》卷二十）的"植立之兽"（《思问录·外篇》）演化而来，逐渐形成与"天道"既相联系又相区别的"人道"，这便是文化的创造过程。

在文化的创造与发展中，主体是人，客体是自然，而文化便是人与自然、主体与客体在实践中的对立统一物。这里的"自然"，不仅指存在于人身之外的外在自然界，也指人类的本能、人的身体的各种生物属性等自然性。文化的出发点是从事改造自然、改造社会的活动，进而也改造自身。人创造了文化，同样文化也创造了人。例言之：一块天然的岩石不具备文化意蕴，但经过人工打磨，便注入了人的价值观念和劳动技能，从而进入"文化"范畴。因此，文化的实质性含义是"人化"或"人类化"，是人类主体通过社会实践活动，适应、利用、改造自然界客体而逐步实现自身价值观念的过程。这一过程的成果体现，既反映在自然面貌、形态、功能的不断改观，更反映在人类个体与群体素质（生理与心理的、工艺与道德的、自律与律人的）的不断提高和完善。由此可见，凡是超越本能的、人类有意识地作用于自然界和社会的一切活动及其结果，都属于文化；或者说，"自然的人化"即是文化。

长期以来，人们在使用"文化"这一概念时，其内涵、外延差异很大，故文化有广义与狭义之分。广义的"文化"，着眼于人类与一般动物、人类社会与自然界的本质区别，着眼于人类卓立于自然的独特的生存方式，其涵盖面非常广泛，所以又称作"大文化"。

梁启超在《什么是文化》中称："文化者，人类心能所开释出来之有价值的共业也。"这"共业"包含众多领域，诸如认识的（语言、哲学、科学、教育）、规范的（道德、法律、信仰）、艺术的（文学、美术、音乐、舞蹈、戏剧）、器用的（生产工具、日用器皿及制造它们的技术）、社会的（制度、组织、风俗习惯），等等。广义的"文化"从人之所以为人的意义上立论，认为正是文化的出现"将动物的人变为创造的人、组织的人、思想的人、说话的人及计划的人"，因而将人类社会-历史生活的全部内容统统摄入"文化"的定义域。

与广义"文化"相对的是狭义的"文化"。狭义的"文化"排除人类社会-历史生活中关于物质创造活动及其结果的部分，专注于精神创造活动及其结果，所以又被称作"小文化"。1871 年英国文化学家泰勒在《原始文化》一书中提出，"文化"乃是包括知识、信仰、艺术、道德、法律、习俗和任何人作为一名社会成员而获得的能力和习惯在内的复杂整体，是狭义"文化"早期的经典说法。在汉语言系统中，"文化"本意是"以文教化"，亦属于"小文化"范畴。20 世纪 40 年代初，毛泽东在论及新民主主义文化时说："一定的文化是一定社会的政治和经济在观念形态上的反映。"这里的"文化"，也属狭义文化。《现代汉语词典》关于"文化"的释义，即"人类在社会历史发展过程中所创造的物质财富和精神财富的总和，特指精神财富"。一般而言，凡涉及精神创造领域的文化现象，均属狭义文化。

综上所述，现代人们在某一地区或某一事物上使用"文化"这一概念时，是就"狭义文化"而言的。除了上述所说的含义外，当代中国社会在使用"文化"概念时一般具有以下三个主要特性：①历史性；②群体性；③影响性。如华夏文化、吴文化、饮食文化、服饰文化等。

在西方，对于"文化"的定义，不同的学者，从不同的学科领域也有着不同的定义。美国著名文化学专家克罗伯和克拉克洪在其《文化：一个概念定义的考评》一书中共收录了166条有关文化的定义（162条英文定义），包括人类学家、社会学家、心理分析学家、化学家、生物学家、经济学家、地理学家和政治学家对文化所下的定义。

泰勒《原始文化》"关于文化的科学"一章中写道："文化或文明，就其广泛的民族学意义来讲，是一复合整体，包括知识、信仰、艺术、道德、法律、习俗及作为一个社会成员的人所习得的其他一切能力和习惯。"

勒莫尔心理性定义："'文化'是指某一特定时期的人们为试图达到他们的目的而使用的技术、机械、智力和精神才能的总和。'文化'包括人类为达到个人或社会目的所采用的方法手段。"

威斯勒认为："某个社会或部落所遵循的生活方式被称作'文化'，它包括所有标准化的社会传统行为。部落文化是该部落的人所遵循的共同信仰和传统行为的总和。"

亨廷顿认为："我们所说的文化是指人类生产或创造的，而后传给其他人，特别是传给下一代人的每一件物品、习惯、观念、制度、思维模式和行为模式。"

综上所述，文化是无所不在的、多元的、复杂的和普遍深入的。这些纷繁复杂的特征交织在一起，使得我们难以对文化下定义。现代学者司马云杰认为："文化乃是人类创造的不同形态的特质所构成的复合体"。

王宁的《中国文化概论》认为，文化是人类在长期的历史发展过程中共同创造并赖以生存的物质与精神存在的总和，是以人和人的精神活动为中心的概念，注重不同民族经历中传承累积凝聚的、共有的、成体系的人文精神。

对于我们而言，我们更关注那些包含文化交流如何相互作用的定义。美国著名文化学者马塞拉（Marsella）就提出了这样的定义：

文化就是为了提升个人和社会的生存能力，增强适应能力，保持其成长和发展，一代一代地传承下来，并通过后天习得的共同行为。文化有外在的形式（如艺术品和等级制度）和内在形式（如价值观、态度、信仰、感知/感情/感觉方式、思维模式及认识论等）。

二、跨文化交流学

（一）跨文化交流的学科发展

1. 什么是跨文化交流学？

跨文化交流学又称跨文化传播，指的是来自不同文化背景的个体、群体或组织之间进行的交流活动。

对于不少人来说，跨文化传播依然是一个非常陌生的词语，不过实际上这是一个古老的话题。我国历史上的丝绸之路、玄奘取经、郑和下西洋等都是跨文化传播的典范。在交通和通信工具日新月异，世界经济一体化趋势日益明显的今天，跨文化传播对于我们来说更是习以为常。随着互联网的快速发展和普及，人们足不出户，便可以进行跨文化传播。在互联网上，人们完全可以通过文字、声音、图像等形式与来自境内外不同文化背景的人聊天、游戏。如果说传播是一种交流方式，那么跨文化传播则是"地球村"中人们的一种生活方式。

随着跨文化传播活动的不断增多，不少跨文化传播的实践者便开始关注这一现象。很早以前，佛教、基督教的宗教领袖，古希腊哲学家亚里士多德、苏格拉底，古希腊剧作家索福克勒斯及英国剧作家莎士比亚便注意到"说对方的语言，根据听众来调整传播技巧"的重要性。然而，实际上系统地研究跨文化传播活动的第一人是爱德华·霍尔。20世纪50年代，爱德华·霍尔在美国外派人员培训学院工作时第一次提出了"跨文化传播"的概念。其英文表达为"intercultural communication 或 cross-cultural communication"，在我国翻译为"跨文化交际学"或者"跨文化交流学"。跨文化传播学作为传播学的一个分支学科，旨在研究来自不同文化背景的人们是如何交流及研究提高跨文化交流技巧、跨越跨文化交流障碍的方法和途径。跨文化传播学是一门跨领域的学科，融合了人类学、文化学、心理学及传播学等领域的研究成果。跨文化传播的主要理论见之于有关文化差异（文化维度）的著作中，特别是吉尔特·霍夫斯泰德（Geert Hofstede）、哈里·C. 特兰狄斯（Harry C. Triandis）、方斯·特龙皮纳尔斯（Fons Trompenaars）、沙龙·施瓦兹（Shalom Schwartz）及克里佛德·吉尔兹（Clifford Geertz）等人的著作中。目前，这些学者的相关理论已经广泛地运用到传播理论和传播情境中，特别是商务、管理和市场营销之中。

2. 美国跨文化传播研究的时代背景及爱德华·霍尔其人

跨文化传播学始创于美国并不是偶然的。我们知道，在发现新大陆之前，美国的土著居民是印第安人，后来各大洲的移民都相继涌入美国，于是美国便逐渐成为一个移民大国，形成一个文化多元社会。在这个宗教、文化多元的社会中，白人占统治地位，印第安人、非洲、亚洲、拉丁美洲及东欧的移民便自然处于被支配地位。于是，种族矛盾和文化冲突开始蔓延。

第二次世界大战使得不少欧洲的美国同盟国占领区变成了废墟，为了冷战的需要，为了跟苏联抗衡，美国推行马歇尔计划，大力扶植欧洲经济发展，于是大量的专家、学者、企业员工被派往欧洲；同时，美国的经济并未受到第二次世界大战的太大影响，美国在政治和经济上成为一个超级大国，吸引着世界各地的留学生和移民。美国政府发现，许多由美国政府和企业外派的工作人员都因文化差异无法适应派往国外的生活，最终无功而返。美国的外来移民及留学生中经历着这种"文化震撼"的也大有人在。可以说美国20世纪50年代的外来移民、留学生、旅游者剧增，外派工作人员不断，多元文化社会的形成，客观上需要一门崭新的学科——跨文化传播学来研究和解决相关的跨文化冲突问题。

爱德华·霍尔正好处于这个时代，他的生活经历和专业背景使他成为承担这一使命的人。爱德华·霍尔，1914年5月16日出生于美国的密苏里州，先后获得人类学学士、硕士和博士学位并从事过社会学、文化人类学博士后研究。1933—1937年曾经在美国西南部的纳瓦霍和霍皮的印第安村庄工作并做研究，写成自传《三十年代的美国西部》。第二次世界大战期间，爱德华·霍尔曾经在欧洲和菲律宾服役，并在这些地方从事不同文化中的空间概念研究。20世纪50年代，爱德华·霍尔在美国政府部门的外派人员培训学院（foreign service institute）任教，对外派出国人员进行跨文化技能培训。

前面我们提到，跨文化传播学是一门跨领域的学科，融合了人类学、文化学、心理学及传播学等领域的研究成果。爱德华·霍尔能够开创跨文化传播这一崭新的学术领域与他的生活经历和专业背景是分不开的。

爱德华·霍尔是个土生土长的美国白人，自己所属"文化身份"是来自北欧的美国白人文化。从他的生活经历中可以发现，他跟印第安文化、非洲文化和菲律宾文化有过较深的接触。这些经历使得他对各种文化产生了浓厚的兴趣，也为他从事跨文化交流研究积累了第一手资料。

1933—1937年，霍尔在美国西南部的纳瓦霍和霍皮的印第安村庄工作。他的工作主要是筹集资金帮助当地的印第安人修建大坝，以便改善那里的生存环境，提高印第安人的生活水平。与印第安人交往了一段时间后，霍尔已经具有了一定的文化敏感度。这段时间的接触让霍尔知晓了"世界上最重要的问题之一：跨文化关系的复杂性"。

1942—1945年，第二次世界大战期间，霍尔被派往欧洲和菲律宾服役，其间领导了一个非裔美籍士兵组成的军团。他认为自己的领导工作非常具有创造性："我认为自己的工作具有创造性，因为我和黑人士兵一道工作。我非常尊敬他们，并且常设身处地地考虑他们的利益。"

霍尔的跨文化生活经历使得他对跨文化传播产生了浓厚的兴趣，他注意到了跨文化传播中的问题，获得了跨文化传播的第一手资料，从此对跨文化传播获得了感性认识；而真正引领他进行跨文化传播研究的应该是他受到的学术影响。霍尔先后获得人类学学士、硕士和博士学位并在哥伦比亚大学从事过社会学、文化人类学博士后研究，也曾在外派人员培训学院中工作过。这些学习和研究的经历使得他能接触到相关方面的学者和书籍，最终形成了跨文化传播这个概念。后来，霍尔把他受到的专业影响分成四个部分：①文化人类学；②语言学；③动物行为学；④弗洛伊德的精神分析理论。

施拉姆是传播学的创始人。施拉姆曾经用一个比喻来形容传播学的建立。他说拉斯韦尔、勒温、拉扎斯菲尔德、霍夫斯泰德都从各自的研究领域来到传播学这片沙漠中的绿洲，当他们为传播学领域做出了巨大的贡献后便像游牧民族一样离开了这片绿洲，继续其他领域的研究。跟其他游牧学者相反，他留下来并建立了一个新的研究领域。

霍尔借用了施拉姆的比喻来描绘跨文化传播学的建立。第二次世界大战后，来自人类学、心理学、传播学、社会学和国际关系研究等各个领域的学者，如玛格丽特·米德，卢丝·贝尼迪克特，格里果力·贝特森离开各自的研究领域，短暂地涉足这块人类当时还很陌生的领域——有关文化与人类互动关系的交叉领域。这些人后来都离开了，霍尔却留了下来，在这块文化与人类互动的交叉领域安家，并把这块领域命名为"跨文化传播学"。

霍尔首先提出了跨文化传播的相关概念。到 20 世纪 50 年代，霍尔的跨文化生活和工作经历已经让他产生了"跨文化"这一概念，他把这些思想进行梳理后出版了《无声的语言》一书。该书内容包含了人们理解文化和传播含意的基本问题，如"什么是文化""文化就是传播""时间会说话""空间会说话"等。霍尔非常重视非言语传播问题，该书花了近 20％的篇章来讨论这个问题。这本书获得了巨大的成功，1961—1969 年便发行了 505 000 册，还被众多著作、杂志和其他出版物转摘，前后被翻译成 6 种文字。可以说该书的出版标志着跨文化传播学这一学科的诞生。在霍尔的努力耕耘下，一个崭新的研究领域——跨文化传播学诞生了，而霍尔则成了跨文化传播学的创立者。

3. 跨文化传播学的学科发展

自跨文化传播学创建以后，这门学科有了较大的发展，美国不少大学的传播学院（系）相继开设了跨文化传播学课程，我国国际关系等涉外专业中也开设了跨文化交际课程。1970 年，国际传播学会中还下设了跨文化传播分会；1972 年，第一届跨文化传播学国际会议在日本东京举行；1974 年，跨文化教育、训练与研究学会（SIETAR）在美国马里兰州正式宣布成立；1998 年国际跨文化传播学会成立。跨文化传播方面的著作、杂志也相继出版，如《跨文化传播读本》《跨文化传播学》《跨文化传播学入门》。到 20 世纪 70 年代中期，美国的不少大学都开设了传播学课程。从大量的跨文化传播著作和文章来看，霍尔依然在该学科保持着巨大的影响力，他的著作的引用率依然很高。

我国学者大概在 20 世纪 80 年代开始注意到跨文化传播学这一领域，研究重点为外语教学与文化的关系。在我国，20 世纪 80 年代中期，北京外国语大学、上海外国语大学等大学相继开设了跨文化传播学相关课程。有关跨文化传播（交际）的著作、外文的影印和翻译文本相继出版，如关世杰著的《跨文化交流学》，胡文仲著的《跨文化交际学概论》和《超越文化的屏障——胡文仲比较文化论集》，郭镇之主编的《全球化与文化间传播》；Larry A. Samovar 和 Richard E. Porter 合著的 *Communication Across Cultures：A Reading* 的影印版本已经在我国发行，并被麻争奇等译者翻译并命名为《文化模式与传播方式》。1995 年，我国还召开了第一届跨文化交际研讨会，会议成立了中国跨文化交际研究会，2005 年 5 月举办了第六次会议。可以说，霍尔拓展的文化和传播这一领域已经跨越了太平洋，在我国的影响日益扩大。到目前为止，我国已经有几十所高校设立此专业，但主要还是隶属于外语系，缺乏多学科（如传播学、社会心理学、人类学）的支持和跨文化交际实践土壤（如跨国企业培训）的培育。而跨文化交际一方面是从历史、地理、经济、政治、宗教、教育制度、文学、哲学、美学等各个方面，多角度、多侧面、深层次地发掘和研究不同文化背景；另一方面，它又肩负着使学生熟悉中国文化传统，提高大学生文化素养，使其能够以一种多元文化人的身份"开放、灵活、有效"地进行跨文化交流。因此，仅将其作为外语系的一个专业，是很难完成大部分学生从"跨越"——对文化知识和交际技能的获得到"超越"——对文多元性的意识和对文化差异的宽容态度，对异文化成员的共情能力及对自身文化价值观念和行为方式的观察和反省的转变。与此同时，也有很多高校注意到了"地球村"里人们的联系日益紧密、交流日渐频繁，而文化背景的不同往往成为横亘在人们面前的一条巨大鸿沟，所以"跨文化交流"不再仅仅是外语系的专属，它在其他专业也以选修课的形式出现。作为最年轻、最具活力的传播学分支之一，"跨文化交流学"必然会逐渐得到各高校的认可与重视，并展示其应有的独立性。

（二）研究跨文化交流

学会进行成功的跨文化互动是必要的和值得的。面对跨文化交流的挑战，必须注意几个问题。

认识多种文化、群体文化及自身文化的特征是成功迎接跨文化交流所带来的挑战的第一步。理解一些诸如社会关系、宇宙观、苦难观等方面的差异。在跨文化探索中，保持开放的观念并思考下面这个阿拉伯谚语："如果思想是盲目的，那么眼睛将毫无用处。"

虽然许多跨文化互动是同步的、和谐的，但是抵触、冲突和误解也常常使跨文化互动复杂化。语言、饮食、服饰、时间观念、工作习惯、社交行为等诸方面的差异使许多跨文化交往变得困难重重甚至无果而终。这些仅仅是跨文化交流相关问题中的一部分，大多数误解实际上不仅来源于这些表面上的差异。个人对事件与对他人的反应方式主要是由文化的深层次结构决定的。特定文化中成员的价值观和感知世界的方式远比他们是用筷子还是用手或者用金属器皿吃饭重要，这些文化的深层结构会给你成为一个成功的跨文化交流者带来较大的问题，而这些问题多数来自两个因素：一无法认识到个体独特性；二无法做到客观性。

1. 个体独特性

所有人的生存都需要分享共同的经验，文化的生存也是这样。每个人都有人类的共性，每个人都是具有普遍需要的人类族群中的一员，都是具有共同文化模式的某种特定文化中的一员，同时也是一个具有个体心理特征的独特的人。不论你属于什么文化，你都具有诸如畏惧、喜爱、愤怒、敌视、羞耻、嫉妒、负罪、悲伤和喜悦等共同的情感。每种文化都有种族优越感、讲面子、保护自尊、自豪感和娱乐等特征。每种文化中，人们都互相强调礼貌和文明行为，实行性方面的禁忌，遵循择偶习惯，并且服从性别角色。但是，你能跨越你自己的文化。

从本质上讲，你不是文化的俘虏，而是一个有思想的个体，具有理性地做出自由选择的能力。因此，某种文化的价值观和行为方式并不见得是那种文化中所有个体的价值观和行为方式。每个人都是独特的，是由种种因素塑造的，文化仅仅是其中的因素之一。我们每时每刻的行为都是多种因素的产物，这些因素包括成千上万个进化的模块，我们的基因组成，我们生活的社会群体，我们的性别、年龄、个人历史、政治倾向、对他人的认识，当前的环境，以及许多其他因素。

虽然文化能够提供一个大致的参考框架，但是你可以依靠自己的独特性继续学习，培养跨文化交流所需要的视角。通过这些视角，当你面对来自不同文化的人时，你可以学会恰当

地调整自己的感知、思考和交流的方式。

2. 客观性

跨文化交流中，无法做到真正的客观性，这是一个不可能彻底克服的瓶颈。你从自己文化的角度研究其他文化，因此你的观察和结论带有自身文化倾向的烙印。观察你不熟悉的言行并阐释其意义是艰难的，甚至是不可能的。你应该能够了解自身存在的民族优越感，使之不至于限制你的认识。

客观性要求某文化的成员摒弃与其他文化或群体文化成员之间任何明显和细微的敌视或矛盾心理，因为这种负面行为不仅违背大部分文化的理念，而且会使相互嘲弄对方行为和目标的人深受其害。仅仅因为别人皮肤颜色不同、生活国家不同、祈祷的神不同、世界观不同或者语言不同而去歧视他们，这是小人之举。

随着人类进入21世纪，许多力量前所未有地联合起来驱使人们走出国门，使得跨文化交流成为新世纪的主要关注点。各种文化的人们必须联合起来，共同保护人类赖以生存的文化交流环境。

复习思考题

一、简答题
1. 谈谈你对"文化"定义的理解。
2. 什么是"跨文化交流学"？

二、论述题
如何理解影响跨文化交流的两个深层因素：一无法认识到个体独特性；二无法做到客观性？

第一章　文化与文化间的交流

第一节　文化概论

一、文化的构成要素

文化的实质就是"人化"或者"人类化"。凡是超越本能的、人类有意识地作用于自然和社会的一切活动及其结果都属于文化，或者说自然的"人化"即文化。

文化的构成要素有不同的划分方法。有物质文化和精神文化两分说；物质、制度、精神三层次说；物质、制度、风俗习惯、思想与价值四层次说。

下面从物质文化、制度文化、精神文化三个层次来分析文化的具体内容。

（一）物质文化

物质文化是人类文化中最基本、最常见的构成部分，它主要包括直接满足人的基本生存需要的那些文化产品，其基本功能是维持个体生命的再生产和社会的再生产。物质文化领域典型地体现了"人化自然"的特征，它包括所有用于满足人的各种生理和生存需要的、经过加工的自然物品和人造物品，还包括用以生产这些物品的生产工具和生产手段。也可以说，物质文化是人类文化的所有物化形式。在这种意义上，物质文化更接近于人们常说的物质文明的概念。

物质文化是一个非常丰富的领域，因为人的基本生存需要是十分丰富并不断发展的。马斯洛所列举的生理需要和安全需要都属于基本需要。而马林诺夫斯基把人的基本生物需要概括成七个方面：新陈代谢、繁衍、身体舒适、安全、运动、发育和健康。总之，人的基本生存需要包括衣食住行、婚丧嫁娶等各种旨在维持个体的生命和再生产的需要。

同人的基本生存需要相对应，一方面是满足这些需要的生活资料的序列，另一方面是生产这些生活资料的生产工具和生产手段的序列，即生产资料序列。这两个序列是物质文化的最主要的两个层次。

在人的文化世界中，物质文化的发展速度最快，它比精神文化和制度文化经历了更多更为频繁的变化、革新、改进、更新，特别是在近现代，随着科学技术的不断进步，物质文化

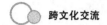

领域成为越来越丰富的生活世界。

（二）制度文化

同具有明显的外在性的物质文化相比，制度文化在整个文化世界中是深一个层次的文化。它以物质文化为基础，但主要满足人的更深层次的需求，即由于人的交往需求而产生的合理地处理个人之间、个人与群体之间关系的需求。

关于人的生存和社会运动对于制度化、组织化文化的要求，马克思有很多重要的论述。他认为，动物主要是凭借本能而生存，因此，动物的活动就是自然本身的活动，动物之间的关系属于自然的、本能的关系，在这种意义上，动物没有"关系"；而人则不同，人的活动是超越自然的活动，人与人的关系是人为的关系，因此，人是真正有"关系"的存在。马克思是从交往入手来阐述人的制度化、组织化的文化的。

制度文化具有丰富的内涵，它包括与人类的个体生存活动和群体社会活动密切相关的各种制度，如社会的经济制度、政治制度、法律制度、商品交换制度、企业制度、公共管理制度、教育制度、婚姻制度，等等。这些制度都体现着重要的文化内涵，我们可以从不同的视角加以透视。例如，人类早期以血缘关系为基础的家庭和氏族制度、农耕文明时期以宗法关系为基础的封建制度、现代工业文明以契约和法制为基础的社会组织制度分别体现了不同的血缘文化、自然主义文化和理性文化。因此，制度文化在全部文化中占据重要的地位。

（三）精神文化

精神文化起源于人类在满足自己最基本的生存需要时超越这些最基本的需要而产生的新的需要，这是一种创造性的和自由的需要。因此，在文化的所有层面中，最具有内在性、最能体现文化的超越性和创造性本质的是精神文化。换言之，人与动物和其他存在物最本质的差别之一便在于人具有一个精神世界。

笼统地说，精神文化包括个人和社会群体的所有精神活动及其成果，是以意识、观念、心理、理论等形态而存在的文化。一般说来，精神文化首先应当包括社会文化心理，这体现在人的各种活动中，又常常形成社会时尚和风气或者某种主导性的文化模式，具体体现为人生态度、价值尺度、应答问题和解决问题的基本模式、思维定式、情感方式，等等。其次，包括由神话、巫术、宗教等所代表的自发的精神文化，以及习惯、风俗、常识等所构成的经验型精神文化。最后，精神文化世界的最高层面或最自觉的层面，是由科学、艺术、哲学等所代表的自觉的精神文化成果。

二、文化的特点

（一）文化是后天习得的

习得性是文化最重要的特点。没有对前人的继承，就没有文化。实际上，"把群体的知识储存在记忆中、书本中和事物中，以备后用"，这句话揭示了文化的核心。我们生来就有基本的需要——创造和塑造行为的需要，但是你如何满足这种需要，以及如何发展自身能力去满足这种需要，这是后天习得的。

文化就是个人（成人或孩童）在有意识或无意识的情况下，从特定的文化中学到能力的过程。从婴儿时期起，文化成员们就开始学习行为规范和思维方式，直到他们完全领会和习以为常。一般通过互动、观察、模仿来实现。

你可以通过各种方式、多种来源学习文化。相比无意识的学习，有意识的学习比较容易解释，更容易理解。简单来说，它是指在认知层面上的学习。这种学习通过阅读、教授和展示，告诉你需要具备的文化知识。除了有意识的学习外，还有其他一些无意识的学习，比如，从谚语、民间故事、传说和神话、艺术中学习文化，通过大众传媒学习文化等潜移默化的学习方式。

（二）文化需要代代相传

一种文化如果要存在和延续，就必须保证它的关键信息和元素得以传承。如果某些价值观念被认为是某种社会的核心，而这种社会又历史悠久，那么这些观念肯定会代代流传。文化习俗、原则、价值观、态度等一旦被"公式化"，就会传播给每个文化成员。文化非常需要将每一代人与过去和未来的几代人结合在一起，学习链条上的任何一个断裂都可能导致文化的消失。

（三）文化以符号为基础

"符号"就是在同样文化背景下的人们用来指代拥有特殊意义的任何东西。符号对于文化是如此的重要，以至于人类学家克拉克洪曾写道："人类文化如果没有语言，那是不可想象的。"语言的出现是历史巨大的进步，它使得我们称为文化的非凡而复杂的系统的存在成为可能。人的大脑皮层和所有神经结构都与语言有关，它们不断发展，以致使人能在其他生物所不具备的高级水平上运用符号。符号不仅让人们得以在人与人之间传授知识，而且可以向后代传承观念——这是文化的特点之一。人们所学习和运用的是上千年积累下来的思考、观察、事实、试验和智慧。

任何一个文化使用的符号都存在多种形式。文化用口头的语言符号告诉人们自由的重要性；文化用书面语言符号记载历史；文化用非口头的体态符号，比如握手和鞠躬来表示欢

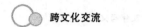

迎。文化用旗帜来标定地域或证明忠诚；文化用汽车或珠宝代表成功和地位；文化用十字架、月牙形物体或者是六角星来代表对上帝的爱。

符号的可携带性使人们不仅可以传递信息，还可以储藏它。记忆、书籍、图画、胶片、录像、电脑软盘，等等，保存了一切值得传递的和重要的文化信息。不论你是哪一代人，你都可以继承文化知识宝库，那是前人为我们收集和保存的各种信息，因此文化具有积累性、历史性和可知性。

1. 文化易于改变

两千年前，古希腊哲学家赫拉克利特说过："人不能两次踏入同一条河流。"如今这句话仍然是正确的，文化不能存在于真空中；由于其他河流不停地流入，因此文化处于一个永不停止的"创新过程"。这种创新性部分来自不同文化间的接触与碰撞。

文化的变化有多种机制，但其中三个是最普遍的：创新、扩散、文化适应。

创新一般被定义为对新的经验、工具和概念的发展，创新最终会被文化成员们接受，并且会带来社会习惯和行为的改变。

扩散是变化的另一种机制，即一种文化向另一种文化的输出。从历史上看，从文化产生开始，扩散就是文化接触的方式之一。不论是从中东出产的糖被运输到新大陆，还是麦当劳的汉堡在全世界出售，文化的扩散无处不在。

文化适应是另一种文化的变化机制。通常，文化适应是两个或多个各自独立的文化和群体文化广泛而深入接触所产生的结果。这种变化在国际移民中是普遍的，他们发现自身的很多方面仍处于另一种文化之中。这些人作为文化适应过程的一部分，必须面对大量的文化改变。在多数情况下，他们开始发现新的思维模式和行为模式，并且重构个人对所在国社会的适应性。虽然文化的许多部分都经常改变，但是文化的深层结构却拒绝根本性的改变。

2. 文化是一个完整的系统

文化作为一个整体发挥的作用是系统化的，也就是说，文化是由互相联系的部分组成的。你接触文化的一部分，就会受到其他各部分影响。物质主义的价值观将影响你的家庭的规模、职业道德、精神追求，等等。

3. 文化的适应性

文化的适应性相当强。在历史上有大量的例子说明由于法律、价值体系的转化，自然灾害、战争和其他灾难的影响，文化也随之发生变化。犹太人就是很好的例子。近几个世纪的各种事件导致犹太人遍布世界各地，而他们的文化却适应了这种变化并且顽强地生存下来。

三、文化的基本功能

文化的牵引力非常大，因为自你出生之日起你就开始学习，并持续一生。人的一生首先要适应社会传统的模式和规范。从出生开始，本民族的习俗就塑造了你的经验和行为；从会说话开始，就成为文化的创造物；待到长大并参与社会活动，文化的习惯就成为你的习惯，文化的信仰就是你的信仰，文化的局限也成为你的局限。每一个出生于某个文化群体的儿童都与这个群体的其他成员分享同样的文化，而出生在地球另一端的孩子却不会受这一文化的影响。

文化是人们适应环境、解读生活的主要手段。文化得以不断进化的原因在于，它服务于人类的基本需要，展现出一个每个人都置身其中的可以预测的世界，从而让人们真正了解所生存的环境。

文化的影响通过习惯和潜意识来实现，从而使得生活变得更加容易。就像呼吸、行走和其他与潜意识控制有关的功能一样，文化将大脑有意识的部分从这种负担中解脱出来，关注于其他的行动。

文化把家庭作为它的最基本的单位。文化教导孩子们怎样做才能被大人所接受，才能受到奖励。同一种文化的成员没有必要把工夫花在彼此之间对事物的解释和回应上。一般来说，具有共同文化的成员被要求正确地、自觉地行动，而这种行动是可预测的。因此，文化通过向人类提供生活的蓝图，保护人们远离未知的恐惧。无法想象某一天你失去了文化的指引该怎么办。从如何赚钱谋生，建立成体系的经济系统，到如何待人接物，再到寻找自己的伴侣，文化都提供了基本框架。这种框架为你提供了适应世界的技巧和规则。除了解释世界之外，文化逐渐延伸到人类需要的三个方面：一是基本需要（吃、住和健康）；二是衍生需要（工作组织、食物分配、安全和社会控制）；三是综合需要（心理安全、社会和谐与生活目标）。

第二节　文化和交流

一、交流

庄子《秋水》写道："井蛙不可语于海者，拘于墟也；夏虫不可语于冰者，笃于时也；曲士不可语于道者，束于教也。"

（一）交流的重要性

交流是与别人共享观点和感受的能力，是人类交往的基础。在这个星球上，有60亿人从事交流活动，一起感受生活的真实。把对人类交流的研究作为跨文化交流的起点，这样你就能够提高自己的交流水平，更好地了解别人的交流方式。

（二）交流的定义

给"交流"下一个确切的定义是一个无法做到的事情，虽然定义是必要的，但也会引起混乱。在众多的对"交流"的定义中，鲁本和斯蒂沃特的定义比较合适："人类交流就是处

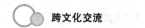

于某种关系、群体、组织和社会的个人向环境，或相互之间发出信息和进行反馈，以便与之适应的过程。"

（三）交流的一些原则

1. 交流是一个动态的过程

交流是连续的。

交流是一个动态的过程，这有几层含义。第一，交流是连续的行为，它不是固定不变的。交流就像一段连续的电影画面，而不是一张照片。言语和行为不会凝结不动，它会立即被其他的语言和行为所置换。第二，我们一直处于其他信息的影响之中，因此，我们总在不停地变化。

（1）交流是转瞬即逝的。

交流是动态的，你说出一句话或做出一个行动，就再也收不回来了。人的一生中，时光一去不复返。当一件事发生了，我们就不会再碰到它。

（2）交流互动的各种因素。

交流中的各种因素一直在相互发生作用。你发出语言或做出动作的同时，也在眼观周边人的反应，耳听对方的反馈。

2. 交流是符号化的

人类是制造符号的动物。正是这种制造符号的能力使人们得以每天进行互动，这也是文化得以代代相传的原因所在。其他动物可能参与交流，但是它们没有人类特有的交流功能：通过上百万年身体的进化，以及上千年的文化的演变，人们可以发出、接收、储存，以及使用符号。这种经过长期演变的符号系统能够让人们用特定的符号来代表特定的事物，不论这种符号是声音、纸上的标记、雕塑、盲文、动作还是绘画。

就跨文化交流而言，记住以下一点非常重要，即你所使用的符号是随意的和主观的。虽然所有文化都使用符号，但是不同的文化往往赋予符号不同的意义。

3. 交流是系统化的

交流不是发生在真空中的，而是在一个大系统中发挥作用。

我们不是在孤立的环境中收发信息，而是有一个特定的环境。交流总是发生在特定背景之中，交流的性质很大程度上取决于这个背景。环境和背景有助于确定你发出的语言和行为的意义，并确定别人发出的信号的含义。

我们说的交流是系统的，所指的不只是发生互动的场所。形成交流系统的其他因素是：场所、场合、时间、参与者的数量等。即使这些因素在所有交流中都交织在一起，文化仍然起着决定人们言行的作用。

（1）场所。在不同的场所人们的表现是不同的。交流的场所，不论是礼堂、饭店或者办公室，都为你提供了行为规范。不管是有意识还是无意识，你遵守着普遍规则，它们很多本来就植根于你的文化之中。

（2）场合。交流的场合也同样控制着参与者的行为。你可能会有这样的感觉，礼堂是进行毕业典礼、赛前动员会、集会、戏剧、舞蹈或纪念仪式的地方。显然每一个场合都需要不同的行为方式，而不同文化在这些行为中又加入了特定的规则。

（3）时间。时间对交流的影响是如此微妙，以至经常被忽略。不论是社交谈话或正式会谈，每一交流事件都发生在一个时空内，时间安排都影响着交流本身。

（4）人数。交流对象的人数同样会影响信息的流通。从个人的经验出发，与一个人进行交流同与一个团体或更多人进行交流，你的感受和行为是不一样的。

（5）文化背景。另一个更为普遍的交流元素是文化背景。影响交流的最大系统是我们的文化，它就是我们所有互动发生的大环境。一种文化的惯例、价值观、社会规范、传统、禁忌及习俗都影响着交流系统的其他各个部分。

4. 交流中的推断

由于人们无法进行从思维到思维的直接接触，因此人们不可能直接体会到他人的想法和感情，只能通过推断来掌握别人的感受。交流的这种特点经常阻碍着人们的相互感知。在正常情况下人们将自己的思想封闭在表面之下，与他人隔离。除非你与别人进行交流，否则别人不会知道你隐藏在心里的想法和感受，这就像你在一个永远关门闭户的房子里没有人知道一样。

地球就像一个大蜂房，我们从同样的门进入，但住在不同的房子里。所以对来自不同文化背景的人来说，交流是很困难的。

5. 交流是对自身了解的过程

无论我们去哪儿，无论我们做什么事，自我是我们研究和认识的唯一主题。跨文化交流的一个特点是它需要自我认识的能力，虽然这种能力有时候表现得并不明显。一些文化更为关注自身，甚至为自身担忧。比如"我"在西方宗教和心理学中居于核心位置。

6. 交流产生效果

这个特点是指：当你接受信息的时候，你就会受到影响。同样，你发出的信息也在不同程度上影响着其他人。这不是哲学的或形而上学的理论，而是生物学的事实。因为你不可能对别人的声音和行为没有反应。

虽然所有人都接受信息并对其做出反应，但是反应的本质都来源于你的文化。当所爱之人去世，感到悲伤是很自然的事，但是不同文化对此选择了不同的表达方式。有人号啕大哭，有人强敛眼泪。

在交流的时候，你传达的信息是有影响力的，能够带来道义上的后果，记住并思考这一点极其重要。因为不管你是否想施加这些影响，每次交流你都会改变别人。

7. 交流是复杂的

现在有一点越来越明显：交流是复杂的。人类交流是一个微妙的和精巧的过程，它充满了大量的元素——信号、代码、意义。如果加上文化特点，交流就会变得更为复杂。虽然所有文化都利用符号来交流对事物的看法，但是特定事物的指代及运用的符号往往因文化

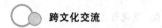

而异。

交流的复杂性还有一个常常被人们忽视的原因，即人们是相似的，但又是不同的。

人们是相似的。

每个人在交流中都是用相同的基本交流元素——为了表达你的内在感觉，你开始编码，交流对象接收到这些符号并加以反馈。作为一个物种，你们的共同点远远超出你交流思想与信息的方式。人类在生理和化学构成上有众多的共同点。同样，人们愿意追求精神上的愉悦，而不愿意感情受到伤害。

排除文化的因素，人们仍是相似的，因为所有人必须面对人生的四大真相。首先，每个人都会不同程度地意识到生命是有限的，至少在目前，人类不可能长生不老。其次，人们很早就意识到人是独立的个体，人类的躯壳使得没有人可以了解他人真实的内心想法。再次，如果排除文化的因素，人类在一生中必须做出选择。面对同龄人的竞争压力和文化、法规的约束，你无时无刻不在做出选择。最后，没有一个固定的机制能够赋予这个世界意义。人们刚出生的那一刻，这个世界对他们来说是没有意义的。世界最初没有意义，每个人必须赋予它意义。

需要指出的是，文化和个人一样具有相似性。比如，所有文化都有一种语言，都有关于年龄和性别方面的规则和规范，都有政府、宗教、经济、娱乐、游戏、艺术和音乐等系统。

当然人类还有很多其他的共同点，比如感觉上的共性。人们发现，生育是一件近乎神秘的复杂事情。几乎所有的人都属于一个家庭，他们嬉笑玩耍，寻求配偶，希望被人爱和关心。

人们是不同的。

自世界之初，就没有两个事物是完全一样的，没有两个人是完全一样的。这个论断基于这样一个简单的事实：人对世界的体验是内在的和独一无二的。对于不同的人，同一符号具有不同的含义，这是因为人们的解释是主观的。主观性是永远的规则。与别人相似的出身、身体结构、性别、年龄和文化等因素制约着你，但是，你的独立思想和个人经历却使你与众不同。"精神创造了周围的世界，即使我们肩并肩站在同一片草地上，我们眼中看到的也是不同的景象，我们彼此的内心感触也永远不会相同。"

与个人的差异一样，文化的差异也会使人们产生距离。虽然人们共同面对着死亡、孤独、自由的选择，以及人生意义等哲学命题，但人们解决这些问题的方式却又深深植根于文化之中。

不同文化的成员对世界有着不同的看法。一些人认为物质世界是真实的，另一些人则认为它是一种幻觉；一些人认为他们周围的一切是永恒的，而另一些人则认为它们是短暂的。现实对所有人来说并不相同。

二、文化的冲突与融合

（一）文化差异形成原因

首先，这是由不同民族所处的不同地理环境造成的。地理环境的差异不仅会对人的肤色、体质、性格产生影响，而且还会影响到各民族的文化特性。自古代到现代的东西方学者都曾对此做过精彩的阐述。例如，《汉书·地理志》援引《礼记·王制》说："高山大川异制，民生其间者异俗。"就是说，地理环境的不同会孕育出不同性质的文化。古希腊思想家亚里士多德曾经提出，地理环境对希腊各城邦的政治体制产生了影响。法国人文主义思想家博丹把赤道至北极的地区分为南、中、北三个区域，并根据北方、南方、中部不同的气候特征对这三个地区的民族特征及其历史发展道路的影响作了深刻的分析。法国现代著名年鉴学派代表人物布罗代尔则把地理结构看作是影响人类社会发展的决定性因素之一。这些论见从不同的角度说明地理环境在文化差异形成过程中所起的重要作用。

其次，这是由各民族文化的长期积淀造成的。一个民族，其文化特性的形成是一个长期的过程。在这一过程中，那些得到社会认同的文化因素就会得到不断的传承，并最终积淀为代表这个民族之精神的东西。如古代印度、古希腊和古代中国在"轴心时代"（公元前800年至公元前200年）开始了人类精神的觉醒，并各自形成不同的文化特点。古代印度注重宗教研究，主张无差别的平等，把人理解为宗教的动物；古希腊注重科学研究，把人理解为政治的动物；古代中国则注重人文研究，将具有礼的形式的人与现实的有差别的人统一起来。这些各具特色的文化传统经后人不断地继承和深化，遂积淀成为上述各民族的民族精神，并保留在各民族的现实文化生活之中。

最后，多样性是事物的属性，人类文化自然也不例外。不仅各民族、各地区或国家的文化呈现出多样性，而且一个民族、地区或国家内部也呈现出文化的差异性。例如，中国疆域辽阔、地理环境差异甚大，民族众多，语言与风俗各异，因此，在中国境内也形成了各具特色的地域文化。明代著名地理学家王士性在《五岳游草》中曾详细论述了中国各地不同特色的文化。如在饮食文化方面："海南人食鱼虾，北人厌其腥；塞北人食乳酪，南人恶其膻；河北人食胡葱、蒜、薤，江南畏其辛辣，而身不自觉。此皆水土积习，不能强同。"导源于两希文化和古罗马文化的西方文化内部亦是如此，如人们所津津乐道的"盎格鲁-撒克逊精神""日耳曼精神"等就是西方文明内部文化多样性的体现。正是由于这种多样性或差异性的存在，整个人类文化才呈现出多姿多彩的局面。

中华文化的形成，是在一定的地域空间下受人们主动的道德选择而形成的。地域广袤为中华文化的形成提供了前提条件，而道德选择为中华文化的形成提供了精神保障。

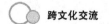

（二）多元文化的世界

斯宾格勒在其名著《西方的没落》中明确指出："人类的历史没有任何意义，深奥的意义寓于个别文化的生活历程中。"据此他提出了文化形态史观。斯宾格勒把人类高级文明历史划分为八大文化形态，这就是古埃及文化、古巴比伦文化、古印度文化、古代中国文化、欧洲古典文化、阿拉伯文化、墨西哥-玛雅文化和近代西方文化。

受斯宾格勒的深刻影响，汤因比把文明形态分为 20 余个。如西方社会、东正教社会、伊朗社会、阿拉伯社会、印度社会、远东社会、古希腊社会、叙利亚社会、古印度社会、古代中国社会、米诺斯社会、印度河流域文化、苏末社会、巴比伦社会、埃及社会、安第斯社会、墨西哥社会、尤卡坦社会、玛雅社会等。

德国著名哲学家雅斯贝尔斯在《历史的起源与目标》一书中提出了著名的跨文化研究的"轴心期"理论。他把人类历史划分为史前、古代、轴心期和科技四个时代。其中，轴心期对迄今为止的人类历史产生了根本性的影响。因为，在这一时期奠定了人类社会和人类历史的几种主要的文化精神。他认为，今天人类的各种主要的文化精神或文化模式是从世界历史的轴心时期开始的。雅斯贝尔斯把这一轴心期定于公元前 800 年至公元前 200 年之间。他指出，正是在这一时期，中国的孔子、老子、庄子、孟子、墨子，印度的佛陀，伊朗的琐罗亚斯德，巴勒斯坦的以利亚、以赛亚、耶利米，希腊的荷马、巴门尼德、赫拉克利特、苏格拉底、亚里士多德、柏拉图等许多思想巨人先后出现，他们使人类精神在中国、印度和西方分别奠基。在雅斯贝尔斯看来，轴心期对于人类历史的意义是至关重要的，因为正是在这一时期，至今还在影响着人类历史进程的中国、印度和西方三大主要文化精神得以奠定。不仅如此，也正是这一时期人类文化精神的自觉又奠定了三种文化精神的根本性差别，形成了三种不同的文化模式。

由此可见，每个国家和民族都有着自己悠久的历史和文化，这些不同的文化构成了这个多样化的世界。在以西方为主导的全球化浪潮冲击下，文化多样性与生物多样性一样，受到各种因素的威胁。如何保护文化多样性，成为世界各国十分关注的重要问题之一。

人类为适应不同的环境，创造了丰富多彩、各具特色的文化。每一种文化都在人类的历史长河中发挥了独特的作用。文化多样性是人类的共同遗产。正是因为文化的多样性，使人类能够相互借鉴，取长补短，使各自的文化能够保持活力。

文化多元共存是人类可持续发展的需要。文化多样性与生物多样性一样，单一性导致脆弱性，多样性产生稳定性；单一性导致极端性，多样性产生包容性；单一性容易导致文化中心主义，多样性有利于弘扬文化相对论。我们应该像保护生物多样性一样保护文化多样性，全力维护和发展人类的文化多样性。

文化多元共存是人类创造活力的需要。各民族的文化遗产都具有重要价值，是人类共同的精神动力和智力支持。文化多样性是交流、创新和创作的源泉，是人类发展的动力之一。离开了多元文化的发展，我们将面对一个思想日益枯竭、创意日益平庸、生活日益单调的世界。

和谐世界是全人类共同追求的目标，构建和谐世界符合全人类的共同利益。文化多元共存是和谐世界构建的需要。和谐世界，各美其美，美人之美，美美与共。和谐世界是文化互补而不是文化趋同的世界。文化多样性对维持世界和谐就像生物多样性对维持生物平衡那样重要。尊重文化多样性，宽容、对话及合作是实现世界和平、安全、发展、共赢、和谐的最佳保障之一。

尊重多元文化、保护文化多样性应该成为全人类的共识，多元文化应该是共享的多元文化。富有生机活力的文化必然是一个开放的体系。各民族的文化应当在相互交流中保存自己的特色，在竞争和比较中取长补短，在求同存异中共同发展。全人类应携起手来，坚持文化多元的理念，继承和弘扬自己的传统文化，保护和发展人类的文化多样性，共同构建和谐世界。

（三）文化间的冲突、交流和融合

一部世界文化史，从某种意义上讲，就是各个民族文化相互传播、碰撞、融合和不断创新的历史。学术界公认的人类"原始文化"发源地埃及、巴比伦、印度、中国就是在文化的交流中不断创新和发展并影响了世界文化的进程。

1. 冲突还是融合

在日益全球化的今天，文化间的交流和融合日益增加。前些年，美国学者萨缪尔·亨廷顿提出了"文明冲突论"，从而引起了学术界的大讨论。尤其是"9·11事件"发生后，更是受到热捧。

细细审问之，则应该能明白，为什么伊斯兰国家及其民众的态度，彼此并不相同，是因为它们的历史文化背景和发展程度相去甚远，因为它们同美国和西方国家关系的远近亲疏也差异甚大。尽管如此，面对全球化进程已成事实，文化多元化局面必将长存，世界上同时存在大量族际和国际冲突的形势，我们绝不可能也绝不应该盲目乐观。一方面，全球化意味着经济上的效率和自由化原则的推行范围正在扩大到全世界，并由此在政治、文化、伦理等方面产生一系列的重大影响；另一方面，全球化又同时意味着"高强度风险（如核战争）"和"突发事件风险（如金融危机或恐怖事件的危害）"也随之全球化，使吉登斯所谓的"风险社会"变成了全世界各族各国"唇亡齿寒"的风险地球。一方面，文化多元是自古已然存在并使得人类生活在多姿多彩的社会；另一方面，多元并立自古以来又是族际、国际悲剧冲突甚至流血战争的原因之一。现在，加速扩展的全球化与文化多元状态，势必影响全世界每一个人的生活的每一个方面。

以人的幸福为目的，在文化和文明之间关系的问题上，我们会记住同样众所周知的另一方面的事实，并从中学习有益的经验，从而放弃为对抗所做的辩护，实现历史的另一种可能性。这另一方面的事实就是：不同的文化或文明之间，从古至今也一直的确曾经存在无数和平的交流与合作，产生了有益于各族人民物质生活和精神生活的美好结果。

当然，正如激烈的对抗并非历史的必然，而是当事人选择（"有为"或"不为"都是一种选择）的结果，和平的交流也同样并非历史的必然，同样也是当事人选择的结果。不过，在当今的形势下，我们已经比以往任何时期都更需要慎重的选择，在决定有为和不为之前都更需要运用理性（不仅是工具理性，而更是价值理性），因为，科技爆炸和社会巨变已经为我们的生存强加了种种不同于以往任何时代的环境和条件，从而使得我们的错误选择带来比以往更可怕的惨剧。

这些"环境和条件"之一，就是我们所说的全球化。全球化意味着世界已经大大缩小，因而文化也就日益靠拢。这种靠拢在很多情况下甚至可以说不只是互相贴近，而且是到了互相渗透的地步，以至于我们到处都可以看到不同民族和不同文化之间"你中有我，我中有你"的现象。一方面，在中国西北的天山脚下，可以看到卡拉 OK，听到日本民谣；另一方面，在美国南部的大平原上，可以看到中国佛寺，听到暮鼓晨钟。一方面，东方的大城市里到处耸立着麦当劳的标志；另一方面，西方的大城市里随处可以见到清真寺的塔尖。一方面，我们看见大批的东方人具有深厚的西方文化涵养；另一方面，我们也知道大量的西方人沉醉于东方文化的神韵……

在这种情况下，任何对抗或冲突所伤害的，就不仅仅是一方，而是双方或多方的利益，因而会变成极其愚蠢的选择。即使是从来被作为战争理由的"利益"，也再不能成为战争的理由了，原因很简单：战争的结果，是双方或多方的利益都蒙受巨大损失（正如制止了美苏核战争的逻辑，以及导致了巴以相互报复的历史所证明的），而和平则是各方共同的，也是最大的利益所在。

总而言之，在当代这种形势下，在不同文化之间的关系中，我们更必须吸取历史的教训和经验，摒弃对抗姿态，采取合作态度，克服狭隘的民族情绪，致力于人类的共同利益，求同存异，争取"双赢"甚至"共赢"。

说到底，对于更靠近精神领域的文化的本质而言，"零和"规则是不能成立的。因为不同的文化都可以互相学习而使自身丰富壮大，而其所孕育所服务的个体的人，则可以从不同的文化中得到更多的滋养。文化的表现形态或象征体系千差万别，而其为人服务的内在精神则相互贯通。现在，即使在市场经济尚不成熟因而需要倡导竞争的中国，也有人说"比'竞争'更时兴的词是'竞合'"，在比商务领域更能够互利互补的文化领域，难道不应该用"合作"取代"对抗"吗？

2. 文化冲突还是文化盟约

在高科技时代，各个文明相互之间的冲突，意味着所有文明整体的毁灭。所以，美国当代政治学家亨廷顿也说："在文化间的战争中，受到损失的是文化。"经济的全球化似乎是一个强大的力量，因为它可以使不同文明的人群、民族和国家具有共同的、至少是相互依存的经济利益，使得通过发动战争来获得的利益实际上大大小于维持和平所得到的利益。但是，姑且不论经济领域本身的利益冲突，以及对利益大小的计算失误会造成的巨大的风险，实际上，历史上许多重大冲突的起因，都不是在经济上而是在意识形态（如相互对立的民族主义或甚至同一主义中的不同派别）上，即在文化方面。

各国社会政治制度的趋同似乎也可以算是一种力量，因为人们可以看到，同种社会政治制度和不同社会政治制度的国家之间相比较而言，社会政治体制相同或相类似的国家之间较少发生战争。但是，第一，这种趋同过程十分缓慢而且很难预测；第二，社会政治制度相类似的国家之间，依然极有可能发生冲突，而且这已得到很多历史事实的证实；第三，归根到底，社会政治制度也有相当多的文化因素在其中发挥作用。

可以同经济和政治制度这两大因素并列的，只剩下文化因素。但是我们可以清楚地看到，文化因素在这个问题上犹如一把双刃剑：一方面，不同文化的本质或精神之相通，可以使之成为不同人群之间沟通最通畅的渠道和最佳的环境；另一方面，不同文化的不同形式或象征之歧义，又可以使之成为阻碍不同人群沟通的最宽阔的鸿沟和最大的屏障。正因为如此，它可以使一个地方成为鸟语花香的丝绸之路，也可以使之成为春风不度的恐怖战场。这里的原因也很明了：最接近精神的领域，也最多的受到自由选择而不是客观法则的支配，于是，人的选择就成了关键，是执着于文化的象征和形式，还是忠实于文化的本质和精神，就成了生死攸关的事情。

第三节 跨文化的交流

一、跨文化交流的定义

跨文化交流（intercultural communication），指的是不同文化背景相互交流的一种情境。它的重要和独特之处在于，文化的不同，交流者固有的背景、经历和假定的差异，都会使交流异常艰难，有时甚至根本无法开展。

文化决定了你的信仰、价值观和世界观，决定了你使用的语言、你的非语言行为和你与他人的联系方式。它塑造了你与家庭和朋友的关系，影响你如何抚养儿女，并且使你学会适合于不同社会场合的交流方式。你可以看出，文化是复杂的、多维度的和无所不在的，它形成一种完整的生活方式。每当来自不同文化背景的人聚在一起交流思想和信息的时候，文化各个方面的特点便会显现出来。

在最一般的情况下，当一个文化的成员发出的信息为另一个文化的成员所接受，跨文化交流就产生了。确切地说，跨文化交流指的是在拥有不同文化感知和符号系统的人们之间进行的交流，他们之间的这些不同足以改变整个交流事件。

跨文化交流主要有两种交流形式：国际交往和国内交往。国际交往是指那些来自不同国家和文化的人们之间的交往。比如说，中国人和以色列人之间的文化差异就很容易分辨。同样重要的是，在每一种文化中又有无数的群体文化和专有文化，它们为国内意义上的跨文化交往提供了机会。在这种情况下，国内交往指的是生活在同一社会群体中却具有不同文化背

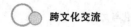

景的人们之间的交流。它包括不同群体文化之间的交流。

二、跨文化交流的形式

（一）人种间交流

人种间的交流是指来自不同种族的人们之间交流信息的行为。这个词更多地被看作是身体特征而不是文化特征。实际上，身体特征对交流有所影响，这种影响是复杂的。从避免有色人种到通过人种来表达偏见和歧视，人种确实影响了人们之间的交流。

（二）民族间交流

民族团体是在一个国家或文化的内部形成的独立的共同体。这些团体具有共同的出身或传统，比如共同的祖先、姓氏、语言、价值观念，等等。民族的独特性在于它和主导文化及其他种族共享"同样的社会背景"。就像人种一样，一个人的民族背景也是跨文化交流的问题之一。

（三）群体文化间交流

每个社会都有自己的主导文化和许多群体文化及专有文化。这种文化分类为国内意义上的跨文化交流提供了机会。

主导文化，是指那种在社会上具有支配地位的文化。具有支配地位的人是指历史上曾经控制着并且现在仍然控制着诸如教堂、政府、教育、军事、大众传媒和财政系统等文化主导机构的那些人们。他们在这个国家的每个主要机构中，都处于掌权的位置。他们是文化的核心。因为他们的权力使他们能够决定并控制这些机构所发出的信息的内容和流向。通过对大部分文化信息的控制，他们也控制着向大多数人推出的政府形象。不管是教堂、大众传媒，还是政府，都是由主导文化制定目标，传承习俗，构建价值观，并且制定影响主体人口的政策。他们的权力使他们能够影响人们想什么、期望成为什么和谈论什么。

群体文化的关键在于两重性。首先，人们通常具有双重和多重身份，这种获得身份的过程就是学习行为方式和思维方式的过程。使用"群体文化"一词，在讨论群体和社会团体时表现出与其他群落和主导文化不同的交流特征、思维方式、价值观念、信仰和社会经验，有助于将其加以区分。

1. 文化作为群体文化

聋哑人文化成员同样有传统、价值观念和行为规则，这些都代代相传。甚至连同性恋群体，都有自己的语言、传统和行为方式。对于这些群体文化成员来说，重要的是，他们如何通过发出信息表达自己对外部世界的感知，这一点也极大地影响着群体文化成员如何交流这些感知。

与主导文化一样，群体文化具有很多"载体"（比如媒介、教堂、学校、家庭、宗教，等等），通过这些载体把经验传递给新的成员，不论是孩子还是成人。

2. 性别作为群体文化

文化就是一个相关的信仰系统，以及对人们如何说话、思考和生活的预计，如果你认可，就可以理解为什么男人和女人生活在截然不同的交流文化中。虽然从表面上看，他们具有同样的环境和经历，比如司法系统、家庭、学校、教堂和媒介等，但是他们从这些机构接受的信息并不相同。

大量的信息表明，男人和女人形成了对自身不同的认识（女人不如男人自信）、不同的世界观（女人对外部世界更加担心和敌对）、不同的行为举止（被监禁的人中，92%是男人）、对别人不同的看法（女人更富有同情心）、不同的说话方式（女人说更多的时髦用语，很少打断别人）、不同的非语言运用（女人微笑更多，眼神接触更多，手势较少）。我们可以举出更多类似的例子，但这不是重点。我们需要知道的是从独特的经历产生独特的行为方式，最终影响交流。

三、跨文化交流的重要性

跨文化交流并非人类的一项新尝试。自人类形成部落群体进而开启人类文明之日起，当某一部落的人遇到另一部落的人，发现他们之间存在差异时，跨文化交流便随之发生。后来，随着文明的发展，旅居者、传教士和征战四方的武士也遇到与己不同的民族。与异族间存在的差异早已被认识到，但是，由于人类缺少与之相伴随的文化知识，这种认知往往唤起他们的不良习性，即对这些差异做出心存敌意的反应。人们动不动就责怪异族人。直到今天，这种责怪异族人的嗜好仍然是社交与政治辞令的重要组成因素。

从历史上讲，成功的跨文化交流罕有发生。人类的历史写满了对那些异族人的憎恨与敌视。20世纪经历了两次世界大战，这个世界见证了大屠杀、各种小规模的冲突和无数持续的看起来无法解决的宗教、种族和部落冲突。

可能是出于对这些事件的反应，20世纪后半期对跨文化交流的系统研究出现了。虽然对文化在人类交流中的作用和影响的认识和理解已经起步，但要获取跨文化交流的广泛成功仍是一个需要面对的挑战。新世纪为你提供了一个机遇去接受这一挑战，并学会克服来自不同文化背景的人们相遇和交流时的困难。

今天的跨文化交往和以往不同。它们的次数更多，并且由于人民、国家、世界在自然和社会方面的相互联系性，而变得更有意义。人们的相互联系影响跨文化交流最深的地方是社会领域，体现在国际商务、体育、旅游和文化融合等各式各样的范围内。例如，在商业领域，美国60%的鞋和一半以上的玩具都带有"中国制造"的标签。在国际教育领域，中国赴外留学的学生在数量方面有了很大增长。国际旅游既能产生文化交往，也能增加经济效益。而关于社会相互依存关系的较有说服力的例子之一可能就是文化融合，它是指来自不同文化的人们滋生的社区感。随着一个太平洋社区的出现，文化交融正在亚太地区发生。它既非亚洲社区的，也非美洲社区的，它将是一个彻底的新事物，集亚洲和西方的最佳实践和价值观于一身。

如今，你可以乘飞机在几个小时内飞往世界任何地方，全球经济的现实使今天人们的交往比世界历史的其他任何时期更加广泛。信息网络时代的出现给予人们扩展知识的机会，这样人们对文化差异才不会产生敌对情绪。

世界、社会和人民总是处于一种变化的状态中。这一持久的过程不断产生新的我们必须学会应对的社会前进的驱动力量。跨文化交流讲的就是这种变化——社会关系结构的变化，它促使我们跟上世界秩序变化的步伐。我们讲述这些变化的理由有三点：①我们熟悉的事物正在被一个日新月异的世界所替代，所有人类受到了影响；②许多将不同群体聚到一起的事件微小得让人难以发觉，并且持续的时间很长；③通过对这些变化的了解，你会认识到文化在交流中所扮演的角色和所起到的作用，并且能勇敢地去面对21世纪跨文化交流的挑战。

四、跨文化交流的组成部分

不管是在工作中还是在闲暇活动中，你会发现你所涉及的跨文化交流包括两个主要组成部分。第一个是国际领域，在此领域，你会和来自不同国家的人们在工作、旅行和社交等各种环境中打交道；第二个是国内领域，在此领域，你可能会在工作、生活、娱乐和度假等场合与来自各种不同群体文化的人们打交道。

由于国际交往的存在，我们才开始认识到有一个共生的关系将所有的人联系在一起。没有任何一个国家、群体及文化可以与世隔绝或自生自灭。如果你接触到世界的一个部分，那么你就接触到了它的所有部分。以下三种国际发展状况使跨文化交流更加明确与广泛：新技术和信息系统、世界人口的变化、世界经济领域的转移。

（一）新技术和信息系统

技术通过促进人类社会运作的两个领域——交通系统和通信系统的发展加速了国际交往。以前需要多日的旅行如今可以按小时计算行程。超声速运输能在几小时内将人们送至地球的任何地方。

运输系统的技术进步提高了人的流动性，而商业旅行者并非是唯一的受益人。旅游业是世界上增长最迅速的产业。运输技术的其他发展正在出现，它们将进一步促进文化交往。

先进的新型通信系统不断鼓励和促进文化互动。通信卫星、先进的电视传送设备、光纤和无线联络系统让全世界的人可以同时共享信息和观念。通信卫星技术的持续发展与提高促进了万维网和互联网等通信网络的扩张。除了交通、商用网络和计算机的使用方便交流外，便携式计算机的发展增强了上网的移动性。儿童计算机教育正在全球范围内开展。儿童正在以一种无法想象的方式接受教育，他们通过计算机与全世界相连。他们中的一些人在成长过程中从来都不知道什么时候应该不用计算机。

（二）世界人口的变化

国际交往的第二大推动力是世界人口的迅速增长与重新分布。世界人口以大约每年8 000万人的速度增长。世界人口不仅在迅速增长，而且处于不断的流动当中。有一亿多人生活在出生国之外，有数百万的移民后代保持着他们的民族身份。除了自愿移民外，还有被迫迁徙的难民。联合国难民署目前发布的《全球趋势》报告显示，截至2016年年底，全球范围内共有6 500万人被迫流离失所。

随着全球人口的继续增长和转移，三个令人关心的领域会导致潜在的竞争、冲突和必需的跨文化交流，这三个领域是：有限的自然资源、环境和国际冲突。

1. 有限的自然资源

据预测，我们最宝贵的自然资源——水，将取代石油的位置成为21世纪下半叶国际冲突的首要导火索。世界上至少有1.7亿个城市居民缺乏饮用、做饭和洗涤用的水；在农村地区，这个数字会超过8.55亿。面对全球海洋日益缩减的鱼类供给，各个国家之间也开始了对抗。

世界人口的增长在一定程度上造成粮食资源的减少，这是有限资源导致跨文化冲突的另一个例子。设法解决这些"限制"，避免冲突和混乱，是跨文化交流的目标之一。有限的资源是使人们走到一起，达成国际共识的又一个原因。

2. 环境

环境问题并不遵循地理和文化的界限，它影响着所有的文化。全球气候变暖、森林砍伐和矿物燃料产生二氧化碳的年排放量过大这些关键问题还未达成共识，环境问题成为培养跨文化交流者的另一个重要原因。

3. 国际冲突

各国和各民族之间的冲突成为加强有效的跨文化交流的另一个原因。低效的交流会导致局势紧张和暴力事件频发，最终结果则是国家和民族之间交流失败，进而动用军事武力。

随着世界人口的继续增长，各国越来越难以置身于全球的紧张局势和冲突之外。紧张、冲突和仇视对于人类来说并不是新事物。一个部落敌视另一个部落是人类最本能的反应之一。当操着不同语言、拥有不同信仰、来自不同民族和种族的人们尝试在一起工作和生活时就很容易产生冲突。恐怖主义的不断升级与核武器能力的扩散清晰地表明进行有效的跨文化交流的必要性。人们必须清楚，通过交流来解决冲突远胜于诉诸武力。不幸的是，诸如民族虚荣心、宗教狂热、饥荒和经济问题等常常成为有效交流的障碍。当交流失败时，其他政治手段也随之失效。

（三）世界经济领域的转移

全球化将世界各国的经济紧密地联系在一起。对于相互关联性，人们有了越来越精到的认识，企业在某个方面做出的决策可能影响到千里以外。这些关联和其他一些难以计数的经济联系表明，如果你在为一个生意遍布多国的机构工作，或者在某个遥远的地方做生意，那将是司空见惯的事。

第四节　跨文化交流的构成、现状和展望

一、跨文化交流的五要素

美国人拉斯韦尔 1948 年发表的一篇文章《传播在社会中的结构与功能》，在传播研究的历史上具有里程碑的意义，书中第一次明确地提出了传播活动的五要素。

第一个要素是传播主体，如传道授业的教师、写诗作文的艺术家、穿梭于国际舞台的外交官、各类媒体的从业人员等。任何一个传播过程都离不开传播主体，正如任何一场演出都离不开演员一样。

第二个要素是传播内容，如记者的报道、私人的闲谈、部门的文件通知等。传播活动如果离开了传播内容，那就跟一个演员站在舞台上，却一句话都不说，一首歌也不唱一般。

第三个要素是传播媒介，如语言、文字、印刷、广播、电视、网络等。媒介就像是运货的工具，又像是流水的河床，还像是跑车的道路，没有媒介，再好的传播内容也只能趴在原地，动弹不得。

第四个要素是传播对象，如书刊的读者、广播的听众、影视的观众、上网的网民等。任何传播活动都必须关注自己的传播对象，否则就是无的放矢；任何传播活动都必须重视自己的传播对象，否则就是对牛弹琴。

第五个要素是传播效果。传播效果是一切传播活动的根本，不管有意还是无意，一切传播活动都是为了特定的目的，也就是说是为了特定的传播效果。不为效果而开展传播，就如同不为盈利而经营企业，不为胜利而拼死战斗，不为人才而教书育人一般的不可思议。

这就是拉斯韦尔所描述的传播活动的五大要素。概括起来就是："传播主体-传播内容-传播媒介-传播对象-传播效果"。由于在英文里，这五大要素的表述都含有一个 W，所以，拉斯韦尔的这个理论就被称为 5W 理论，或者叫 5W 模式。传播是交流，交流也是传播，而这五大要素同样适用于跨文化交流。这五大要素可以通过一个笑话来解读。

一个人不学无术，通过捐钱当上了县官。一天去拜见知府，以下为两人的问答："贵县风土怎么样？""没有大风，更少尘土。""百姓怎么样？""白杏只有两棵，红杏不少。""我问的是黎庶！""梨树很多，结的果实很小。""我不是问什么梨树，我是问你的小民！""卑职的小名叫狗儿。"

交流主体是县官，为了升官发财去拜访知府；交流内容除了行贿、客套就是回答上司的问题；交流媒介就是语言，只不过由于县官的不学无术，变成了天书；交流对象是知府，由

于官高一级反而好像变成了交流主体；交流效果就是县官被免职，这个效果肯定不是县官想要的，但是由于对交流对象缺乏了解，出现了交流障碍，所以得到了这个苦涩的结果。以上虽然只是一个笑话，但透析出了跨文化交流的重要性，县官和知府即便是使用同一种语言交流，但由于文化背景的不同，也会导致与预期截然相反的交流效果，更何况我们现在处于一个对外交流更为频繁的现代社会呢？

二、当前形势下跨文化交流的现状、趋势与应有的原则

文化的国际交流，或称跨文化交流，早已出现。这是由文化本身的性质决定的。就文化本身的性质而言，它既是一种社会现象，又是一种历史现象。作为社会现象，文化不是孤立的、封闭的，在个人、群体、民族、国家的交往过程中，不同的文化特质必然会相互作用、相互交融，因此，跨文化交流是文化的一种内在必然性。而作为历史现象，文化不是静态的、停滞的，它伴随着人类由古至今交往的足迹，不断丰富与完善，不断借鉴吸收优秀异质文化。所以说，文化自身所固有的性质，必然引发跨文化交流，这已被世界各国文化发展的历史所证明。作为经济、政治全球化的伴生物和现代科技发展的直接后果，文化全球化是一个客观事实，这个客观事实不仅意味着文化或文明的全球整合，孕育着文化的融合，而且也孕育着文化的冲突。21世纪世界跨文化交流的现状及进程是不同文化之间相互碰撞的过程，而总趋势则是多种文化在某种程度上的共融，文化全球化是世界文化发展的必然进程，这是不以人的意志为转移的。

第一，文化全球化是经济、政治全球化的伴生物。全球化不是某一个社会领域单纯发展的产物，而是经济、政治、文化综合影响作用的结果。全球化始于资本主义生产方式的扩张，资本主义国家在推进其经济全球化的同时，顽固地推行着资本主义制度、生产方式、价值观念的全球化。以资本主义生产方式为载体的全球化是意识形态色彩很强的全球化。可以说，全球化以经济为中心，逐渐向政治、文化、意识形态等领域扩展。

第二，文化全球化依托信息革命，是科学技术全球化的直接后果。信息革命消除了人们的空间界限，把人类居住的世界变成虚拟的空间，交通工具的日益现代化，通信手段的飞速发展，大大缩小了彼此的时空距离，使信息交流与传递完成于瞬息。凭借现代媒体与工具，文化交流与传播在更大范围、更多领域、以更快捷的方式得以实现。因此，这些先进交通通信设施的发明与改进为文化交流在当代的进一步发展创造了有利的物质条件，是当代跨文化交流的"催化剂"。特别是进入20世纪90年代，西方纷纷建立信息高速公路，信息时代、知识经济时代似乎向人们显示出无穷的诱惑力。信息革命在文化全球化中的作用更为直接而显著，它不仅从根本上改变了通信工具和交流手段，开辟了文化传播与文化交流的新时代；更重要的是，它丰富了文化的内涵，因为信息本身及其传播与接受方式就是文化。借助于科技的文化传播与交流，呈现出一种全球化的文化景观。

第三，文化全球化从某种角度体现着西方的文化霸权。资本主义生产方式向世界扩张所

引发的全球化，其背后必然深深地隐藏着西方中心主义的本质，其中，文化霸权就是西方中心主义在文化全球化中的体现。在经济全球化进程中，发达国家处于主导地位，这种主导不单单存在于物质层面上，即西方的产品充斥了世界市场的各个角落，而且也体现在国际社会中的制度和思想文化层面上，经济的优势使西方发达国家在文化全球化中也处于主导地位，其在文化上的表现就是文化帝国主义构成的对发展中国家民族文化的压制和消解。一些西方发达资本主义国家对发展中国家不仅搞经济和政治的扩张和侵略，而且还进行文化扩张和文化侵略，试图把自己的政治制度、价值观念强加给发展中国家。现代物质文明的巨大成功使西方人陶醉于他们所创造的"文明"体制中，认定自己作为"上帝的选民"，有责任把自己的价值观念、生活方式、政治制度传输给其他国家。基督教文化中的这种"传教士"心态和"救世主"精神渗透到西方人思维的各个方面，成为西方民族的集体无意识和独特的思维方式。而西方人的价值观之所以吸引了其他文化的人们，也正是因为这些价值观被看作是西方财富的源泉。因此，意识形态的输出是西方某些大国追求文化全球化的根本目的。就连有些西方学者也认为，这种文化的"全球化"，具有政治性和侵略性，是西方人向东方推行自己的"东方主义"，本质上是推行一种殖民文化观念。

第四，文化全球化的重要标志之一是商业文化、大众文化及后现代的消费主义文化占领文化市场。而已进入后工业阶段的发达国家，形成了高度发达的大众消费社会，培育了与这种社会经济发展形势相适应的消费主义的商业文化。其借以推行的生活方式与消费模式，是以"第一世界模式"为榜样的，以西方模式为基准的。这些"消费文化""商业文化""大众文化"，在一定程度上就是贩卖西方社会模式和价值观念的新殖民主义，这种消费主义模式的全球化，其实质就是发展中国家被西方同化。如流行音乐、流行影视作品、流行服装、流行食品……凡此种种，都反映出日常消费、生活方式的趋同化。这种趋同虽然是表层的，但仍然表现了西方对不同文化模式和传统的同质化追求。

由此可见，文化全球化是一把双刃剑，跨文化交流开启了"世界历史"的新时期的同时，也面临着文化霸权的挑战，文化主权的问题由此凸显出来。西方文化作为携资本和科技之优势的文化，对世界各国的影响显然处于强势的地位。文化渗透已成为当代国际关系中强权政治与霸权主义使用的主要手段。

因此，对西方国家特别是美国在这一进程中的中心地位和主导作用我们要有清醒的认识，对发展中国家的边缘地位和被动处境也要有准确的判断，并借此坚持文化问题上的辩证法，既在文化交流中保持和发展自己的民族文化，抵制文化帝国主义；又不能因此走向极端，不能彻底否定一切西方思想和话语，主张狭隘的文化民族主义。跨文化交流，既是对本土文化的冲击，又是对外来文化的整合。其结果既可能带来本土文化的发展，也可能导致本土文化的异质化。以文化全球化来彻底取代本土化只能导致本国文化特色的丧失；反之，过分强调文化的本土化，一味排斥外来文化的影响，也容易滋长狭隘的文化民族主义情绪，这无异于搞文化"闭关锁国"和文化"自杀"。

因此，面对这种文化全球化的趋势，我们要坚持的跨文化交流的原则就是"和而不同，尊重差别"。跨文化交流不是"拿来主义"，交流的主客体应该是对等的，一种文化根植于一方水土，不存在一种外来文化完全适合本土的现象，冰岛政府宣布破产就是一个很好的例子。2008年起源于美国的金融危机迅速席卷全球，冰岛成为重灾区，2008年10月6日冰岛总理在电视讲话中向全体国民发出警告，称冰岛已到了国家破产的边缘。冰岛的破产固然有产业结构不合理方面的主要原因，但无论是在经济上还是在文化上都过于依赖美国同样是主要诱因，在危机爆发之前就有人笑称冰岛是美国的第51个州，结果危机爆发后美国迅速地抛弃了冰岛。而清末"洋务运动"失败的原因，固然是因为过于排斥外来文化，但是我们也要警惕走上了另外一个极端。

中国传统文化一向重视差别，很早就提出"不同"是事物发展的根本。西周末年伯阳父同郑桓公谈论西周末年政局时，提出"和实生物，同则不继"的思想。指出西周将灭，就是因为周王"去和而取同"，"去"直言进谏的正人君子，而"取"与自己苟同的媚官小人。他第一次区别了"和"与"同"的概念，他说："以他平他谓之和，故能丰长而物生之。若以同裨同，尽乃弃矣。""以他平他"，是以相异和相关为前提的，相异的事物相互协调并进，就能发展；"以同裨同"则是以相同的事物叠加，其结果只能是窒息生机。"和而不同"是中国传统文化的核心观念之一。因此，孔子说"君子'和而不同'，小人'同而不和'"。"不同"是作为做人的根本原则而提出的。但这里提出的"不同"，并不是互不相关，各种"不同"因素之间，必须有"和"，"和"就是事物之间和谐有益的相互关系。"和而不同"原则认为事物虽各有不同，但绝不可能脱离相互的关系而孤立存在，"和"的本义就是要探讨诸多不同因素在不同的关系网络中如何共处。在中国，儒家立论的基础是人和人的关系，道家立论的基础是人和自然的关系，都是在不同的领域内探讨如何和谐共处的问题。"和"的主要精神就是要协调"不同"，达到新的和谐统一，使各个不同事物都能得到新的发展，形成不同的新事物。中国传统文化的最高理想是"万物并育而不相害，道并行而不相悖"。"万物并育"和"道并行"是"不同"；"不相害""不相悖"则是"和"。这种在"适度"的基础上不断开放、不断追求新的和谐和发展的精神，为多元文化共处提供了不尽思想源泉。由此可见，无论是为了维护一个多元文化的和谐社会，还是为了认知方式本身发展的需要，重视"差异"，坚持"和而不同"原则都是当前一个十分重要的问题。

可以说从古至今，各种不同文化都在竭力探索这些有关生存之道的共同困惑，深入了解不同文化对这些共同困惑的探索，坚持进行持续的交流互动，也许可以把我们从目前单向度的、贫乏而偏颇的全球主义意识形态中解放出来。

三、网络与跨文化交流

国际信息网络适应了社会发展对国际交流的时代要求。由于国与国之间的交往越来越频繁、越来越紧密，客观上要求交流时效要更加迅捷、内容要更加丰富、方式要更为多样。国际信息网络不仅在真正意义上突破了时空的界限，还能使各种信息以文字、图片、音像、动画等多种样式，全天候迅捷流畅地在世界各地传播。正是这种在虚拟空间瞬时、无限、多样的跨国、跨文化、跨语言的传播能力，使网络传播备受瞩目。

从规模上看，目前为止国际互联网已连接了世界上 240 多个国家和地区。50 多万个局域网把世界连接成小小的村落。据国际电信联盟在 2016 年版《宽带状况报告》中指出，截至 2016 年年底，全球互联网人数达 35 亿，相当于全球人口的 47%。到 2020 年，保守估计，全球网民数量也将轻松增加 15 亿。据中国国家信息中心分析，到 2020 年，中国网民数量将超过 11 亿，普及率奔向 70%。如果说过去"数字鸿沟"只是口号的话，未来几年，弥补"数字鸿沟"，让更多普通百姓进入数字化的网络时代，则会成为一幅真实的图景。国际信息网络带来传播的革命性的深刻变化，以及它在全世界迅猛发展的势头，使其必然在现在及未来的跨文化交流中占据重要地位。

第一，网络让人们以更为宽容的态度对待文化差异，认同跨文化交流的"和而不同"原则。在许多西方人眼中，中华民族的文化象征是三寸金莲、土里土气的长袍马褂，而忽视甚至根本看不到改革开放后中国的巨变，中国民众素质的提高。西方主流媒体长期塑造的有关中国的刻板印象在西方民众观念中根深蒂固，互联网的普及可以帮助西方民众直接登录中国的本土网站来了解原汁原味的中国文化，体验真实的中国事件的发生、发展与处理过程，倾听并了解中国民众真实的声音。不同民意在互联网的巨大空间内进行冲撞、融合，使得不同文化背景下的民众的交流摆脱了主流媒体言论、信息的控制，将真实的事情、亲身的体验在诸如博客、播客上进行传播，相互分享，逃避了较多的信息把关、信息扭曲、信息删改，使事实真相更容易展现在世人的面前，使得"地球村"的人们可以借助真实无误的信息让彼此更准确地了解对方，消除误会、增进交流。人们在交际之前有必要借助大众传媒尤其是互联网与人际传播渠道的结合来相互了解，努力弄明白跨文化交流冲突存在的根源。

第二，网络可以满足人们在现实中无法实现的跨文化交流愿望，使人们对不同国家和地区的文化背景有更深入的了解。数字媒体突飞猛进的发展，使人们可以借助互联网去世界各地虚拟旅游。人们可以在互联网上轻易下载阅读电子旅游杂志，一本电子旅游杂志可能是某个著名旅游景点的专题，借助声、光、色立体地展示旅游景点的状况、当地民众的风俗习惯，甚至爱情、婚姻礼仪。某些旅游景点的网站甚至设计推出三维立体空间，用户可以虚拟为一名游客，在三维空间内体验旅游观光行程。在互联网时代，数字技术将大众传媒与人际传播有机地结合起来，人们可以在互联网的虚拟世界"体验"异国风情、"品尝"美味佳肴，也可以亲自搭乘飞机去异国他乡实地体验，不同文化的交流可以在虚拟与现实中分别进行，适当的时候还可以使二者有机地结合起来，彼此促进，从而提高跨文化交流的效果。

第三，网络的兴起对于跨文化交流的重要媒介——语言的学习，起到了举足轻重的作用。语言不仅是信息交流的载体，也是连接一个国家民族情感和一个团体人群文化的纽带与桥梁。对别国语言的学习成为进行跨文化交流的主要内容，流利的外语表达成为跨文化传播与交流的前提之一，如今各国政府都在积极推动本国语言的对外输出。

中国在世界各地兴建了数量众多的孔子学院，向海外推广汉语和传播中国文化，每年派驻国外的汉语教师的数量逐年增长。西班牙为向其他国家、民族、群体推广西班牙语言，在全球广泛设立塞万提斯学院，德国则为推广德语设立了歌德学院。孔子学院是在借鉴国外有关机构推广本民族语言经验的基础上，由中国国家对外汉语教学领导小组在海外设立的以教授汉语和传播中国文化为宗旨的非营利性公益机构。它秉承孔子"和为贵""和而不同"的理念，以建设一个持久和平、共同繁荣的和谐世界为宗旨，推动中外文化的交流与融合。

互联网的普及与通信能力的提高，使得语言网络课堂成为推广语言教育的重要方式，举办者在网络上申请一个空间，将相关学习内容放置在该空间内供学习者下载，在线收听、在线考试，远距离邮发合格证书。有的推广者将相关的专业教师请到网络空间进行实时互动教学，可以采取一对多的授课方式，也可以采取一对一的授课方式，借助视频技术，双方可以视频交流。在传统的教育模式下，教师在某个固定地点与某段固定时间集中面对面地授课，学员要花费大量的时间与精力用于赶到固定地点并集合起来。互联网的使用使得教师与学生可以根据双方的实际时间间隙进行教与学，使彼此在更广泛的范围进行语言的交流，推动语言教育，强化语言学习的效果。他们可以在上床睡觉前的一个小时聊睡眠的话题，也可以在锻炼后的一刻钟聊体育锻炼对健康影响的话题，还可以在旅游途中畅聊旅游文化，甚至双方的家人也可以参与进来。借助互联网的可视技术，英语教师可以在自家厨房里向别国学生教授美国比萨饼的做法，日本教师也可以在自家厨房向别国学生讲解日本料理知识。同样，中国的汉语教师也可以在餐桌上向别国学生详细讲解、演示中国筷子的使用方法。互联网是一座巨大无比的教室，语言的传授者与学习者在这座电子虚拟的教室里进行着类似实际语言教学的活动。

第四，以个人博客、播客为代表的自媒体的勃兴有助于促进跨文化交流，帮助人们更全面、多元、真实地了解异域文化。由于个人博客是人们实地生活的真实反映，信息客观、准确、真实。草根博客是一国文化最原始、本质的展现，没有政治、经济的手在背后操纵，所呈现的是原生态的文化生活。在一些个人博客中可以了解美国人真实的家庭生活，了解他们的生活观念，而这种观念不同于好莱坞大片所塑造的美式家庭价值观、家庭生活方式，同样，在草根博客中可以了解到其他文化中居民的成人礼、婚恋观。在互联网时代应当借助媒体来更好地了解异域文化，同样也要借助媒体来更好地传播本民族的文化，不同文化领域内的博主可以成为私密的好朋友，信任增强了跨文化交流的效果，更利于彼此尊重、彼此认同、彼此接受。全球为数众多的博客、播客为全球性的跨文化的传播与交流起到了积极的推动作用，使得跨文化交流更加多元、丰富和全面，向世界勾勒出一个五彩缤纷的文化图景。

空间的隔阂、国界的限制及文化的差异，是跨国交流明显区别于国内交流的主要问题。国际互联网使交流跨越时空、国界，使不同文化背景下的人群可以进行直接或间接对话，由此而生成的意义至今仍难以评估。

复习思考题

一、简答题

1. 文化的特点有哪些？
2. 文化的基本功能是什么？
3. 简述交流有哪些基本原则。
4. 跨文化交流的形式有哪些？
5. 交往由哪些部分组成？
6. 根据拉斯韦尔的传播学理论，文化交流的五要素指的是什么？

二、论述题

1. 你怎么看文化的"多元"？
2. 跨文化交流的总体趋势是什么？分别体现在哪几个方面？

第二章 跨文化交流学理论和方法

第一节 跨文化交流学的理论基础

一般来说，跨文化交流学的理论基础主要有三个方面。

第一，围绕某种特定的文化现象所分析出的研究成果。如：爱德华·霍尔在对美国外事人员进行培训过程中做出的总结——《无声的语言》（*The Silent Language*）。同时，还有很多前往美军驻海外军事驻地的学者们也陆续开展了很多类似的研究。这些类似的研究成果构成跨文化交流学的理论基础之一。

第二，用其他学科的理论来解释跨文化实践的过程中所产生的理论，包括语言学理论、心理学理论等。

第三，传播学。由于传播学是由包括社会学、心理学、文化人类学等多方面学科学者共同开拓的，它和跨文化交流学有着最为直接的联系，而在跨文化交流学中，大多数内容都是将传播学理论应用到跨文化交流研究活动中的结果。

除此之外，哲学、国际关系学，甚至军事学、生物学等也都对跨文化交流学产生了重要的影响，它们各自的许多理论也都为后来跨文化交流学研究人员所借鉴。

第二节 影响跨文化交流学的理论

一、不确定性减少理论

不确定性减少理论最早由查尔斯·伯杰和理查德·卡拉布瑞格于 1975 年提出。他们提出这个理论来解释陌生人在第一次互动时如何使用传播学知识来降低人们之间的不确定性。他们认为，当陌生人第一次相遇时，最关心的是如何从他们的传播中获取信息，提高可预测性。按照伯杰和卡拉布瑞格的观点，当一个人进入一个新的文化环境时，他通常会对周围的环境感觉十分不确定，这种不确定性会让他对新环境产生很多多余的猜测，这种状态会让他陷入焦虑。为了缓解这种焦虑，他就会有一种迫切的渴望，希望能够尽快并最大限度地减轻自己在新文化中遭遇的不确定性，以提高自己对新文化中各种因素预测的准确性。

伯杰和卡拉布瑞格认为，在进行任何双向交流的时候，人们在减少不确定性的过程中通常会经历三个阶段。第一个阶段是进入阶段（entry stage）。在这一阶段中，交流双方会努力了解更多关于对方的信息，比如年龄、家庭背景等，希望能够通过获取这些信息来加深对对方的了解，以此来更加准确地预测对方的行为，最大限度地减少不确定性。在第一阶段的交流过程中，双方进行的交流通常是试探性的，非常正式的，要遵守一定的礼仪和准则。第二阶段是个人交流阶段（personal stage）。在这一阶段的交流过程中，双方开始放松起来，交流变得更加深入，更加个人化，彼此希望能够了解关于对方更深层次的问题，例如对方的喜好等。这些信息通常比较个性化。第三阶段是退出阶段（exit stage）。在这一阶段，交流双方开始讨论如何进一步加深彼此的关系，例如，他们可能会讨论未来该如何交往。由于此时双方已经对彼此有了大致的了解，他们对发展彼此关系的可能性也在内心做了评估，所以也可能会决定结束交往。归纳起来不确定性减少理论的公理如下。

公理1：在进入阶段，互动双方具有很高的不确定性，随着陌生人之间语言传播的增加，在这一关系中每一个互动者的不确定性都会减少。当不确定性进一步减少时，语言传播的数量还会进一步增加。

公理2：当非语言表达的亲密性增加时，初次互动的不确定性就会减少。此外，不确定性减少会导致非语言表达的亲密性增加。

公理3：高不确定性导致信息搜寻行为的增多。当不确定性减少后，信息搜寻行为也会减少。

公理4：在人际关系中，高不确定性会减少传播内容的亲密性。低不确定性会产生高亲密性。

公理5：高不确定性造成相互作用频率增加，低不确定性造成相互作用频率降低。

公理6：人们之间的相似性会降低不确定性，相反，差异性会增加不确定性。

公理7：不确定性程度的增加会减少喜爱程度，不确定性程度的减少会增加喜爱程度。

二、文化冲突理论

美籍华裔心理学家丁允珠（Stella Ting-Toomey）对跨文化交流中的文化冲突现象进行了最为全面的归纳总结，主要从两个方面进行阐述。首先，她认为各种文化在相互接触时，会发生碰撞，这是由于各种文化中不同的文化规范发生了冲突。不同文化背景下的人在进行交往的时候通常会无意识或有意识地遵守本文化中的行为规范和思维方式，同时不同文化的人进行交往时各自又会遇到不同的规范，从而引发冲突。例如，美国文化认为人的独立性是最为重要的，所以美国人最为看重的是自由和独立，而中国文化看重的是个人对于团体利益的服从，特别是当个人利益与集体利益发生冲突时，所以严格要求个人的行为必须符合团体的利益，当这两种文化背景下的人进行交往的时候，如果双方都按照自己的标准要求对方，那么在交流过程中轻者双方会对对方的行为感到难以理解，重者就会引发各种各样的冲突。

其次，她认为不同文化对于本文化群体内部的冲突的态度也是不同的，从某个方面来说，冲突在检验与维持某种文化基本的规范和价值观上是一种必要的手段。当一个人处于能相互尊重差异性的环境中时，这种文化冲突能激起他强烈的文化自尊心，使之更为强烈地遵守和维护本文化的价值观和行为规范；反之，亦然。

三、适应理论

国际跨文化心理学会的创始人之一约翰·贝利（John W. Berry）从 20 世纪 60 年代潜心研究心理学，并开辟了跨文化心理学。他提出了文化适应理论（acculturation），其结构框架被称为"Berry 的理论框架"。该理论涉及全球化的核心问题：文化适应过程和结果、文化适应的态度和去向、文化适应群体，并提出引人深思的问题，即群体和个人在文化交往和变迁中如何自我定位；如何适应这一过程；人们的跨文化交际策略；如何改变个人的经历和承受压力以获得最终的适应。

他认为文化适应的过程实际上对发生相互接触的两种不同文化都会产生影响，只不过对主流文化影响较小而已。因此他的双维度模型将文化适应研究推向一个更加全面、细致深入的阶段。

他从两个维度进行考量：一是保持传统文化和身份的倾向性；二是和其他民族文化群体交流的倾向性。

他的理论主要从非主流文化族群的角度分析，有以下四个关键点。

（1）整合。文化适应中的个体既重视保持传统文化，也注重与其他群体进行日常的交往。

（2）同化。个体不愿意保持他们原来的文化认同，却与其他文化群体有频繁的交往。

（3）分离。个体重视自己原有文化，希望避免与其他群体进行交流。

（4）边缘化（最难以接受）。个体既不能保持原来文化，又不被其他群体文化所接受。

主流文化与非主流文化交流最终产生不同的策略。当主流文化实行熔炉策略时，非主流群体会采取同化策略；当主流文化实行种族隔离策略时，非主流群体会采取分离策略；当主流文化实行排外策略时，非主流群体会采取边缘化策略；当主流文化实行多元文化主义策略时，非主流群体会采取整合策略。

这个模式否认全球化会带来同质化的唯一可能，向人们展示了四种可能的后果。

（1）世界文化同质化。非主流社会逐渐趋同于主流社会（同化）。

（2）相互的改变。全球化导致交流双方的某些方面的趋同，共享一些特质的同时又保留了各自的独特之处（融合）。

（3）相互排斥。非主流群体抗拒主流群体的影响并与之隔离，或主流群体无法与非主流群体交往。

（4）主流支配。非主流文化被毁灭，并且不能融入主流文化，其成员丧失了文化纽带

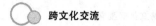

（被边缘化）。

另一个提出文化适应理论的学者是美国学者金·扬（Kim Young）。在观察了大量外国侨民，尤其是韩国侨民融入美国社会的过程之后，金·扬提出一个人从一种文化背景进入另一种文化中并且适应，其需要一个很长的积累过程。在这样一个积累的过程中，他需要通过不停地交流来适应新的文化环境，从而逐步融入其中，成为该文化中积极的一分子，从边缘化走向中心化。这整个适应的过程，被金·扬描述成螺旋式上升的过程。从一开始的易于、乐于接受新的文化，并十分注意遵守新文化中的行为规范，理解新文化中个体的思维方式，中期出现退缩，开始退回自己原有的文化当中，并开始封闭与新文化的沟通。之后他/她便会再次打开交流的渠道，跟新文化进行更加积极的交流……以此类推，就这样，经过一个这样的过程后，此人便会融入新文化。通过大量的研究和观察，金·扬发现，在融入新文化的过程中，一个人的个人交际能力与其融入新文化的速度之间有着直接而重要的联系。一般来说，那些人际交往能力强、社会活动经验丰富的人更加容易适应新的文化环境，而相比之下，那些不太善于交往的人则适应较慢，甚至终其一生都无法完全融入新的环境中。

四、文化维度理论

20 世纪 60 年代初，IBM 为了更好地进入世界各国的市场，帮助公司内部员工进行更好的沟通，邀请荷兰著名的管理学学者霍夫斯泰德（G. Hofstedel）在全公司内部进行了一次大规模的调研。在 1968 年和 1972 年对 IBM 员工进行的两次调查研究中，霍夫斯泰德教授发现，尽管公司有统一深厚的公司文化，但是由于 IBM 遍布世界各地，所处不同国家分公司员工的文化价值观存在很大的差异。霍夫斯泰德教授试图从中找出能够解释导致大范围内文化行为差异的原因。他从五个方面对不同国家的文化进行研究分析，即权力距离，不确定性规避，集体主义-个体主义，阴柔气质-阳刚气质，长期导向-短期导向，提出了后来影响深远的文化维度理论。

1. 权力距离

权力距离是指在一个以国家为单位的组织或机构中处于权力弱势成员对于权力分配不平均的期望和接受程度。通过调查，霍夫斯泰德发现权力距离指数能确定一个国家中人与人之间相互依赖的程度。统计数据表明，亚洲多数国家及南欧国家权力距离指数较高，而多数西欧国家权力指数较低。

霍夫斯泰德认为在权力距离指数较低的国家，社会成员对待不平等的事情接受程度很低，人们更尊崇的是个体相对独立性和自由性，主张弱势群体能够通过自身的努力来改变弱势的现状。在家庭教育、学校教育等方面都将平等作为相互关系的基础。而在权力距离指数较高的国家，社会成员对不平等的接受度较高，在家庭、学校、社会关系中，强调顺从、尊重和谦逊，从而弱势群体与强势群体之间的关系是弱势群体依赖于强势群体。不仅如此，在工作中，这类权力距离指数较高的国家，社会成员往往更容易接受等级制度，也可以接受权力集中、严格监控和较大的收入差距。通过研究，霍夫斯泰德找出高权力距离指数国家和低权力距离指数国家在社会、工作、家庭、教育等各方面存在深刻分歧的原因。他认为最主要的根源在于不同国家的历史传统。不仅如此，权力距离指数还与国家所处的地理纬度、人口规模和国家财富有着一定的内在关联。

2. 不确定性规避

不确定性规避是指某个国家某种文化中的成员对于未知的、不确定的情形所产生的自身感受威胁的程度。这种感觉的表现形式有两种：一是一种紧张感；二是对可预测性的需求。不确定性规避分为两种，一种是强不确定性规避，另外一种是弱不确定性规避。强不确定性规避社会的成员倾向于认为存在于生活中的不确定性对他们是一种威胁，因此要采取有效措施加以消除。同时，由于害怕生活中存在的不确定性和差异性，所以强不确定性规避社会成员中普遍存在焦虑感。正是由于对不确定性和差异性的焦虑，因而在一般社会家庭生活中，强不确定性规避表现出对生活的认真、一丝不苟，按部就班，结构化的工作和学习，并且崇尚精确和严密的组织体系。强不确定性规避社会更是崇尚秩序，它们法律繁杂，力求精确，力图克服不确定性。

而弱不确定性规避社会，社会成员认为变化是生活的常态，所以在对待不确定性的差异上采取顺其自然的态度。社会成员对不同事物、事情抱有宽容的态度，他们的焦虑水平普遍较低。由此家庭生活的氛围轻松、随意，学习方式多样化，学校教育属于开放式教学，老师能与学生一起探讨问题。弱不确定性规避社会崇尚自由。

综上所述，霍夫斯泰德认为各国存在不确定性规避指数上差异的根本原因也是由不同国家的历史传统造成的。通过数据统计分析，他认为一个国家的不确定性规避，强弱是波动的，随着各方环境的变化，不确定性规避强弱指数也会发生变化。

3. 集体主义-个体主义

个体主义是指在一个社会中，人们只顾自己及其家庭利益，而社会关系表现为人与人之间松散的联系。在个体主义的社会里，个体利益优先于群体利益，主体特征是在有效维护个体利益的前提下才考虑群体利益。而在集体主义社会里，群体利益高于一切，高于个体利益，与个体主义社会相反，集体主义社会是要优先维护群体利益，继而考虑个体利益。在霍夫斯泰德的调查数据中显示，权力距离指数高的国家，个体主义指数比较低，而权力距离指数低的国家，个体主义指数相对较高。权力距离指数与个体主义指数存在一定程度上的关系。霍夫斯泰德认为个体主义指数高的国家，社会、家庭在教育中重视培养自我的意识，因而在成人之后，倾向于多照顾自己及核心家庭。亲戚之间关系较为疏远，直言不讳是受到鼓励的。个体主义社会在学校教育中，要求个体积极主动，学习目的在于学会学习。个体主义社会在工作中，员工流动性较大，而在雇用和晋升的环节，主要是依据公司规则和员工本身的职业技能及与公司之间的契约关系。

相对而言，集体主义即个体主义指数较低的国家，社会成员从小被灌输一种群体意识。个体以群体的存在为前提，因而在群体生活中，群体给个人提供安全感，个人成长以后回报群体，群体不同成员之间经常共享资源。在人际交往中，个体主义指数较低的社会个人要求含蓄，留有余地。集体主义社会在学校教育中，主张谦逊，学习目的在于学会做事。集体主义社会在工作中，公司员工流动性很低，雇用和晋升的依据不只是员工的技能，还会考虑"关系"的问题。

霍夫斯泰德认为个体主义社会和集体主义社会在家庭、学校、工作和政治生活等各个方面所表现出的分歧，主要源于各国历史上经济生活的不同形态。历史上以农业为主要经济形式的社会往往呈现出集体主义社会。以捕鱼、狩猎为主要经济形式的社会，往往同现代个体主义社会相对应。不仅如此，国家财富和地理纬度的不同也与集体主义、个体主义社会相关联。

4. 阴柔气质-阳刚气质

阴柔气质和阳刚气质的区分源于社会性别角色的不同。霍夫斯泰德指出，在阳刚气质的社会，男性被认为是坚毅、果断、重视物质成就的。女性被认为是温柔的，重视生活质量的。在家庭中，父亲与母亲有着较为明确的分工。父亲负责处理外部事务，母亲负责处理家事。在学校教育中，对男女生要求也有所不同，有些甚至学习科目都不相同。在消费行为中，男女在消费上亦有所不同。在工作中，男性一般很少从事女性所从事的工作，对男性而言，事业是其生活中最重要的部分。

阴柔气质的社会，男性和女性都要求谦虚、温柔，重视同他人的合作、生活品质和工作保障等。在这样社会的家庭中，父母没有明确的分工，双方共同负责家务等，并注重人际关系。对男孩、女孩的要求也基本相同。在学校教育中，对男女一视同仁，学习中不强调竞争，也不鼓励学生表现得过于强势。在消费行为中，男女有别现象并不明显。在工作中，男女之间工作类型没有明显区别，工作是为了提高生活质量。

5. 长期导向-短期导向

长期导向-短期导向是霍夫斯泰德在1980年提出国家文化思维模型不久后补充的。霍夫斯泰德借鉴彭迈克在23个国家进行的华人价值观调查，发现长期导向意味着培养、鼓励以追求将来所得回报为导向的品德。与之相对的另一端短期导向意味着培养和鼓励关于过程、当前的品德。统计数据表明，在长期导向的国家，人们更注重长远的目标，而在短期导向的国家，人们更注重当前的生活和享受。长期导向的国家中，管理者关注的是企业的发展规划和未来利润，更愿意在某个领域进行长期投资。而短期导向的国家中，管理者更关注的是企业的盈亏和眼前的利润。

霍夫斯泰德的国家文化维度模型和文化维度理论，在管理学界引起巨大反响，几乎成为跨文化管理研究的主流范式，其研究方法和研究结论甚至被其他社会科学借鉴，对人们更好地理解不同国家的文化差异发挥了重要的促进作用。

五、社会认同感理论

奥地利心理学家特纳、霍格和他们的同事提出了著名的社会认同理论，以解释与认同感相联系的社会心理行为。他们发现，人们对自己的认识，也就是通常所说的自我概念（我们自己对自己的认识）不仅包括个人的身份（我们个人的特点和态度）和特性，同时也包括社会认同。

与英国社会心理学家泰吉弗尔（Tajfel）一起，特纳提出了社会认同理论。这种理论包括以下几个重要观点。

（1）人们有分类的需求。也就是说人们很容易把人分成不同的类别，而且这种分类往往是以自己的团体作为参照点。因此，我们很容易把别人归类为美国人、英国人、埃及人等，或者是我们很容易把别人分为东方人、西方人，或者是中国的北方人、南方人等。这种分类能帮助我们简化对他人的理解和描述。

（2）人们倾向于认同自己所归属的团体，容易把自己与自己的团体紧密地结合起来，用这种联系获得自尊，感到骄傲。

（3）人们有将自己团体与其他团体进行比较的冲动，从而产生对自己团体的偏好，以及对他人团体的蔑视甚至敌视。

（4）人们有自我评价的需求，即通过团体成员的身份来评价自己，这种心理感受强化了自我概念，让人们觉得舒服和骄傲。将自己的团体看作是优于他人的团体，从而间接地让人觉得自己比他人团体的成员更加优秀和高贵，从而产生了良好的心理感受。

第三节　跨文化交流中的沟通障碍

一、语言障碍

跨文化交流中最显而易见的障碍就是语言的障碍。在进行跨文化交流时，若一方未掌握或未听懂对方的语言，就会产生理解障碍。这时，就需要能满足双方交流需要的翻译。而翻译的困难主要在于所表达的语言意义的流失，因为其一，语言在同一文化中都具有多种意义；其二，翻译有可能作为字面上意思的直译，会产生歧义；其三，作为翻译的人，必需熟悉两种语言中的文化背景。不然，只能通过语义直接翻译。

作为一个意义产生的系统，语言有着很多种基本的特性。其中包含传递意义、信息及含义信息之外的价值观念、道德观念和行为规范。而跨文化的语言差异共有以下四个方面。

第一，词汇的差异。词汇学研究的对象包括词源、句法、语法、语音、语义。每个词汇在意义表达上都有着特殊的含义。心理学家们发现，对人类生存和发展有着特别重要意义的某个活动或者环境中的某一事物，对应这个事物的相关词汇会有很多。心理学家米勒（Miller）发现："当一个想法重要的话，人们很可能会用一个词来描述它，住在山里的人会用词汇来描述大山，住在平原上的人如果从来没有见过大山，就不会有关于大山的词汇。一件事情越重要，那么有关它的词汇就越多。"这个思想后来就成为心理学中的词汇假设。西方人格心理学的五大模型，就是建立在这一逻辑基础之上的。因为美国心理学家阿尔伯特（Albert）发现，描述这五种人格（分别是神经质、外向型、开放型、随和型、尽责型）的词汇是最多的。这就反映了这五种人格是人们最容易观察得到，而且是最为重要的。行为研究学证明，40%～60%的人格差异能够用这五种人格元素来说明，而且这五种人格元素还有遗传上的表现。

第二，对话距离的差异。对话距离就是指对话双方在交流中所保持的距离。社会学家爱德华·霍尔（Edward Hall）曾经将对话距离定义为个人空间。人们在与不同关系及不同文化的人交流时，需要的个人空间往往是不同的。因而，从某种意义上来说，不同的交流距离也寓意着不同的人际关系。

第三，语言使用的差异。不同的文化所习惯的表达方式，常用的成语、谚语和格言，所熟悉的语调、语速，以及欣赏的风格都是不一样的，因此不同语言的使用，会下意识地影响到人的行为和思维方式。表达方式的差异也是深度心理差异水平的一种反映。比如，中国人比较习惯在人前谦逊，不刻意直接表现自己、夸奖自己的丈夫或者子女。而美国人却相反，他们很愿意在人前赞扬自己的子女或亲人，以表示一种尊重和对他们的爱。这是一种自我概念表达的延伸，通过这也表现出中国人和美国人对自我概念的不同认识。

第四，非语言成分。非语言成分就是在使用语言的时候所伴随的肢体的某些动作和反应。最常见的非语言成分就是手势。肢体和面部表情是对语言的一种补充，它和所要表现的语言意义是一致的。第一个对非语言成分进行科学研究的应该是达尔文的《人类和动物的表情》一书。他发现很多非语言的表达方式具有很大的文化差异。比如，身体的姿势等在不同的文化环境中，所代表的意义和得到的反应是不一样的。姿势也是非常常用的非语言沟通方式，它通常是通过手和臂的运动来传达信息，也包括头和眼睛的动作。因此，非语言的文化差异是人们学习其他文化不可或缺的重要组成部分。

二、交流风格的障碍

跨文化的交流如果仅仅只存在语言障碍，那么依靠准确的翻译就能够克服这些障碍。但是，很多情况下，文化交流方式本身的差异也会影响沟通的方式和效果。

（一）高情境文化和低情境文化

著名的社会学家爱德华·霍尔在1976年提出在跨文化交流中还有一些非语言信息表达障碍，这其中最大的差异就是高情境文化与低情境文化。霍尔将文化分为高情境文化（high-context culture）和低情境文化（low-context culture）两类。高情境文化的特征是，在沟通过程中只有很少的一些信息是经过编码后被清晰传递出来的。高情境文化的社会重视的是人际交往和沟通过程中的"情境"，而不是"内容"。人们注重建立社会信任，高度评价关系和友谊，关系的维持相对来说较长久。沟通常常是含蓄的，但人们对含蓄的信息非常敏感，也能体会它的含义，个体从其早年就学会了准确解释这些含蓄的信息。具有权力的人对下属行为负有个人责任。低情境文化的特征恰好相反，是指在沟通过程中大量的信息已经存在于清晰的编码中。低情境文化的社会重视的是人际交往和沟通过程中的"内容"，而不是"情境"。低情境文化的社会不太重视个体之间的关系，"深入了解对方"似乎是没有必要的，人与人之间的关系持续的时间较短，沟通常常是直接的，人们在生活的早期就被教育要准确清晰地表达自己的意思。高情境文化强调在很多情况下沟通的情境、信息和意义的交换不是由你说的语句和内容来决定的，而是由你表达的方式、手势、语调、语速等情境性的因素来决定的。在高情境文化沟通中，沟通的意义在很大程度上是间接的，表达的词汇和语句往往比较间接，而且很大程度上只是所要传递信息的很小一部分，其余的部分必须依靠听众的理解和意会来加以补充，这种意会建立在听众对沟通者背景的理解、对沟通情境的敏感和其他外在信息的利用上。中国古话所说的"此时无声胜有声"所指的就是这种高情境文化沟通风格，因为中国文化本身就是一个高情境文化，类似的文化还包括日本文化、西班牙文化等。

低情境文化强调沟通的方式是直接的、明确的，它的意义应该是直接由字面表达的。听众不需要对背景和情境进行再加工，因为他们可以直截了当地从沟通者所说的、所用的词汇中理解对方的意思，美国、加拿大及很多欧洲国家的文化都是很明显的低情境文化。

这两种沟通风格的差异，主要表现在以下五个方面。

第一，沟通双方是否能相互推测到对方的意思。低情境文化中的人需要对方把话讲得十分明白。而高情境文化中的人能够相对容易地听出对方的话外音。

第二，具体的表达方式并不相同。低情境文化沟通会使用直接的表达方式，高情境文化沟通使用委婉的表达方式。

第三，在对人际关系的敏感程度上有差异。在双方交流的过程中，高情境文化中的人能够非常快地从沟通的方式和结果中判断出双方关系的亲疏程度，能够从对方沟通时的态度、表情、姿态来判断双方关系的亲密程度。相对而言，低情境文化中的人不太能够从沟通的方式中判断出双方关系的亲密程度。

第四，低情境文化中的人更倾向于使用一些戏剧化的表达方式，因为他们更欣赏直接的沟通，往往喜欢用一些夸张的词汇来强化要表达的意义。高情境文化中的人对双方的关系和要表达的隐藏意义相对比较敏感，因此不需要过分戏剧化的表达方式来表达所要传递的信息。

第五，相对而言，高情境文化中的人会较多地利用自己的情感来指导行为，低情境文化中的人往往用直接的语言来指导行为。

（二）沟通时认识上的文化差异

东西方文化的人在沟通过程中，有两种明显不同的风格差异。一种沟通风格的差异是与东西方人的思维差异有密切关系的，这就是东方人在沟通时不喜欢争辩式的表达，而西方人的沟通风格倾向于争辩。另一种沟通风格的差异，表现为使用整体性、系统性的，还是使用具体性、个案性的表达。中国人习惯于采用高屋建瓴、纲举目张之类的由上而下的沟通风格，喜欢声称全体人民等来营造团体的声势和压力。而西方人的表达更愿意从个人的角度出发，采用个案来喻示他要表达的意思和信息。

两种不同文化背景的人在交际的过程中最容易犯的毛病就是误以为对方与自己没有什么两样，以自己的认识观和文化价值观审视他人，因而在发现对方的行为与自己的预期相差很远时，就会出现困惑、失望等情绪，造成跨文化交流的失败。这是跨文化交流中的一大障碍。

认为别人与自己大致相同的想法是很自然的，但是，在跨文化交流中存在这种想法是不利的。必须不断提醒自己，跨文化背景下的人与人之间有着不同的文化背景和社会习俗。首先要学会观察异国文化，善于将其与自己的文化进行比较和总结，这样才能逐步提高自身的跨文化意识，避免跨文化交流的失败。

（三）刻板印象的出现

尽管人们平时并没有和某种文化接触，但是可能已经对它有一种先入为主的印象，并对其进行分类。如法国人浪漫，日本人工作认真努力，德国人严谨等。刻板印象是对于某些个人或群体的属性的一套概念。这些属性可能是正面的也可能是负面的。形成刻板印象和概念与将事物分类是紧紧相关联的。人们在认识事物时，通常是从个别到一般，即首先认识个别事物，在认识许多个别事物以后，将其共同点归纳集中起来，抽象地形成一个总的概念。在这个总概念中，个别特点被忽略，看到的是共同特点。这是人们认识事物的最基本的方法。刻板印象往往忽视个体区别，而且不轻易改变自己的看法，从而使得人们不能客观地看待、观察另一种文化。在进行跨文化交流时，这种刻板印象所带来的影响妨碍了不同文化背景中的人们的交流。

心理学家对于刻板印象的形成进行过多年的研究，有的心理学家认为这是由社会环境的因素决定的。也有的观点认为儿童的个人经历起着重大作用，还有的认为刻板印象与儿童的认知发展有关。

（四）民族中心主义

民族中心主义是指按照本族文化的观念和标准去理解和衡量他族文化中的一切，包括人的举止行为、交际方式、社会习俗、管理模式及价值观等。在当今的世界，人们在观察另一种文化时往往不自觉地以自己的是非标准为准则，对于不同于自己文化的事物及事情做出一定的价值评判。有研究者表明，任何人都不能摆脱民族中心主义的影响。因为每个人都是在一定的文化文明中成长起来的，要完全摆脱人们在社会化过程中获得的各种观念和看法是很难的。

基本上，每个国家的文化都习惯于将本国置于中心。比如，在制作地图时都是把本国放入中心。美国人看中国出版的世界地图感到生疏，因为他们习惯看到的是把美国放在中心的地图；反之，中国人看美国出版的世界地图遇到的问题也是一样的。再比如，在谈到对世界文明的贡献时，一般都会突出本国的成就。还有就是人们在对比各国的新闻报道时会发现，各个国家都是从自己国家的角度选择和报道所发生的事情，在报道同一件事时观点和材料也不相同。

三、文化心理的障碍

跨文化交流的最大障碍恐怕是文化心理的差异所造成的误解和敌意。这种障碍会随着文化交流的增多而日益增加。这种差异由于与自己的文化和心理有很大的关系，因此往往很难被人们所理解和接受，因此造成跨文化沟通的困难。

文化心理的差异可能存在于不同国家之间，也可能存在于同一国家的不同民族之间。20世纪的一个重要现象，就是国家之间的大量移民。很多韩国人把中国当作自己的第二故乡，很多中国人移民到了美国，在德国有很多土耳其移民。这些现象表明每个国家都在成为各种文化的混合体。同时，随着现代市场经济的发展，各个国家内部的人口流动也越来越频繁。当这些民族分别处在疏远和隔离的情况时，他们彼此之间的认识很可能只是书面和间接的，因此不太会造成沟通的问题。但是，随着经济交流的加深和人口的迁徙，不同民族间的文化心理差异也越来越成为跨文化交流必须注意和克服的障碍。

（一）行为的异同

很多的人类行为是由社会因素决定的，而不是由基因因素决定的，因此很多行为不能从生存需求的角度来理解和解释，而只能从文化差异的角度来比较。美国社会学家罗伯逊曾经写道："美国人吃牡蛎，但是不吃蜗牛；法国人吃蜗牛，但是不吃蚱蜢；祖鲁人吃蚱蜢，但是不吃鱼；犹太人吃鱼，但是不吃猪肉；印度人吃猪肉，但是不吃牛肉；俄国人吃牛肉，但是不吃蛇；中国人吃蛇，但是不吃人；新几内亚的佳南人发现人肉很美味。"

如需了解自身文化对行为的影响，人们只需要去接触另外一种文化，观察这种文化中成员的行为与观察者自身文化同样情况下相应行为的差异。在世界很多地方，对某种行为好坏的定义，可能完全不一样。各种文化对于认为可以接受的、合适的行为，都有自己的一套标准。这些社会期望或者规范无所不在地影响或者说控制着人们的行为。这些规范很多都有它存在的必要性，这也是提高人的社会性的重要机制。从某种意义上讲，规范就是水，人类就是鱼，脱离了水的鱼是无法生存的。同样的道理，每一个人都浸染在自己的文化中，只有当你跳出已有的文化大海，才能意识到它的存在。

美国的心理学家罗文斐尔德曾经对不同文化的生活节奏做过观察。他在 31 个国家做了实证的行为观察，主要采用了三个观察指标：不同国家的人走特定距离的平均速度；每个不同文化的邮局工人贩卖邮票的速度；每一个国家里随机挑选的银行墙上钟表的准确程度。结果发现每个国家在这些指标上的得分指数都是不一样的。一般而言，工业化程度越高的国家，生活节奏越快，这表现在他们的行走速度相对而言更快，时钟的准确性更高，公务员的办事效率也更高。另外，这些行为的差异也与人口密度有关。人口密度越高的地方生活节奏越快，人口密度越低的地方生活节奏越慢。同时，这还与气候有关，温度越高的地方生活节奏越慢，温度越低的地方生活节奏越快。

虽然很多行为规范随着文化的差异而不尽相同，但人类社会还是有很多共同的规范。最普遍的是对乱伦的禁忌，每一个社会都反对乱伦。不同地方的人也有相同的友谊规范。社会学家阿格耶和亨德森通过在英国、意大利、中国、日本所做的研究，发现在特定的文化规范上有差异，比如说在日本文化中，一个很重要的规范就是不要公开批评一个朋友，但还是有很多很明显的普遍规范：尊重朋友的隐私，在谈话时与朋友进行眼神交流，为朋友保守秘密等。这些都是有关友谊的普遍规则。破坏这些规则，友谊就会破裂，所有的文化基本都遵循这些友谊的行为规范。

另一位社会文化领域的学者布朗还注意到另一种跨文化行为规范。他对 27 种不同类型的语言文化进行研究后发现，由于社会等级差异的存在，人们在称呼其他人时，所使用的方式是受等级差异影响的。社会地位较低的人，在与社会地位较高的人谈话时，采用的称呼都是非昵称的、带有尊敬意味的正式称呼，类似于他们在称呼一个陌生人时一样。比如，病人称呼医生为"王医生"或是"彭教授""李主任"等。而一个社会地位较高的人称呼一个社会地位较低的人时，通常采用的是比较随意的、直呼其名的方式，甚至像称呼朋友一样。所以医生可以直呼病人的名字，老师可以直呼学生的姓名，上级可以叫下级"小李"。

布朗发现的跨文化称呼规范的第一个规则是："称呼别人的方式不仅反映了社会距离，同时也反映了社会等级差异。"这一原则与第二个原则也是相关的："亲密关系的发展通常是由社会地位较高的人来引导的。"在欧洲，如果人们希望增强他们之间的亲密性，谁更应该是主动者呢？在很多亲密环境下，通常是由年老的，较富裕的，或者地位高的人提出这一建议。

从某种意义上讲，不同文化族群最重要的相似性（也就是人类这个物种的标志性特点），就是人们的学习和适应能力。进化使人们能够在一个变化的世界中创造性地生活，促成了人们的文化差异。是否能将美丽与苗条的体形等同起来完全取决于人们生活在什么地方或什么样的时代。人们是夸夸其谈还是谨言慎行，是一本正经还是任性妄为，这些在很大程度上都取决于人们的生活文化。因此文化的差异才是恒久不变的文化相似性。

（二）情感活动的异同

达尔文认为情感活动具有帮助个体生存和适应环境的价值，人们具有相同遗传神经结构和生理学特性，以表达自己的经历和情感。这种相似性甚至在不同物种之间都存在，也就是说其他哺乳动物具有很多跟人类一样的表达情感的生物学基础。因此，有一些基本情绪可能都是相同的，比如快乐、恐惧、愤怒、厌恶、悲伤等。这些情绪具有进化的意义，能帮助我们适应环境，并解决那些对生存至关重要的问题。

通常而言，情感活动有四个阶段：首先是评估阶段，也就是个体对所处的环境特别是其中的刺激物（事件、目标、想法）进行解释和估量的过程；其次是主观感觉过程，也就是对这些刺激做出自动化的反应，是高兴还是不高兴；再次是生理反应阶段，如心跳变化或呼吸变化等；最后是行为表现过程，如微笑或哭喊等表达情绪的行为活动。举个例子，想象自己正在大海中游泳，突然看到一条大鲨鱼正向你游来。这一事件包含某一情感的四个组成部分：你首先解释这一刺激，即看到的是一条鲨鱼而不是其他的动物；然后你产生了一个情绪感觉，如恐惧；马上你会产生相应的生理变化，心跳加速等；最后你表现出自己的行为，害怕的面部表情或者尖叫并逃跑等。

（三）思维方式的异同

广义来讲，思维指人们处理信息的过程。每个人每时每刻都在处理信息，而对信息的需求是人类的普遍属性，这一属性是超越文化差异的。下面先来看看思维具有哪些跨文化的一致性。

第一，无论是哪个文化的成员，都必须去处理从感知器官获得的信息，因此基本的感知过程是不受文化差异影响的。

第二，无论是哪个文化的成员，都必须对感知器官和所获得的信息进行分类，也就是说对于你周围的许多事物要给出一些相同的名称，以方便你对这些信息做出处理。归类的方式可以根据事物之间的相似性来归类，或者是根据事物之间的功能一致性来归类。

第三，无论是哪个文化的成员，都必须记住大量的信息，也就是记忆。这一心理过程本身，是没有文化差异的，否则你就不可能对你生存的环境形成稳定的认识。

第四，无论是哪个文化的成员，都必须具有思考问题、理解问题和判断问题的能力，都会思考事物之间的因果关系。根据因果关系和自己的思考，做出适合自己意图的行为。

第五，无论是哪个文化的成员，你都会对认为重要的人、关系、事情做出积极的反应和偏重，也就是说都会根据人的亲疏远近和事物的轻重缓急，来做出恰如其分的反应和选择。

虽然思维具有很多跨文化的相似性，但是思维方式还是有很大的文化差异，这种差异对跨文化的沟通有时会有妨碍的作用。这些文化差异及其影响主要体现在以下四个方面。

第一，在思维方式的应用过程中，文化会起到决定性的作用，也就是说思维的过程会受到文化背景的影响；而思维本身的机制可能是跨文化相似的。就像语言一样，语言本身的功能可能是跨文化一致的，但每种语言的表达过程是不一样的。因此，虽然不同文化的人都会对因果关系的分析有同样的要求，但如何进行因果关系分析，特别是对问题分析的侧重点上会出现跨文化的差异。

第二，文化的差异也会体现在思维所处理的内容上。虽然人们都进行思维，但是思考的问题或者说重点，绝对不可能是一样的。中国人可能会倾向于较多思考中国文化的特殊问题，而美国人更倾向于思考美国文化所感兴趣的热点问题。

第三，文化对思维的影响，还体现在某种思维活动产生的情境中。心理学家维果茨基说："思维从来不是产生在真空之中的，而是产生于人的社会活动之中。"人们的思维不是为了简单的思维游戏，而是与人们的生存紧密相关的。而人们的生存情境，客观上具有跨文化差异性。很多情况下，思维的情境就是文化差异的重要来源。

第四，文化还会对那些高级感知过程，或者复杂的心理能力产生巨大影响。人往往不是对感知过程简单地做出反应，而是做出有意义、有价值、带情感的加工。杜甫《春望》里的"感时花溅泪，恨别鸟惊心"，江淹《别赋》里的"风萧萧而异响，云漫漫而奇色"，这就不光是看花闻鸟、听风察云这样的简单感知，而是要把自己的更复杂的心理体会加在简单的感知过程之上。这些简单感知之上的复杂心理能力，往往是由不同的文化经历所造成的。因此，人的心理能力越复杂，所受到的社会文化的影响就会越大。

第四节　跨文化交流技能的培养

一、文化休克

"文化休克"（cultural shock）这一概念是 1958 年美国人类学家奥博格（Kalvero Oberg）提出来的。当时许多由美国政府和企业外派的工作人员在进行过跨文化交流后因文化差异形成心理焦虑，无法适应目的国的生活。在经过仔细的研究后，奥博格提出了这一概念。文化休克是指一个人进入到陌生的文化环境中时，因失去自己熟悉的所有社会交流的符号与手段而产生的一种迷失、疑惑、排斥甚至恐惧的感觉。"休克"本来是指人体重要功能的丧失，如身体失血过多，呼吸循环功能衰竭等。但是，当一个长期生活于自己母国文化环境中的人突然来到另一种完全相异的新的文化环境中时，其在一段时间内常常会出现这种文化休克的现象。文化休克常见于移民当中或者是在一个社会内，不同文化背景的人们因文化生活环境发生根本性改变的时候。

我国是一个幅员辽阔的多民族的国家，国内各地区、各民族的经济、文化各方面发展不同也不均衡，存在很大差异。所以文化休克原理同样也可适用于国内。个人长期生活于熟悉的环境，在进入到一个不熟悉的文化环境中时，由于骤然丧失原有的亲属依赖和交际关系，加上环境的变迁，会产生不安、躁动、恐惧的心态。在大学里，这种情况最常见于大一新生。

文化休克这种现象的产生还常常是由于突然处于异己文化生活环境或者是在长期脱离原有的文化生活环境，后来又回到自己原有文化生活环境；也可以是由于同时分别忠诚于两种或多种文化心理时产生的。例如，第二次世界大战时期当日本侵略军投降后，在中国东北地区日本人遗留下约三千个孩子。这些"日本孤儿"在民间的帮助下不少人回日本寻亲，据估计，迄今已有近千名日本孤儿和他们的中国家属已迁往日本，也有不少日本孤儿和家属仍留居中国。这些日本孤儿在中国的文化生活环境中成长并度过了几十年，虽然说是"回归"日本，但是他们面对的是一个新异的社会生活环境，自然存在适应问题，在语言、生活方式、经济等各方面会有更大的适应难度。日本学者江田敬介对日裔 86 人、中国配偶 77 人和他们的子女 203 人，在日本生活三个月后的心理适应问题进行调查，结果表明：他们的焦虑、强迫、敌意、恐惧情绪明显增高，这种增高与移居动机强烈程度有关，动机越强者，增高越明显。说明当初归国动机越强烈的人，越显示出更多的心理问题，同时学习掌握新语言的能力及对新异文化环境的适应力，也是重要因素。

文化休克产生的原因在于社会环境的巨大差异。狭义地理解，文化只不过是一种标识性符号，一种表达思想与事物的形式，它需要一种载体来创造与传承，而社会环境就是一个最为深刻和广博的载体。如果不是因为社会环境的巨大差异，这种文化休克的感觉可能就会轻许多。因为文化可以习得（就像人人都可以通过书本来学习美国文化一样），而社会环境却是无法复制的。比如，在中国四处看到的首先是人，而在美国首先看到的是车。习惯于在中国大都市生活的人，到美国以后首先就会存在着一种视角反差，尤其在美国的中小城市，那里很少有高楼大厦与聚集在一起的人群，很难看到穿梭运行的公交车与出租车，除了见到来来往往的小汽车，街面上几乎没有人在走动，连找个问路的人都很难。这对于那些习惯在热闹场景与浓浓人际关系中生活的中国人来说，就有点为难了。

文化休克并不是一种疾病，而是一个学习的过程，一种复杂的个人体验，虽然其间自己可能会产生某种不舒服甚至痛苦的感觉，但它不会以同样的方式影响所有的人，甚至对同一个人在同样环境的不同时期也有着不一样的影响。因此，对于那些将要或已经处在异文化区域中的人来说，既然社会环境是个体一时无法改变的，那么，就应该学会自我的文化调适。而这首先需要认识到任何一次重大的文化转换都可能产生巨大的压力与焦虑，但这种压力与焦虑是一种正常的社会适应性的后果。从某种意义上说，即使是再严重的文化休克现象，也称得上是一种新的文化体验和心理感受。

二、跨文化交流意识、跨文化交际技能和能力的培养

对原生文化和目标文化之间关系的认知、意识与理解构成了跨文化意识。它首先包含一种意识，即对两种不同文化的地区社会差异的认知，同时也包括学习者对第一语言和第二语言所承载文化以外的一系列文化的认识。

跨文化技能主要包括：将原生文化与其他文化相联系的能力；文化敏感性及运用一系列策略与他国文化主体接触交流的能力；充分扮演文化交流中介的角色并恰当处理交流中的误解和矛盾的能力；克服文化定势的能力。

跨文化交际能力是个体所具有的内在能力，要能够处理跨文化交流中的关键性问题，如文化差异、文化陌生感，本文化群体内部的态度，以及随之而来的心理压力等。

一个人的语言能力并不等于交际能力，交际能力是一个复杂的概念，它涉及语言、修辞、文化、心理等诸多因素。因而交际能力的培养与提高依赖于语言知识和各种非语言知识的逐渐积累。交际能力与语言能力的融合是有效地形成跨文化交流能力的重要基础。成功的跨文化交流者指不仅能说一口流利、正确的外语，而且懂得语言使用规则。大学外语教学不仅要向学生传授有关的语言知识、语法规则，而且还要传授不同语言的文化背景知识、语言使用规则，培养学生的跨文化交流意识，增强他们对文化差异的敏感性，使他们能用所学的语言知识在不同场合与不同文化背景的人进行有效的交际。

提高跨文化交际能力应从以下几点入手。

第一，认识自我，这又包括了解自身文化。了解自身文化的特点及其优点和缺点可以帮助人们克服民族中心主义中的狭隘倾向，提高跨文化交际能力；了解自己的情感态度，如果交际者能够事先意识到这一点就能在一定程度上克服先入为主的消极情绪，减少负面情绪对交际的影响；了解自己的交际风格，如果在交往中你认为自己是一个开放型的人，而你的交际对象却感觉你是内向型的交际风格，那么出现交际问题的可能性就比较大；通过自我观察，交际者可以根据交际对象的反应来判断、总结自己的交际风格，提高交际能力，要求交际者能够认识到自己的交际风格，发扬好的方面，改正或避免失败的交际策略，克服自身的缺点。

以上四个方面是提高交际者自我认识的方法，改变自己不是让自己成为交际的中心，而是深入了解自己的文化，改变自己对于其他文化的态度及自身的交际风格。坦诚看待自己的行为并不容易，但是对于提高跨文化交际能力很有帮助。

第二，要考虑物理环境因素和人际环境因素。要知道交流对象的时间概念，了解你前往的文化的时间概念可以帮助提高交际效率和效果；重视物理环境可以帮助你举止更加得体；了解一些当地习俗的基本常识能够帮助你更快地适应陌生环境。

第三，掌握不同的信息系统。到一个陌生文化中生活或者工作，或与来自其他文化的人进行交流，需要你掌握该种文化的信息系统，这包括语言和非语言系统。语言是重要的交流工具，熟练使用对方文化的语言是体会该文化的途径，是学习该文化的工具，是提高跨文化交际能力的重要途径。人们在交流时除了使用语言交流符号外，还伴随大量的非语言交流符号。非语言交流符号，如目光、体态、味道等在不同文化中意义不同，误用或误解非语言交流符号的意思会引起误会和矛盾。跨文化交流者应该掌握目标文化中非语言交流符号的含义，并练习正确使用和解读非语言交流符号的意义。

第四，培养移情能力。移情能力是情感能力的重要组成部分，主要指摆脱民族中心主义的束缚，不以本民族的价值观念看待和评判其他文化，设身处地为他人着想。要承认世界的多元性，文化差异的存在是普遍现象，要学会以别人的视角看待问题。

第五，要学习处理冲突。无论在跨文化交际中还是本文化内部交际中，都有可能发生冲突，发生冲突的原因很多，不同文化对冲突持不同的态度。要学会退避，退避是比较常用的避免冲突的方式，也是最简单的方式之一。退避，包括心理上的，如保持沉默不参与谈话；身体上的，如远离冲突，表明了交际者不愿意卷入的态度。更要学会合作，合作的核心是双方都想解决冲突，使用富有建设性的方法可以满足双方的目标和需要。以积极的观点看待冲突，合作是最理想的解决方式。从跨文化交际角度来看，有的文化倾向于积极地对待冲突，而某些东方文化中，如日本，倾向于避免冲突，对待冲突的态度比较消极。个体主义的交际者在处理与集体主义的交际者的冲突时，应该避免采取直接的方式，转而采取婉转、间接的方式。

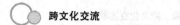

　　跨文化交流能力的培养主要以传授知识和训练技能为主，通过对能力构成的各个方面的知识和技能的培养提高跨文化交流能力。

三、非语言交流

　　非语言交流是相对于语言交流而言的，是指通过身体动作、体态、语气语调、空间距离等方式交流信息、进行沟通的过程。在沟通中，信息的内容部分往往通过语言来表达，而非语言则作为提供解释内容的框架，来表达信息的相关部分。因此非语言交流常被错误地认为是辅助性或支持性角色。然而非语言交流在交际中的作用是不可忽视的，并不只是简单地起辅助性作用。美国宾夕法尼亚大学的伯德惠斯特尔教授曾经对同一文化的人在对话中的语言行为和非语言行为做过比较，认为语言交流最多只占整个交流行为的30％左右，而70％为非语言交流。著名语言学家萨莫瓦（Samovar）也肯定地说过："绝大多数研究专家认为，在面对面的交际中，信息的社交内容只有35％左右是语言行为，其他的是通过非语言行为传递的。"美国其他一些学者的有关研究也表明，人们在表达情感和态度时，语言只占交际行为的7％，而声调和面部表情所传递的信息多达93％。

　　关于非语言交流的涵盖范围，分类方法很多。其中毕继万借鉴西方学者比较统一的认识，将非语言交流分为四大类进行中外对比研究。

　　第一，体态语。包括基本姿态、基本礼节动作及人体各部分的动作，实际上也就是肢体语言所提供的交际信息。

　　第二，副语言。包括沉默、话锋转接和各种非语词的声音。

　　第三，客体语。包括皮肤的修饰、身体气味的掩饰、衣着和化妆、个人用品的交际作用、家具和车辆等所提供的交际信息。

　　第四，环境语。包括空间信息、时间信息、建筑设计与室内装修、声音、灯光、颜色、标识等。

　　前两类非语言交流称为"非语言行为"，后两类非语言交流称为"非语言手段"。

　　体态语，是人类借助和利用自己的面部表情、手势动作、身体姿势的变化来表达和传递思想感情的方式。运用自己的体态来表情达意几乎是人类与生俱来的一种本能，因为它简便、迅捷、直观，在现实生活中的使用极其广泛，而且有时体态语更能无声胜有声地巧妙表达信息并留给对方更大的想象空间。

　　达尔文说："面部与身体的富于表达力的动作，有助于发挥语言的力量。"法国作家罗曼·罗兰也曾说过："面部表情是多少世纪培养成功的语言，是比嘴里讲得更复杂到千百倍的语言。"心理学家阿尔伯特·玛洛比恩发明了一个规则：总交流量＝7％的文字交流＋38％的口头交流＋55％的面部表情交流。通过脸色的变化，眉、目、鼻、嘴的动作，能极好地实现信息交流。

手势动作语言是一种表现力极强的肢体语言，它不仅丰富、多样化，而且简便、直观性强，所以运用范围广、频率高、收效好。一个很好的例子就是荣获2005年中央电视台春节联欢晚会最受观众喜爱的歌舞类节目非凡奖的《千手观音》，21位生活在无声世界里的姑娘用她们的手势语向全国亿万观众传递信息，表达了新春的祝福。

身体姿态语言是通过身体各种动态或静态的姿势传递交流信息的一种形式。俗话说"坐有坐相，站有站相""坐如钟，立如松"，这都是对身体姿态的要求。人们在交际时，交际的手段不只是局限于话语，尽管你有时没有意识到这一点。你的表情、手势、身体其他部分的动作都向四周的人传递信息。微微一笑伸出手表示欢迎，皱眉表示不满，点头表示同意，挥手表示再见；听报告或讲演时，身子往椅背上一靠，伸一下舌头表示厌烦，不感兴趣。这些都是交际手段的一部分。肢体语言与外语一样，都是文化的一部分。

心理学家称非语词的声音信号为副语言，副语言沟通是通过非语词的声音，如重音、声调的变化，以及哭、笑、停顿来实现的。心理学的最新研究结果表明，副语言在沟通过程中起着十分重要的作用。一句话的含义不仅取决于其字面的意思，还取决于它的弦外之音。语音表达方式的变化，尤其是语调的变化，可以使字面相同的一句话具有完全不同的含义。在中外交往中，英语国家的人对中国人经常采取的沉默态度很不习惯。西方有的学者将东方人的"沉默"视为在人际交往中缺乏信心，甚至认为东方人的沉默态度是对交际对方的蔑视或侮辱。而中国人却很重视交谈中沉默的作用，认为停顿和沉默具有丰富的含义。恰到好处的停顿能产生惊人的效果，甚至具有"此时无声胜有声"的艺术魅力。

客体语指的是与人体有关的服装、饰物、笔迹、家具、用品等。这些物品具备双重功能：实用性与交际性。从交际角度来看，这些物品都可以传递非语言信息，都可以展示使用者的文化特性和个人特征。俗话说，貌如其人，见字如见人。从交际角度看，它们都可以传递非语言信息，都可以展示一个人的文化特征和个人特征，都是非语言交际的一种重要媒介。东西方文化对嗅觉信息的感受也不一样。中国人适应人身体的自然气味，很少使用香水；而在西方国家，人们对这种人体的自然气味是很难接受的。因而无论男女都注重对身体气味的掩饰，都习惯每天使用香水。在跨文化交际中，需要注意正确对待来自不同文化背景的人的身体气味，即身体气味的文化差异，不能从本民族的喜好出发去厌恶、反感外族的生活习惯。

从非语言交流的角度看，环境指的是文化本身所造成的生理和心理环境，而不是人们居住的地理环境。环境语言包括空间信息、时间信息、建筑设计与室内装修、声音、灯光、颜色、标识等。空间信息、时间信息、颜色等环境因素有一定的普遍性，但在更多情况下因文化不同展示出不同的交际信息。

不同的文化群体对于空间使用具有不同的看法，这包括个人的领地、体距、对拥挤的态度、位置的意义等。爱德华·霍尔认为，空间的变化会对交际产生影响，可以加强交际的效果，有时还会超过语言的作用。空间观念的核心就是领地。领地范围是指维护个人的完整、独处、自由和安全所需要或必需的身体、社交和心理方面的距离。中西方在领地观念最突出的心理反应表现在对隐私的态度。西方人非常注重自己的隐私权，他们与中国人交往中最大的文化冲突之一就是感到自己的隐私权被侵犯。他们视衣着为个人私物，他人无权碰它；而中国人没有这种观念，看见别人买的或穿得好衣服，便会触摸一下，看看质地如何，这在西方人眼里是无法接受的。人们对体距的要求在每种文化中都有其特定的规则与程序。在中国，人们比较能够容忍拥挤；而在英美国家，一旦公共场所出现拥挤，人们马上回避，因为他们无法适应过近的体距和体触。中国人在异性间交际时，彼此保持一定的距离，但同性中国人同行时，却往往彼此靠得很近，而且还会磕肩碰肘，英美国家的人遇到这种情况就会感到受到了推挤或碰撞。位置的安排是利用空间位置表示个人地位和人际关系的一种重要形式，对于位置的安排，不同国家也遵循不同的规则。在美国，地位高的人的办公室一般都占据高层比较好的位置，外边的景色较好，周围较安静，离来访者比较远，而地位低的工作人员的办公室一般设在底层。在日本，部门领导的办公室放在一间大办公室的中间，他的下属的办公室在他的四周。他认为这样的位置安排能使他与下属保持密切的联系，更好地实现他的领导。

　　不同文化背景下的人们在看待时间和使用时间的时候，往往会有不同的概念和态度。霍尔根据他的观察把人们大致分为两类：一类是遵守单时制的人们；一类是遵守多时制的人们。单时制的人们（如北欧、北美、西欧等国家的人）把时间看成一条直线，可以被切割成一段一段。他们强调时间表，强调事先安排日程，一次只做一件事，严格遵守约会时间，不能失约；多时制的人们（如拉丁美洲、中东国家的人）习惯于同时处理几件事情，强调人们的参与和任务的完成，而不强调一切都要按时完成。中国属多时制时间模式，人们做事没有安排日程的习惯，或并不严格遵守约定的时间。例如，会议到该开始时不开始，会议到该结束时迟迟不散会；人们同时与几个人谈话，同时办几件事。这在单一性时间文化的人看来是办事效率低、松散、无计划性。此外，英美国家的人对"前"与"后"的理解也与中国人截然相反。中国人以过去为参照，过去的事情为前，因此人们常说"前无古人，后无来者"。而英美国家的人是面向未来，以未发生的事情为"前"。由此可见，不同文化的人对时间持不同观点。

　　对颜色的不同理解也是环境语文化特性的另一个体现。颜色可以使人产生一些联想，而这些联想并非凭空而来，而是根植于特定的文化寓意中。中国人崇尚红色，认为红色是吉利之色，象征喜庆，常用于婚嫁、生子、过年过节等喜庆日子。但在英语国家，红色寓意复杂，褒贬兼备，可以代表幸福、爱情、有活力；但更多的时候有冲动、狂怒、血腥、敌对等贬义。白色在中国视为不祥之色，如白旗、白匪、白色恐怖等。白色常使人联想到凶祸丧葬等不祥的事情。在戏曲中，白色象征着奸诈、阴险，所以把奸臣的脸画成白脸。而在西方国家，人们历来对白色情有独钟，它表示纯洁和幸运、天真和忠诚、公正和清白、善良和无恶意。油画中人们想象中的天使的翅膀就是白色的。紫色在中西方国家有类似的交际效果，都代表高贵、尊严。紫色是中国各朝各代高官显臣的标志，紫台、紫禁城等都是神秘高贵之地。在英语国家，紫色则代表尊严。在古罗马时期，紫色是威严、豪华和权力的象征。

非语言交流具有普遍性，即为世界上绝大多数民族所接受和具有相同理解的国际性。同时非语言交流更经常地表现为非普遍性。对环境语的理解和反应也常常局限于一个民族、一个地区、一个群体，其根源是使用某种语言的民族的文化和认知方式的不同。只有认真观察、认识和正确对待文化特性，不断提高对不同文化背景下非语言交流行为的理解，相互尊重、平等交往，排除文化差异和文化冲突的干扰，减少文化差异造成的交际失误，避免交际障碍，才能保证跨文化交流顺利、成功地实现。

复习思考题

一、简答题

1. 提升跨文化交流能力应着重从哪几个方面入手？
2. 非语言交流大致可以分为哪四大类？
3. 跨文化交流中会存在哪些沟通上的问题？
4. 影响跨文化交流的重要理论有哪些？

二、论述题

1. 什么是文化休克？试举例说明。
2. 跨文化交流中的沟通障碍有哪些？该如何克服？

第三章　世界文化综述

第一节　宗教文化

说起宗教，人们并不陌生。只要一提起宗教，人们就会联想到香烟缭绕的庙宇、念念有词的唱祷、焚香礼拜的信徒、错综复杂的仪式及神佛鬼怪的传说，等等。但是，熟知非真知。正如宗教学创始人麦克斯·缪勒所说：信徒们熟悉他们的仪式，并且诚心不移，但若问他们宗教是什么，他们可能张口结舌，或只能说说外表的象征，或者谈谈信心所产生的力量①。

宗教是一种客观存在的社会现象，是一种特殊的文化形式，属于意识形态的范畴。无论是从时间的绵延还是从空间的广袤来看，它都是人类社会的首要特征。

从时间上来看，宗教的历史十分漫长。其产生与人类文明同步，至今已有数万年的历史，对人类社会的思想意识、文化形态、心理素质、法律思想、政治制度等方面，均产生了深远的影响。从空间上来看，宗教的分布极为广泛。迄今为止，宗教在一切社会形态、一切国家、一切民族、一切阶级和阶层中，都有不同程度的存在和发展，具有无可比拟的文化继承性和社会适应性。即便是进入现代社会，随着民族纷争的加剧、文化交流的增进及科学技术的进步，传统宗教出现了一系列的波动，但是，宗教因素在国际政治事件和国际文化交流中的影响，反而出现了复杂化和深入化的趋势。

从宗教本身来说，其表现也极为复杂。在组织方面，撇开一切地方性的、古老的、形形色色的民族宗教不谈，单就世界三大宗教来说，每一宗教都形成了难以计数的宗派，每一宗派又分化为复杂的支脉，它们组成了各种各样的宗教组织，创制了各种各样的宗教经典和宗教仪式。其教义、教礼、教规之复杂，就连学富五车的本派学者也难以完全掌握或彻底搞懂。在思想的丰富程度方面，宗教在漫长的历史过程中，形成了一神论、多神论、泛神论、理性神论等多种形式，与哲学、政治、法律、道德、艺术等领域互相交叉，互相作用，异常繁杂。在信徒的构成及其来源上，也呈现出千差万别的形态。

---

①缪勒．宗教学导论．陈观胜，李培荣，译．上海：上海人民出版社，1989：11.

宗教是人类社会文化的主要载体，对人类文化的各个方面，都有不可忽视的影响。了解宗教，熟悉不同宗教的文化，对于跨文化交流非常有益。

一、宗教的基本知识及基本理论

（一）宗教的定义

"宗教"是一个外来词。在古代汉语中，"宗"和"教"一般分开使用。根据《说文解字》的解释，"宗"的基本含义是尊崇祖先，"教"则是教化百姓的意思。唐末宋初之际，佛经中开始出现"宗""教"两字合用的现象。最初合用的时候，还是参照了汉语原意加以演化，"宗"指宗派、宗门，"教"指教导信徒。如《续传灯录》中写道："吾住山久，无补宗教，敢以院事累君。""宗教"一词逐渐成为佛教的代称。后来随着西学东渐，学术界将"宗教"与英文"Religion"一词画上了等号，成为广义性的宗教概念。

宗教，简而言之，就是一种以超自然存在为崇拜中心的信仰系统。关于"宗教"的定义多种多样，并且大有日新月异之势。下定义是人文社会科学研究的工具和手段，但是，任何定义都有其局限性，不能执着于某一个定义，以免以偏概全。这里以我国宗教学家吕大吉先生的"宗教要素说"来完成对宗教的定义。

吕大吉先生认为，作为一种完善的成型的宗教，必须具备两类要素：内在要素和外在要素。内在要素包括：①宗教的观念或思想；②宗教的感情或体验。外在要素包括：①宗教的行为或活动；②宗教的组织和制度。从逻辑上看，宗教观念（神道观念）是宗教的核心，只有在此前提下，才能产生宗教情感；宗教崇拜的行为（巫术、祈祷、禁忌）是内在要素的外在体现，而宗教的组织和制度则是宗教观念规范化、组织化的结果，它们强化了宗教的社会性。

（二）宗教的起源及其本质

宗教的起源是一个至关重要的问题。只有对宗教的起源有了科学的说明，才能了解宗教产生的条件和依据，才能从根源上发现宗教的本质，揭示宗教发展的历史和过程。

宗教的起源问题实际上就是原始宗教的产生问题。这一问题是在19世纪中后期达尔文生物进化论问世后被提出来的。当时进化论沉重打击了西方传统宗教及其神学世界观，推动了宗教的科学研究和宗教学的发展。

宗教是人类社会发展到一定历史阶段的产物。人类从古猿支系发展至今，经历了猿人、古人、新人和现代人四个时期。而据考古发现，只有到了体质和脑容量都和现代人相类似的新人（距今10万—1万年前）的发展阶段才发现有宗教遗迹。在不同地区的新人的墓穴中，遗骸往往有一定的葬式，比如模仿日出日落的头东足西式、胎儿式，等等；墓穴中一般都有象征温暖和生命力的赤红色碎石或粉末，以及作为陪葬品的工具或兽骨首饰；有的墓穴甚至还留有供灵魂出入的小孔。种种迹象表明，新人已经有了灵魂观念及相关仪式，宗教意识已经萌芽。美国著名社会学家摩尔根在对印第安原始部落做了大量研究之后，在其《古代社会》一书中也阐述了类似的观点。

宗教是人类在一定的物质生活条件下受自然界沉重的压迫，基于控制或祈求而把自然力和自然物神化的结果。原始宗教的产生，即源于人类对自身和自然界的无知，以及由此而萌生的万物有灵的观念。把这种观念应用于非生命的自然物，就产生了自然神和自然崇拜；应用于人类本身，就产生了灵魂观念和祖先崇拜。在原始崇拜的基础上，人们以当时自身的生活条件和要求来虚构神灵的世界和神灵的生活方式，把自己的思想和心理状态附加给神灵，并规定对神灵的崇拜仪式，用满足神灵要求的种种形式来自我安慰和取得信心，原始宗教由此产生。后来的高级宗教及很多艺术形式都是在此基础上发展起来的。

值得一提的是，尽管原始宗教和后来的神学宗教一样，是现实世界的异化反映，但是，它没有欺骗的成分。

（三）宗教的发展阶段

关于宗教的发展阶段，有两种划分方式。

一种是按照社会的发展程度来划分。

随着原始社会的解体，氏族部落产生了阶级分化，早期国家开始出现。原始时代的氏族-部落宗教也相应地出现了民族化或国家化迹象：信仰对象出现了等级，昔日近在氏族成员身边的神灵越来越被推到高高的天上，离民众越来越远；地域保护神逐渐增多而氏族保护神逐渐减少；社会分化出了宗教特权阶层，一方面它们的地位得到强化，但另一方面它们所谓的天赋的超自然能力在巫术领域被逐渐淡化。古代文明中都出现过这种情况，如古代埃及和古代巴比伦宗教。

在民族宗教的发展过程中，一些民族的宗教突破了民族、国家和地区的限制进行传教，并能为世界各民族、国家和地区的人们所接受，因而成为世界性的宗教。如当今的基督教、佛教和伊斯兰教。与民族宗教相比，世界性宗教是一种新的宗教形态，具有不同于氏族部落宗教和国家-民族宗教的特点：它的神性和信众具有普世性；它是某个地区某些特殊的个人按照自己的宗教信念和宗教体验创立的；初期的信众是基于个人的选择加入的；它的宗教组织具有相对的独立性。

一种是按照宗教的崇拜对象和自身的发展形态来划分，分为自然崇拜、多神崇拜和一神崇拜。

所谓的自然崇拜就是原始崇拜，它建立在"万物有灵"的基础上，主要包括自然力崇拜、动植物崇拜、灵魂崇拜、祖先崇拜、图腾崇拜、偶像崇拜等。多神崇拜与自然崇拜的区别在于，它的神一般是有人形具象的，并且很多是种类神。中国的很多民间宗教就属于这种情况。一神教是宗教的高级阶段，它往往有完善的宗教哲学体系和不朽的经典。一神教又分两种情况：一种是它的至上神是有偶像的，并且往往带有多神的遗留；另一种是它的神有且只有一位，并且是反偶像崇拜的。佛教属于前一种情况，而犹太教、基督教和伊斯兰教则属于后一种情况。

二、基督教文化

（一）基督教

基督教于公元 1 世纪诞生于耶路撒冷，是现今世界上最大的宗教之一，拥有信徒约 20 亿，占世界总人口的 30%。

"基督教"一词在我国的使用比较混乱，往往有广义和狭义之分。广义的基督教（即英文 Christianity）指信奉耶稣基督为救世主的所有教派，包括罗马公教（天主教，Catholic）、正教（东正教，Orthodox）、新教（Protestant）三大派及其他一些小派；狭义的基督教则仅指其中的新教。这种状况是由于历史原因造成的。近代以来，在我国流行的主要是由英美传入的新教，传入伊始，人们就以偏概全，把新教称为"基督教"。当时的新教教会也从不称自己为新教，只称基督教或耶稣教，而将罗马公教称为"天主教"，将正教称为"东正教"。为了规范，本书中的"基督教"一词专指广义的基督教，而狭义的基督教则称为"新教"。

（二）基督教的前身——犹太教

基督教的前身是古希伯来人的宗教——犹太教。基督教与犹太教之间存在着明显的继承关系，所以要了解基督教的产生，必须先要熟悉犹太教。

古希伯来人就是现在犹太人的祖先。他们大约在公元前 14 世纪初进入现在的巴勒斯坦地区，由游牧转为定居，并建立了两个国家——以色列和犹大。"以色列"（Israel）是"与神角力"的意思，相传希伯来人的祖先雅各曾与天使摔跤，天使为他改名为以色列。现在的"犹太"意为"犹大遗民"，是犹大国灭亡后对其遗民的称呼。

古希伯来人最初信仰的是多神教，并且他们的宗教活动具有明显的泛灵论色彩，比如崇拜岩石、天体、牲畜等。至亚伯拉罕时代，信仰一位主神的思想开始萌芽。依据《圣经》所说，由于人类的恶行，上帝决定只与一个民族发生联系。在一番考验之后，他选中了亚伯兰，为他更名为"亚伯拉罕"，并与他立约。上帝答应亚伯拉罕，只要他做一个完善的人，就让他做一个民族之父，赐予他及他的民族一片流着牛奶和蜜的地方，并为所有相信这一誓约的人祝福。亚伯拉罕及其子孙继承了这一誓约。

犹太教作为一神教正式形成是在约公元前 13 世纪的摩西时代，摩西出埃及是犹太教历史上最重要的事件之一。据《圣经·出埃及记》记载，由于收成不足，犹太部族前往埃及求生，遭受埃及人的奴役。上帝向摩西显现了他的名字和律法，最终把他的子民从埃及人的奴役中拯救出来——这就是逾越节的由来。在途经西奈半岛的时候，上帝通过摩西向犹太人宣布了他的律法，即摩西十诫：①除了耶和华，没有别的上帝；②不得制造任何偶像；③不得妄称上帝之名；④记住安息日为圣日；⑤孝敬父母；⑥不许杀人；⑦不许奸淫；⑧不许偷盗；⑨不许做假证；⑩不许贪恋别人的妻女和财产。

从宗教发展的角度来说，摩西此举创立了人类历史上最早的一神教。犹太教后来的律法，包括《圣经》，都是建立在摩西十诫的基础之上的。犹太人后来虽然流落各地，在文化气质上出现了极大的差异，但是依然能保持信仰不变，并且在第二次世界大战后复国，跟他们的律法制度有很大的关系。

（三）基督教的产生

基督教源于犹太教，确切地说，它最初只是犹太教的一个流派或者分支。

基督教的产生，主要源于两个历史因素：罗马帝国扩张的历史和犹太人受压迫的历史。

罗马帝国发源于拉丁姆平原上的小城罗马。按照罗马建城的传说，它是由英雄罗莫洛于公元前 753 年建立的。在漫长的岁月里，通过不断地扩张，至公元前 1 世纪，罗马已经成为横跨亚非欧三大洲的大帝国，地中海成为它的内海。罗马的统一和稳定，给帝国的人民带来了和平，而在过去，他们长期被纠纷、战争和叛乱所困扰。在这片区域中，无数的风俗、语言、传统构成了帝国文化的大拼盘，被征服的各民族在整个帝国时期相互融合。特别是在帝政时期，统治者逐渐抹去了罗马公民和被征服的行省属民的差别，大大促进了民族同化。原有的民族情结的淡化，使得更具普遍意义的人类意识的推行成为可能。

罗马人拥有强大的武力，但在文化上比较落后。他们的文化和艺术大部分都是从希腊"借"来的，甚至对于语言，罗马的统治阶层也一致认为，希腊语比拉丁语更优美，表达力也更强。

罗马人的宗教也是希腊式的拟人化的多神教。罗马人建立起大帝国后，没能建立起与之相适应的世界性的宗教。而希腊式的宗教只适合希腊式的城邦文化。官方虽然组织了对罗马神的祭祀活动，但得不到民众的普遍支持。帝国内各民族有自己的宗教，许多宗教仍在发展。为了维护统治，罗马统治者只好尊重无法用武力解决的各民族的信仰，并将各民族、各地区的神都请进万神庙。因为维护各民族、各地方的神就是维护罗马世界的稳定，维护罗马的统治。

犹太人自古以来就自命为"上帝的选民"，然而，他们的国家除了大卫和所罗门统治的几十年的兴盛以外，备尝民族压迫与流亡之痛。犹太人历史上数次被侵略者掳掠，千百年来因为保卫自己的信仰和独立多次被残酷镇压，悲惨的民族命运使得对"弥赛亚"（救世主，即基督）

的期望成为犹太人共同的理想。一种充满生命力的新宗教开始在部分犹太人心中萌芽。

耶稣是犹太教的一名神职人员，他和他的犹太门徒长期在巴勒斯坦地区传教。历史上对耶稣的记载很有限，而且历史上的耶稣并不等于在后来信仰中被神化的基督。耶稣的事迹主要见于四部《福音书》中——这也是犹太教《圣经》与基督教《圣经》的主要区别。实际上，根据《福音书》的记载，耶稣并没有提出与当时犹太教相悖的新的教义。问题在于，犹太教正统派囿于民族传统，认为犹太人是上帝的选民；耶路撒冷的犹太圣殿是上帝在人间的居所，世人应当归于耶路撒冷才能得救。耶稣及其弟子则认为，上帝的救赎已经来临，上帝就在信徒心中，信仰即可得救；信徒应当前往世界各地传布福音。

所以，早期的基督教是作为犹太教的一个异端出现的，耶稣本人可能也没有意识到他正在创立一个新的宗教。他本人可能更多地认为这只是犹太教内部的改革。但是，这种新的信仰一开始就具有一个世界性大宗教的道德禀赋。

凭借它的继承自犹太教的遗产、它的富有远见和进取心的成员、它的创始人的"牺牲和复活"、它的早期领导人的非凡经历和坚定信念，这种信奉耶稣为基督的信仰在东地中海沿岸的非犹太人中迅速传播开来。在不到一代人的时间里，基督教离开了犹太教的母腹，开始走向世界；在此后的 3 个世纪内，它已经在力量上超过了它所有的竞争者，乃至胜利地挫败了帝国官方要剪除它的企图，并最终成为帝国的国教、西方世界中无可争议的宗教之主。

（四）基督教的分裂和发展

基督教从创立之初起，就存在着东、西方两种文化的分歧。东部教会以希腊文化为基础，用希腊语传教，并且深受东方神秘主义文化的影响；西部教会以拉丁文化为基础，用拉丁文传教，注重律法和等级。这种分歧最初体现在对教义神学的理解上，后来逐渐扩散。公元 330 年，君士坦丁大帝将帝国的首都从罗马迁往拜占庭①，并在他死后由他的两个儿子将帝国一分为二（东罗马和西罗马）分别予以继承，这更加加剧了东、西部教会争夺教会首席权的斗争。

公元 476 年，西罗马灭亡后，西部教区在政治上缺乏共主，宗教领袖的地位日益突出，最终西部教会发展成为天主教传统的教皇制。而东部教会则始终依附皇权，发展为以拜占庭牧首为首席的正教系统。公元 1054 年，东、西教会终因权力之争和神学分歧而彻底分裂，罗马教皇与君士坦丁堡牧首都将对方开除教籍。从此，西部教会正式称为公教，即通常所说的罗马公教，或称天主教；东部教会则称为正教，即希腊正教，或称东正教。天主教和东正教最显著的区别在于：天主教有一套严格的教阶体制，有非常完善的类似于中国古代官品的神品制度；而东正教的牧首只是名义上的，它受东方社会的影响比较大，神秘主义的倾向比

---

① 即后来的君士坦丁堡，今土耳其伊斯坦布尔。

较明显。另外，东正教神学中较少涉及人性本原败坏的内容，因此并不十分强调赎罪论；它特别重视对圣母的崇拜。在礼仪方面，天主教洗礼用注洗式，东正教则用浸洗式；画圣号时，天主教是手掌张开手指并拢在胸前画圣号，东正教是拇指食指中指并拢画圣号；东正教接受结过婚的神职人员，前提是婚礼要在上任前完成，天主教的神职人员不允许结婚。

16 世纪初，随着文艺复兴运动的深入展开，又从天主教中分化出新教。

新教，是基督新教的简称。或译为更正教、反对教，词源起于德文单词 Protestanten。原指 1529 年神圣罗马帝国在德意志境内的斯拜尔召开的帝国会议上的少数派，该派因反对会议通过的支持天主教压制宗教改革运动的决定而提出了一项正式抗议。后泛指支持宗教改革、脱离天主教而形成的各宗派。

这一宗教改革运动是在科学发展、理性主义盛行，市民阶层和资产阶级崛起的背景下展开的，首倡者是德意志神学家马丁·路德。新教后来产生了很多派别，比较著名的有：路德宗（信义宗）、加尔文宗（长老宗）、安立甘宗（圣公宗）、公理宗、浸礼宗、卫斯理宗（循道宗）。新教主张：《圣经》高于一切，否认教皇权威；因信称义，信徒只凭信仰即可得救；信徒可直接借由耶稣之名与上帝交流而无须教会与神父作中介，主张简化宗教仪式和圣礼；反对崇拜圣母、天使、圣像和圣物。大致来说，在欧洲本土，北欧国家多信仰新教，拉丁地区则坚持天主教。

自 1469 年哥伦布发现新大陆后，随着欧洲殖民主义势力向海外扩张，基督教各派，尤其是天主教和新教各派加强了传教工作。天主教成为拉丁美洲人民的主要信仰，而新教则在北美洲取得了主导地位。进入 21 世纪后，情况又发生了新的变化。由于新教更能适应现代生活，新教各派开始呈现出比天主教更猛烈的扩张势头，甚至开始蚕食天主教的南美教区。

（五）基督教的经典

基督教各派都以《圣经》为其经典。

《圣经》也称《新旧约全书》，由《旧约全书》和《新约全书》两部分组成。《旧约全书》是基督教从犹太教继承而来的，它是犹太教的圣典，但是犹太教并不承认基督教创立之初所产生的《新约全书》。犹太人认为《旧约全书》记载了上帝与世人所立的"契约"，并把本民族视为"上帝的选民"。他们声称上帝最早与义人挪亚及其后裔以"虹"立约，后来又与犹太先祖亚伯拉罕立约，订立"割礼"，最后则与犹太民族英雄摩西订立"十诫"律法，让犹太人永守其"约"。

犹太教的"立约"之说对基督教产生了深远的影响，基督教依此而认为其救世主耶稣基督降世意味着上帝与人重新立约。由于有了这一"新约"，所以基督教把过去上帝与犹太人订立的律法之约称为"旧约"。这就是《新约全书》与《旧约全书》名称的来历和含义。

今所用英文"圣经"（Bible）一词与古代居于东地中海沿岸的腓尼基人有关。"腓尼基"

(Phoenicia) 为希腊文音译，原意是"紫红之国"，因这个民族善于从一种海生介壳类动物中提取紫红色染料而得名。古腓尼基人有一座名为"毕布勒斯"（Byblos）的城邦，以从事纸莎草纸贸易而闻名，所以"毕布勒斯"被古希腊人用作"书"的同义词，最后衍化出"唯一之书"和"经典"的意思。公元五世纪初，君士坦丁堡主教将之用作基督教正式经典的专称。西方传教士来华后，按照中国人称重要著作为"经"的习惯，把它翻译为《圣经》。

（六）基督教的核心教义和礼仪

基督教的基本教义主要有七点：三位一体论；创世论；末世论；原罪论；救赎论；因信称义；信、望、爱。

其中"三位一体""原罪"与"因信称义"为其核心教义。

1. 三位一体（Triunity 或 three-oneness）

基督教认为，上帝是唯一的真神，它有三个位格，或者说三个存在显现：第一位格就是超乎人类之上、拥有无上权柄的圣天父；第二位格就是道成肉身、拯救人类的救世主，拿撒勒的犹太人耶稣，他是上帝和人类之间唯一的中介；第三位格就是永远住在每个基督徒的心灵之中、指导人类行事为人的圣灵，又称基督的灵、真理的灵、启示的灵。三个位格互不混淆，但其本质相同，本性相通，神性相通，由此联结成一体，世间万物都由这一上帝创造和主宰。

2. 原罪

基督教相信人类始祖亚当和夏娃因在伊甸园中偷食"禁果"而犯了罪，这种罪世代相传，被称为"原罪"。它使整个人类陷入罪中，无法自拔自救，痛苦不堪；并因此而不能亲近上帝。

3. 因信称义

因信称义是基督教关于人类如何得到救赎的教义。

"称义"一词原为古希伯来法庭用语，指法官宣判一方得胜。按基督教教义，人自犯有原罪以来，已失去理性的能力，因而不能自行有"义"的行为，不能成为"义"的人；成为"义"的人只能是由于上帝的拯救而获得。因而"称义"实际上是指上帝使人脱离罪恶（不义）而进入恩典（义），得到救赎。依据《圣经》的说法，人类虽然因为原罪而被逐出伊甸园，但是上帝爱人类，不惜派遣其子耶稣道成肉身，降世为人，代人受过，最后被钉死在十字架上，以救赎人类；人们因信耶稣而罪得赦免，由此得永生。也就是说，耶稣的降生和牺牲是上帝与人立的新约，是上帝带给全人类的福音。人们可以通过全心全意皈依上帝而洗脱原罪，得到救赎。

在教会建制方面，基督教各派都有较严密的组织形式，都有神职人员主持教务工作，但对神职人员所起作用的理解有所不同。在这方面，天主教和东正教比较一致，认为神职人员起着神与人（信徒）交往的中介作用；而新教则否定这种作用，强调人人都可通过耶稣基督与上帝直接交流，无须神职人员作中介，牧师只是起着引导、为信众服务的作用。各派具体的组织形式也各不相同。天主教是教皇制，即教皇为全世界天主教教会的最高领袖，下设有各级主教，再下一级是神父、执事等，组成了金字塔形的教阶制；东正教是牧首制，即由牧首—主教—祭司组成教阶制，但它不像天主教有自上而下的统一的世界性组织，而是基本以国家、民族为单位建成各自独立的东正教会；新教所包括的教派众多，并且各教派都自成体系。此外，这三派还有不少其他差别，如前所述婚姻问题等。

基督教的礼仪，比较重要的有圣礼，以及日常的礼拜和祷告等。具体的规定和操作，不同教派略有不同。

圣礼方面，新教只有圣洗和圣餐两件，而天主教和东正教除了这两件外，还有其他圣礼。

圣洗又称"领洗"，是基督教的入教仪式。经过洗礼后，就意味着教徒的所有罪过获得了赦免。洗礼的方式有两种：注洗礼和浸洗礼。天主教多施注洗礼，由主礼者将一小杯水蘸洒在受洗者额头上，或用手蘸水在受礼者额头上画十字；东正教通常施浸洗礼，由主礼者口诵规定的经文，引领受洗者全身浸入水中片刻。洗礼之所以为基督教的重要礼仪之一，是因为基督教认为，领受洗礼可免除入教人的"原罪"和"本罪"，并赋予其"恩宠"和"印记"，使其成为教徒，以后有权领受其他圣事。

圣餐是纪念基督救赎的宗教仪式，这一仪式又称"弥撒"（Mass 音译），天主教称圣体，东正教称圣体血。据《新约全书》记载，耶稣在吃最后的晚餐时，拿出饼和葡萄酒，在祈祷后分发给 12 位门徒，说："这是我的身体和血，是为众免罪而舍弃和流出的。"他还要求其门徒，要让后世信奉基督教的人也这样做，为的是纪念他。天主教和东正教认为领"圣体"或"圣体血"，意为分享耶稣的生命。在仪式上，由众教徒向神职人员领取祝圣后的面饼和葡萄酒，它象征信徒吸收了耶稣的血和肉而得到了耶稣的恩宠和荣光。

祈祷俗称"祷告"，是指基督教徒向上帝和耶稣表示感谢、赞美、祈求、挂虑或认罪的行为，是教徒与上帝直接对话的一种方式。祈祷包括口祷和默祷两种形式，个人可以独自在家进行，也可以利用聚会时，由牧师或神父作为主礼人。祈祷者应始终保持必要的仪态，维系一种"祭神如神在"的虔诚。向上帝祷告的时候要奉耶稣之名，因为《圣经》上记载耶稣的话："我就是道路、真理、生命，若不籍着我，没有人能到父那里去。"基督徒在祈祷之前和之后要画圣号。具体是右手五指自然并拢，以中指按顺序点额头、前胸、左肩窝、右肩窝；同时心中默念："因父，及子，及圣神之名，阿门。"

礼拜原是庆祝耶稣复活的仪式，每周一次，一般于星期日在教堂中举行。因为根据基督教的说法，耶稣是在星期五殉难的（受难日），在安息日次日（星期日）复活，所以星期日被命名为"礼拜日"。礼拜的主要内容有祈祷、唱诗、读经、讲道等。祈祷文一般比较固定，就是《马太福音》中最著名的那一章，亦称"主祷文"，是耶稣教导门徒如何祷告而作的示范。全文如下："我们在天上的父，愿人都尊你的名为圣。愿你的国降临，愿你的旨意行在地上，如同行在天上。我们日用的饮食，今日赐给我们。免我们的债，如同我们免了人的债。不叫我们遇见试探，救我们脱离凶恶。因为国度、权柄、荣耀，全是你的，直到永远。阿门。"在礼拜时，教堂内常置有奉献箱，或传递收捐袋，信徒可随意投钱，作为对上帝的奉献。除每周一次礼拜外，还有圣餐礼拜（每月一次）、追思礼拜（为纪念亡故者举行）、结婚礼拜、安葬礼拜、感恩礼拜等。

告解俗称"忏悔"。是天主教的圣事之一，是耶稣为赦免忏悔教徒的罪恶，使他们重新得到恩宠而订立的。忏悔时，教徒向神父或主教告明所犯罪过，并表示忏悔；神父或主教对教徒所告之罪指定补赎方法，并为其保密。

基督教的主要节日有圣诞节、受难节、复活节等。圣诞节为每年公历的 12 月 25 日，原为罗马神话中太阳神阿波罗的生日，罗马帝国以基督教为国教后改为纪念耶稣基督诞辰，至于耶稣基督降生的真实日期目前尚无确切说法。受难日为复活节前的最近一个星期五，为纪念耶稣基督被钉死于十字架上的哀悼日。复活节是纪念耶稣基督复活的节日，根据《圣经》的记载推算，是在春分（3 月 21 日）月满后的第一个星期天。由于每年的春分日都不固定，所以每年的复活节的具体日期也不确定。

在宗教禁忌方面，相对于其他宗教，基督教的禁忌要少一些。基督教的禁忌是在长期的历史演变中逐渐形成的。在信徒生活中有一定影响的禁忌大致可以分为四类：第一类是继承自其母体犹太教的禁忌（如前所述），不过有所变更，如割礼和禁食猪肉两项就没有被基督教沿袭下来；第二类是按初期教会会议——"耶路撒冷会议"要求而形成的信徒生活上的禁戒规定，这为历史上普世基督教范围的多数信徒所遵守；第三类是基督教个别教派中一些带宗派特色的禁忌；第四类是基督教传入各个地区后，在当地特定文化背景下产生的禁忌观念或关于禁忌的讨论，如传入中国后的祭祖问题等。

由于历史和文化方面的原因，基督教各教派在宗教禁忌上的差异比较大。总的来说，天主教较为保守，新教相对开明，而东正教则受东方的影响较大。如前所述婚姻问题，根据《圣经》伊甸园故事，基督教认为婚姻是神圣的，并应以一夫一妻为原则，因为是上帝设计了婚姻的制度。尊重婚姻，也就是尊重上帝的创造。但是在这一问题上，基督教三大教派的解释和具体做法完全不同。天主教禁止离婚，禁止婚前性行为；新教没有类似的规定，仅要求在婚姻持续期间，夫妻双方保持忠贞；东正教的态度则介于两者之间。

比较重要，同时也比较有意思的是基督教的"偶像崇拜"禁忌。基督教对于崇拜偶像问题，既不像伊斯兰教那么严格，也不像佛教那么宽松，其内部差异也比较大。对于神像、圣像的态度，是新教区别于天主教的一个重要的特征。这里面有历史上的原因。中世纪的时候，由于平民缺少文化教育，不能直接阅读用拉丁文书写的《圣经》，天主教认为，可以凭借艺术形式，如偶像和绘画，来宣传宗教。所以天主教的教堂，是不禁止壁画和雕塑的。而新教是文艺复兴之后，在宗教改革和宗教世俗化的背景下产生的，所以艺术宣传手段显得毫无必要，并且新教强调信徒籍耶稣之名和上帝直接交流，排斥神职人员作为中介，以及通过偶像来体会上帝旨意的做法，新教徒绝对不可能接受。所以时至今日，新教徒依然反对教堂或生活中供奉任何圣像、圣物。由于这一传统，新教教堂的布置和装饰非常简洁，没有圣像或作崇拜用的画像，而是着重突出代表基督和救赎的十字架；在信徒家中，也不设神龛等宗教性布置。不过在中国，由于传统文化的影响，教堂或信徒家中会布置一些《圣经》经文的书法作品。

生活中的一些宗教礼节也应注意。如正餐就餐前，基督徒多进行祈祷，非基督徒虽然不必照办，但也不宜在其前面抢先而食；在基督教的专项仪式上，要着装典雅，神态庄严，举止检点；教堂为基督教的圣殿，它虽然允许非基督徒进入参观，但禁止在其中喧哗。

（七）基督教在中国的传播

在历史上，基督教曾先后四次大规模传入中国。

第一次是在唐贞观九年（公元 635 年），称为"景教"。会昌灭佛的时候，不幸被殃及，基本从中原消失。第二次是在元代，称为"十字教"或"也里可温教"，不过它很快随着元代的衰亡消失了。第三次是在明清之际，以利玛窦为代表的天主教耶稣会传教士来华传教，取得了一系列成果。后因不同传教团之间互相攻击，引发了罗马教廷和清政府之间的争执，致使传教工作毁于一旦。第四次是在鸦片战争后，基督教凭借不平等条约在华传教，引发了大量的教案并导致了后来的排外运动。

随着近代基督教传教活动的展开，中国基督徒的数量越来越多。20 世纪初，爱国的中国基督徒发起了中国基督教自立运动及其后的本色化运动。新中国成立后，中国基督教会继承了这种爱国传统，切断了与外国修会和差会的联系，发起了自治、自养、自传的"三自"革新运动，有力地推进了中国基督教会的本色化。

三、佛教文化

（一）佛教

佛教产生于公元前 6 世纪的古印度，由迦毗罗卫国（今尼泊尔境内）王子"乔达摩·悉达多"（意为"一切义的成就者"，旧译"义成"）创立。因其属于释迦族，人们又称他为"释迦牟尼"（Sakyamuni），意为"释迦族的圣人"。佛教主要流传于亚洲的许多国家，现有近 4 亿信徒。

佛教（Buddhism）一词源于"佛陀"（Buddha），是梵文的音译。"佛陀"原意为"启悟了的人"或"醒悟了的人"。据说乔达摩·悉达多创立佛教教义后，许多人问他是不是神，是不是圣人，他是什么。他回答说："我醒悟了。"因此后来的信徒称他为"佛陀"。中国古代曾译为"佛驮""浮屠""浮图"。"佛陀"一词在古印度很早就有了，但是佛教赋予了它新的内容：自觉（自己醒悟）、觉他（使众生觉悟）、觉行（功德圆满）。佛教认为，凡人缺此三项，声闻、缘觉缺后两项，菩萨缺最后一项，只有佛才三项俱全。

（二）佛教的前身——婆罗门教

佛教的产生与基督教的产生非常类似，它们都是由原有的民族宗教衍生出来的。佛教的前身是古印度的婆罗门教，即现今流行的印度教的古代形式。佛教是为反抗婆罗门教教义而分化出来的"异端"，所以即便后来成为世界性的伟大宗教，但它还是带有很深的婆罗门教的痕迹。

婆罗门教是印欧人入侵古印度后在其原有的部落崇拜基础上形成的宗教。这批入侵者原居于中亚地区，他们在公元前15世纪左右由印度西北部入侵，并征服了古印度土著，建立了奴隶制国家。为了树立统治权威，身材高大、皮肤白皙的入侵者自称"雅利安瓦尔那"，称被征服的身材矮小、皮肤黝黑的土著为"达萨瓦尔那"。"瓦尔那"意为"颜色、品质"，佛典译"种姓"；"达萨"初意为"敌人"，后演化出"奴隶"的意思；"雅利安"意为"出身高贵的"。

后来，随着社会的分工和阶级的分化，这种基于征服和被征服关系的划分演化为种姓制度。社会被分为四大种姓：婆罗门——主管祭祀的宗教贵族，学习经典，接受布施，担任政府或贵族的顾问；刹帝利——统治国家的军事贵族；吠舍——从事农、牧、商的雅利安人，提供布施、纳税以养活前两个种姓；首陀罗——从事农、渔、工的"达萨"，及少量失去公社身份的雅利安人，他们不受法律保护。按照雅利安人的说法，当诸神分解一个原始巨人时，用他的嘴造出婆罗门，用他的双臂造出刹帝利，双腿生出吠舍，双脚生出首陀罗。前三个种姓为再生族；首陀罗为一生族，并且不得参加宗教活动。除四大种姓外，还有贱民，贱民没有居住地，不能与任何人来往，只能在黑夜进入村庄城镇清扫粪便，抬埋尸体。

在宗教意识形态上与此相对应的是婆罗门教。婆罗门教奉《吠陀》为天启经典，认为：宇宙的最高主宰为神通而不灭的创造神梵天；人的灵魂是梵天的一部分，万古长存，不断轮回变化；因果报应，善有善报，遵从种姓制度行事即为"善行"，不过首陀罗除外；最高境界为"梵我合一"。

（三）佛教的产生

释迦牟尼生活的列国时代，由于常年混战，第二种姓刹帝利在政治和军事上的地位越来越高，他们对婆罗门的特权日益不满，要求扩大自己的权利，并开始支持沙弥①们的各种非婆罗门思潮。而随着工商业的发展和繁荣，承担物质供给的第三种姓吠舍也希望提高自己的社会地位，获得政治权力。首陀罗由于受到深重压迫，反抗意识也非常强烈。这种社会状况极大地削弱了婆罗门势力在政治、思想、文化方面的控制，推动了各种思潮的产生和发展。这种情况和中国的战国时代非常相似。而佛学思想只是当时数以百计的"异端"中的一支。当时的佛学思想强调众生平等，四个种姓的人都可以通过修道解脱成为阿罗汉。但是佛教所说的众生平等原指宗教领域的平等；佛教并不反对种姓制度，只是认为最优秀的种姓是刹帝利而不是婆罗门；它也不反对特权，它反对的只是婆罗门的特权地位，它试图用奴隶制的阶级划分代替种姓制的血统论。

关于释迦牟尼的生卒年代有不同的说法，一般认为是公元前 624—前 544 年。释迦牟尼自小师从婆罗门学者，学识广博而又喜欢沉思。他觉得书本不能解答他有关人世百态和人生无常的种种问题，因此于 29 岁时出家修道。他访问过许多著名的宗教大师，苦修了六年，但都没有获得其所期望的结果，最后悟到苦修是无益的，便一个人来到菩提迦耶的一棵菩提树下坐禅，并发誓：不证无上觉，不起此座。经七天七夜，最终大彻大悟。时年 35 岁。此后的 45 年，他致力于把自己的觉悟内容向社会各阶层宣传，并组织起教团，形成佛教。当时的人们用古印度战无不胜的武器"轮"来比喻佛教佛法，意思是佛教理论出现于世，使一切不正确的见解和说法都破碎无余。所以佛教把弘扬佛法称为"法轮常转"。后来佛教传到中国，法轮成为佛教的标志和象征，这在佛教建筑和饰品上都可以看到。现代的世界佛教徒联合会也把法轮作为佛教的教徽。

佛陀后来在毗舍离城生了病，但是仍继续往西北传教，最后走到了拘尸那伽的一条河边，洗了澡，在一处四方各有两棵菩提树的中间安置着的绳床上侧卧着安详逝世。佛陀逝世后，遗体实行火化，舍利被分成八份送往各地建塔供奉。其中安放在菩提迦耶的那一份舍利，在公元前 3 世纪时被热衷传播佛法的阿育王取出，分成多份送往各地。

（四）佛教的基本教义

广义的佛教是一种宗教，包括经典、仪式、习惯、教团的组织，等等。狭义的佛教仅指佛陀的教言，即佛教徒所说的佛法，它可以分为两个方面：一是实践方面，主要是关于善恶因果与修行方面的道德说教；二是理论方面，主要是关于生命和宇宙的真相的哲学思辨。当然，从具体内容来看，这两个方面是不可能截然分割开的。

佛教的基本教义主要有：缘起法、法印说、四圣谛、八正道、因果业报、三界六道、涅

---

① "沙弥"一词，最初不单指佛教徒。在古印度，它泛指一切修道之人，类似于中国古代的"贤哲""哲人"。今所用"沙弥"二字，可能是佛教传入中原途中，古代西域民族对梵文的音译。

槃，以及自成一体的密宗法义等。

缘起法即为通常所说的因缘关系，认为一切的存在与非存在皆由因（内因）缘（外因）而起。佛教的所有教义都从缘起法而来。缘起法根据一切缘起的道理，引出真空假有的理论，谓世界一切现象皆是因缘所生，刹那生灭，没有质的规定性和独立实体，假而不实，因缘幻化为假象。佛经中释迦牟尼给出的定义是："此有故彼有，此生故彼生。此无故彼无，此灭故彼灭。"佛教常说的偈语是："诸法因缘生，诸法从缘灭。如来大沙门，常作如是说。"佛教以缘起解释世界、生命及各种现象产生之根源，由此建立起佛教特殊的人生观和世界观。缘起法为释迦牟尼悟道成佛所证悟，为佛教之根本思想，是佛教与其他宗教或古今任何哲学流派相区别的根本特征。不管是原始佛教、部派佛教还是大乘佛教，任何时代或任何地域之佛教宗派，必然以缘起论为其根本教理，反之，则不能称为佛教。

所谓法印，指"佛教的标记"，它是佛教最基本的义理，是印证各种说法或行为是否正确、是否合乎佛法的标准。不同部派对此理解稍有不同，比较通行的是四法印"诸行无常，诸法无我，诸受皆苦，涅槃寂静"。"诸行无常"，意为宇宙间的一切事物和一切现象都是无常的，刹那生灭的；"诸法无我"，意为世间的一切事物和一切现象都是"空"的，并没有所谓永恒不变的自性本体"我"存在；"诸受皆苦"也作"有漏皆苦"，"漏"即烦恼，人类因六大烦恼（贪、嗔、痴、慢、疑、恶见）而造就苦业；"涅槃寂静"，指超脱生死轮回，彻底断灭"苦"。

四圣谛或称"四谛"，谛，意为真理或实在。四谛如下。

（1）苦谛：指世间的一切苦恼，包括三界六道生死轮回的痛苦烦恼。

（2）集谛：众生痛苦的根源。指一切众生，因贪、嗔、痴等欲念造成种种业因，从而招来种种苦果。佛教认为从根本上来说，众生痛苦的根源在于无明，即对于佛法真理、宇宙及人生真相的无知；正因为无明，众生才处于种种烦恼之中，由此造下种种恶业；正因为造下种种恶业，又使得众生未来要遭受种种业报。这样反复自作自受，轮回不休。

（3）灭谛：指痛苦的寂灭。灭尽三界烦恼业因及生死轮回果报，到达涅槃寂灭的境界，称为"灭"。

（4）道谛：指通向寂灭的道路，主要指八正道。佛教认为，依照佛法去修行，就能脱离生死轮回的苦海，到达涅槃寂灭的境界。

八正道，即合乎正法的八种悟道成佛的途径，又称"八圣道"。即正见（见解）、正思、正语、正业（行为）、正命（生活方式）、正精进、正念、正定。

三界六道是佛教业报轮回说的主要内容。佛教认为，众生由惑业之因而招感三界六道之生死轮回的果报，如车轮之回转，永无尽止，故称"轮回"。三界，指众生所居住的三种世界：欲界——有欲望的众生所居的世界，分六道；色界——无欲望的众生所居的纯净物质世界，分四界十八天；无色界——超越欲、色界的精神世界，分四天。欲界、色界、无色界之果报虽有优劣、苦乐等差别，但都属于生死轮回之迷界，故为圣者所厌弃。六道，指众生生死轮回的六种去处或生存形态。分别是：天、人、阿修罗、畜生、饿鬼、地狱六道。其中前三道被称作"三善道"，后三道被称作"三恶道"。六道与三界的概念是互相重合的，通常称"三界六道"。

涅槃（梵语 Nirvana），也作"涅盘"，原意是熄灭，意译为"圆寂"，是佛教修行的最终目的和最高境界，是一种超脱轮回、不生不灭、永恒安乐的精神境界，犹如一滴水回归大海般圆满具足。

（五）佛教的发展、传播及其流派

佛教的发展经历了四个阶段：早期佛教阶段、部派佛教阶段、大乘佛教阶段、密宗阶段。

早期佛教又称"原始佛教""初期佛教"，是指释迦牟尼创立佛教至他逝世后 100 年这段时间内的佛教。这一时期的佛教还只是众多修道思潮中的一支，既无造像也无建筑，主要在古印度恒河中游一带传播；佛教教团比较统一，都奉行释迦牟尼的教法，信徒持戒严谨，基本上以乞食为生。

至阿育王时代（公元前 286—前 232 年），佛教被宣布为国教，开始广建佛塔，大量的传教师被派往各地传教。佛教从这一时期起开始成为世界性的大宗教。由于信徒们对佛陀的教义和戒律理解不一，佛教开始分为上座部和大众部两派。简而言之，上座部思想较为传统和保守；而大众部则较为积极和前进。其后又分成十八部或二十部，从此佛教进入了部派佛教时代。部派佛教是通往大乘佛教的桥梁。

公元纪年前后，大乘教派兴起。大乘（梵语 Mahayana）意为"大车"或"大道"。因能运载无量众生到达菩提涅槃之彼岸，成就佛果，故名。同时，他们贬称部派佛教为"小乘"或"二乘"，当然这一称呼上座部等教派是不承认的。

大乘佛教和小乘佛教的区别主要在于以下几点。

（1）小乘视释迦牟尼为教主和导师，是一个彻底觉悟的人，是唯一的佛；大乘佛教则认为，三世十方中有恒河沙数的佛，释迦牟尼只是其中之一。

（2）小乘认为必须要通过戒、定、慧"三学"及"八正道"不断地苦修才能自我解脱，成就"罗汉道"；而大乘认为通过六度（布施、持戒、忍辱、精进、禅定、智慧）也可以达到佛果，扩宽了成佛的途径，并且降低了难度。

（3）小乘佛教以追求个人的自我解脱为主，以灭尽身智为究竟，是纯出世的；而大乘佛教则自称佛法大慈大悲，要普度众生，以成佛救世，建立佛国净土。

（4）在教理义学方面，小乘佛教总的倾向是"法有我无"，即只否定我的实在性，而不否定法的实在性；大乘佛教则不仅主张人无我，而且认为法无我，即同时否定法、我的实在性。

密宗是大乘佛教的一个支派，又称秘密大乘佛教、密乘、金刚乘、真言宗等，是印度后期佛教的主流，以《大日经》和《金刚顶经》为经典。此宗以密法奥秘，不经灌顶，不经传授不得任意传习及显示别人，而被称为"密宗"。密宗的源起甚早，许多仪式与修行方式可以追溯到佛陀时代，但真正兴起是在7世纪以后，它是大乘佛教修行者吸纳了印度教修行方式而形成的特殊教派。密宗认为，佛教其他诸宗的教义，是作为应化佛的释迦牟尼对娑婆世界的众生所做的教化，是显教；唯有密宗的教义，是作为法身佛的大日如来（毗卢遮那佛）在法界心殿对金刚萨埵等宣说佛自内证之境界，深妙奥秘之秘密法门，是大日如来的真言教法。

现今世界上影响较大的佛教宗派主要有南传佛教、北传佛教和藏传佛教。

南传佛教即上座部佛教，属原部座派小乘佛教，也是最接近原始教义的流派。现主要流传于南亚和东南亚。这一流派比较注重实践修行，至今仍保持着乞食的传统。

北传佛教主要是汉地佛教，因其当初是经西域从西北传过来的，所以称北传佛教。它属于大乘佛教，比较注重义理。佛教自东汉时经由丝绸之路开始传入中原地区，魏晋时期盛行老庄玄学，而佛教大乘般若学说在思辨方法上与玄学相似，所以很快得以流行，加上历代帝王扶持，发展很快；其教内也出现了佛图澄、道安、鸠摩罗什、慧远等高僧大德，讲经说法，著书立说，翻译经典，影响很大。其间，虽然发生了北魏太武帝和北周武帝两次灭佛事件，但从总体来看，佛教已经普及到社会各个阶层之中。汉地佛教的发展到唐朝到达鼎盛时期，但自唐武宗灭佛后，开始衰退，可以说自此以后中国佛教没有突破性的发展。其间，经过长期与中国文化思想和社会习俗的融通、综合，佛教形成了一些具有民族特色的宗派，主要有天台宗、净土宗、华严宗、禅宗、律宗、唯识宗、三论宗、密宗共八个宗派。宋以后，佛教各大宗派逐步走向融合，直至今日各派很少有门户之见。中国是北传佛教的中心。朝鲜半岛、日本、越南等地以中国佛教为祖庭。中国是唯一一个世界三大语系佛教俱全的国家，佛教已经成为中国优秀传统文化的一个重要组成部分。

藏传佛教属于前面所说的密宗，通常称"喇嘛教"，主要流行于尼泊尔、蒙古国及我国包括四川、内蒙古在内的西部各省。这一宗派产生较晚，自唐贞观年间文成公主入藏，佛教随之传入西藏。此后西藏当局不断派遣学僧前往印度学习佛法。至印度密宗大师莲花生入藏，密宗大兴，得到下层民众的普遍信仰，并逐渐与西藏地方旧有的宗教结合，形成极具西藏地方特色的藏传佛教。藏传佛教也分不同的宗派，主要有宁玛派、噶丹派、萨迦派、噶举派、格鲁派。它们虽然各有特点，但教义上基本是把显、密二教结合起来，提倡显、密兼学兼修。

（六）佛教礼仪与禁忌

佛教徒尊称佛教创始人释迦牟尼为本师，而自称为释迦牟尼的弟子。佛教徒有四类，合称四众弟子，就是出家男女二众，在家男女二众。出家男众至少要7岁才能受沙弥戒，受戒后称

"沙弥"或"沙门"（止息一切恶行之意）；沙弥20岁时，经寺院主持等人同意，召集至少十位大德长老，方能为他授比丘戒，成为比丘（乞食之意）；比丘届满5年后，方能外出单独修行。出家女众也是如此，不过称为"沙弥尼"和"比丘尼"。大约自元代以来，受戒者还要在头顶上燃香，作为终生誓愿的标志。近年来佛教界已在汉族地区废除了这种规定。

世俗也称出家人为"僧人""和尚"。"僧"为梵语"僧伽"的略称，本意为"众"，因为早期佛教徒都是有组织的；"和尚"是印度俗语，原意为"师傅"，是对佛教师长的尊称，后来成为对出家人的通称。现在对有佛理素养的佛教上层人物一般称"法师"，藏传佛教称"喇嘛"，也是"上师"的意思。

佛教的节日主要有佛诞节、盂兰盆会等。关于佛诞节，各教派传统不一。汉地佛教以农历四月初八为"浴佛节"。按佛本生故事，释迦牟尼从摩耶夫人肋下降生时，一手指天，一手指地，说："天上天下，唯我独尊。"于是大地为之震动，九龙吐水为之沐浴。因此，佛教徒通常都以香汤浴佛等方式纪念佛的诞辰。善男信女也都在这一天来寺院烧香还愿，或礼佛诵经，或布施钱物，或打斋供众，或烧吉祥疏、荐亡疏，或听法师讲经，或请僧人做佛事等；而在寺外，各种经贸和文娱活动亦丰富多彩。由于围绕浴佛节展开的这类活动往往持续多日，参加的人数众多，以至年复一年，在许多寺院形成了传统的庙会。

盂兰盆会是汉地佛教的教徒根据《盂兰盆经》而设立的节日，时间是每年阴历的七月十五，用来超度先亡。

佛教文化现已成为中华传统文化的一部分，但是当初其传入中国时，作为一种异域文化，曾与当时的中原文化发生过激烈的冲突。冲突主要集中于传统观念方面。

（1）天下中心观。中国自古以"中央王国"自称，认为四面皆为蛮荒之地；但是佛教认为，世界的中心是佛祖所居的须弥山。

（2）农本和为民谋福方面。早期佛教徒沿袭古印度传统，不直接从事生产；中国传统观念认为不劳而获是可耻的，而没有认识到宗教精神在生产领域的作用。

（3）忠孝之道。忠和孝是中国传统观念极为重要的部分；佛教徒则不事父母，不礼君王。

（4）丧葬问题。中国传统观念认为身体发肤受之父母，应勤加爱惜；而佛教则认为肉体不过是一副臭皮囊，主张火化。

佛教最基本的禁忌就是"五戒"：戒杀生、戒偷盗、戒邪淫、戒妄语、戒饮酒。上座部佛教保留了较多早期佛教的习俗，还要求坚持"乞食"。"乞食"是古印度修道之人所坚持的习俗。他们认为，如果去从事以谋生为目的的各种活动，思考人生的时间就会减少。

在规范信徒的个人生活方面，汉地佛教和其他佛教宗派的要求不尽相同。汉地佛教在饮食方面要求素食，这也是汉地佛教区别于其他佛教宗派和其他宗教的重要标志之一。素食的概念包括不吃"荤"和"腥"。"荤"是指有恶臭和异味的蔬菜，如大蒜、大葱、韭菜等；

"腥"是指肉食，各种动物的肉，甚至蛋，出家人都不能吃。此外，汉地佛教还要求僧人不结婚，不蓄私财，不观听歌舞，不做买卖，不看相算命，不显示神奇，不禁闭、掠夺和威吓他人，禁止比丘、比丘尼同住一寺等。

在参观佛教场所或与佛教徒交往时，应该注意：①见了出家人，可以合掌问讯，以代替俗人间的握手礼；②同出家人共处时，不宜向僧人敬烟、劝酒，或者劝其吃肉，不要说"酒肉穿肠过，佛祖心中留"之类的话；③参观寺院时，勿大声喧哗，勿指指点点，应衣冠整洁；④到殿堂拜佛，要在两侧拜垫上进行，不可占据中央大拜垫，这是寺院主持所用；⑤不经允许，不要到寺院禅堂里面去，也不要随意到僧人闭关或日常居住的地方去。

藏传佛教还有一些独特的禁忌，也应予注意：①拜见高僧大德时，应献哈达以示尊敬，哈达只许献在手中，忌献在脖子或头上，只有父母或长辈、师傅给自己子女、晚辈或徒弟献哈达时，才能挂在脖子上；②路过寺庙、佛塔及玛尼堆、经旗杆时，都应按顺时针方向绕行，手中的转经筒不得逆时针方向转动和打开筒盖等；③雪鸡在藏传佛教中被认为是贤助千佛之灵鸟，杀一只雪鸡，就有毁千佛之罪，因此，千万不要妄杀雪鸡；④藏地把鹰视为神鹰，有的地方还认为鹰是无量光佛的一种化身，不能胡乱射杀；⑤天葬是藏传佛教认可的肉身施舍的一种，禁忌围观天葬和拍摄天葬活动，对天葬师赠送给你的任何物品，不能产生厌恶或疑念，在采访或与天葬师交谈时，不能有不符葬礼仪规和不尊重其人格的各种言论；⑥藏族人在13、25、37、49、61、73等虚岁时，处在本命年，也是厄年，一般不出远门，禁忌参加娱乐活动，尤其忌讳参加婚礼或葬礼活动；⑦在藏族人家中拜访时，不要用勺子直接喝水或将剩下的水再倒入缸中，以免因给护法神的供水不净而导致灾难；⑧藏族人家中供奉的佛堂，未经允许，不得私自观看，以免触怒神佛而带来灾难。

四、伊斯兰教文化

（一）伊斯兰教

伊斯兰教于公元 7 世纪初兴起于阿拉伯半岛，现拥有信徒约 16 亿，占全世界人口的23％左右，是目前三大世界性宗教中依旧保持发展势头、发展速度最快的宗教。

伊斯兰（Islam）系阿拉伯语音译，字面意思为"顺从""和平"，指顺从和信仰宇宙独一无二的最高主宰安拉及其意志，以求得两世的和平与安宁。信奉伊斯兰教的人统称为"穆斯林"（Muslim）意为"顺从者""和平者"。

伊斯兰教在中国历史上出现过许多称呼，没有统一的译称。宋元时代曾将居住在葱岭附近信仰伊斯兰教的民族统称为"回回"；后来随元军迁入内地的回鹘人、波斯人、阿拉伯人及其他中亚民族，因其宗教信仰和生活习俗与"回回"相近，故也被称为"回回"。它们所信奉的宗教因之被称为"回教"。同时，中国的穆斯林依据自己宗教教义的某些特点或起源地名称，也称自己所信奉的宗教为"清真教""真教""天方教"等。新中国成立后，考虑到回族已经是中国的一个民族，并且信仰伊斯兰教的也不仅限于回族，为把回族与回教区别开来，国务院于 1956 年颁发通知，正式将回教更名为"伊斯兰教"。

（二）伊斯兰教的产生和传播

伊斯兰教是 6 世纪末 7 世纪初阿拉伯半岛社会经济、政治和宗教发展演变的产物。它的产生，在相当大程度上受到了当时流行于西亚地区的犹太教和基督教的影响。

阿拉伯人的祖先贝都因人以游牧为生，当时正处在原始氏族部落解体、阶级社会形成的大变革时期。阿拉伯半岛大部分地区自然环境非常恶劣，部落之间经常为水源、草场和牲畜发生争斗。只有红海沿岸的汉志商道因为处于东西方交通要道，是非洲和亚洲的货物由水路通往地中海东岸的要道，经济比较发达。但是北边的拜占庭帝国和东边的萨珊波斯帝国战争不断，为了争夺和控制这条商路，他们不断对贝都因部落进行挑拨，使他们自相残杀。

残酷的生存竞争和血亲仇杀，使贝都因人养成了勇敢尚武、劫掠好战的民族精神。贝都因部落往往是商人、游牧民、劫掠者、奴隶贩子的混合体，他们视抢劫为合法的生意，这种习俗更加增加了半岛的混乱。连年战争使社会动荡，生产停滞，氏族内部阶级分化加剧，社会经济危机四起。

伊斯兰教兴起前，半岛上的阿拉伯人主要信仰原始宗教，相信万物有灵和灵魂不死，盛行对大自然、动植物、祖先、精灵等的崇拜。而信奉一神的犹太教和基督教早已传入半岛，在一些城镇和农业区流行，其一神观念、经典、传说、礼俗对伊斯兰教有显著影响。阿拉伯日益加剧的社会危机，外族的不断入侵，促使了阿拉伯民族的觉醒，社会各阶级都在寻求出路。阿拉伯贵族企望打破氏族壁垒，夺取新的土地和重新控制商道；广大的下层人民和奴隶要求和平与安宁，改善自己的贫困的面貌。伊斯兰教的兴起，正是阿拉伯半岛各部落要求改变社会经济状况和实现政治统一的愿望在意识形态上的反映。先知穆罕默德（公元 570—632 年）于公元 610 年创立的伊斯兰教顺应了历史发展的需要，在宗教革命的旗帜下，他领导了阿拉伯的社会变革运动，并统一了阿拉伯半岛。

统一阿拉伯半岛后，伊斯兰教由原来阿拉伯地区性单一民族的宗教逐渐发展成世界性的多民族信仰的宗教。伊斯兰教早期向世界的传播，与阿拉伯帝国的向外征服有着密切的联系；但自 10 世纪后，在非洲、亚洲和东南亚的广泛传播，通常是通过商人的贸易活动、文化交流和传教士的传教活动来实现的。8 世纪初，北非柏柏尔人的穆斯林军队征服比利牛斯半岛，伊斯兰教传入欧洲。13 世纪末，伊斯兰教向东、向西分别传入东南亚和非洲。20 世纪以来，伊斯兰教通过穆斯林移民、劳工、商人和学者传入西欧和北美，并取得较大进展。

伊斯兰教在中国的传播经历了一个渐进的过程，它是伴随着中、阿通商贸易的发展逐渐展开的。唐宋时期，信仰伊斯兰教的阿拉伯和波斯商人经由海、陆两条路线来到中国。海路由波斯湾经阿拉伯半岛到达广州、杭州等东南港口城市；陆路从阿拉伯半岛经西南亚和中亚到新疆天山南北，进而进入中原。伊斯兰教随着商人的活动得到了缓慢的传播。12世纪末13世纪初，蒙古汗国建立后，陆路交通畅通，西亚、中亚穆斯林商人大量入华，与元军中的穆斯林一起，同汉、维吾尔、蒙古等族人民相处杂居，当时统称为"回回"。随后，"回回"多已变侨居为定居，《明史·撒马尔汗传》中有"元时回回遍天下"之说，伊斯兰教在中国扎下了根并逐渐传播开来。

伊斯兰教在新疆的广泛传播得益于10世纪建立的哈喇汗王朝和14世纪建立的东察合台汗国。哈喇汗王朝大力推广伊斯兰化，并宣布伊斯兰教为国教，实行伊斯兰教法，从此使伊斯兰教分南北两路向内地传播。在13世纪初该王朝衰落之际，成吉思汗第七世孙图赫鲁·帖木儿（公元1329—1361年）在北疆建立了东察合台汗国，并下令其部属臣民改宗。他的后继者继续奉行其政策达两个多世纪，使伊斯兰教在新疆取代佛教成为占主导地位的宗教。

明时，以唐宋时的藩客、元时的色目人为基础，以伊斯兰教为纽带，不断融入改信伊斯兰教的维吾尔、汉、蒙古等民族成员，形成了一个新的民族——回族。回族的形成，更进一步促进了伊斯兰教在中国的继续传播与发展。穆斯林通过与其他民族的联姻，人口有了较快的增长，清真寺的普遍建立，经堂教育的开办，用汉文编著介绍伊斯兰教的经籍及维吾尔、哈萨克等民族全部皈依伊斯兰教，是伊斯兰教在明朝取得发展的重要表现。清朝建立后，由于清前期全国统一，社会安定，各族穆斯林得到休养生息，经济状况改善，人口增长，从东北到江南，新建了不少清真寺，通过经堂教育培养了一些教职人才，使伊斯兰教在稳定中有所发展。清朝中后期，由于朝廷腐败，社会矛盾激化，有些地方官吏利用伊斯兰教内部派系之争和回、汉个人纠纷，煽起民族矛盾，引发冲突，致使西部各省的伊斯兰教的发展遭受严重阻碍。辛亥革命时期，孙中山提出"汉、满、蒙、回、藏五族共和""五族一家立于平等之地"和信仰自由的主张，因而在当时被称为"回族"的我国信仰伊斯兰教的各族穆斯林对推翻腐败的清王朝十分拥护，也为辛亥革命的成功做出了积极贡献。

新中国成立后，我国穆斯林同全国人民一起，积极参加社会主义建设，成为祖国大家庭中的一员。党和政府实行宗教信仰自由政策，穆斯林群众的宗教信仰得到充分保护。目前，全国各地大小清真寺接近40 000座，并且兴建了9所伊斯兰教经学院，培养爱国爱教的宗教人才。除新中国成立初期建立的全国性伊斯兰教组织——中国伊斯兰教协会外，还陆续成立了26个省级伊斯兰教协会和400个县级伊斯兰教协会，协助政府贯彻宗教政策、管理伊斯兰教事务。伊斯兰教在中国经过1 300多年的发展，迄今信教人口已达2 000多万。可以说，这是中国伊斯兰教史上最好的时期之一。伊斯兰教传入中国后，不同程度地受到中国传统文化的影响，为了适应不断发展变化中的中国社会，形成了具有中国文化特色的支派和门

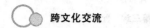

宦。因而可以说，伊斯兰教在中国的传播不仅是一种宗教的传播，也是一种文化思想的交流和传播。

（三）伊斯兰教的主要派别

伊斯兰教主要分为逊尼、什叶两大派系，此外还有艾巴德、苏菲等小派别。

逊尼派全称"逊尼和大众派"。"逊尼"是阿拉伯文的音译，意指穆罕默德的道路和教训，故该派被认为是伊斯兰教的主流派别，所以又称"正统派"。世界穆斯林人口中，90％属于逊尼派，中国穆斯林大多也属于这一派。逊尼派尊崇《古兰经》的神圣地位，认为它是天启语言，为立法和解决一切问题的首要依据；《圣训》则是第二依据，也是穆斯林言行的标准。

什叶派信徒主要分布于伊朗、伊拉克两国。它与逊尼派的分裂最初是由继承人问题引起的。按什叶派的观点，只有穆罕默德的女婿兼堂弟阿里的直系后裔才是穆罕默德合法的继承人；而逊尼派则认为宗教领导人哈里发的继承者，无论是谁，只要信仰虔诚，都可以担任。

（四）伊斯兰教的基本信条

伊斯兰教的基本信条就是五大信纲：信安拉、信天使、信启示、信先知、信末日。后来伊斯兰教的神学家根据《古兰经》精神和《圣训》明文，又加上"信前定"，或称"六大信纲"。

1. 信安拉

即唯一神论。"安拉"系阿拉伯语音译，是古代闪族对造物主的称呼。伊斯兰教继承了这一称呼，并确认安拉是宇宙的最高主宰和唯一的神。伊斯兰教认为：①安拉是独一而固有的真实存在；②安拉是万能的；③安拉的本体永存不灭；④安拉是绝对的完美，禁止设像崇拜；⑤安拉创造一切，人们应当崇拜安拉。

2. 造化论

宇宙和人类都是安拉意欲造化的结果，人类应当通过观察自身和宇宙认识安拉。

3. 先知论

安拉为引导和劝诫世人脱离苦难和邪恶，在不同时代、不同地区，对不同民族派遣出节操完美的使者传达安拉的启示；先知无资格受到崇拜，但是人们应当信仰先知；穆罕默德是安拉派给世人的"封印至圣"，即最后的先知。值得一提的是，伊斯兰教认为，犹太教的亚伯拉罕、摩西甚至基督教的耶稣等人也是先知。

4. 启示论

启示是安拉以特殊而隐微的方式教给先知以宗教原则和治世济人的知识。启示的集录即为"天启经典"，信仰经典即为信仰启示的神圣性。伊斯兰教认为，其余的启示或已失传，或遭篡改，唯有《古兰经》"受安拉的保护不会变更"。因此，启示论的核心就是信仰《古兰经》为安拉的语言。

5. 两世论

"两世"即今世和后世，指人类生活的现实世界和现世终结后的彼岸世界。伊斯兰教认为，今世是通往后世的桥梁；后世则是人类的归宿和今世追求的目标。因此要求人们在今世生活中努力进取，创造物质和精神财富，建设美好生活。只有今世的物质生活有了保证，才能有条件追求后世的精神生活。所以，伊斯兰教反对出家、禁欲和苦修，允许人类满足自身的各种正当欲望。同时伊斯兰教也认为，今世生活是短暂的，后世才是永恒的，人们应当以积极进取、乐于奉献的态度对待现实，同时怀着恐惧与希望的心情迎接后世的来临。

（五）伊斯兰教的礼仪和禁忌

伊斯兰教要求人们信仰并服从安拉，同时要求在行为上表现出对安拉的服从，履行一定的宗教功修，把信仰同行为的实践结合起来。伊斯兰教要求每一个穆斯林必须遵行五项宗教功课：念"清真言"、礼拜、斋戒、天课、朝觐，简称"念、礼、斋、课、朝"五功。

1. 念功

确认信仰的方式。即念诵清真言（或称作证词）："万物非主，唯有真主，穆罕默德是安拉的使者。"这是穆斯林心存安拉和非穆斯林立誓皈依的一种方式。清真言不只是新入教者必须宣读的誓词，每个穆斯林需经常诵读，以表示对自己信仰的重新肯定和加深。

2. 礼功

礼功也称"拜功"，是伊斯兰教信仰的支柱和区别是否是穆斯林的主要标志，是穆斯林必须身体力行的功修之一。主要包括每日五次的礼拜，每周一次的聚礼拜，一年两次的会礼拜（即古尔邦节和开斋节的礼拜）。礼功的仪式主要由端立、诵念《古兰经》经文、鞠躬、磕头、跪坐等一系列动作构成；礼拜时必须面向圣地麦加的天房。它是督促穆斯林坚守正道，对自己过错加以反省的重要方式。履行礼功之前必须进行沐浴，宗教意义上的沐浴，不仅可清除身体上的污秽，而且可以荡涤心灵上的不洁。

3. 斋功

清心寡欲，以近真主。成年的穆斯林在教历的斋月，白昼戒饮食和戒房事一个月；封斋有困难的病人、年老体弱者、出门旅行者、孕妇和哺乳者可以暂免，或过时再补，或纳一定的济品施舍。伊斯兰教不主张禁欲或苦修，但是教导人们要学会节制，认为这有助于人类控制物欲和邪念。同时，认为斋戒还可以激发人们对饥饿者和贫困者的恻隐之心。

4. 课功

课功也称"天课"，是伊斯兰教对占有一定财力的穆斯林规定的一种功修，具有一定的强制性。伊斯兰教认为，财富是真主所赐，富裕者有义务从自己所拥有的财富中拿出一定份额，用于济贫和慈善事业。工商业者盈利所得每年抽 2.5%，农产品抽 10%，畜牧业者按牲畜数量的多寡有不同的比例。天课的用途，《古兰经》中有明确的规定，不得转赠或挪为他用。

5. 朝功

复命归真，纯洁心灵。伊斯兰教规定，教历的每年 12 月 8 日—10 日为法定的朝觐日期，凡身体健康，有足够财力的穆斯林在路途平安的情况下，一生中到圣地麦加朝觐一次是必尽的义务。朝觐的最后一天，宰牲庆祝，即著名的宰牲节，也称"古尔邦节"。

遵守五功是穆斯林信仰虔诚的基本体现。五功中"念"为本，"礼"为纲，五项天命互为因果，相辅相成，构成了系统完整的伊斯兰教功修制度。

伊斯兰教的禁忌相对较多，主要有以下五类。

（1）饮食禁忌。伊斯兰教认为，安拉造化宇宙万物，创造了人类，为人类创造了大地上的一切，供人们享用，允许人们吃一切合法而又佳美的食物。不过在提倡人们在食用可食之物时，不能过分和毫无节制。《古兰经》中强调："安拉不喜欢过分者，你们应当吃，应当喝，但不要过分。"同时，伊斯兰教也禁食猪肉、自死物、动物血液、猛禽猛兽及非诵念真主之尊名而宰杀的动物；禁用包括酒在内的致醉和有毒的饮料。

伊斯兰教禁食的血液是指从动物血管里流出的，而不是肌肉中所含的血。伊斯兰教禁食血液的原因是认为动物的血液含有"嗜欲之性"，也是污秽的物质。可食动物必须经过宰杀，流尽血液，方能食用。宰杀时还必须使用断喉法宰杀，这样才能排尽血液。同时，伊斯兰教认为安拉是万物（包括被宰的动物）的创造者，是生命的赋予者和掌握者。因此，要求穆斯林在宰杀牛、羊、鸡等可食动物时，要诵"以安拉之名"表示结束该动物的生命是奉安拉的名义进行的，不是出于仇恨该动物，不是由于它弱小可欺。这样宰杀的动物，其肉才是合法的、清洁的、可以食用的。而自死动物或污秽动物（比如猪）其肉均不可食。不过，穆斯林如果在旅途中或新的环境中遇到送来的食品是可食的动物肉，如果知道它不是自死的或为偶像的献祭物，就可不必去追问牲畜是怎样宰的，是否诵念了安拉的名义。穆斯林只要吃前补诵一声"以大仁大慈的安拉之名义"即可。

伊斯兰教之所以严禁食用猪肉，是出于"重视人的性灵和身体安全"。当然，其中还有更为深远的民族宗教根源。不吃猪肉是闪米特人（也称塞姆族）的一项古老宗教禁忌。他们视猪肉为秽物，不能吃、不能用手触摸，也不可以用于祭神。在古代史上曾经创造了辉煌文化的巴比伦人、亚述人、希伯来人（即犹太人的祖先）、腓尼基人、阿拉伯人、部分埃及人等，都属于闪米特人。公元前 5 世纪，到过埃及的希腊学者希罗多德在描述埃及人的习俗时说，在埃及人眼里，猪是不洁净的畜类，如果一个埃及人在走路时碰到猪，他会穿着衣服跳进河里冲洗一遍；如果一个人放猪，哪怕他是一个土著人，也不能在社会上娶到老婆，只能到放猪的同行中去找。闪米特人禁食猪肉并不影响他们的生活。阿拉伯半岛面积很大，但大部分是沙漠和荒漠，农业耕地很少，人们主要以畜牧业为主，放牧羊、马、牛和骆驼，逐水草而居，过着游动不定的生活。而猪喜潮湿、吃饲料，只适于在农业定居地区喂养。产生于闪米特族中的犹太教和基督教也都有过禁食死物和猪肉的戒律，而且这一戒律载于《旧约》之中。伊斯兰教的先知穆罕默德传播伊斯兰教的时候，继承了这一古老宗教传统，将猪肉作为禁品。《古兰经》说到禁食自死物、血液和猪肉的原因时说："因为它们确实是不洁的。"这里的"不洁"不单是指卫生，更重要的是指宗教意义上的不纯洁。

伊斯兰教在肉食方面做出如上规定的同时，对植物性的食物没有任何禁忌。但是一切有危害性或能麻醉人的植物或可食植物，如葡萄、大麦、小麦等一旦转化为能致醉的饮料，如酒一类的东西，就成为禁忌的对象，在禁戒之列。鉴于饮酒对人体有害，而且还能够导致乱性，对穆斯林的信仰纯洁不利，所以，《古兰经》说："饮酒、赌博、拜偶像、求签乃是一种秽行，是恶魔的行为，故当远离，以便你们得救。恶魔唯愿你们因饮酒和赌博而互相仇恨，并且阻止你们纪念安拉和谨守拜功。"伊斯兰教在提出禁酒时，还未出现大麻、鸦片、吗啡等类麻醉毒品，也没有香烟，故经训中没有这方面禁戒的规定。后来，伊斯兰教的教法学家根据此情况，依据类似于酒和"凡是有害的无论是食是饮都是非法的"原则，一致认为这类东西均属禁品，不能服用，而且也不能贩卖，由此所赚的钱也不能用于伊斯兰教事业上。

（2）服饰禁忌。伊斯兰教在服饰方面的基本原则是顺乎自然，不追求豪华，讲究简朴、洁净、美观。因此，禁止男性穿戴高贵服饰；禁止妇女显露美姿和妆饰；严禁穆斯林穿外教服饰；禁止男女模仿。

（3）卫生与性生活禁忌。伊斯兰教是一个注重清洁卫生的宗教。《古兰经》中说："安拉是喜爱清洁的。"先知穆罕默德把讲究清洁提高到信仰的高度："清洁是信仰的一部分。"他又说："你们应当爱好清洁！因为伊斯兰教是清洁的宗教。"穆罕默德鼓励人们要衣服清洁、身体清洁，特别是牙齿清洁和双手及环境清洁。

伊斯兰教为使穆斯林保持身心的清洁而规定了沐浴。沐浴有"大净""小净"之分。"大净"即清洁的水，按照一定的顺序、方式冲洗全身；"小净"即用清洁的水洗净身体的局部，如手、脸、口鼻、双脚等。每座清真寺，乃至每一个穆斯林家庭中，都设有专门的洗净处或沐浴室。身体不洁者不可礼拜、不可诵读《古兰经》、不可进礼拜殿。宗教意义上的沐浴，不仅可以除去身体上的污秽，而且可以荡涤心灵的不洁。此外，定时剪指甲、理发、修胡须、刷牙、除阴毛、打短唇须、储胡须等被列为先知的圣行和"天然的懿行"。伊斯兰教严格的净身规定是其独有的。

伊斯兰教还有割礼的习惯，就是切除男子生殖器官的包皮。这是古代闪米特人的一种宗教传统。伊斯兰教认为，割礼是一种防止生殖器积垢致病、有益于夫妻健康的习惯。此外，伊斯兰教还有以下关于卫生和性方面的禁忌：禁止用右手处理污秽的事物；禁止在礼拜时有不雅仪态；禁止和月经期妇女或产妇发生性行为；禁止通奸或同性恋。

（4）婚姻禁忌。禁止非法同居；禁止近亲结婚；严禁与异教徒结婚；反对独身和离婚。

（5）丧葬禁忌。伊斯兰教规定，丧葬的基本原则是土葬、薄葬和速葬。严禁为自杀者举行殡礼；殡礼期间禁止嘈杂喧哗；严禁妇女参加殡礼；禁止无故迁坟；禁止自杀。

（六）伊斯兰教的文化和艺术

伊斯兰教先知穆罕默德曾经告诉信徒："学问，虽远在中国，亦当求之。"他还说过："学者的墨汁浓于烈士的鲜血。""求知是每一位穆斯林男女应尽的责任。"他要求穆斯林尊重知识，努力学习，不盲从、不迷信。

伊斯兰教早期的主体民族阿拉伯人，本身的文化比较落后。但在征服运动之后，因其开放性，在同一宗教之下，囊括了不同民族的不同文化，并使它们熔为一炉，其中包括波斯文化和希腊文化。中世纪期间，伊斯兰文化取得了辉煌成就，医学、数学、物理学、天文学、地理学、建筑学、艺术、文学及历史学等领域获得了前所未有的进步。阿拉伯文字臻于完美，并发展出与汉字类似的书法；许多关键的学科及其概念体系，诸如代数学、阿拉伯数字及零的概念（对于数理科学的进步至关重要）都是经由伊斯兰世界传播到中世纪的欧洲大陆的；许多复杂的仪器，包括观象仪（星盘）、象限仪和精确的航海图的发展为欧洲人的远航探索提供了必备条件；阿拉伯医学至今仍在西方享有盛誉。

由于伊斯兰教禁止偶像崇拜，所以在雕塑和绘画方面都不是很发达。伊斯兰教的艺术以建筑艺术最具特色，并且集中地表现在清真寺的结构和装饰方面。清真寺以圆顶建筑为主体，四周围有带马蹄形拱门的封闭庭院，侧面竖有指示礼拜方向、召唤信徒用的邦克楼。清真寺的外轮廓造型圆方结合，清晰简明。墙壁上布满复杂而优美的镶嵌细工和各种图案装饰，它们几乎都是植物和几何图案，将建筑装饰得华美壮丽。西班牙格兰纳达的阿尔罕布拉宫、印度的泰姬陵，都可视为其杰出的代表。

五、宗教文化余论

除了上述三大世界性宗教外，现今世界上还留存着很多规模较小或影响不太广泛的宗教，如南亚的印度教（见佛教部分）、耆那教、锡克教，东亚的道教、神道教，西亚的琐罗亚斯德教、犹太教（见基督教部分），以及遍布亚、非、美洲文化相对落后地区的原始萨满教。因篇幅关系，这里就不予介绍了。

值得注意的是，西方人还将中国人的传统信仰"儒学"也算作一大宗教。儒学是否是宗教，学术界存在不同的意见。一般而言，正如道教是宗教而道家则不被认为是宗教一样，儒家、儒学不被认为是一种宗教，而对儒教则存在不同的看法。有些人认为它不是宗教，有些人认为它是宗教，这主要取决于对儒教含义的理解和对宗教含义的理解。

不过，中国古代还存在着一种隐性宗教，即宗法性宗教，这是事实。宗法性宗教的特点是：祖先崇拜、嫡长子继承制、家族宗法制度、祖先崇拜的节日与仪式、上自君主下至族长家长的"神职人员",等等。它自商周封建时代开始形成,在封建制度被破坏后依然留存下来,并在儒学和皇权的巩固下得到了进一步的发展。

我国的宗教问题有其特殊性。我国是一个多民族、多宗教的国家,与世界上其他国家相比,我国的信教人数占全国总人口的比重不大,历史上也没有出现过国家宗教。在西方人和某些国人眼中,中华民族甚至是一个缺少宗教的民族。在新中国成立后相当长的一段时间里,人们片面地将宗教意识形态化、政治化,对宗教持全盘否定的态度,在实际生活中推行"消灭宗教"的活动。这些错误的思想和行为,不仅践踏了马克思主义关于宗教的科学理论,而且伤害了信教群众的感情,破坏了民族团结。"文革"结束后,经过拨乱反正,宗教工作终于走上了正轨。

第二节　艺术文化

一、中国古代艺术的精神

中国古代艺术不仅成果灿烂夺目,而且民族特色鲜明,儒、道、释文化的不断冲撞和融汇,影响和决定着中国传统艺术思想、审美趣味的不断变化、发展,形成了中国传统的艺术精神。

1. 道

道是中国传统艺术的精神性。道,中国古代哲学最高范畴,道有天道、人道之分。天道是关于宇宙根本问题的学说,人道是关于人生根本问题的学说。老庄道家侧重于"天道"或"自然之道",孔孟儒家侧重于"人道"或"论理之道",禅学的"佛性"(即心即佛)相似于"道"的概念。天、人统一于"道",也就是"天人合一"之道。"天人合一"决定了中国古代哲学的基本精神是追求人与人、人与自然的和谐统一。"天人合一"的思想也对中国传统文化与中国传统艺术产生了巨大的影响。"天人合一"是中国传统文化的核心范畴,它不仅是一种人与自然关系的学说,而且也是一种关于人生理想,人生价值的学说。"天人合一"思想认为人是自然界的一部分,而自然界具有普遍规律,人也应当服从这种规律。此外,"天人合一"还强调人性即是天道,道德原则和自然规律是一致的,人生的最高理想应当是天人协调,包括人与万物的一体性,还包括人与人的一体性。

2. 气

气是中国传统艺术的生命性。物质的气被精神化、生命化,这可以说是中国"气论"的本质特征。"气"在中国传统文化中占有十分重要的地位,不但中医讲"气",气功讲"气",戏曲表演讲"气",就连绘画书法也要首先运"气"。中国传统美学用"气"来说明美的本原,提倡艺术描写和表现宇宙天地万事万物生生不息、元气流动的韵律与和谐。一方面,中国美学十分重视养气，主张艺术家要不断提高自己的道德修养与学识水平，"气"是对艺术家生理心理因素与创造能力的总概括。另一方面，又要求将艺术家的主观之"气"与客观宇宙之"气"结合起来，使得"气"成为艺术作品内在精神与艺术生命的标志。尤其是中国传统美学中的"气韵"，极富民族特色。"气韵"指的是审美对象的内在生命力显现出来的具有韵律美的形态。"气韵"范畴，孕育于在哲学中重视"气"和在音乐中讲究"韵"的汉代，成熟于各门类艺术推崇生动表现事物气韵之美的魏晋南北朝。"气韵生动"已经成为中国画创作的总原则，相当深刻地反映了中国古典美学的基本特色。

3. 心

心是中国传统艺术的审美性。中国传统美学和中国传统艺术，一开始就十分重视人的主体性，认为艺为心之表、心为物之君，主张心乐一元、心物一元。因此，中国古典美学和中国传统艺术，强调审美主客体的相融合一，认为文学艺术之美在于情与景的交融合一、心与物的交融合一、人与自然的交融合一。如李白的"花间一壶酒，独酌无相亲。举杯邀明月，对影成三人"。同时，中国传统艺术又十分重视情理交融、情理统一。

4. 舞

舞显示了中国传统艺术的音乐智慧。在远古的中华大地上，原始的图腾歌舞与狂热的巫术仪式曾经形成过龙飞凤舞的壮观场面。在中国古代艺术中，诗、乐、舞最初是三位一体的，只是到后来才逐渐分化，形成了各具特色的不同艺术门类。但是，这种具有强烈生命力的"乐舞"精神，并没有消失，而是逐渐渗透融汇到中国艺术的各个门类中，体现出飞舞生动的形态和艺术风貌。可以说舞是一切艺术境界的典型。不只是中国的书法、画法都趋向飞舞，连庄严的建筑也有飞檐的舞姿。

5. 悟

悟是中国传统艺术的直觉思维。重直觉是中国传统思维方式的重要特点之一。而这种传统思维方式，对中国的传统艺术思维和审美思维也产生了巨大的影响，尤其是形成了以"悟"为核心的感性直觉的审美思维方式。"悟"是一种最自由的精神活动状态，是一种体验所得的创造性的思维方式。虽然人人都可具有悟性，但只有博采众长，才能达到"悟"的境界。"悟"，作为中国美学与艺术学的重要范畴之一，在中国传统艺术创造与艺术鉴赏中，都具有十分重要的作用，并且衍生出"顿悟""妙悟"等一系列相关范畴。从某种意义上讲，真正的艺术家必须具有"悟性"。而艺术家与艺术匠人最大的区别就在于：前者是以道驭技，而后者是有技无道。

6. 和

和是中国传统艺术的辩证思维。中国传统美学与传统艺术主张"中和为美"。"和"与"中"这两个概念，既紧密联系，又互相区别。"和"是指事物的多样统一或对立统一，是矛盾各方统一的实现；"中"是指处理事物矛盾的一种正确原则和方法，是实现这种统一的途径与标准。"和"是指事物的多样统一或对立统一，由不同的、甚至相反的事物统一为一个整体，也就是追求多样的统一。因此，避免重复雷同，求异求变，不仅没有与求和谐的整体思维方式相矛盾，反而体现出这种"违而不犯，和而不同"的艺术思维特点。在发现多样统一而求"和"的同时，中国古代哲人又发现了对立统一而求"和"。与多样统一相比，对立统一更接近事物发展的根本规律。以对立统一来说明"和"，表明中国古人对"和"的本质有了更深入的认识。中和之美要求在艺术创作上将二元对立的因素融汇结合。中国艺术在其发展史中形成了许多相辅相成的审美范畴，如历代书论家都主张书法创作要讲究奇与正、方与圆、肥与瘦、曲与直、伸与缩、藏与露等的对立统一，书法家的匠心与功力正体现在将多元对立的审美因素统一成中和之美。写字讲求筋骨，但筋骨宜藏不宜露，骨力内敛、柔中寓刚就别具神采。楷书的特点在正，草书的特点在奇，但若楷书正又见奇，草书奇而反正，就会别具风貌。中国绘画注重构图布局中的虚实、宾主、疏密、参差等关系的辩证处理，清代邹一桂在《小山画谱》中说："章法者，以一幅之大势而言，幅无大小，必分宾主，一实一虚，一疏一密，一参一差，即阴阳昼夜消息之理也。"中国画的章法布局和笔墨运用遵从对立统一的规则，通过黑白对比、虚实对比、长短对比、大小对比、浓淡对比、疏密对比等方式，来表达整体的和谐之美。如水墨画中黑与白的处理，最能体现画家将二元对立的艺术因素融汇统一的匠心。"以白当黑，以虚映实"，黑与白在画面上表现为实与虚，二者有无相生，如同音乐上的"无声胜有声"，画中的布白实为无形胜有形。正是这种闪烁着中华民族理性智慧光芒的辩证思维，对中国传统艺术和美学思想产生了巨大的影响，并且形成了中国传统艺术和美学思想中极富有民族特色的辩证和谐观——"和"。这种"和"的境界，从个人到社会，从人文到艺术，从天地万物到整个宇宙，无不贯通。"天人合一"的和谐美，显然是中国传统艺术的最高追求。

二、中国古代艺术各个门类与成就

中国古代艺术的等级高低不一。诗文最高，其次是绘画与书法，再次是建筑、雕塑等。各门艺术既能发挥自身的特殊功能，又都按照中国文化的总体要求，展示各自的风采，达到辉煌的高度。

中国古代艺术的主要门类及其成就如下。

（一）建筑

中国古代建筑，从有据可依的西安半坡圆形住房和大方形房屋始，就一直与自己的文化观念和与之相应的审美趣味紧密相连，尔后又随着文化的发展而逐渐丰富。从远古至东汉，主要是以帝王为核心的宫室、御苑、庙社、陵墓等一整套宫廷建筑体系的发展和完成。从东晋开始，表现士大夫情趣的私家园林开始风行。从南北朝开始，寺庙建筑大量修建。此后一直到清代，古代的建筑体系基本上都在这一框架内运作。因此，中国古代建筑大体上可分为四大类型：宫殿、陵墓、寺庙和园林。

1. 宫殿

宫殿建筑以皇宫为代表，其目的是要显示帝王之威，因此有高、大、深、庄四大特点。故宫的天安门，是进入大清门后的第一个重点建筑，它大大高于一般房屋，这主要是为了显示帝王的威严。"大"是指占有空间众多。故宫的建筑群犹如一大队金盔红袍庄严群立的战阵。也只有空间的大，才能显出"深"来。从大清门到天安门到午门到太和门最后到太和殿，正是在这个由建筑的变化而形成的节奏起伏的漫长的时间的行进中，不断地加重着人们对帝王的敬畏情绪。"庄"是以建筑完全沿中轴线对称排列的形势及墙柱门的深红色显示出来的。因为人在对称建筑中行进，内心会不由自主地产生肃穆之感。

2. 陵墓

陵墓表现的是已逝帝王的威严。因为陵墓与另一个世界相连，不以房顶的金色表现现世的光辉，而以青土暗示永恒的宁静。因此陵墓或依山为陵，如唐代陵墓；或垒土为陵，或植树以像山，如秦始皇陵。陵墓的地下形态因看不见而对活人的心理并无影响，但其地面建筑仍有另一种高、大、深、庄的特征。唐高宗与武后合葬的乾陵以梁山为陵，这是"高"。围绕地宫和主峰有似方形的陵界墙，而进入乾陵的第一道门却在离禹陵墙的朱雀门很远的山下，这是"大"。从第一道门到地宫墓门要经过四道门，路长约 4 km，这是"深"。在这悠长的时间流动中，于梁山南倾的二峰中间开始是神道，神道两旁有华表、飞马、朱雀各一对，石马五对、石人十对、碑一对。正是从神道开始，陵墓建筑开始对观者内心进行庄严肃穆的心理强化。

3. 寺庙

中国的寺庙建筑最早见于记载的是东汉永平十一年建立的洛阳白马寺，从这时起，中国的佛教寺庙就不同于印度的寺庙，它以王府为模板，已被纳入中国礼制建筑的体制之中。与宫殿和陵墓一样，寺庙也有肃穆的要求，因此整体对称是其特色。肃穆心理要通过时间来强化，建筑也要求在时间中展开。只要可能，寺庙进山门后一般都有四殿，而高潮一般在第三殿。名山中的寺庙则依地势而随地赋形，一般有两殿甚至只有一殿，但进山后的漫长道路本身即为寺庙的延长，对游人的心理潜化作用早已在进行之中。

4. 园林

中国园林可追溯到西周初的御苑合池。其发展和壮大是从春秋到秦汉。这时的园林，其功能和趣旨与宫殿一样，都是显示帝王的伟大。魏晋以后士人园林兴起，中国园林才获得了自己的独特品格，并影响着皇家园林。园林的核心是情趣，在结构上绝没有使人紧张起来的对称。其情趣主要是自然情趣，亭台楼阁均随地赋形，巧夺天工。廊榭台池，山石花木，一切布置都考虑到人与自然的情感交流，并通过园林揭示和领悟自然之美。如颐和园的昆明湖，在进园路线的暗引下，你从院内的墙窗看湖，继而在长廊中看湖，后又登上佛香阁看湖，湖之美以不同的面貌一一展现，因各处视点不同而展现出不同的美。

中国建筑无论宫殿、陵墓、寺庙，还是园林，都不注重单个建筑的高大，而是强调群体的宏伟；不追求纯空间的凝固画面，而是追求在时间中展开，在时间的流动中展现自己的情趣。中国建筑形成的群体结构，小至四合院，大至皇宫、圆明园、皇城，都有一道墙，形成一种封闭自足、不待外求、自成一统的意蕴。而群体之中都有核心部位，主次分明，照应周全，其理性秩序与逻辑或明（如宫殿）或暗（如园林），却都气韵生动、韵律和谐。虽然处一墙之中，却又总是追求超出一墙之外。且不论园林，还是四合院、宫殿，在群体结构的屋与屋之间，总有很多"空"，有条件就一定要加之以亭池草木，显出实中之虚，正如亭台楼阁总要以其"空"面向外界，"惟有此亭无一物，坐观万景得天全"[1]。中国建筑的特点是使人不出户，不出园，就可以与自然交流，悟宇宙盈虚，体四时变化。从这个意义上说，它又是向外开放的。中国文字中的"宇宙"二字都有宝盖头，而中国人就是在日常所居的建筑中体悟宇宙和天道，以及由这个天道决定的儒家秩序和道家情趣的。

（二）雕塑

中国雕塑主要由四个集群组成。①陵墓雕塑，包括陵墓表饰（华表、石人、石兽等）、墓室雕饰（墓门、墓道、宫床等墓内建筑雕饰及墓内肖像）、明器艺术（陪葬用的俑和动物造型、建筑模型和器物模型）；②宗教雕塑，包括佛道寺庙和佛教石窟里的塑像、浮雕；③建筑雕塑，包括宫殿、御苑、会馆、牌坊、民居、桥梁等建筑物上的装饰性雕塑；④工艺雕塑，包括工艺性的泥塑、瓷塑、金属塑铸、木雕、干漆雕塑、竹雕、根雕、石雕、玉雕、牙雕、骨雕、角雕、果核雕等。这里主要介绍前两种雕塑集群。

1. 陵墓雕塑

中国古人从来没有人敢彻底地不信鬼神。孔子说："祭神如神在。"[2] 王侯将相都希望把自己现世的享乐与威风带到地下去，帝王们几乎都是从登基伊始就开始修建自己的陵墓。远古至殷商是活人殉葬，春秋战国以后多以俑代替活人，葬下的雕塑是拟真的，如秦兵马俑，但拟真的程度和规模又依陵墓整体规模来决定，因此大多数雕塑是缩小版。由于这些雕塑的目的是模仿实物，其精品也就类似于民间泥塑和文人的案头小品。陵墓雕塑的最高成就是在地上，特别是陵墓门前和神道上的雕塑。它们既要显示墓主与冥界相连的威严和地位，还要对朝墓者产生心理影响。中国雕塑最优秀的作品都出现在这里，如霍去病墓的马踏匈奴、六

---

①苏轼《涵虚亭》。
②《论语·八佾》。

朝陵前的辟邪、乾陵的飞马、顺陵的石狮等。

2. 宗教雕塑

特别是佛教雕塑，与陵墓雕塑相比具有更多的变化和更丰富的内容。在雕塑材料上，石窟为石雕，寺庙多为泥塑。在艺术风格上，各代的佛、菩萨、罗汉雕塑与当时的人体审美观念紧密相连。魏晋六朝，秀骨清相；隋唐五代，圆满丰腴；宋代以后，匀称多媚。和陵墓雕塑一样，佛教雕塑也是以群体为主的，每一庙或窟之中必有一个中心。这一雕塑既处于观者视点的中心，又是最高大的，其余雕塑则服从它，呼应它，从而构成整体效果。龙门、云冈、敦煌石窟如此，著名寺庙也是如此。从六朝到宋明，寺庙中雕塑群体又经过了一个逐渐由印度的寺庙安排到近似于中国朝廷的帝王、文臣、武将的仪式安排的过程，总之雕塑群体越来越等级秩序化。

中国的雕塑从来没有脱离建筑而完全独立出来，一个雕塑的大小是由雕塑群体和建筑整体决定的。同是门前石狮，门的大小决定狮的大小。同是佛像，寺殿内部空间的大小决定其大小。同理，佛的两大弟子迦叶、阿难及菩萨、罗汉的形象，总是比佛小。整体性决定了中国雕塑是程式化的，陵墓雕塑的狮、马、龙、凤应怎样造，佛、菩萨等应穿什么衣服，手应是什么"印相"，或应持何种器物，站姿与坐法应如何等，都有一定程式。程式性往往压倒了雕塑自身的特质。因此，中国雕塑明显地具有两个绘画的特点。一是平面性。能够四周观赏本是雕塑的特点，但中国陵墓和宗教雕塑都是让观众从一定的方向和视点去看的，这样，雕塑注意的都是让人看的那一面，而看不见的一面就少费功力。二是彩绘。西方雕塑是通过材质本身的起伏凸凹来显示对象的特质，不施彩绘，使得雕塑必须显出自己的特点。中国雕塑的程式化往往忽略细部，平面性减弱了雕塑的特质，而彩绘却可以帮助中国雕塑起到雕塑以外的功能。因此中国彩塑中的很多细部不是雕出和塑出来的，而是绘出来的。

（三）书法

书法在诸艺术门类中，最具中国独特性。世界上，只有在中国文化和伊斯兰文化中，书法才成为一门举足轻重的艺术。只有在中国文化中，书法才象征了人之美和宇宙之美。

中国书法从字体类型上分为篆、隶、楷、草、行五类，每一类有自己独特的风貌。篆属古文字，与隶、楷、草、行在字形上不同。篆、隶、楷是一字自成一体，行、草则可两字连写，草书则往往由数字甚至一行连成。不同的字体有不同的结构特征、用笔特色、整体神貌。篆书古雅，隶书丽姿，楷书雅正，行书流丽，草书飘逸。书法作为艺术又反映书法家的个人风格，所谓"字如其人"。萧衍《古今书人优劣评》曰："钟繇书如云鹄游天，群鸿戏海，行间茂密，实亦难过。王羲之书字势雄逸，如龙跳天门，虎卧凤阙，故历代宝之，永以为训。蔡邕书骨气洞达，爽爽如有神力；韦诞书如龙威虎振，剑拔弩张。"书法作为艺术还反映整个时代的审美风格。晋人尚韵，唐人尚法，宋人尚意，明人尚态，已成为古今谈论历代书法艺术特色的定论。

在殷商铭文中，已有整段的文字。这些文字除了远古时期特有的神圣意义之外，另一个显著的也是使中文成为书法艺术的特点，就是它是以美的方式来铭刻每一个字和安排整个章法布局的。同是一横一竖，一字之中，字字之中，字字之间，皆有差别；字字之流动，行行之排列，都是上下前后照应。但严格地说，书法作为一门艺术是在汉末魏晋出现的。这时出现了以书法为纯艺术的书法家，如蔡邕、张芝、钟繇等。在书写工具笔墨纸张改进的基础上，书法艺术的笔墨技巧也达到成熟。起笔之藏露，运笔之迟速，转折之方圆，收笔之锐钝各有讲究，多姿多彩。蔡邕"骨气洞达"，张芝"血脉不断"，钟繇"每点多异"，王羲之"万字不同"。自此之后，中国书法随时代的前进浪峰迭起，奇景不断，蔚为大观。

中国书法之所以成为一门重要艺术，在于它与中国文化之道紧密相连。在中国，道是一切具体事物的根本，通过一切事物表现出来，但又非具体事物所能穷尽。书法是反映自然的，蔡邕《九势》："夫书，肇于自然。"但不是反映自然之形，而是反映自然之象。在古文中，形是质实具体的，象则是在物之中不能质实以求的东西。正如蔡邕《笔论》中说道："为书之体，须人其形，若坐若行，若飞若动，若往若来，若卧若起，若愁若喜，若虫食木叶，若利剑长戈，若强弓硬矢，若水火，若云雾，若日月，纵横有可象者，方得谓之书矣。"或如张怀瓘《书断》所说："善学者乃学之于造化，异类而求之，固不取乎原本，而各逞其自然。"书法作为一种字的造型，它什么都不模仿，从一点一横到一个个字都既超然象外，又得其环中。卫夫人《笔阵图》道："横，如千里阵云。……点，如高峰坠石。"但横与点又不是阵云和坠石，虽不是阵云与坠石之象，但得阵云与坠石之意。书法家作书的创造过程，也就是深刻领悟中国文化之道的过程。

（四）绘画

中国古代绘画大体上可分为宫廷绘画、文人绘画、宗教绘画、市民绘画和民间绘画五类。

1. 宫廷绘画

宫廷绘画分为两类：有政教实用性的一类，即画具有榜样性的文臣武将和历代帝王，如阎立本的历代宫廷绘画；也有闲适性的一类，体现所谓"内圣外王"，身在朝廷之中，心存江湖之远的旨趣。宋代宫廷画院的山水花鸟画很典型。这类画与文人画相交迭，但其审美理想是不同的，宋代画论的神逸之争典型地反映了这一点。

2. 文人绘画

文人绘画主要是表现士大夫的情趣，它不是紧跟朝廷的政治伦理要求，而是随士大夫自己的境遇变化，有六朝玄学的心境，宗炳之画体现闲情；有以佛教为归旨，王维之画充满禅意。宋代文人"寄至昧于淡泊"，它们创造的文人画笔简形具，离形得似，唯心所出。明清

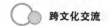

有市民氛围，徐渭、石涛、朱耷、郑燮之画，尽抒其压抑不平之气。

3. 宗教绘画

宗教绘画在寺库与石窟之壁，画的是佛道人物和佛经道教故事。除一些著名画家如吴道子参与外，多为匠人所绘制，艺术性不高。但随着宗教在不同时代的人心中的变化，壁画也反映出各自的审美风格。南北朝的壁画，如敦煌壁画中的割肉救鸽，舍身饲虎，反映的是佛教初来时带着的印度佛教色彩的心态：面对大苦大难的宁静和崇高。唐代壁画那众多的西方净土世界，反映的是佛教汉化后所具有的中国式的宗教心态：想把现实的欢乐在未来延续的愿望。而五代以后壁画则多了世俗性、民间性、戏剧性。

4. 市民绘画

市民绘画主要是指小说戏曲读本中的插图。在世情小说中有各种生活图画，特别是在艳情小说中，以前绘画中极少有的裸露乳房、全裸体，甚至性交场面也间有出现。民间绘画主要与民间习俗有关，如财神、门神、送子图、福寿图之类，反映出一般民众趋福避害的心理。

5. 民间绘画

宫廷绘画的主要追求是精巧，其最佳载体是彩墨画。文人绘画的要旨是抒情达意，其最高峰是水墨画。宗教绘画的目的是解释宗教内容，多为彩色壁画。市民绘画与表现市民性的小说故事内容相连，在版面上达到妙境。民间绘画负载下层民众的愿望，年画为其重要表现形式。

（五）音乐

古代文献中对尧舜古乐的记载，说明中国音乐起源甚早。河南舞阳县发现的18支七音孔和八音孔的骨笛，距今已有8 000多年。在原始社会音乐与礼仪是相连的。到春秋战国时期，中国音乐形成了和其他文化不同的独特体系。中国既创立了七音阶体系，也创立了五音阶体系。因五音阶体系与中国哲学的五行相合，故地位较高。

中国音乐未能以自己为中心独立发展，而是依附于文化的各领域以游散的方式发挥了多种功能。按其功能，中国音乐分为以下几类。

1. 仪式音乐

仪式音乐主要指用于祭祀、宗庙、大典的音乐，也包括用于宗教寺庙的音乐。其特点是音域不宽，节奏缓慢，完全服从于仪式的过程，肃穆庄重。

2. 宫廷舞乐

宫廷舞乐主要用于帝王享乐。中国音乐的创作都在这个领域，如曾侯乙墓的编钟，唐代的《霓裳羽衣曲》。这类音乐主要服务于舞蹈，当然也在舞蹈的推动下发展。

3. 声乐

就创作数量、流传空间和使用阶层来说，声乐占有更重要的地位。从《诗经》到明清戏曲，从宫廷演唱、文人低吟、青楼妙音，到民歌俚曲，都是它的表现形式。声乐是用歌词的内容来规范音乐表现的多样性的，它在中国文化中的重要地位很符合中国文化的理性精神。

4. 独奏器乐

中国音乐摆脱舞蹈、仪式、文学的影响而具有独立的文化意义，只有在表现文人意识的器乐中得以实现。琴、筝、笛、箫、二胡都可以独奏，琴的地位最重要。从魏晋嵇康等一大批著名士大夫琴家到明代朱权、陈星源等重独奏的琴家，使琴一直与棋、书、画具有同等重要的地位。独奏因与士大夫独立淡泊之心境相合而拥有特别的文化意义，嵇康诗"目送归鸿，手挥五弦。俯仰自得，游心太玄"即是其写照。

5. 民乐

指民俗庆典中的音乐，以吹奏打击乐为主，热闹喧哗。

中国音乐魅力遍及世界。曾侯乙墓编钟是一奇观。它由能奏各种不同音高的 65 件乐器组成，分三层排列，总音域达 5 个八度之广，12 个半音齐全，可以演奏五声、六声或七声音阶的乐曲。唐代的大型套曲和舞乐正像京剧独特的唱腔唱段一样至今仍享有盛誉。中国的著名琴曲《高山流水》《潇湘水云》，琵琶曲《十面埋伏》等也极富民族特色。

（六）戏曲

中国戏曲，其涓涓细流从原始仪式，汉代百戏，唐代参军戏，宋金诸宫调，到元杂剧始蔚为大观。杂剧成为一种主要的文艺形式，一批杰出人才成为剧作家，如关汉卿、王实甫、马致远、白朴等人，产生了一批优秀作品，如《窦娥冤》《西厢记》等。明清戏曲高潮迭起。明代的各种声腔（海盐腔、弋阳腔、余姚腔、昆山腔等）兴起，清代又形成五大声腔系统：高腔、昆腔、弦索、梆子、皮黄。从乾隆至道光，各大声腔在"合班"演出中相互影响，又陆续形成了一些新的大型剧种，如京剧等。清末，民间的地方戏兴盛，如花鼓戏、采茶戏、花灯戏、秧歌戏等。但作为中国古代戏曲最优秀的代表还是昆曲和京剧。广义的中国古代艺术发展到明清，由小说和戏曲占据中心地位，小说典型地代表了中国社会转型期的市民趣味，而戏曲则代表了对整个古代艺术的总结。

戏曲以其本身的综合性质把各门艺术（音乐、舞蹈、文学、雕塑、绘画）结合在一起并使之精致化。音乐是构成戏曲的一大因素。器乐不但调控全剧节奏（场与场的转换，唱、做、念、打的变换），还为演唱伴奏，配合表演，渲染气氛。声乐在戏曲里不但要唱字，还要唱情、唱韵。戏曲的故事性使其吸收了小说的结构技巧和情节安排，但它刻画人物、推动情节又主要是靠念唱来进行的。念，取散文和白话之精华；唱，吸诗、词、曲之风采。戏曲之得于绘画，一是脸谱服饰的年画般的装饰风俗，一是演员和背景的空白所形成的画意。"大抵实处之妙，皆因虚处而生。"（蒋和《学画杂记》）"以虚运实，实者亦虚，通幅皆有灵气。"（孔衍栻《石村画诀》）这类境界都在戏曲中得到体现。戏曲的雕塑因素，一在于表演中不断地亮相和定型，一在于主要人物大段大段演唱时，次要人物总是一动不动地站在那里。戏曲在诉诸观众视觉上，除了服饰的装饰性之外主要就是靠"舞"了。舞在戏曲里有优美而程式化的文舞，也有包含着杂技和特技的武打。戏曲里的武打完全将艺术化为一种带有节奏和韵律的表演性的舞型。

戏曲是古代各类艺术的综合，这种综合的一个最主要的特点就是：整个中国艺术的原则在这里得到一种形式美的定型。这种形式美的定型用理论术语来表达，就是程式化和虚拟化。

戏曲之美首先表现在程式化上。其角色分行是程式化的，生、旦、净、丑为四大基本分行。每基本行又可再分，生可再分为老生、小生、武生，小生又可分为中生、冠生、穷生。每一行都有角色特有的性格、道德品格及唱腔、念白的规定。如老生为中年以上刚毅正直的人物，重唱功，用真声，念韵白，动作庄重。与角色分行相对应的一是脸谱划分，如昆、弋诸腔的净、丑角色明确分为大正（正净）、二面（二净）、三面（丑），其中又有各种正反面人物。如大面的红面、黑面、白面。不少剧种的脸谱式样多达百种以上。各剧又有不同的谱式句法，如京剧基本谱式有整脸、水白脸、三块窝脸、十字门脸、六分脸、元宝脸、碎花脸、歪脸等。二是穿戴类型，仅说纱帽，正直官员戴方翅纱帽，贪官污吏为圆翅纱帽，帽翅向上为皇帝或高官，帽翅平伸为一般官员，平时、私下时为向下的帽翅。三是唱法分类，如老生用本嗓，响亮的"膛音"或"云遮月"，小生大小嗓并用，文小生须刚柔相济，武小生则刚健有力。人物的心理活动除了通过唱念表现外，还通过身体的一系列程式化动作表现出来，有翎子功、扇子功、手绢功、髯口功，等等。如耍髯口就有擦（思忖）、挑（观看）、推（沉思）、托（感叹）、捋（安闲自得）、撕（气愤）、捻（思考）、甩（激恼）、抖（生气）、绕（喜悦），等等。戏曲除了唱、念、做、打表现人物故事外，在推动情节上也形成了一系列动作程式。如起霸，是表现古代战士出征上阵前整盔束甲的一种程式，男霸要刚健有力，女霸重英姿飒爽。走边，表现侦察、巡查、夜行、暗袭、赶程等。跑龙套，四个龙套代表千军万马，一个圆场象征百里行程，如此等等。戏曲的程式性源于要在一个小小戏台上表现大千世界。程式化一方面是类型化，另一方面是虚拟化。通过演员在台上的一些程式化动作，就可以实现戏台的时空转换。由屋内到屋外，由一地到另一地，可以使观众想象出戏台上没有的东西。用挥鞭程式表现骑马，用划桨程式表现行船，仿佛真有重物的搬东西，仿佛真有花的嗅的动作。戏台表现越需要虚拟化，表演动作就愈显程式化。正是在虚拟与程式的相互推进中，中国戏曲创造出了最具文化意味的形式美。

三、西方艺术的总体精神

西方艺术精神，可以用一句话来概括，就是"静穆的哀伤"。这里面有两个层次，这两个层次是尼采通过他对古希腊文明的追溯而发现的，这就是所谓的"酒神精神"和"日神精神"。"酒神精神"又称狄奥尼索斯精神。狄奥尼索斯是古希腊酒神的名字。"日神精神"就是阿波罗精神，阿波罗是古希腊的太阳神。这两种精神形成了古希腊艺术的理想：静穆的哀伤。

"酒神精神"是动态的。酒神，很形象，喝过酒后就狂歌乱舞，躁动不安；"日神精神"是静态的，是梦幻式的。"酒神精神"就是把自然纳入到人的个体里面。古希腊人在祭祀的时候要喝酒，喝过酒后就狂歌乱舞，冲破一切道德伦理对人的理性限制。直到今天，西方人一到狂欢节，就会发挥他们的酒神精神，那就是打破一切限制，戴上面具，改变形象，到处游行，做出各种各样、奇奇怪怪的形态。在古希腊，他们主要是通过这种方式拥抱大自然、回归大自然，返回到他们本能的生命冲动。"酒神精神"的表现也就是一大群人在一起狂欢，干出种种平时人们不敢干的事情，所以酒神的形象是半人半兽。

在这里交织着群体的狂欢和个体的痛苦。群体的狂欢为什么是个体的痛苦呢？因为个体在日常情况下要守住自己的个体，但是当打破一切伦理界限的时候，个体就解构了。任何人都可以侵犯任何人，个体就遭受到一种解构的痛苦。所以尼采讲在酒神精神中人们承受了极大的痛苦，但另一方面又是一种群体的狂欢，回归到大自然。而且通过这样一种个体解构的痛苦，他们更加意识到自己的个体。一旦人们意识到自己的个体的时候，他本能地有种要摆脱痛苦的倾向。这种要摆脱痛苦的倾向就是其生命力之所在。所以尼采特别强调有痛苦的人们渴望拯救，当你意识到痛苦的时候，个体的痛苦会逼迫着你寻求某种拯救，由此就呼唤出了一种日神精神。

日神精神，尼采称之为"梦的精神"。梦的原则实际上导致了古希腊人的个性原则和个体意识的恢复，个体意识在酒神精神里面被解构了，但是它带来一种痛苦，也就带来一种生命冲动，即要摆脱这种痛苦。这种冲动在日神精神里面得到了满足。就是说对于痛苦，人们在现实生活中不一定得到摆脱，但在梦幻状态里可以找到自己的安慰，可以恢复自己对于自己个体的一种意识，甚至于可以意识到自己身上的神性。人的有限性带来的痛苦在一种梦幻中被扬弃，感觉到自己和神实际上是一体的。这也就是说，阿波罗精神使人处在一种梦幻状态中，在一种美丽幻象中解脱自己，把自己的个性树立起来。古希腊神话里的那一个个的形象，都是由阿波罗之神创造出来的，都是一些梦幻的形象。但是那些梦幻的形象都是古希腊人精神的一种体现，没有这样一种个体精神，希腊人就会退回到原始的自然宗教中去。也就是说，在酒神精神里面所体现出来的那样一种回归大自然的倾向，如果没有从这种痛苦里面产生阿波罗精神，那么他就跟东方（比如说中国）的原始自然宗教没有什么区别了。

中国人在回归大自然的时候，他不会感到痛苦，相反，他会感到一种快乐。当中国人沉醉于大自然的时候，感觉到怡然自得，就像庄子所说的"独与天地精神往来"。沉醉于大自然中，感受到的是一种美，而不是一种痛苦，那就是一种自然宗教。但是希腊人完全不同。

他们在大自然中，一方面有一种回归到本性的狂欢，这点和东方有相通之处；但是，同时也感受到一种个体意识的痛苦，要从里面升华出阿波罗精神。这是古希腊人艺术精神与中国人艺术精神很不相同的地方。他并没有丧失掉他的个体意识，而是使他的个体意识更加丰富。这种精神最典型的体现就是希腊悲剧。在希腊悲剧里面，个体具有了神性。因为在希腊悲剧里面，个体往往遭受到了毁灭，但是通过个体的毁灭上升为神。个体在肉体上遭受到毁灭，但是它在精神上树立起来了。古希腊悲剧通过个体肉体上的毁灭，表现出个体精神上的崇高，这就是希腊悲剧精神的解构。

希腊的悲剧精神不仅仅表现在戏剧里面，而且也表现在造型艺术之中，特别是从希腊雕刻方面体现得最为明显。希腊雕刻中的一个个神像，无论是男神和女神，还是人的形象，都可以清晰地看到由个体展现出一种"静"美。雕刻摆在那里是静止的，但是它其中蕴含着某种痛苦。雕像里面可以看出一种痛苦，就是黑格尔所谓的"静穆的哀伤"。为什么有种哀伤？因为它经历了某种痛苦，最终才达到了这样的形象。这是可以看出来的。古希腊雕刻很多都是不描绘人物的眼神的，尽管他们的动作很剧烈，面部却是不动声色。莱辛在评价古希腊雕刻时讲到，在剧烈的痛苦里面，人物面部表情是静止的。总的来说，这些雕塑体现出一种静美，里面透露出一种哀伤的情调，透露出要摆脱痛苦的挣扎。

西方人的"静"是一种神性的永恒性。从希腊雕塑中可以看出来，希腊雕塑是没有眼神、没有表情的。当然也有人考证，当初他们也是用颜料画出雕塑的眼珠子。但是用颜料画出的眼珠子是没有神的，然而这些雕塑埋在地下这么多年，上面的颜料已经脱落了，现在看到的希腊雕塑就是没有眼珠的。但是恰好是这样一种没有眼神的雕塑显露出了希腊艺术的本质。

四、西方艺术风格

中国文化是一种静态的文化，西方文化是一种动态的文化，在艺术上也是如此。就其表面而言，西方艺术与中国艺术最显著的区别在于：中国传统艺术在定型之后，历经两千多年，相对西方艺术而言，风格较少变化；而西方的艺术风格，变动不居，越是往近，越是瑰丽多变。中国古书《周礼·考工记》在谈到国都的建设时说："匠人营国，方九里，旁三门。国中九经九纬，经涂九轨，左祖右社，面朝后市，市朝一夫。"这种城市建设的格局一直到清代，基本上没有变过。而西方的艺术风格，同样以建筑而言，自希腊至罗马，再到罗曼、哥特，又经文艺复兴进入近现代，风格变幻之快，变幻差异之大，令人目不暇接；而其艺术各领域，往往相互联系，一变俱变。所以，讲中国艺术，一方面，往往按门类分为建筑、陵墓、书画、工艺、雕塑，等等，横向讲授，较为清晰；而西方艺术，则按照时间的纵向发展来讲，方易于把握。另一方面，中国传统艺术追求写意，而西方艺术追求写实。所以若要用诗来做比喻，中国艺术是一首清新隽永的绝句，而西方艺术则是一篇波澜壮阔的叙事史诗。

（一）古典时代的艺术

古典时代是西方文化的轴心时代，这一时代奠定了西方艺术的原型。所谓的古典时代，就是指古希腊和古罗马时代。

1. 古希腊艺术

古希腊艺术的精神，受到其民族性格的强烈影响。古希腊人是感性与理性的矛盾体，一如他们的神明，一如他们的悲剧。古希腊人认为，人的理性光芒和感性冲动永远处于对立冲突之中，由此造成命运难测，彼岸渺茫，而只有生活中的美才是永恒的。这种感性主义与现实生活的融合形成了其特有的生活观，即对美的事物的不懈追求，对现实生活的珍视及积极乐观的生活态度。对美的热爱是希腊神话的灵魂。著名的金苹果之争，帕里斯在财富、智慧和美这三者中最终选择了美，这是典型的希腊式的选择。

这也是古希腊艺术和古罗马艺术的不同点。古罗马人喜好奢华富丽，甚至堆砌。但是尽管他们在神庙等公共建筑上追求宏伟和华丽，在私人住宅和日常生活方面，古罗马人却习惯将就。他们喜好公共场所的公共活动，认为公共空间的艺术与表达更能展示罗马的气派和优越，它远比私人场所重要。这在古希腊人看来是不可接受的。古希腊人觉得，每个人都有义务使生活完美，并充满智慧与艺术。他们甚至不能容忍日常器具的缺陷，只有每个陶器的形状都尽善尽美，优雅养眼，他们才能安心生活。

古希腊艺术的特征是理性、和谐、庄重、典雅。古希腊人重逻辑和理性，对美的追求也体现着严谨的理性精神。他们追求理想之美，而依照亚里士多德《形而上学》的说法，"美是由度量和秩序所组成的"。古希腊人认为，人体之美也是由和谐的数的原则统辖着，所以人体是最美的。为此，他们为人体之美"探索"出了唯美的标准。比如，男子的身高应该是他脚掌长度的7倍，以展现稳重、粗壮、阳刚；女子身高应该是她脚掌长度的9倍，以体现纤细、柔美；人的肚脐应该位于身高的黄金分割点，这样的身材才是匀称的、完美的。人们今天所看到的古希腊的人体雕塑，无论是米罗的阿佛罗蒂特（古罗马人称之为维纳斯），还是神庙墙壁上的浮雕，都秉持了这些原则。

古希腊人对于人体美的这种追求，也体现在建筑上。多利克柱式和爱奥尼亚柱式分别代表男性形体和女性形体，其比例也完全参照了人体比例。古希腊的神庙，或庄重或典雅，和谐无比，很容易使人产生共鸣，便是这个道理。

2. 古罗马艺术

古罗马人以军事征服起家，他们专注于外部事物，特别是公共事务和政治活动，在艺术方面天赋并不高。古罗马人缺少古希腊人那种浪漫主义气质，他们强调务实。这决定了罗马人的艺术观是求实的、写实的，缺乏幻想和想象力。正如同古罗马人也有神话，却是沿用希

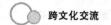

腊的。所以有人称古罗马为"暴发户"。

但是古罗马艺术有其独到之处，其中的关键在于帝国的包容性。罗马本身艺术并不发达，但当罗马人征服其他文化艺术繁荣的国家之后，他们就将那里的大量艺术品，尤其是把雕塑和绘画当作战利品劫运到罗马，同时还把许多受过良好教育的艺术家、工艺师、工匠等当成奴隶和人质集中到罗马，这就为繁荣罗马文化提供了优越的条件。据说罗马光从希腊劫得的雕刻就有几十万件之多。正如古罗马著名诗人贺拉斯所言："被俘的希腊反使蛮族主人成为俘虏，她把艺术带给了粗野不文明的拉丁姆。"

古罗马艺术的杰出代表是其雄伟的建筑。古罗马的立国基础是建立在奴隶制基础上的平民社会，皇帝和元老院为了得到公民们的支持和拥戴，经常不吝大肆分发福利，或者建造宏大的公共建筑，以此取悦他们。另外，古罗马人好大喜功，乐于炫耀。所以，古罗马的公共建筑和政治纪念性建筑特别丰富，如大斗兽场、公共输水道、大浴场、会场建筑、凯旋门、纪功柱，等等。同时，意大利地区特有的火山灰也为古罗马人提供了优质的建筑材料。他们以之作为混凝土的原料，发展出复杂的拱券体系，为他们建筑宏伟而奢华的建筑物铺平了道路。

古罗马的建筑虽然也追求和谐、完美和崇高，但它是现实人生的一种"合宜"，是在经济繁荣条件下追求现实刺激的"崇高"。相比于古希腊的典雅，它更多地追求世俗生活需要的实用、坚固和舒适。这可以说是古罗马建筑与古希腊建筑风格的最大区别。即使是作为其中杰出代表的大斗兽场，它那和谐、完美而又雄伟的风格，也主要来自于世俗的情感，而不是来自于理想主义的神圣意识。大斗兽场始建于公元72年，完成于公元82年的提图斯时代。据说是帝国征服了耶路撒冷后，为纪念胜利，驱使8万犹太俘虏修建的。它呈椭圆形，长轴为188米，短轴为156米；中央区为86：54。周长为527米，高为57米，占地面积2万平方米，可容纳8万名观众。其外观极其宏伟雄壮，椭圆的外形单纯、明确，浑然一体，无始无终。

在雕塑方面，古罗马的雕塑主要用于葬礼纪念和政治崇拜，所以他们特别注重人物脸部个性的表达。这同古希腊的宁静、理想化的完美迥然不同。这种肖像酷似真人，不过它看上去只是真人的再现，没有艺术的创造性。换而言之，古罗马肖像的精神气质主要通过头部来表现，而古希腊人则通过身体姿态动作来传达。所以罗马雕像如果缺了头部，余下的部分就没什么意义了，而希腊雕像的生命充满身体各个部分，即使只剩下断臂残躯，仍然能给人以特有的美感。

（二）中世纪的艺术

公元395年，古罗马分裂为东西两部分。不久，西罗马在起义的浪潮中灭亡；而东罗马，也就是现在所称的拜占庭帝国，一直坚持到了公元1453年，也就是文艺复兴时期。自西罗马灭亡至拜占庭陷落这一段长达一千余年的时间，欧洲人称之为"中世纪"。之所以如此命名，是因为文艺复兴时期的人文主义者认为，这一时间段内，欧洲人处于黑暗的神权统治之下，所有的一切皆为上帝服务，而忽略了人本身的福祉；相比较于之前对人本身充满自信的古典时代和之后对人性普遍重视的文艺复兴时期，这是一段毫无人性的夹心层。因此他们简单地称之为"中世纪"。以现在的眼光来看，中世纪当然并不是一无是处。因为如果没有中世纪的积累，文艺复兴也便不可能出现。

中世纪的艺术风格，主要有两种：前期的罗曼式和后期的哥特式。此外，在东欧地区，流行以华丽的镶嵌形式为主的拜占庭风格；在被伊斯兰教徒占据的比利牛斯半岛，则盛行伊斯兰教风格。

1. 罗曼式（Romanik）

罗曼式也作罗马式，因使用古罗马时代的柱式和拱券而得名，这一风格的代表是建筑中的教堂。

中世纪前期，欧洲小国林立，领主之间混战不断，民生凋敝，各地没有能力也没有必要建造奢华的教堂；处于水深火热之中的民众对于基督教信仰却格外虔诚，他们时常在雄浑庄重的教堂中向上帝忏悔，倾诉生活的苦难和不幸，祈求获得救赎；在建筑技术方面，沉重的教堂屋顶的重量主要是由同样厚重的石墙来支撑的，为了保证建筑的坚固，就不能在墙体上开过于宽敞的窗户，所以当时的教堂窗户都是狭长形的，由此造成教堂采光严重不足。因此，罗曼式教堂的风格总体上来说是阴郁沉重的，给人一种监狱或堡垒的感觉。实际上，这也非常符合当时人们对于基督教的印象，即乱世之中坚不可摧的信仰。

罗曼式的雕塑和绘画也是如此，它是一种抽象艺术风格。其作品不注重客观世界的真实描绘，而是强调所谓精神世界的表现。它以一种非写实的象征风格竭力营造出宗教情绪和气氛。在罗曼式雕塑上，人们同样可以看到那种对宗教的虔诚；在罗曼式绘画上，只有平面抽象的宗教故事，人物坚定而又刻板，缺乏平易近人的生活气息，因为它的目的在于解说基督教故事，而不在于创造美。

2. 哥特式（Gothic）

哥特，原是日耳曼部落中的一个民族，他们在民族迁徙的浪潮中进入古罗马帝国境内，并最终摧毁了罗马帝国。意大利人痛恨哥特人的破坏，把他们看成是"野蛮人"的代名词。文艺复兴时期的人文主义者用以贬称中世纪后期流行于西欧的艺术风格，意为野蛮的、不人性化的风格。

哥特艺术的代表依然是教堂，如巴黎圣母院、德国科隆大教堂等。与罗曼式不同，哥特式教堂的外观可用三个字来概括：高、尖、直。哥特式建筑最高的达到160米，尖塔密布，垂直线条明显。哥特式教堂的屋顶结构很像雨伞，有明确的分工。屋顶的重量不再由厚重的墙体承担，而是由几条主肋支撑，再传导到柱子上；屋顶非常薄，只起单纯的阻挡风雨的作用。这种屋顶相比于罗曼式，显得非常轻盈。因此，哥特式教堂无须厚重的墙体，而代之以

大面积的窗户，使得教堂内部光亮通透。

哥特式教堂的内部也非常豪华。窗户上装饰着五彩缤纷的花玻璃，述说着基督教的宗教故事；教堂四壁及穹顶遍布绘画和雕塑。之所以产生这种变化，和中世纪后期社会政治的变化有关。当时各国的疆域已经基本固定，战乱减少，社会经济逐渐发展起来，城市不断发展壮大，市民阶层也逐渐积累起巨大的财富。随着生活水平的提高，市民们不再喜欢每周去阴郁而简陋的罗曼式教堂向一脸痛苦的耶稣忏悔，他们更喜欢去光亮而华丽的哥特式教堂领受慈祥的圣母玛利亚的祝福。他们认为，上帝是依照他自己创造出人类的，那人类喜欢的东西上帝想必也非常喜欢。

哥特式的雕塑和它的建筑一样，偏好修长的垂直线。最具代表性的是哥特式教堂大门上的人物雕像，他们的身形被人为拉长，给人一种向上飞升的感觉。总的来说，由于宗教的原因，哥特式的雕塑，人物脸部平静，给人以宗教式的仁慈的感觉；但是由于缺乏喜怒哀乐的表情，并不让人觉得生动和平易近人。

哥特式的绘画精美而华丽，但是仍具有典型的中世纪绘画的特点：它一般没有复杂的背景，以金色为底色，因为金色在光线的照耀下会产生一种朦胧感，好像绘画所在的背景并不存在一样，从而赋予绘画以某种程度的立体效果；绘画基本以基督教宗教故事为题材；平面式绘画，没有阴影，不讲求比例，缺乏立体感；画中人物的排列单纯地按照程序排列，主要人物居于正中，其余人物一字排开或者多层排开。

（三）近代的艺术

近代的艺术和中世纪艺术的最大区别在于，近代的艺术是建立在科学发展的基础上的。中世纪的艺术不太注重科学的结构和布局，基本上是固定程式的不同组合。但是到了文艺复兴时期，随着自然科学的发展和人们知识结构的改变，艺术家们不再满足于原有的艺术技巧，他们开始探索视觉法则，研究人体知识，想要追求真实的世界。这种兴趣的转变，表明中世纪的艺术实际上已经终结。

近代的艺术风格如时尚般多变，它往往与时代形势、科学发展密切相关。

1. 文艺复兴时期的艺术（Renaissance）

艺术史上的文艺复兴时期主要指 15 世纪至 17 世纪初这一段时间。文艺复兴时期的艺术，其核心是人文主义。人文主义的根本特点是以人为中心，相信人的价值和力量，认为人是自由和幸福生活的创造者和享受者；崇尚理性，反对神权；主张探索自然，追求自然美。所以这一时期的艺术，有两个特点：一是气势恢宏，博大精深；二是贴近生活，人文气息浓厚。这两个特点并不矛盾，因为后者意味着热爱生活，而"宏伟"实际上是对人本身能力的肯定和赞颂。

文艺复兴时期的艺术在各方面都取得了巨大的成就。奠定这种辉煌成就的基础主要有两方面：一是对古典艺术法则的重新发掘和运用，比如柱式和拱券；二是新科技的发展和应用，其中最主要的就是透视法。文艺复兴时期及其后的艺术作品之所以能同时兼具科学的"真"和艺术的"美"，就是这个原因。

文艺复兴时期涌现出了大批的艺术大师，如众所熟知的艺术三杰：达·芬奇、米开朗琪罗、拉斐尔，以及贝利尼、乔尔乔内、提香、丁托列托、科雷乔、丢勒、多纳泰罗、波提切利、马萨乔、乌切洛、扬·凡·艾克、勃鲁盖尔、荷尔拜因等。其作品直到今天，依然闪现着不朽的光辉。

2. 古典主义（Classicism）艺术和巴洛克（Baroque）艺术

古典主义艺术是一种宫廷艺术，它是法国专制王权兴起的产物。巴洛克艺术则是一种宗教艺术，它是天主教为传播其宗教影响而推出的艺术宣传手段。这是两种完全相反的艺术风格。实际上，它们代表了后文艺复兴时代两股截然相反的艺术潮流：古典主义艺术坚持忠实地仿效大师们的作品和古典原则；巴洛克艺术主张突破规则，追求新奇、动感和激情。

古典主义者认为客观世界是可以认识的，理性是方法论的唯一依据，不承认感觉经验的真实性。他们认为，几何学和数学是适用于一切知识领域的理性方法；而君主制与等级制是理性的体现。

古典主义艺术的代表形式是建筑。古典主义建筑推崇古典柱式，排斥民族传统与地方特色。在建筑平面布局、立面造型中以古典柱式为构图基础，强调轴线对称，注意比例，讲求主从关系，突出中心与规则的几何形体。常运用三段式构图手法，追求外形端庄与雄伟、完整、统一和稳定感。其代表作品是法国的凡尔赛宫。古典主义绘画强调理想之美。其作品规模宏大、庄严、豪华；题材大多是神话和圣经故事，很少涉及现实生活的题材；在技巧上注重精确的素描，多运用简练、明确、清晰的艺术语言。

巴洛克，原意为畸形的珍珠。意指这种艺术风格虽然光彩夺目，但其效果是用不符合常规的手段获得的。巴洛克艺术是天主教教廷为挽回颓势而进行宣传战的产物，一方面，它华丽无比，反映出天主教的思想意识和奢侈的欲望；另一方面，它敢于破旧立新，创造出不少富有生命力的新形式和新手法。这种集华丽与奇幻于一身的艺术形式，影响广泛而深远，一直到今天，还可以看到它的身影。

饱含激情和强烈的运动感是巴洛克艺术的主要特征。巴洛克艺术强调非理性的无穷幻想与幻觉，极力打破和谐与平静，追求一种繁复夸张、富丽堂皇、气势宏大、富于动感的艺术境界。在雕刻和绘画中都充满了紧张的戏剧气氛，建筑则体现出丰富多变的构造。巴洛克艺术大量使用曲线和椭圆形。它很重视空间关系处理，表现出艺术形象的空间立体。绘画依靠光造型，追求空间深度感，建筑和雕刻强调层次和深度，尽量打破平面。巴洛克艺术还强调综合艺术处理，这种综合在总体上有建筑、雕塑和绘画的综合，也有绘画与雕刻的综合，造型和环境的综合，也包含自身各部分的综合。因为巴洛克艺术受宗教支持庇护，所以不可避

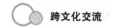

免地充满了浓厚的宗教色彩。

3. 洛可可（Rococo）艺术

洛可可艺术是一种中产阶级的沙龙文化，是一种女性化的艺术。

18世纪中后期，随着贵族的没落，凡尔赛式的盛大欢宴不再风行，人们厌倦了古典主义那种宏大而阳刚的风格，以及其所代表的烦琐的贵族礼仪，开始追求轻快、纤巧、舒适的艺术。人们对当时的社会危机一筹莫展，整日沉醉于享乐与偷欢的奢靡气息中。

洛可可艺术的风格特点是：艺术上追求欢愉，摒弃崇高；追求亲切的舒适，摒弃夸张的尊贵；追求雅致优美，摒弃庄严雄伟；装饰上追求明快鲜艳的色彩，喜好纤巧和精致，具有妖媚柔靡的贵族气味和浓厚的脂粉气。

在建筑和装饰上，洛可可艺术排斥古典主义的严肃和理性，也排斥巴洛克式的放诞和强悍。它软软的、轻轻的、细细的，千娇百媚，充满闺房的香艳；它细腻柔媚，喜用弧线和S形，爱用卷草等自然物做装饰题材，没有直线和方角，避免几何图形；它喜用鲜艳的浅色调，如嫩绿和粉红，线脚多用金色，表现了贵族生活的趣味。在绘画方面，洛可可时代流行浪漫而美轮美奂的游乐画。游乐画轻松愉快而又略带忧郁，极具梦幻的诗意。其代表人物是华托和布歇。

4. 新古典主义（Neoclassicism）艺术

所谓新古典主义是相对于17世纪的古典主义而言的。因为这场新古典主义运动与法国大革命紧密相关，所以也有人称之为"革命的古典主义"。

新古典主义艺术反对洛可可柔和、细腻的萎靡风气，力求重振古希腊艺术的朴素和庄严。新古典主义与17世纪代表宫廷文化的古典主义不同，它结合了当时"大革命"和"公民"的思想理念，推崇高尚、质朴的思想和为国献身的英雄主义。不过，这种崇高意向最后还是不能适应社会实态，以至于逐渐趋于僵化，成为一种学院派样式，最终难免没落。

新古典主义的主要艺术形式是绘画。新古典主义绘画往往选择严峻的古代历史和现实的重大事件作为题材，在艺术形式上强调理性而非感性的表现，在构图上强调完整性，在造型上重视素描和轮廓，注重雕塑般的人物形象，对色彩则不太重视。其代表作品有大卫的《马拉之死》、普吕东的《劫走普赛克》、安格尔的《泉》《土耳其浴室》《大宫女》等。

5. 浪漫主义（Romanticism）与现实主义（Realism）艺术

浪漫主义，原意是"传奇般的、幻想的"。是18世纪晚期至19世纪中期欧洲所产生的思想和艺术运动，属于民权觉醒时期的一种意识形态。它在政治上反对封建专制，在艺术上与讲求"理性"的学院派相对立。浪漫主义以追求自由、平等、博爱和个性解放为思想基础，注重个人感情的表达，形式上拘束较少且自由奔放，超越现实。其基本原则就是按照理想的面貌反映生活，把生活理想化。

浪漫主义的主要艺术形式是绘画。浪漫主义画派抛弃了古典画派匀称庄重的形式和完美平衡的构图，通过饱满的色彩、强烈的阴暗对比、急速的节奏来刻画现实生活中英勇豪迈而有意义的人物和事件，从而造成动人心弦的场面。其代表作品有籍里柯的《梅杜萨之筏》、德拉克洛瓦的《自由领导人民》等。

现实主义艺术运动产生于19世纪中期。"现实主义"一词与"哥特式"一样，也来自于对手的贬称。现实主义艺术家反对安格尔式的学院派画风，试图重新接近日常生活，从现实生活中寻找灵感和美。受照相术和新科学探索手段的影响，现实主义画家努力将忠于现实的幻觉捕捉到手。其代表作品有米勒的《拾麦穗者》《晚钟》及列宾的《伏尔加河上的纤夫》等。

6. 印象主义（Impressionism）艺术

"印象主义"一词来源于1863年"落选者沙龙"上，一些人对于印象主义绘画的贬称。印象主义运动分为两个阶段。

早期印象主义画家反对陈旧的古典画派和陷入矫揉造作的浪漫主义，他们吸收了写实主义的营养，在19世纪光学理论的启发下，注重在绘画中对外光的研究和表现。当时的科学研究表明：颜色不是物体所固有的特性，而是物体反射出来的光线。在这种观点影响下，这些画家努力探索一种有效的方法，以突破物体的单一的、表面看来一成不变的"固有"色；他们力图捕捉物体在特定时间内所自然呈现的那种瞬息即逝的颜色，那种受一时的气氛条件、距离和周围其他物体影响的颜色。其代表人物主要有雷诺阿、塞尚、毕沙罗、吉耶曼、马奈、莫奈、荣坎、芳丹·拉图尔、惠施勒等。

后期印象主义（Post-Impressionism）画家不满足于早期印象派刻板片面地追求光色及过于客观地描绘世界。他们主张用作者的主观感情去改造客观物象，强调作品要抒发艺术家的自我感受和主观感情，要表现出"主观化了的客观"。后期印象派的绘画对现代诸流派的发展有着重大的影响，直接导致结构主义的诞生。其代表人物有凡·高、高更、塞尚，此三人并称后期印象派"三巨头"。

（四）现代艺术

西方现代艺术是建立在科学和理性基础之上的各种不同类型的视觉风格的总称，它是社会工业化发展的结果。现代艺术的创作，与科学思想密不可分，如结构主义与立体派，工业技术思想与未来派、风格派，机械制造形式与达达派，弗洛伊德的释梦学说与超现实主义，还有以理性手法表达非理性的抽象表现主义等，都是科学和艺术联手的结果。现代艺术的艺术家们把艺术创作看成是一种有规律可循的造物过程，甚至用科学分析和科学研究来代替艺术创作过程。

现代艺术以科学为主要动力，同时用科学来衡量艺术的价值。其价值观主要体现为：

①追求纯粹的视觉形式，为形式而形式，不注重内在的人文价值；②以优胜劣汰的概念来衡量艺术的发展；③作品以自我为中心，缺乏与观众的沟通；④排斥传统的、民族的、地区的等非现代的作品。现代艺术的这种价值观对其本身造成了难以弥补的缺陷，后现代艺术正是在这种情况下诞生的，它实际上是对现代艺术的一种弥补或者解构。

第三节　服饰文化

服饰是人身体的延伸，兼具实用与审美两种功能，它是人类在特定环境中的一种文化创造。服饰的发展深受区域自然环境和社会人文环境的制约和影响，不同地区、不同民族的服饰千差万别；反过来，不同的服饰也折射出不同的文化。世界上有200多个国家和地区，每个国家和地区都有自己的服装文化及特色，限于篇幅，本节主要介绍世界上一些主要区域或主要民族的服饰文化。

一、中国服饰文化：含蓄端庄

中国人的服装分为中式服装和西式服装两大类。这里主要讨论传统服装。

1. 式样

中国传统服装的主体式样是前开型的大襟和对襟式样。中国服装有两种基本形制，即上衣下裳制和衣裳连属制，两种形制在中国几千年的历史中交叉使用，相容并蓄。女子穿上衣下裳式样的较多，男子多穿上下连属的袍衫。

2. 外形

中国传统服装的外形强调纵向感觉，自衣领部位开始自然下垂，不夸张肩部，常用下垂的线条、过手的长袖、筒形的袍裙、纵向的装饰等手法，使着装人的体型显得修长，特别是使四肢有拔长感。亚洲许多国家的服装都有类似特点。清代服装相对来说是比较肥大的，袖口、下摆都有向外扩张之势。然而，清代妇女那高高的旗髻和几寸高的花盆底鞋，加上垂至脚面的旗袍，使旗人比之前历代的妇女都更显得修长。服装外形的修长感是对东方人较为矮小的身材的弥补，使人在感官上产生视错觉，在比例上达到完美、和谐。自然修长的服饰使男性显得清秀，使女性显得窈窕。同时，平顺的服装外形与中国人脸部较柔和的轮廓线条更为相称。

3. 结构

中式服装采用中国传统的平面直线裁剪方法，无论袍、衫、襦、褂，通常只有袖底缝和侧摆相连的一条结构线，无起肩和袖笼部分，整件衣服可以平铺于地，结构简单舒展。其中中式立领和衣服下摆两侧开衩可视为典型。

4. 装饰

由于中式服装是平面直线裁剪，表现二维效果，所以装饰也以二维效果为主，强调平面装饰。装饰手段是中国传统的镶、嵌、滚、盘、绣几大工艺。这些工艺的巧妙运用，使中式服装虽造型简练，但纹样色彩斑斓，美不胜收。

5. 色彩和图案

从服装色彩上看，传统服装色彩受阴阳五行学说影响，有青、红、黑、白、黄五色之说。青、红、黑、白、黄色均被视为正色，其余颜色则为间色，正色在大多数朝代为上等社会专用，表示高贵。中国民间对蓝色有传统喜爱，如蓝印花布、靛蓝蜡染布等。蓝色与黄种人的肤色相配，容易谐调，可产生柔和的颜色对比效果。中式服装的图案纹样丰富多彩，有飞禽走兽、四季花卉、山峦亭阁、几何纹样等，抽象、具象、夸张、写实等风格俱全，图案纹样不仅精美，而且具有丰富的内涵。中式服装喜好运用图案表示吉祥的祝愿。从古至今，从高贵的绸缎到民间的印花布，吉祥纹样运用极为广泛。

二、西方服饰文化：个性张扬

西方人的服装一如他们的文化，崇尚力量与动感，重视立体造型，彰显个性。

1. 样式

西方服装在样式上有一个演变过程，古希腊的服装是披裹式，古罗马到中世纪，服装的式样以披裹式的非成型类衣和前开式的半成型类衣为主。公元四世纪，日耳曼民族南下，日耳曼民族的四肢分离的体形型服装逐渐渗入到欧洲服装的基本样式中，从 13 世纪开始至今，体形型服装逐渐占据了主体地位，其基本形制是男子上衣下裤，女子为上下连属的裙装。

2. 外形

西方古典服装的外形强调横向感觉，常采用横向扩张的肩部轮廓、各种硬领、轮状领、膨胀的袖型、庞大的裙撑、重叠的花边和花朵及浆过的纱料和各部位的衬垫，使服装线条产生夸张和向外放射的效果。西方服装的外形特点与西方人热情奔放的气质、起伏明显的脸部轮廓及比东方人高大挺拔的体型相适应。

3. 结构

西方服装采用立体裁剪方法，立体裁剪方法视人体为多面体，至少是四面体，细心对待人体从上到下、从前到后各个方面的凸凹起伏关系，利用打褶和省道处理等服装工艺手段，最终取得与三维人体相吻合的具有立体效果的服装。有人说中式服装像平面的绘画，西方服装像立体的雕塑，这种说法大体是对的。中式服装表现为二维效果，忽视了侧面结构的设计。西方服装则强调三维效果，适合人体结构特点并适应人体运动规律，既合体又实用，因此，受到世界各国人们的普遍青睐。在局部方面，西方服装的局部造型喜用填充物衬垫或支撑，如垫肩、垫胸、垫袖、垫臀、裙撑等。

4. 关于中国服装文化与西方服装文化的比较

总的来说，西方文化起源于海洋文明，文化本能比较开放，易于融合外域服装文化。中国文化起源于大陆文明，文化本能比较封闭，在服装上具有固执的"原体"意识，传统服装形制几千年来地位稳定，吸收异域服装相对困难。西方文化善于表现矛盾、冲突，在服装构成上强调刺激、极端的形式，以突出个性为荣。中国文化是和谐文化，强调均衡、对称、统一的服装造型方法，以规矩、平稳为最美。西方文化是一种明喻文化，重视造型、线条、图案、色彩本身的客观化美感，以视觉舒适为第一。中国文化是一种隐喻文化，艺术偏重抒情性，追求服装构成要素的精神寓意和文化品位。西方文化崇尚人体美，重视展示人体的性差异，不忌讳表现性感。古典服装样式是表现女性的第二特征，如露颈、露肩、露背、半胸，以紧缩腰围和垫臀来表现女性胴体曲线。现代服装样式是以简约的形式表现人体的自然身形，以短、露和紧身为现代时髦。而中国文化漠视"性"的存在，服装不表现人体曲线，不具备感官刺激要素，宽衣博带，遮掩人体特征，表现的是一种庄重、含蓄之美。中式服装的美学特点，反映了中华民族的审美心态和文化内涵。中国人受儒道互补的美学思想影响，重视情理结合，以理节情，追求闲适、平淡、中庸，追求超出形体的精神意蕴。中式女装严密包裹人体，使人难窥其详，增加了神秘感。中式男装严整修长，洋溢着中和之美。

中国和西方服饰文化各具其丰富内涵和鲜明特色，她们都是人类祖先留下来的宝贵文化遗产，是世界文化宝库的瑰宝。

三、其他地区的民族服饰

（一）日本服饰

提起日本的传统服装，大家都会联想到那千姿百态、宽松修长、典雅艳丽的日本和服。日本所有传统习俗，如茶道、花道、书道、祭祀、陶瓷、古诗词，甚至文字，等等，多少都受到古代中国的影响，和服也不例外。和服的历史大约有一千年了。真正有文字记载，将中国服饰引进日本，是从奈良时代开始的。奈良时代正值中国盛唐时期，日本派出大批学者、僧侣到中国学习。这些遣唐使者把唐代文化艺术、律令制度都带回了日本。"服令"就是奈良时代模仿唐代制定的制度之一。

到了平安时代，由于受到当时国风的影响，衣服色彩开始多样化，衣袖也向宽大方向发展。当时古代妇女在进宫或节日时会穿一种叫"十二单"的服装，它分为唐衣、单衣、表着等，共12层。至桃山时代，人们开始讲究不同场所穿不同服装，于是出现了参加婚宴、茶会时穿的"访问装"（从左肩、左袖到襟、裙成一幅图案）和参加各种庆典、成人节、宴会、相亲时穿的"留袖装"。江户时代，是日本服装史上最繁盛的时期，那时的和服变得接近现代，现今所看到的和服大都是延续了江户时代的服装样式。到了明治时代，现代意义上的和服就定型了。

在日本，出席茶道、花道，观看文艺演出，参加各种祭典仪式，庆祝传统节日，人们都要穿上漂亮的和服去参加。比如每年的"女孩节"和"男孩节"，日本的母亲们都要给孩子们穿上和服，为他们祝福。成人节、婚礼也是如此。而平时家居的日本人，全都喜欢浴后着和服，这种和服叫"浴衣和服"。

日本的和服，在穿法上比较复杂、讲究。以妇女为例，穿和服时，最里面是贴身衬裙，其次是贴身汗衫，再其次是长衬衫，最后才是和服。然后系上"细带"与"兜包"。穿和服时，下面多赤足或穿布袜，出门时穿草履或木屐。日本妇女着和服时，要梳上相应的头饰。

（二）韩国服饰

韩国服装最初也深受唐装影响。唐代时，新罗与唐朝交往非常密切，服饰特点几乎与唐朝无异。韩服的个性发展开始于李氏朝鲜中期。从那以后，韩服，特别是女装，逐渐向高腰、襦裙发展，同中国服饰的区别逐渐增大。

韩服非常讲究颜色和图案。历史上曾因贫富贵贱的差异，韩服在花纹、色彩上有过很大差别。比如，朝鲜时代的国王穿的是象征宇宙中心的黄色服饰，而平民则多身着朴素的白色服装，这也是韩民族被称为"白衣民族"的由来。

韩国的夏季气温高、湿度大，由凉爽的"夏布"制成的韩服最适合在闷热的天气里穿着。夏布薄而半透，且不粘身，自古以来被认为最能体现韩国女性的端庄淡雅之美。因为纤维织出的布纹很像蜻蜓翅膀上的纹路，人们便给它起了一个别名，叫作"蜻蜓翅"。

韩服着装比现代服装复杂得多。历史上，韩服是朝鲜半岛居民的普遍服装，不过如今却很难在大街上看到了。因为现代社会节奏加快，传统韩服穿起来相对复杂，活动起来也不是很方便。不过，这样反而提高了韩服的档次，使之成为重要节庆活动的礼服。在韩国人心中，正式场合穿韩服已经上升为一种规范，如果有晚辈违反，长辈便不会接受他们的"请安"。过年过节，上街不穿韩服还会被陌生人指为"粗鲁、没有礼貌"。

（三）印度服饰

印度服装与当地气候有关，当地夏季气温高达 40℃，冬季也在 20℃以上，因此服装要求透气、清爽。

印度男性着装以白色为主。传统的男子服装上身为肥大过膝的长衫"古尔达"，下穿"托蒂"，实际上就是一块缠在腰间的布，通常为三四米长的白棉布，也有麻质或丝质的，围裹在腰间，下垂至膝或脚背，有的带绳边。男子在家一般都穿这种传统服装。在很多农村地区，男子一般不穿上衣，只在肩上搭一条汗巾，或用一块布围住上身，一端搭在肩上，人们叫它"恰达"。头上包着头巾，头巾的色泽各异，缠法也不同。拉贾斯坦人和锡克人的头巾很有名。有时人们还在头巾上插上羽毛。

印度农村地区的男子很少穿袜子，多数人即使在冬季也是穿凉鞋，有时穿皮鞋也不穿袜子。由于气候炎热，男子出外流行穿猎装。印度传统正装类似于中山装，小竖领，中间一排扣子很醒目，下面搭配窄腿的长裤。但是由于印度长期作为英国的殖民地，所以西服很流行，穿印度正式民族服装的反而不如穿西服的人多。

印度女性服装色彩艳丽，传统服装主要有纱丽和旁遮普服。其中纱丽是印度最具特色的国服，据传已有五千多年的历史，在印度古代雕刻和壁画中就常见身披纱丽的妇女形象。最早的纱丽只是在举行宗教仪式时穿，后来逐渐演变为妇女的普通装束。"纱丽"是一块长约6 m、宽近2 m的布料，穿时内配有衬裙和紧身胸衣，纱丽则裹在内衬的外边，露出两臂和腰部。

纱丽有各种质料，穷人穿的纱丽大都是棉布或粗麻所做，贵妇人则穿的是丝绸或薄纱制的纱丽，上面缀以金丝银线织成的图案装饰，颜色五彩缤纷，图案千变万化。"纱丽"的缠法也因地区和种姓的差异而不同，劳动妇女和养尊处优的贵妇人穿的纱丽有着不同的风格。

印度人喜欢佩戴各种各样的首饰，名目繁多，如发饰、耳饰、额饰、鼻饰、项链、脑饰、腕镯、上腕饰、指环等，大多为金、银或宝石制品。有些地方的人甚至把首饰看得重于衣装。根据传统的风俗，印度男子把首饰赠予女子被视为应尽的义务，女子把戴首饰视为生活的重要内容，但寡妇是不能带任何首饰的。头饰是一种用小链子和小钩子固定于头顶与额部的制品。鼻饰多为金银制品，它是已婚女子的装饰标志。颈饰中的项链被当作避邪之物，在婚礼中由新郎给新娘戴上，只要不离婚，妻子要将这根链子戴一辈子，印度农村至今仍有此习俗。

印度妇女、小孩还喜欢点吉祥痣作为日常装饰。吉祥痣颜色不同，形状各异，在不同情况下表示不同含意，但总的来讲，它是喜庆、吉祥的象征。点吉祥痣时要用朱砂、糯米和玫瑰花瓣等捣成糊状，点在前额的眉心。它是一种宗教符号，可以消灾避邪，代表喜庆吉祥之意。瑜伽行者认为，前额眉心是人的生命力的源泉，必须涂膏药加以保护，现在仍然有不少印度教苦行僧在前额上点朱砂。在印度教的婚礼上，要为新娘点吉祥痣，预示婚后幸福美满。在重大的欢迎仪式上，主人不仅要向贵宾献花，而且也要给客人点吉祥痣，以示敬意。

（四）阿拉伯服饰

阿拉伯服饰受到环境和宗教两方面的影响。

中东和北非地区气候炎热干燥，日晒强烈，所以服装必须既能遮挡身体免受阳光暴晒，同时又不能贴身，以保持凉爽通风。在这种情况下，宽松的大袍自然成为上上之选。同时，作为虔诚的伊斯兰教信徒，阿拉伯人还必须遵循宗教关于服装穿着方面的严格规定。伊斯兰教义要求：①服装必须遮盖身体，以抑制情欲，区别于动物；②不得奢侈浪费；③服装必须男女有别，禁止相互模仿。

基于以上两方面的要求，阿拉伯服饰形成了自己独特的民族风格。

阿拉伯服装主要由面纱、头巾、大袍三部分组成，有时还佩有披风及腰刀等饰物。

面纱一直是阿拉伯服饰文化中最具代表性的一种女性服饰。其大小不一，有的仅可以遮挡面部，有的则可以从头到脚盖住全身。一般为黑色，也有的为花格子。

头巾是阿拉伯男子的服饰，它也是沙漠环境的产物。其形状为方块，一般为白色。头巾放在头上，再用绳箍箍住，夏季的时候可以遮阳防晒，冬季的时候可以御寒保暖，实际上就是一种帽子。在有些阿拉伯国家，头巾是一块长布，除了可以用来扎在头上做帽子以外，用途还很多：礼拜的时候可以当垫子，睡觉的时候可以做铺盖，洗脸的时候可以做毛巾，买东西的时候可以做包袱，刮风的时候可以蒙在脸上挡风沙。

大袍分为男式和女式两种。黑大袍是阿拉伯妇女的传统服装，做工简单，式样和花色因地而异。如沙特妇女的黑袍是一件宽大的黑斗篷；埃及妇女的黑袍是用一块长方形的黑布，一分为二后将两边缝制在一起而成，穿、披均可；苏丹妇女爱穿拖地长袍；利比亚妇女外出时，常用一块类似被单的花布把全身裹得严严实实，只露出双眼。男式阿拉伯大袍多为白色，衣袖宽大，袍长至脚，做工简单，无尊卑等级之分。它既是平民百姓的便装，也是达官贵人的礼服。阿拉伯大袍对生活在炎热少雨地区的阿拉伯人有无法取代的优越性，它不仅能遮挡身体，阻挡日光的直接照射，同时还能把外面的风吹入袍内，形成空气对流，将身体的湿气和热气一扫而去，使人感到凉爽舒适。

（五）美洲印第安服饰

印第安人的衣着装饰非常简单，有的人甚至不穿衣服，只佩戴饰物；加上其服饰艺术主要来源于自然，所以不同地区的服饰，其色彩、款式各不相同，装饰品的材质、样式也多种多样。不过，总的来说，还是有一些共同的民族特色。

1. 鹰羽冠

鹰羽冠是印第安服饰中给人印象最深刻的部分。羽毛在印第安人眼中是勇敢的象征，荣誉的标志。他们经常把羽毛插在帽子上，向人炫耀。拥有鸟羽象征着勇敢、美貌与财富。根据颜色及佩戴方式，鸟羽也象征不同的社会地位和情感状态。比如，在卡希纳华部落，男子会在他所钟情的妇女面前佩戴鸟羽装饰品以表达热切的情感，这可以有效地防止对方的敌意。神鹰的黑羽使人联想到权贵和死亡，它也是所有羽毛中最珍贵的；而南美大鹦鹉的红羽则表达了善意、能力和富饶。

2. 披肩和披毯

印第安人的披肩和披毯也很有印第安特色，虽然手工稍显粗糙，但其图案别具匠心，不仅色彩搭配奇特，而且也表现出浓厚的生活气息，常见的有羚羊、梅花鹿等形象，纹案生动而富有韵律，呼之欲出。一般来说，披肩和披毯的花纹表现部族的崇尚和标识，不同的地区，不同的部族，不尽相同。

3. 面具和文面

面具和文面是印第安人的一种强烈的文化艺术表现。早期制作的面具大都是表现神灵或恶兽的，而且每个面具都有一段故事背景，一般在舞蹈或战斗中才郑重佩戴。面具和文面的图案极其讲究：十字形花纹是为了避邪；人形图案代表如钻石般明亮的美丽。文面只用黑、蓝、红和白四种颜色。已婚女子只能用蓝白两色，男人用黑与红色，未婚姑娘也可以文上花朵图案，如果年轻女子的脸颊文上鱼尾花纹，那么就表示她成熟了。

4. 饰品

印第安人佩戴的饰品崇尚原始风格，其原料主要是高山和大海赐予他们的贝壳和宝石。最早，印第安人佩戴饰物是为了祛邪或表示地位的区别，后来渐渐演变为一种对生活的装点和对美的追求，如今有些饰物已成为部分印第安部落的族徽或标记。

（六）非洲土著服饰

非洲土著居民大部分生活在热带或亚热带地区，那里气候炎热。因此，服装在他们生活中的地位远没有饰品来得丰富和重要。当然，非洲地区地形不一，气候多样，不同的部落，其服饰也是千差万别。

1. 坎加

坎加是东非地区最流行的传统服装。从外形上看，它就是一块很大的长方形花布。花布四周是宽宽的边，中间是丰富多彩的图案，从花格、条纹到山水树木花鸟虫鱼，图样十分丰富。坎加的穿法也是多种多样。最常见的是从脖子裹到膝盖或者从胸部裹到脚趾。通常人们会成对购买坎加，一块用来裹身，一块用来包头。坎加不仅仅是一种服装，还是一种传达信息的工具。因为每块坎加上都有用斯瓦希里语写的一句话，它或者是警句格言，或者是谜语谚语，也有可能是政治口号或是爱的宣言。据说，当地人选购坎加前，首先要选择文字，然后才选择颜色和样式。当收到别人送的坎加时，上面的文字往往代表着对方想要表达的心意。

2. 发型

非洲人讲究发型，尤其是妇女，她们除了穿着艳丽多彩的服饰外，还喜欢梳新颖、雅致的发型。由于非洲妇女的头发生来卷曲，自己无法梳理，所以需要别人帮助。也因为这个原因，在非洲各国城乡，到处可看到专门为妇女梳头的流动摊位。非洲理发师心灵手巧，能根据不同年龄、身份和职业，设计、梳理出各式各样美观大方、具有民族特色的发型。小姑娘的发型大都轻巧活泼，有的是冲天小辫，直立头顶，有的以头顶为中心，从上往下紧贴头皮梳成排列匀称的多条发辫；青年妇女喜欢圆形发式，由向四周竖起的无数根辫子组成，或用青丝黑线缠绕编成各种图案；中年妇女则用丝线与头发一起编成辫子，或挽在头顶，或披在肩上，有的将短发扎成紧贴头皮的一条条小辫，形如西瓜；有的将头发分成大小相同的小块，扎紧后相连，状似菠萝。有的妇女还在发型上装饰贝壳和珠子，显得光彩照人。非洲妇女梳一次头很费时间，短则一两个小时，长则三四个小时。

非洲人讲究发型不仅是爱美的表现，而且还表明非洲各国人民的民族属性、传统观念和性格特点，乃至人的不同处境。例如，妇女剃了光头，通常是寡妇的标志，说明她已失去了丈夫；尼日尔小孩头上分别留有一绺、两绺或三绺头发，这表明孩子已失去了父亲、母亲或双亲；几内亚富尔贝族人不论男女，只要头发蓬松散乱，便是告诉人们，他们正在服丧。

在非洲，男人的发型并不比妇女的逊色。如祖鲁族男人，把辫子理成璎珞垂额的造型；几内亚的科尼亚克族男人认为公鸡是宝贵品质的化身，因此，他们常在剃得精光的头顶上，梳一个高高的鸡冠式发型，引以为自豪和骄傲；马里人喜欢把发型做得很高，就像羊犄角一样竖在头上；摩尔族人的发式像驼峰，有时干脆模仿骆驼，以表明自己具有骆驼那样吃苦耐劳的精神；人们在东非发现，一些军人常把头发集中到脑后，梳成一条辫子，好像尖尖的蛇信子拖在背上，并用油脂和其他黏合物把发型固定，这是马萨伊族的传统习惯和爱好；乌干达的迪迪族人把头发梳成蘑菇伞型，据说是为了保护眼睛，防止耀眼阳光的直接照射。

3. 饰品

饰品是非洲土著服饰中最显眼的部分，当然，原因之一是他们经常穿得很少甚至干脆不穿衣服。因此，佩戴饰品显得非常重要。南部摩洛哥哈拉丁族的妇女常常为炫耀她丈夫的财富而佩戴上她的全部珠宝家当，哈拉丁人认为妇女外出没有装饰是不合适的，即使在做繁重的农活如耕地时也是如此。而有的饰品还有其他的含义。苏丹的托波索族妇女就习惯于用铜丝的物件穿透下嘴唇来表明她已经结婚。

4. 文面

文面也勉强可算是非洲服饰文化的一大特色。很多非洲土著民族认为，忍痛割面留下疤痕是美丽的象征。当然，不同的文面花纹也有不同的含义。如日尔沃达贝族妇女经常通过在脸上刺花打扮自己。她们很喜欢在嘴角两边刺出三角形的刺花，除了作为修饰外，这种花纹的刺花还被认为是对恶毒眼光的有效防护。

第四节 礼仪文化

一、礼仪的基本概念

（一）礼仪的含义

礼仪是指人们在社会交往中受历史传统、风俗习惯、宗教信仰、时代潮流等因素而形成的，既为人们所认同，又为人们所遵守，是以建立和谐关系为目的的各种符合交往要求的行为准则和规范的总和。简言之，礼仪就是人们在社会交往活动中应共同遵守的行为规范和准则。

礼仪是在人际交往中，以一定的、约定俗成的程序、方式来表现的律己、敬人的过程。涉及穿着、交往、沟通、情商等内容。从个人修养的角度来看，礼仪可以说是一个人内在修养和素质的外在表现。从交际的角度来看，礼仪可以说是人际交往中适用的一种艺术、一种交际方式或交际方法，是人际交往中约定俗成的示人以尊重、友好的习惯做法。从传播的角度来看，礼仪可以说是在人际交往中进行相互沟通的技巧。如果分类，可以大致分为政务礼仪、商务礼仪、服务礼仪、社交礼仪、涉外礼仪五大分支。所谓五大分支，因为礼仪是一门综合性的学科，所以又是相对而言的。由于各分支礼仪内容都是相互交融的，所以礼仪内容大体都相同。

（二）礼仪的起源

中国素有"礼仪之邦"的美誉。早在 3000 多年前的殷周之际，周公就制礼作乐，后来经孔子等人的提倡和完善，礼乐文明成为儒家文化的核心。西汉以后，《仪礼》《周礼》《礼记》等礼乐文化的经典被先后列入学官，成为古代文人必读之书。礼仪是"礼"的重要组成部分之一。

礼仪，即礼节与仪式。中国古代有五礼之说，祭祀之事为吉礼，冠婚之事为喜礼，宾客之事为宾礼，军旅之事为军礼，丧葬之事为凶礼。民俗界认为礼仪包括生、冠、婚、丧四种人生礼仪。实际上礼仪可分为政治与生活两大部类。政治类包括祭天、祭地、宗庙之祭，祭先师先圣、尊师乡饮酒礼、相见礼、军礼等。生活类包括五祀、高媒之祀、傩仪、诞生礼、冠礼、饮食礼仪、馈赠礼仪等。

按荀子的说法有"三本"，即"天地者生之本""先祖者类之本""君师者治之本"。在礼仪中，丧礼的产生最早。丧礼于死者是安抚其鬼魂，于生者则成为分长幼尊卑、尽孝正人伦的礼仪。在礼仪的建立与实施过程中，孕育出中国的宗法制（见中国宗法）。礼仪的本质是治人之道，是鬼神信仰的派生物，人们认为一切事物都有看不见的鬼神在操纵，履行礼仪即是向鬼神讨好求福。因此，礼仪源于鬼神信仰，也是鬼神信仰的一种特殊的体现形式。"三礼"（《仪礼》《礼记》《周礼》）的出现标志着礼仪发展到成熟阶段。宋代时，礼仪与封建伦理道德说教相融合，即礼仪与礼教相融，成为实施礼教的得力工具之一。行礼为劝德服务，繁文缛节极尽其能。直到现代，礼仪才得到真正的改革。无论是国家政治生活的礼仪，还是人民生活的礼仪都改变成无鬼神论的新内容，从而成为现代文明礼仪。

源远流长的中国古代礼仪是中国传统文化的重要组成部分，尽管它在历史的演进过程中发生过一些变化或改进，但它对中华传统文化和民族生活产生着深刻影响。作为一种传统的文化样式，礼仪对社会存在积极和消极两个方面的作用和影响，对此应保持清醒的认识，进行扬弃，使它为社会主义精神文明建设发挥积极作用。

中国的"礼乐射御书数"传统六艺中，"礼"字第一，充分说明了中国人重视礼仪的传统。《论语》上有一则故事，孔子警告儿子孔鲤说："不学礼，无以立。"意思是：如果不学礼的话，是没有办法立足的。家喻户晓的《三字经》中指出，做儿女的，从小时候起，就应熟习在不同场合的各种礼节，学习礼节仪文之事。历史上一些著名的"古训""家训""学规"中，也都有大量的关于日常衣食住行、待人接物等方面的礼仪规范。

人与人交往，如何称呼对方，彼此如何站立，如何迎送，等等，都有礼的规定。即使是吃饭，也应该在举手投足之际显示出自己的修养，称谓食礼。行为合于礼，是有修养的表现，反之则不能登大雅之堂。

（三）礼仪的主要功能

礼仪的主要功能，从个人的角度来看，一是有助于提高人们的自身修养；二是有助于美化自身、美化生活；有助于促进人们的社会交往，改善人际关系；还有助于净化社会风气。从团体的角度来看，礼仪是团体文化、团体精神的重要内容，是团体形象的主要附着点。大凡国际化的企业，对于礼仪都有高标准的要求，都把礼仪作为企业文化的重要内容，同时也是获得国际认证的重要软实力。

二、礼仪的类型

（一）商务礼仪

1. 握手礼仪

握手礼节源于古代欧洲人向对方表明手中未带武器，表示亲切友好之意。其后成为风尚，通行于欧美。辛亥革命后我国也习以为礼。

在当今商务交往中，握手是最常使用的一种见面礼。

握手的方式如下。

双方各自伸出右手，彼此间保持 1 m 左右的距离，手掌略向前下方伸直，右手四指并拢，拇指向上，掌心向左，手的高度大致与腰部平齐。手握住对方时，应面带微笑地注视对方，彼此应寒暄几句。

握手时应注意以下事项。

（1）不要三心二意，双眼要注视对方。

（2）握手时间不宜过长（一般 3～5 s）。

（3）握手时不要拍对方的臂膀。

（4）握手不可用力过度。

（关系一般，双方稍用力相握，上下晃一晃即可；如果关系密切，可略用力并上下摇几下，表示十分友好或双方的情意深厚。但只握指尖或只递指尖或双手包住对方的手，则是失礼之举）。

握手时应遵循的原则：尊者居前。

上下级之间，应上级先伸手；长晚辈之间，应长辈先伸手。

男女之间，应女士先伸手；同级同辈之间，不分谁先伸手。

注意，当握手双方符合以上其中两个或两个以上顺序时，一般首先考虑职位，再考虑年龄，再考虑性别。

注意，介绍时应尊者居后（先介绍职位低者，后介绍职位高者）；但握手时应尊者居前（职位高者先伸手）。

客人和主人握手时，伸手顺序有所不同。迎接客人，主人先伸手；送走客人，客人先伸手。客人到来时，一般是主人先伸手，表示欢迎；客人离开时，一般是客人先伸手，表示让主人留步。

握手的禁忌如下。

不伸双手握手；不伸左手握手；不交叉握手；不戴着手套握手；不用不洁之手与他人相握；不在握手时将另一只手放在衣袋里；不戴着墨镜握手，患有眼疾或眼部有缺陷者例外。

2. 名片礼仪

名片是现代商务交往中的一种经济实用的交际工具，是一种自我的"介绍信"和"联络卡"。商务人员应对名片的选用、制作，递接名片的礼仪等有所了解。

（1）名片规格。名片的规格一般长 8.6～10 cm、宽 5.5～6 cm。目前国内最通用的名片规格为 9 cm×5.5 cm。

（2）颜色。多用白色、乳白色、浅蓝色、浅黄色等颜色。

（3）版式。横式和竖式（横式名片行序由上而下，字序由左而右）。

（4）质地。名片的质地适合柔软耐磨的白卡纸、香片纸等。

（5）图文。商务名片图案应简单；文字宜选用简体汉字，不要把两种文字交替印在名片的同一面上。最好在两面分别以简体汉字和另一种文字印相同的内容。

标准商务名片的内容如下。

本人所属单位（单位标识、供职单位、部门）、本人称呼（姓名、职务、职称）。

联络方式（单位地址、电话、传真、邮编，也可列上单位的网址、本人邮箱或手机等）。

索取名片的礼仪规范如下。

注意，若别人向你索要名片，而你不想给时，要用委婉的方法表达，不能直接回绝。

（1）名片递送的顺序。一般由职位低者先向职位高者、晚辈先向长辈、男士先向女士递上名片，然后再由后者予以回赠；在向多人递送名片时应由尊而卑、由近而远，（圆桌）按顺时针依次进行。

①主动递上自己的名片（如：你好！这是我的名片，以后多保持联系或请多关照！）。

②向对方提议交换名片（如：我们可互赠名片吗？或很高兴认识你，不知能不能跟您交换一下名片？）。

③向地位高、长辈索取名片（如：久仰大名，不知以后怎么向您请教？或很高兴认识您！以后向您讨教，不知如何联系？）。

④向平辈或晚辈索取名片（如：以后怎么和你联系？）。

（2）名片递送方式。应面带微笑，将名片的正面朝向对方，用双手递给对方（用双手的拇指和食指分别持握名片上端的两角送给对方）并说寒暄语。（如：这是我的名片，请多指教或多保持联系！）递接名片时，如果是单方递、接，应用双手；如果是双方同时交换名片，应右手递，左手接。不要用手指夹着给人，在递送名片时，如果是坐着，应起身或欠身。

接收名片的礼仪规范如下。

①接收名片时应起身或欠身，面带微笑，用双手接住名片的下方两角。接过名片后应致谢，且应认真地看一遍，表示对对方的重视。

②看完后要妥善收好名片，不可在手中摆弄或随意放在桌上。

③如果暂放在桌面上，切忌在名片上放其他物品，更不要在离开时漏带名片。

注意事项：

不要在他人名片上写不相关的东西；出席商务社交活动，要记住带名片。

名片放置的礼仪规范如下。

①随身携带的名片应放在名片夹里或西装上衣内侧口袋或公文包里。

②将名片放于其他口袋尤其是后裤袋、裙兜或钱夹里是失礼的行为。

③最好将他人的名片与自己的名片分开放置。

（二）会议礼仪

会议礼仪，是召开会议前、会议中、会议后及参会人应注意的事项，懂得会议礼仪对会议精神的执行有较大的促进作用。

会议礼仪包括以下内容。

1. 会议座次排定

（1）环绕式。就是不设立主席台，把座椅、沙发、茶几摆放在会场的四周，不明确座次的具体尊卑，而听任与会者在入场后自由就座。这一安排座次的方式，与茶话会的主题最相符，也最流行。

（2）散座式。散座式排位，常见于在室外举行的茶话会。它的座椅、沙发、茶几在四处自由地组合，甚至可由与会者根据个人要求而随意安置。这样就容易创造出一种宽松、惬意

的社交环境。

（3）圆桌式。圆桌式排位，指的是在会场上摆放圆桌，请与会者在周围自由就座。圆桌式排位又分下面两种形式：一是适合人数较少的，仅在会场中央安放一张大型的椭圆形会议桌，而请全体与会者在周围就座；二是在会场上安放数张圆桌，请与会者自由组合。

（4）主席式。这种排位是指在会场上，主持人、主人和主宾被有意识地安排在一起就座。

2. 会议发言人的礼仪

会议发言有正式发言和自由发言两种，前者一般是领导作报告，后者一般是讨论发言。正式发言者，应衣冠整齐，走上主席台应步态自然，刚劲有力，体现一种成竹在胸、自信自强的风度与气质。发言时应口齿清晰，讲究逻辑，简明扼要。如果是书面发言，要时常抬头扫视一下会场，不能低头读稿，旁若无人。发言完毕，应对听众的倾听表示谢意。

自由发言则较随意，应该注意：发言应讲究顺序和秩序，不能争抢发言；发言应简短，观点应明确；与他人有分歧，应以理服人，态度平和，听从主持人的指挥，不能只顾自己。

如果与会者对发言人提问，应礼貌作答，对不能回答的问题，应机智而礼貌地说明理由，应认真听取提问人的批评和意见，即使提问者的批评是错误的，也不应失态。

3. 会议参加者礼仪

与会者应衣着整洁，仪表大方，准时入场，进出有序，依会议安排落座，开会时应认真听讲，不要私下小声说话或交头接耳，发言人发言结束时，应鼓掌致意，中途退场应轻手轻脚，不影响他人。

4. 主持人的礼仪

各种会议的主持人，一般由具有一定职位的人来担任，其礼仪表现对会议能否圆满成功有着重要的影响。

（1）主持人应衣着整洁，大方庄重，精神饱满，切忌不修边幅，邋里邋遢。

（2）走上主席台时步伐应稳健有力，行走的速度因会议的性质而定，对欢快、热烈的会议步频应较慢。

（3）入席后，如果采取站姿主持，应双腿并拢，腰背挺直。单手持稿时，右手持稿的底中部，左手五指并拢自然下垂。双手持稿时，应与胸齐高。如果采取坐姿主持，身体应挺直，双臂前伸，两手轻按于桌沿。主持会议过程中，切忌出现搔头、揉眼等不雅动作。

（4）主持人言谈应口齿清楚，思维敏捷，简明扼要。

（5）主持人应根据会议性质调节会议气氛，或庄重，或幽默，或沉稳，或活泼。

（6）主持人对会场上的熟人不能打招呼，更不能寒暄闲谈，会议开始前，可点头、微笑致意。

（三）招待礼仪

在接待工作中，对于来宾的招待乃是重中之重。要做好接待工作，重要的是要以礼待客。

1. 时间条件

招待来宾的时间条件，主要涉及两个基本问题：一是来宾何时正式抵达；二是来宾将要停留多久。如果来宾正式登门拜访，因为接待人员考虑的不周，而让对方吃闭门羹，被抛在一旁，或者遭到驱赶，无疑会伤人至深，并且有损于接待方的形象。得知有人将要登门拜访，或是与他人商议邀其上门做客时，有经验的人一定会预先与对方确定正式抵达的时间和将要停留的时间。假如没有特殊原因，主人一方通常不宜安排节假日、午间、夜间作为招待来宾的时间。

2. 空间条件

招待来宾的空间条件，指的是待客时具体地点的选择问题。一般而言，在公务活动之中待客的常规地点有办公室、会客室、接待室等。接待一般的来访者可在自己的办公室内进行。接待重要的客人，可选择专门用来待客的会客室。接待身份极其尊贵的来宾，有时还可选择档次最高的会客室——贵宾室。至于接待室，则多用于接待就某些专门问题来访之人。必要时，还须设置指引客人的"指向标"。

招待来宾的地点确定之后，往往有必要对其室内进行一些必要的布置。

（1）注意光线。应以自然光源为主，人造光源为辅，切勿使光线过强或过弱。招待来宾，尤其是接待贵宾的房间最好面南。若阳光直射，则可设置百叶窗或窗帘予以调节。使用人造光源时，最好使用顶灯、壁灯，尽量不要使用台灯或地灯，特别是不要之直接照射来宾。使用彩灯、漫光灯或瀑布灯，也是毫无必要的。

（2）注意色彩。招待来宾的现场，通常应当布置得既庄重又大方。特别是主要装潢、陈设的色彩，有意识地控制在一两种之内，最好不要超过三种。否则就会让来宾眼花缭乱，无所适从。在选择招待现场的主色调时，不要选用过于沉闷的白色、灰色、黑色，不要选用过于热烈的红色、黄色、橙色，也不要选用易于给人以轻浮之感的粉色、金色或银色。乳白、淡蓝、草绿诸色，方为上佳之选。

（3）注意温度。室温以 24℃ 左右为最佳。因为它是人体体温的"黄金分割点"，令人最为舒适。冬季室温不宜低于 16℃，也不宜太高，室温高于 30℃，则又可能会令人燥热不堪。

（4）注意湿度。一般认为，相对湿度为 50％ 左右，最是舒适宜人。相对湿度过高，往往会令人感到憋闷压抑，呼吸不畅。相对湿度过低，则又会让人觉得干燥不堪，易生静电。

（5）注意安静。地上可铺放地毯，以减除走动之声；窗户上可安放双层玻璃，以便隔音；茶几上可摆放垫子，以防安置茶杯时出声；门轴上可添润滑油，以免关门开门时噪声不绝于耳。

（6）注意卫生。待客的房间内，一定要保持空气清新、地面爽洁、墙壁无尘、窗明几净、用具干净。

（7）注意陈设。

①要务求实用。一般来讲，在待客的房间之内放置必要的桌椅和音响设备即可。必要时，还可放置一些盆花或插花。诸如奖状、奖旗、奖杯等奖品，绘画、挂毯、壁挂等装饰之物是没有必要摆放或悬挂在其中的。

②要以少为佳。

③要完整无缺。一般不应为残、破、次、损、坏、废之物。硬要以次充好，或是令其"轻伤不下火线"，往往得不偿失。

（8）座次安排。

①面门为上。采用"相对式"就座时，通常以面对房门的座位为上座，应让之与来宾；以背对房门的座位为下座，宜由主人自己在此就座。

②以右为上。"并列式"排位的标准坐法是，宾主双方面对正门并排就座。此时，以右侧为上，应归来宾就座；以左侧为下，应归主人自己就座。

③居中为上。如果来宾较少，而东道主一方参与会见者较多之时，往往可以由东道主一方的人员以一定的方式围坐在来宾的两侧或者四周，而来宾居于中央，呈现出"众星捧月"之态。

④以远为上。道理十分简单：离房门近者易受打扰，离房门较远者则受到的打扰较少。

⑤佳座为上。长沙发优于单人沙发，沙发优于椅子，椅子优于凳子，较高的座椅优于较低的座椅，宽大舒适的座椅优于狭小而不舒适的座椅。

⑥自由为上。有时，未及主人让座，来宾便自行选择了座位，并且已经就座，此刻主人亦应顺其自然。在客人登门拜访之时，主人务必要使自己临场的一切表现都中规中矩。

• 专门恭候。为了防止来宾来访时"吃闭门羹"，负责招待对方的有关人员须至少提前10分钟抵达双方约定的地点。必要之时，还应专门在约定地点的正门之外迎候来宾。

• 起身相迎，盛情款待。一是要让座于人；二是要代存衣帽；三是要斟茶倒水（为来宾上饮料时，还须注意干净卫生并保证供应）；四是要殷勤相助，认真专注。与来宾交谈时，务必要认认真真地倾听，聚精会神，切不可一心二用，所答非所问。那样做，必定会得罪于人。千万不要在招待来宾时忙于处理其他事务。例如，打电话、发传真、批阅文件、寻找材料，或是与其他同事交谈等。万一非得中途暂时离开一下，或是去接一下电话，事先别忘记要向来宾表示歉意。最好不要在同一时间同一地点接待来自不同地方的人士。如果遇上这种情况，可按"先来后到"的顺序接待，也可以安排其他人员分别予以接待。

• 热情挽留。在一般情况之下，不论宾主双方会晤的具体时间长度有无约定，应由来宾提出告辞。主人首先提出来送客，或是以自己的动作、表情暗示厌客之意，都是极其不礼貌的。当来宾提出告辞时，主人通常应对其加以热情挽留。可告知对方自己"不忙"，或是请对方"再坐一会儿"。若来宾执意离去，主人可在对方率先起身后起身相送。

（四）礼品礼仪

中国人一向重交情，赠送礼品是表达友情的一种方式。送礼要选择好时间，最好是在重大节日或具有纪念意义的日子，如春节、端午节、中秋节、生日、婚礼日等。另外，若接到朋友喜庆请帖时，也应送礼。

礼品不可太贵重，应强调"礼轻情意重"，注重纪念意义。可选择有纪念意义的、有特色的东西作为礼品，如能馈赠即使有钱也难买到的特制纪念品则更佳。另外，还要考虑到客人的情趣，如对方是文化人，可以送张国画；对方有品位的，可以送音乐盒等。总之，应使礼品价值大于其物质价值，切不可将送礼变成行贿。

（1）喜礼。喜礼一般在婚前送到。对于深交的朋友，即使对方请帖未到，也可先行送礼。

（2）开张答谢礼。礼物必须在揭幕或剪彩之前数小时送到，以送花篮最为普遍，也有送镜屏或镜画的。

（3）问候礼。在得知朋友、同事生病时，可以送水果或鲜花。朋友帮过你的忙，为了表示谢意，送对方一些酬劳礼也是应该的。但凡这类送礼，非寻常可比，所送的礼物，第一要投对方所好，第二要适合对方使用，要因人而定。

赴宴礼品可在宴会开始前送到主人家，以表恭敬。如赴私人家邸访问时，应注意为女主人带些小艺术品、土特产等。如果有小孩，可带些糖果、玩具。吊丧赠礼通常以花圈、挽联为多。

礼品最好是彩色包装。送礼时一般应当面赠送，可附上祝词和名片。收礼时最好当面打开包装欣赏礼品，并握手致谢："我非常喜欢""好漂亮""谢谢"等。

收到寄来的礼品，应及时回复短信或名片致谢。

三、中西方礼仪文化差异

礼仪，是人与人之间交流的规则，是一种语言，也是一种工具。由于形成礼仪的重要根源——宗教信仰——的不同，使得世界上信仰不同宗教的人们遵守着各不相同的礼仪。中国是四大文明古国之一，中华民族是唯一传承千年文明的民族。中国的礼仪，始于夏商周，盛于唐宋，经过不断的发展变化，逐渐形成体系。西方社会，是几大古代文明的继承者，曾一直和东方的中国遥相呼应。经过中世纪的黑暗，最终迎来了文艺复兴，并孕育了资本主义和现代文明，产生了现代科技和文化。中西方有着截然不同的礼仪文化。

随着我国改革开放的步伐日益加快，跨国交际日益增多，中西方礼仪文化的差异越发显露，这种差异带来的影响也不容忽视，在中西方礼仪没有得到完美融合之前，有必要了解这些礼仪的差异。

（一）交际语言的差异

日常打招呼，中国人大多使用"吃了吗？""上哪呢？"，等等，这体现了人与人之间的一种亲切感。可对西方人来说，这种打招呼的方式会令对方感到突然、尴尬，甚至不快，因为西方人会把这种问话理解为一种"盘问"，感觉对方在询问他们的私生活。在西方，日常打招呼他们只说一声"Hello"或按时间来分，说声"早上好！""下午好！""晚上好！"就可以了。而英国人见面会说："今天天气不错啊！"

称谓方面，在汉语里，一般只有彼此熟悉亲密的人之间才可以直呼其名。但在西方，直呼其名比在汉语里的范围要广得多。在西方，常用"先生"和"夫人"来称呼不知其名的陌生人，对十几或二十几岁的女子可称呼"小姐"，结婚了的女性可称"女士"或"夫人"等。在家庭成员之间，不分长幼尊卑，一般可互称姓名或昵称。在家里，可以直接叫爸爸、妈妈的名字。对所有的男性长辈都可以称"叔叔"，对所有的女性长辈都可以称"阿姨"。这在中国是行不通的，必须要分清楚辈分、老幼等关系，否则就会被认为不懂礼貌。

中西方语言中有多种不同的告别语。如在和病人告别时，中国人常说"多喝点开水""多穿点衣服""早点休息"之类的话，表示对病人的关怀。但西方人绝不会说"多喝水"之类的话，因为这样说会被认为有指手画脚之嫌。比如他们会说"多保重"或"希望你早日康复"，等等。

（二）餐饮礼仪的差异

中国人有句话叫"民以食为天"，由此可见饮食在中国人心目中的地位，因此中国人将吃饭看作头等大事。中国菜注重菜肴的色、香、味、形、意俱全，甚至于超过了对营养的注重，不仅要好吃，还要好看，营养反而显得不重要了。西方的饮食则比较讲究营养的搭配和吸收，是一种科学的饮食观念。西方人多注重食物的营养而忽略了食物的色、香、味、形、意如何，他们的饮食多是为了生存和健康，似乎不讲究味的享受。

在餐饮氛围方面，中国人在吃饭的时候都喜欢热闹，很多人围在一起吃吃喝喝，说说笑笑，大家在一起营造一种热闹温暖的用餐氛围。除非是在很正式的宴会上，中国人在餐桌上并没有什么很特别的礼仪。而西方人在用餐时，都喜欢幽雅、安静的环境，他们认为在餐桌上一定要注意自己的礼仪，不可以失去礼节，比如在进餐时不能发出很难听的声音。

中西方宴请礼仪也各具特色。在中国，从古至今大多都以左为尊，在宴请客人时，要将地位很尊贵的客人安排在左边的上座，然后依次安排。在西方则是以右为尊，男女间隔而坐，夫妇也分开而坐，女宾客的席位比男宾客的席位稍高，男士要替位于自己右边的女宾客拉开椅子，以示对女士的尊重。另外，西方人用餐时要坐正，认为弯腰、低头、用嘴凑上去吃很不礼貌，但是这恰恰是中国人通常吃饭的方式。吃西餐的时候，主人不提倡大肆饮酒，中国的餐桌上酒是必备之物，以酒助兴，有时为了表示对对方的尊重，喝酒的时候都是一杯一杯地喝。

（三）服饰礼仪的差异

西方男士在正式社交场合通常穿保守式样的西装，内穿白衬衫，打领带。他们喜欢黑色，因此一般穿黑色的皮鞋。西方女士在正式场合要穿礼服套装。另外，女士外出有戴耳环的习俗。在西方国家，尤其是在美国，平时人们喜欢穿着休闲装，如 T 恤加牛仔裤。

当今中国人穿着打扮日趋西化，传统的中山装、旗袍等已退出历史舞台。正式场合男女着装已与西方并无二致。而在平时的市井生活中，倒会看到不少人穿着背心、短裤、拖鞋等不合礼仪的服饰。

礼仪是一种文化，是文化就有纵向的传承和横向的借鉴与融合。随着世界全球化步伐不断加快，在经济、文化高速碰撞融合的大背景下，西方文化大量涌进中国，中国传统礼仪也不断受到西方礼仪文化的冲击。如何保护中华民族传统礼仪，并去其糟粕，与西方礼仪进行合理有效的融合，成为人们不断思考和探讨的话题。越来越多的人认识到中西方礼仪文化必将会互相渗透，不断发展。

就拿餐饮方面举例。现在中国饮食市场上洋快餐和西餐占有很大比重，越来越多的人开始尝试和接受这些外来食品。麦当劳几乎代表了一种文化时尚，成为美国文化在餐饮领域的标志。与此同时，法国的贵族文化，英国的绅士文化也随着饮食而涌入中国。随着中西方饮食文化的交流，不仅带来了蛋糕、面包、鸡尾酒等西式餐点，也带来了西方一些先进的制作工艺和饮食方法。这些都为古老的中国饮食文化注入了新的活力。当然我国悠久而灿烂的饮食文化在海外的影响也越来越大，几乎在世界各地都出现了大量的中国餐馆，中国菜日益受到各国人民的欢迎与喜爱。比如，北京烤鸭俨然已经成为外国人心中的地道美味。

（四）禁忌习俗差异

在西方，询问别人的年龄、工资、婚姻、恋爱等都是大忌，隐私在西方被认为是神圣不可侵犯的，而在中国，这些却是经常交谈的话题，人们不会感到不快或抵触；登门拜访一般应先预约，突然造访是社交禁忌。应邀吃饭，英语国家的客人以准时或晚到几分钟为礼貌，而提早到达不仅失礼也会让女主人措手不及，中国人则习惯提早几分钟到达以示尊敬。西方人忌讳"13"这个数字，因为他们的救世主耶稣于 13 日被钉死在十字架上，人们据此产生了对数字 13 的恐惧和禁忌，所以在日常生活和工作中想方设法避开数字 13，宴客避免 13 人同坐一桌，门牌、房间号、楼房避免标号 13。但在汉语文化里，"十三"却集"美恶于一身"，它既暗示"爱抚，亲昵"，又暗示"鄙视，轻视"。中国人最忌讳的数字是"四"，因为它与"死"同音。

但是在中西方礼仪文化的融合过程中，中国人未免盲目热衷于西方，不自觉中陷入两个误区。其一，拿西方的礼仪取代我们中华民族的传统礼仪。礼仪是一个民族最具代表性的东西。比如在青年中，举行外国式婚礼、过西方节日，等等，都是不容忽视的倾向。对西方礼仪只是作为民俗知识了解一下无可厚非，如果趋之若鹜，就失去了民族的自尊，本民族的传统礼仪也会被湮没。其二，把礼仪教育的重点集中在操作层面，比如鞠躬要弯多少度，握手要停几秒钟，等等。这些问题不是不可以讲，但如果只做表面文章，礼仪就成了空洞的形式主义。

不可否认，当今国际通行的礼仪基本上是西方礼仪。形成这种现象的原因并不仅仅是西方的实力强大，深层次的原因在于西方人价值观的统一，在于西方人对自身文化的高度认同和深刻觉悟。这一切与基督教的社会基础密切相关，因为礼仪是宗教的重要活动方式，由于对宗教的虔诚信仰，西方人从小就接受这种礼仪的教育与熏陶，使得礼仪能够自然地表现在人的行为之中。精神与物质、政治与文化的高度契合，使得人们获得高度的自信与优越感，正是西方人的自信与优越感赋予了西方文化强大的感染力，使其礼仪文化被视为世界标准。对照现在的中国社会状况，我们与西方的差距是明显的。

中西方礼仪文化的融合，在现今的中国，更多的还是借鉴西方。但无论是借鉴西方的礼仪，或者是自创一套自己的礼仪系统，这在形式上都不难。难的是我们也能有一个完整的价值体系，有对自身文化的高度认同和深刻觉悟。我们借鉴西方礼仪，不仅仅是要借鉴它的形式，更应当借鉴其内在灵魂，只有这样我们才能建立起自己的自信和优越感，才能确立我们的感染力。民族的复兴不仅是实力的复兴，更是一种文化的复兴。只有别人也认同我们的文化，才能真正使我们的礼仪行于世界。

人无礼则不立，事无礼则不成，国无礼则不宁。一个缺乏礼仪的社会，往往是不成熟的社会。而一个礼仪标准不太统一甚至互相矛盾的社会，往往是一个不和谐的社会。礼仪，是整个社会文明的基础，是社会文明最直接最全面的表现方式。创建和谐社会，必须先从礼仪开始。中国今天面临前所未有的挑战，无论是物质、精神、还是文化等各个方面，都急迫地需要一套完整而合理的价值观进行统一。而礼仪文化无疑是这种统一的"先行军"，只有认清中西方礼仪文化的差异，将二者合理有效地融合，方能建立适合中国当代社会的礼仪文化体系，达到和谐社会的理想。

四、中西方礼仪差异的文化根源

一般来讲，人际交往，本质上就是文化。人在社会化的过程中形成了自己的价值观念体系，这是人的共同体——社会在长期的特定历史条件下形成的，是各种地理天气、政治生态、经济等因素的无形凝聚，已成传统，相对稳固。它是一种思维习惯，也是一种生活方式和行为模式，在与作为异己文化的载体——外国人的交往中，又不可避免地会发生价值取向上的比较、碰撞或融合。价值观念体系虽然看不见、摸不着，处于无形，但是无处不在，无时不在，对文化群体具有规定性和引导性的作用。每一种传统礼仪原则都反映了它所代表的文化，所以，可以说不同人的共同体的思维方式和价值观念差异是中西方礼仪差异的文化根源。

（一）"天人合一"和"天人两分"思维体系的影响

儒家思维在中国长期以来占统治地位，它提倡"以类合之，天人一也"（董仲舒）的思维。中国人在传统上把"天"看作自然，主张"天人合一"，亦主张人应顺应自然规律，追求与自然的和谐统一。中国哲学一直把"天人合一"视作一切思维体系的起航点和归宿，认为自然之中有一种神秘的力量在主宰宇宙万物，人们不思征服自然，而是努力通过改变自身去顺应自然，顺从自然规律，追求与自然的和谐统一。由于对自然规律的顺从和对自然的迷信、惧怕和崇拜，令人们不得不力求形成一个和谐稳定的群体去顺应自然，认为人只有热爱自然，将自我融入群体和自然之中，人与自然才能达成"和谐"。"天人合一"思想必然会导致群体主义的价值取向。

西方人则不同，他们受天主教"原罪说"的影响，一生为赎罪而奋斗，致力于改造自然，将人与自然相互对立，认为人处在支配、征服自然的位置，强调小我私人作用。认为人们应该不断地去应付自然的挑战，努力支配和改造自然，人只有在战胜自然的艰辛斗争中才能求得生存发展。在人与自然的斗争中，西方人充分相信小我私人的能力，认为小我私人没必要倚赖群体也能战胜自然，这种"天人两分"的思维势必导致小我私人主义的价值取向。

（二）集体主义与个人主义价值取向的影响

中国文化认为每个小我私人不是孤立的独立个体，而是群体中的一分子。为了保持和谐的群体不至于分解离散，为了维护巩固杰出的人际关系，群体之间形成了一些道德准则和价值观念来约束人们的行为，例如，重义轻利、内省、自制、等级尊卑，集体主义和对群体倚赖等价值观念。在以集体主义为取向的中国社会，人们的一言一行必须切合社会和群体的指仗，谦卑或"卑己尊人"的礼貌行为是人人所崇尚的。"礼"文化教导人们要尊敬长者和有职位的人、懂得礼让，维护上下尊卑的社会秩序。好比见了老人打招呼时应称"老先生"

"老师傅""老大娘""老大爷"等，见了有职位的人打招呼要称其职位以示尊敬。以群体观念为特性的中国文化重视处理人际关系，以自谦尊人、相互关切、互相体谅和以诚待人为其特征，在交际时喜欢问人私事，或毫无保留地披露自己的私事。中国人喜欢标榜"君子坦荡荡，小人长戚戚""事无不可对人言"。因为按中国的礼貌传统，了解私事是接近对方、体贴对方的友好暗示，所以在问候语中常常使用涉及小我私人私事的问题。这些交际语在西方人看来是涉及隐私的话题，而在中国人的眼中则是和谐人际关系的体现。根深蒂固的群体意识使小我私人习惯于透明的生活，同样也形成了要求别人也透明的习惯。这样小我私人的行为和意志常常要受到周围无数有关无关、有形无形事物的制约，根本无所谓"隐私权"可言，小我私人的独立意识只是一个空虚的观点。

西方人最为推崇的却是小我私人独立自主的个人主义。他们把自由、平等、人民有参与国事权力作为人的生活存在前提，这种价值观念培养了其平等意识，人民有参与国事的权利意识。西方人尊重个体（unit），热爱自由（freedom），崇尚平等（equality），这一"平等"观念体现在打招呼、称谓行为的模式中，还表现为对陌生人甚至是家人的过分客气和礼貌，对家庭成员甚至是晚辈也是"谢谢"挂在嘴边。以小我私人为中间的个体文化是个体自主、利益均衡、互不加害、避免冲突，而且将交际规则视为处理人际关系的一种计谋。对以个人主义为取向的西方社会来讲，个人自由被当作是神圣不可侵犯的，人们必须遵守。隐私受到人们的重视，因为它可以保护个人自由，免受他人的节制与支配。西方人的隐私意识很强，例如，与人交谈中人们忌谈小我私人的年龄或疾病，这样做是为了在社会群体中保持一种健康、年轻、完美的形象。作为一种隐私，人们回避小我私人的产业或收入这类话题，这样做是为了保护自己，有利于小我私人的生存和竞争。

（三）宗教信仰的影响

中国历经两千多年的封建专制统治，皇权胜于神权，没有一种宗教占统治地位，就总体而言，中国是一个非宗教的国家，所以中国礼仪没有宗教色彩。然而在西方，天主教一直是占统治地位的宗教，公元4世纪时，基督教就被罗马帝国定为国教，成为西方封建帝制的精神支柱。如今，在欧美等西方国家中多数人都信奉天主教，仅美国天主教堂就多达四万所。在西方历史上还曾多次爆发过影响深远的宗教革命，所以西方礼仪具有浓厚的宗教色彩：西方女士优先礼仪是受天主教文明以仰慕女性、崇拜女性为高尚气节的影响；对天主教徒（天主教与东正教）来讲，圣母玛利亚树立了尊贵贞洁的形象，受到了普遍的尊敬。天主教文明尊崇玛利亚为圣母，对心爱的女性像上帝一样顶礼膜拜，即使西方国家处在封建独裁社会的中世纪时期，骑士的传统也是以保护女性为己任。骑士都要选择一位贵妇人作为尊敬、爱慕、从命的偶像，学会一套讨好、效忠、保护女人的本领，不惜为她遭受磨难，献出生命，这种"骑士风度"对社会风尚产生了深远的影响。

五、中西方礼仪对中西方文化交流的启示

孔子说"君子和而不同",意思是说,要承认"差别",在"不同"的基础上形成"和",即和谐、融合,能使事物得以发展;今日的全球化时代,文化交流日益频繁,用"和而不同"的态度来看待中西方文化交流,在承认和尊重不同文化差异的基础上接受对方优秀的文化成果,更新自己的传统文化,亦即洋为中用、推陈出新,使自己的文化跟上时代,臻于先进的水平,才是一种积极可取的态度。

首先,礼仪是实现人际交往和谐的前提和保障。现代社会人际交往形式更多,内容更复杂,但是作为维系人与人关系和谐的根本因素并没有变化,人与人关系和谐是建立在一定的社会行为规范之上的。人与人关系的和谐需要一定的社会礼仪作为黏合剂与润滑剂,在跨文化交际中更是如此。礼仪体现了一个国家的文明程度及小我私人的素质,是人们在跨文化之间有效沟通的前提和保障。

其次,礼仪的差异源于不同的文化内涵,其在历史演绎过程中都或多或少地带有本土文化的特征,所以在跨文化交际中不仅要承认差异的存在,而且要理解和尊重这些差异。跨文化交际成败的要害在于正确看待文化差异,对异质文化的理解与尊重是避免文化冲突、实现平等交往、成功合作的必要条件。诚心实意地学习和比较不同文化中礼仪的差异,深刻领会其文化内涵,增强对文化差异的敏感性和对其他文化的适应力,能帮助人们预先推测对方的交际行为,做好相应的心理准备,从而提高交际效率。

最后,在跨文化交流中要善于探寻文化的互通性,发掘不同文化中所存在的相近或相仿的观念,加以现代化的阐释,达成相互间的认同,从而建立一种互补互存的和谐关系。人人都有爱和被爱的心理需求,"爱"贯穿在不同文化的观念中,是中西方文化传统都可以接受的普遍原则。在跨文化交流中,当面临生活中的各种情况和各种关系时,平等友善的理念应贯穿交际行为的全过程。对于礼仪文化中的共性,人们应予以充分地发掘,使其成为多元文化,并展开交流、对话、商讨,进而实现求同存异和谐发展的坚实基础,正视差异,求同存异,保持积极的沟通心态,实现文化认同。在努力继承和发扬中华文化的优良传统的同时,注意接受西方优秀的文化成果,丰富更新自己的传统文化,正确对待别人,正确对待自己,相互尊重,平等交往,只有这样,才能成功地进行跨文化交流。

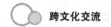

第五节　民俗文化

一、民俗

民俗是指一个国家或民族中广大民众所创造、沿袭的生活文化，是人民群众在社会生活中世代相沿袭成的生活模式。它是一个社会群体在语言、行为和心理上的集体习惯。

传统民俗的重要组成部分有：穿着打扮习俗，居住、饮食习俗，生产、旅行习俗，买卖交易习俗，婚姻、丧葬习俗，姓名、称谓习俗，人际交往习俗，岁时、节日习俗，信仰、迷信习俗，礼仪、禁忌习俗，游艺、娱乐习俗，结盟、议事习俗，财产分配、继承习俗等。

民俗一词，在我国古已有之，如：

"故君民者，章好以示民俗。"（《礼记·缁衣》）

"古之欲正世调天下者，必先观国政，料事务，察民俗。"（《管子·正世》）

"入境，观其风俗。"（《荀子·强国》）

"国贫而民俗淫侈，民俗淫侈则衣食之业绝。"（《韩非子·解老》）

"礼乐庠序未修，民俗未能大化。"（应劭《风俗通义》卷二《孝文帝》）

"民俗既迁，风气亦随。"（韩愈《送窦平从事序》）

"登临问民俗，依旧陶唐古。"（范仲淹《范文正公集》卷二《绛州园池》）

每一个民族或者每一个国家都有自己独特的民俗风情。如果要了解和认识一个民族，最佳的途径就是先了解其民风民俗，看一看这个民族吃什么，住什么，穿什么，用什么；看一看这个民族如何种田，如何种树，如何饲养牲畜，如何做工，如何经商；看一看这个民族过些什么节日，信仰什么样的神明，等等。民俗也正像一部社会生活的活教材，向世界各民族展示着自己民族的文化和社会生活的风貌。也正是因为各民族的风俗民情不同，所以要"入乡随俗"，要"入国而问禁，入境而随俗"。

二、民俗的基本特点

民俗是世界范围的文化事象，各个国家、各个民族都有各自不同的民俗，同一个国家、同一个民族的不同地区也有各自不同的民俗，而不同国家、不同民族、不同地区有时还有共同的民俗。民俗事象是丰富多彩的，又是极其复杂的，从不同的立场、不同的角度，可以概括出许多不同的特点。下面从世界民俗的客观立场出发，综合诸家之说，归纳为以下几个主要特点。

（一）地域性和民族性

地域性是民俗最原始、最根本的特点。任何民俗都是在具体的地域中，受其气候条件、自然资源、生产方式、社会生活的影响而产生、发展和演变的，都表现出厚重的地方色彩、浓郁的乡土气息。当谈到民俗时，首先要说明的就是哪一个国家、哪一个地区的民俗，如俄罗斯民俗、日本民俗，广东民俗、广西民俗，等等。而具体的民俗特点，也是以地域而言的，比如中国人的食俗，民间常说的"南甜，北咸，东辣，西酸"，虽然不太准确，但大体上反映出中国人饮食习俗的地域特点。

民俗受到民族地域、民族经济生活、民族社会结构、民族心理、民族语言等多方面的制约，形成民俗的民族特点。各个民族大多是有共同的居住地域、共同的生产生活方式、共同的语言、共同的心理等，因此形成大体相同的民俗。然而民族不同，其民俗往往呈现出种种差异，民族实体的存在，对本民族的民俗有绝对的制约性。如我国古代，汉族的婚俗主要有纳采、问名、纳吉、纳征、请期、亲迎六项内容，体现出严格的封建伦理，称为"六礼"；其丧葬主要是土葬，并建造陵墓，体现了农耕民族的特点。而古代的蒙古族婚俗则是更多地保留了原始社会的古老遗风，盛行抢婚、收继婚；其葬俗则盛行火葬和野葬，不保留尸体，不建坟墓，体现了游牧民族的特点。

（二）集体性和模式性

民俗的集体性是指民俗由集体创造、享用，并由集体保存、传承的特性。民俗事象的产生是集体创造的结果。即使个别民俗是由某个人所倡导，也必须是以群体接受和遵从为前提，否则是不能形成民俗的。而且在其流传的过程中，群体还将对其加以新的创造，融入适应时代特点的新的智慧。民俗又是民众迫于生活需要创造出来的，这便决定了它必然为集体所享用，至少是被一定规模的社会群体所享用。与此同时，民俗文化的保存和传承更是社会的、集体性的行为，因此各种历时久远的民俗文化现象才始终具有鲜活的生命力。

民俗的模式性是它在表现形式上的突出特点。民俗文化现象的存在不是个性的，而是类型的、模式的。换言之，民俗一旦形成，便会具有极大的稳定性，并在稳定的发展中形成一定的模式，为群体成员共同遵守，成为约束行为的标准和尺度。

（三）传承性和变异性

民俗的传承性是指民俗文化现象在空间上的传播和时间上的传承。任何一项民俗活动一经产生，必然要在一定范围的群体中扩散，并在一定的时间阶段中反复再现，不断复制，否则就不能称作民俗。因为内容和形式上的连续性和稳定性是民俗传承性的主要表现。比如岁时节日习俗，农历正月十五的元宵灯会和吃元宵，三月清明节的祭祖扫墓和踏青郊游，五月初五端午节的菖蒲艾叶、赛龙舟及吃粽子、饮雄黄酒，农历八月十五的中秋赏月和吃月饼及除夕辞岁的年祭和吃团圆饭，都是传袭了千年以上的岁时习俗。

民俗的变异性是与传承性相对而言的特征。只有传承基础上的变异和变异过程中的传承，绝对没有只传承不变异或一味变革而没有传承的民俗事象。究其变异方式不外三种类型：其一是累积沉淀，即民俗事象在原有的基础上扩充增多；其二是化旧立新，即剔除不适应新形势的旧俗，使原有的民俗或整体或局部地发生变异；其三是完全消亡，即一些旧时代的民俗由于不符合新时代的生活方式和价值观念，而被新的文化体系所淘汰。

（四）规范性和服务性

民俗文化是一种适应性文化，它表现为适应民众集体心理和生存需要的相对稳定的模式。这种模式的稳定性和约定俗成，使它具有不成文的强制或约束力量，起到对民众的行为、语言和心理的制约性作用。这就是民俗文化的规范性。

服务性指民俗文化在规范民众的同时又具有服务民众需要的实用功能。民俗文化体现了集体的智慧和创造，这种创造是服务于民众的社会需要、生产生活实践及民众心理的协调等方面的。

三、民俗的社会功能

（一）教化功能

社会生活先于个人而存在。个人不能选择他所希望的社会形式；人是在十分确定的前提条件下创造历史的。美国学者本尼迪克特（R. F. Benedict）曾这样描述风俗在个体社会化过程中的重要作用：

个人生活历史首先是适应由他的社区代代相传下来的生活模式和标准。从他出生之时起，他生于其中的风俗就在塑造着他的经验与行为。到他能说话时，他就成了自己文化的小小创造物，而当他长大成人并能参与这种文化的活动时，其文化的习惯就是他的习惯，其文化的信仰就是他的信仰，其文化的不可能性亦就是他的不可能性。

人是文化的产物，民俗作为一种文化现象，在个人社会化的过程中占有决定性的地位。人一出生，就进入了民俗的规范；诞生礼为他拉开人生第一道帷幕；他从周围人群中习得自己的语言；在游戏中他模仿着成人生活；从称谓与交际礼节中逐渐了解人际关系；他按特定的婚姻习俗成家立业；直到死去，特定的丧葬民俗送他离开这个世界。人生活在民俗中，就像鱼生活在水中一样，须臾不可离开。

（二）规范功能

民俗的规范功能，指民俗对社会群体中每个成员的行为方式所具有的约束作用。

人类社会生活需要的满足，往往有多种方式可供选择。例如，吃饭，可用刀叉，也可用筷子或手抓。民俗的作用，在于根据特定条件，将某种方式予以肯定和强化，使之成为一种群体或标准模式，从而使社会生活有规则地进行。

社会规范有多种形式，大略可以分为四个层面：第一层是法律；第二层是纪律；第三层是道德；第四层是民俗。其中，民俗是产生最早，约束面最广的一种深层行为规范。

在社会生活中，成文法所规定的行为准则只不过是必须强制执行的一小部分，而民俗却像一只看不见的手，无形之中支配着人们的所有行为。从吃穿住行到婚丧嫁娶，从社会交际到精神信仰，人们都在不自觉地遵从着民俗的指令。

在日常生活中，人们很难意识到民俗的规范力量，因此也就不会对其加以反抗。民俗对人的控制，虽是一种"软控"，却也是一种最有力的深层控制。

（三）维系功能

民俗的维系功能，指民俗能统一群体的行为与思想，使社会生活保持稳定，使群体内所有成员保持向心力与凝聚力。民俗能维系社会稳定，任何一个民族都在不断变化，每一种文化都必须根据外部环境与内部情况的变化而不断地加以调整。在社会生活的世代交替中，民俗作为一种传承文化不断被后代所复制，由此保持着社会的连续性。即使是在大规模急剧的社会变革中，与整个民俗体系相比，发生的变化总是局部的、渐变的，这就有效地防止了文化的断裂，维系了社会生活的相对稳定。所以，民俗是人们认同自己所属集团的标识。

（四）调节功能

通过民俗活动中的娱乐、宣泄、补偿等方式，使人类社会生活和心理本能得到调剂。

1. 民俗的娱乐功能

人类创造了文化，目的是享用它。人不可能日复一日、永无止境地劳作，必须在适当的时间进行适当的娱乐活动，恢复体力，调剂精神，享受劳动成果，进行求偶、社交等活动。世界上没有哪个民族没有节日、游戏、文艺、体育的民俗，它们是人类生活的调节剂。

2. 民俗的宣泄功能

人类社会生活中，个体的生物本能在群体中必然受到一定程度的压抑。无论是肉体行为压抑，还是心理压抑，对人类来说都是一种破坏性的力量，如果不在某种程度上得到宣泄，一旦积郁起来集中爆发，其后果不堪设想。有的民俗就是应这种需要而产生的，如古希腊罗马的酒神节，人们在节日里饮酒狂欢，日常生活中的种种禁忌这时全被打破。

3. 民俗的补偿功能

人们在现实生活中难以得到满足的种种需求，往往在民俗中得到某种补偿。恩格斯在谈到德国的民间故事书时曾说："民间故事使一个农民做完艰苦的日间劳动，在晚上拖着疲乏的身子回来的时候，得到快乐、振奋和慰藉，使他忘却自己的劳累，把他的贫瘠的田地变为馥郁的花园。"

四、中国民俗

（一）婚姻民俗

1. 传统的婚姻民俗

婚姻是人类生存需要的一种基本活动，也是组合社会结构的重要方式，因而备受重视。从择偶到婚姻，中间的仪礼程序非常烦琐，但是为了使婚姻得到社会的承认，并为新人及其家庭祈福驱邪，每个礼仪程序都受到认真对待。中国古代按照《礼记·昏义》的规定，婚礼有纳采、问名、纳吉、纳征、请期、亲迎六项内容，称为"六礼"。

（1）纳采。即是提亲说媒。一般男方送酒、肉、糕点等礼物给媒人，请媒人到女方家提亲，媒人替男家送上礼物，因为事关家族，所以还要为男女双方交换写着他们姓名、出生年月日时、籍贯、三代地位的帖子。

（2）问名。俗称"讨八字"。即讨回女方的帖子，弄清女方的生辰、嫡庶关系等。请阴阳先生推算。男女八字相合，才可成婚。

（3）纳吉。即正式提亲。合八字后，若是吉兆，婚姻可成，男方便将占卜合婚的消息告诉女方。一般纳吉礼是男方备礼到女家决定婚事，最初多以雁作为婚事已定的礼物，取其雁失配偶后终生不再成双的忠贞之意，后来逐渐被戒指、首饰、彩绸、礼饼、礼烛等代替。这之后，婚姻关系确定下来，男女都不许悔婚。

（4）纳征。即送彩礼、嫁妆等礼俗。男女两家缔结婚约后，男家将聘礼择吉日在媒人和押礼人护送下，一路鼓乐送到女家。聘礼中的物品名称取吉祥语，如龙凤喜饼、合欢被等，数量取双忌单，寓意吉祥。

（5）请期。俗称"提日子"。即选择娶亲的日期，是男家择定结婚日期，备礼去女家征求意见时的礼仪。《仪礼·士昏礼》解释："请期，用雁。主人辞，宾许，告期。"可见，当时是以雁为请期之礼。现在一般以红笺纸写下迎娶日期时辰的书面形式（下婚书）或口头形式通知女方，征求女方同意，并且多在送聘礼时同时进行。

（6）亲迎。即迎娶新娘的仪式，是婚礼中最隆重的仪式，主要包括迎亲、拜堂、入洞房几个步骤。新房又称"洞房"或"喜房"，是专门为新婚夫妇准备的，其布置体现了趋吉避邪、求子祈福的心理。等车轿到了男家，新娘从下轿到进了男家的门，就有迎轿、下轿、拜天地、行合卺礼、入洞房等众多礼仪。洞房花烛之夜后的清晨，新娘拜见公婆及家中长辈。第三天，新郎送新娘"回门"，即到女家拜见岳父岳母及女家亲戚。至此，结婚仪式方告结束，双方的婚姻关系才算正式得到社会的认可。

2. 新时代的新婚俗

新中国建立后，废除了媒妁之言、父母之命的买卖婚姻，实行一夫一妻制，逐渐形成了以自由恋爱为基础的新的婚姻习俗。其内容主要有以下几个方面。

（1）男女双方经过自由恋爱确定婚姻关系之后，首先进行结婚登记，取得法律上的承认。

（2）选择结婚日期。多是利用假日或选择逢六、逢八、逢九的日期，取其大顺、大发、长久之意，约亲朋好友参加。

（3）结婚之日，礼堂以红黄为主色布景，张贴双喜字，男家用轿车接来新娘。新娘多穿欧式婚纱，新郎多穿西服，由聘请的主持人主持婚礼。先是介绍男女双方的情况，接着赞唱，让新人向双方父母敬礼；之后再赞唱，新人互相敬礼，喝交杯酒；最后主持人、双方父母、相关领导或亲友祝词，婚礼结束。一般婚礼后还要举行不同规模的宴会，多是由男方出资。席间，新郎新娘挨桌敬酒、敬烟，表示对宾客参加婚礼的答谢。婚礼程序简单、气氛热烈，体现了新的社会风尚。

（二）丧葬民俗

中国人传统的生死观中，追求此世长存和在生死不断的循环中永生。这种观念规定人死之后的"归宿"——要么成仙，要么变鬼，而不论成仙还是变鬼，仙鬼的世界与人间并不完全隔绝，而是可以相互沟通、影响、转换，甚至仙鬼们还具有福祸生人的能力。因此，中国人重视丧葬礼仪，貌似重死，而实为重生。

"死"，在甲骨文中的字形，一边是死人的残骨，一边是活着的人在俯首吊唁死者。可见，"死亡"很早就与相应的丧俗相连。到春秋时期，儒家从维护"礼"的目的出发，又为丧期设置了诸多礼仪，《荀子·礼论》中说："礼者，谨于治生死者也……终始如一，是君子之道，礼义之文也。夫厚其生而薄其死，是敬其有知而慢其无知也。"因此，对丧礼的重视，不仅是对死者的追悼，也是衡量生者品质的一种方法。

我国的丧期仪礼延续几千年，各民族都有自己独特的程序，一般来说包括落气、浴尸、成殓、停尸、招魂、报丧、吊唁、入殓、出殡、安葬、祭祀等。

（1）落气。落气是指人生的最后一刻。汉族许多地方都以在正厅、正寝内落气为幸福，因为正厅、正寝是一家中最神圣的地方，所以有"寿终正寝"之说。

（2）浴尸。很多民族都有在死者尸体未僵之前为之擦洗身体的习俗，目的是让死者能干干净净地到另一个世界去。

（3）成殓。人死后要为其穿上一套新衣服，称作"殓衣"，俗称"寿衣""老衣"。死者的寿衣很讲究，汉族以五、七、九件单数寿衣为佳，认为双数会招致凶祸再次降临。

（4）停尸。停尸是丧期礼仪的一种，也是为后边的丧礼程序做准备。停尸时间的长短，要依死者年龄、家庭经济情况而定。一般而言，儿童当天就埋，青壮年停尸一至三天，老年人停尸时间较长，一般二至五天。

（5）招魂。招魂是基于灵魂不灭的信仰而产生的一种仪式。招魂时由专职人员或亲属中一人担任，招魂人举着招魂幡或寿衣，点"引魂香"，高声诵念咒语或叫死者的名字，然后将衣服盖在死者身上。

（6）报丧。有两种形式，一是人死当天就报丧，以放炮、鸣枪、吹竹号、敲铜鼓、铜锣等方式，通知邻居和亲友。二是丧事安排妥当，由丧家晚辈请邻居到亲族、好友家中叩头报丧，或送丧帖书面通知。

（7）吊唁。吊唁是丧期礼仪中的一项重要内容，分为家人吊唁和亲朋吊唁两种。此时，家人的穿戴也有规定。近亲要穿戴不同辈分的孝服，如河南一带孝服只有死者的儿子、儿媳、女儿、女婿、孙子、孙媳可以穿全身孝衣，头勒七尺孝布，俗称"大孝"。侄子、侄媳、侄女等只穿孝裤，头顶五尺布。初订婚的女儿、女婿孝服禁用白色，可以蓝色代替。邻里、朋友赴丧家吊唁时，往往要带上纸钱、香、点心等礼物赴丧家吊丧。丧家也要回礼，一般送礼忌双数，回礼忌单数，因为单凶双吉。过去，丧家还要请巫师、道士或和尚念经做道场，超度亡灵。

（8）入殓。入殓是向死者遗体告别的仪式，故又称"大殓"。入殓的时间一般在死者死后三日，故有"三日而殓"之说，《礼记·问丧》诠解为："孝子亲死，悲哀志懑，故匍匐而哭之，若将复生然，安可得夺而敛之也。故曰：三日而后敛者，以俟其生也。三日而不生，亦不生矣。孝子之心，亦益衰矣。"这种俗礼法规一直沿用至今。

实行土葬的民族，一般要备有棺材，过去汉族老人活着的时候就开始为自己准备棺材。其材料以松木、柏木为佳，以象征长寿。棺内两侧画"二十四孝图"或"八仙庆寿图"，正前方画一个圆"寿"字，周围是五只蝙蝠，叫作"头顶五福捧寿"，正后方画莲花，名为"脚踩莲花"。入殓时，棺材内一般摆设呈七星北斗状的铜钱，由长子或长孙抬死者的头，其他子孙抬两侧和脚，慢慢地将死者平移到棺材内，并放入死者生前的用物，死者的手里要放一块银圆或手绢等物品，以免空手而去，脸上还要盖上遮面纸，说明死者已不见天日。

（9）出殡。一般停尸祭祀活动完毕便可出殡安葬。但出殡的时间和方法上各地有很多俗规。在出殡的时间上，一般忌双日出殡，而且要避开与死者的属性、生日、死日相冲克的日子、月份，否则对活着的一方不利。

（10）安葬。安葬是丧礼中的最后一道程序。人死后（甚至死前）选好墓地、时间，家人将死者送往墓地安葬。出殡时孝子们（一般为男性）手握白布，在前"引路"。出殡后，丧家还要宴请宾客以示答谢。七天后，子孙脱去孝服，改戴守孝标志。

（11）祭祀。祭祀是葬后的信仰习俗，上坟扫墓是其中的一项重要活动。扫墓的时间、方式因民族、地区而异。汉族一般有逢七必祭的习俗。此外，每年死者祭日、每年春节、清明都是人们祭祀死去亲人的日子，届时都伴有不同形式的祭扫活动。在祭扫的方式上，汉族以烧纸、摆设供品于坟前为主。

中国由于历史、民族（或地域）和宗教（特别是原始宗教意识）等方面的原因，葬法与葬式很多。葬式大致有仰卧直肢葬、屈肢葬、侧身葬和俯身葬、交手葬等，其中最普遍的是仰卧直肢葬，这种安睡状的葬式有让死者灵魂安宁的意思，汉语里用"长眠"来指代称死亡，便与这种葬式习俗有关。

葬法，即对尸体的处理方法。汉字中"葬"由死而来，《说文》云："葬，藏也，从死在茻中，"即将死者藏于草中。《礼记·檀弓上》也说："葬也者，藏也；藏也者，欲人之弗得见也。"可见葬的目的是将死者和生人隔绝不见。我国各民族由于所处地理环境、生产方式、宗教观念等方面的差别，形成了多种多样的葬法。归纳起来主要有土葬、火葬、天葬、树葬、崖洞葬、悬棺葬、塔葬等几类。可以说世界上的主要葬法在中国都有。

（三）岁时节庆民俗

岁时节庆民俗文化指一年中随着季节、时序的变化而形成的人们生活中的民俗事象和传承，它反映了人们的生产和生活经验，并对人们的日常实践有指导意义。

1. 岁时节庆民俗的形成

岁时节庆民俗产生的基础是一定的天文知识和比较完备的民间历法。人类早期对自然环境与季节变化之间关系的认识，是产生古代天文、历法知识的基础。古代中国人就是根据天文、历法知识规定一年中的时序、节令，并把时序、节令与生产、生活结合起来，逐渐形成不同的风俗习惯。以天气节令的变化来指导农事生产和生活，是农业社会的一大特点。中国是世界上最古老的农业国之一，从殷商时代开始就利用对日月星辰的观察来指导农事活动。春秋时期，人们开始使用土圭测日影，确定冬至（一年中日影最长时）、夏至（一年中中午日影最短时）。到战国时期，中国特有的二十四节气已经基本齐备，每隔十五天为一个节气，一年划分为二十四等分，它至今对农业生产仍起着重要的指导作用。这二十四节气是：

正月立春、雨水；二月惊蛰、春分；

三月清明、谷雨；四月立夏、小满；

五月芒种、夏至；六月小暑、大暑；

七月立秋、处暑；八月白露、秋分；

九月寒露、霜降；十月立冬、小雪；

十一月大雪、冬至；十二月小寒、大寒。

二十四节气不仅能直接指导农业，而且对岁时民俗、节日民俗的形成起着重要的作用。农历的计时方法确立后，在两千多年中，除了个别朝代另立历法外，一直沿用至今。这就为岁时民俗文化提供了一个比较稳定的依据。经过漫长的历史，岁时和岁事习俗逐渐形成了。由于各民族、各地区的生产方式、社会发展阶段、岁时的确立和历法的完备程度不同，使得和岁时相关的民俗文化事象也有很多差别，这一点突出表现在节日民俗上。

2. 岁时年节名称、分布及其主要习俗

由于这里讲的"民俗文化"是以汉族为主体的民俗文化，所以仅以汉族的年节为例，列举如下，对当前淡化的节日介绍略为详细（皆指农历）。

（1）春节。正月初一，团圆、吃饺子、祭祖、放鞭炮。

（2）元宵节。正月十五，吃元宵，逛花灯。

（3）填仓节。正月二十五，也称"添仓节"，祭祀仓神，烹饪治食，犒劳家人。

（4）立春。春节前后。按照节气的顺序，立春为一年农事的开始，过去民间常在这一天占卜谷物的丰歉，认为这天天晴预兆着丰收。这天还有扎春牛，鞭春牛，吃春饼的习俗。此节后春耕开始。

（5）龙头节。二月二，节气里进入"雨水"，传说这天是天上主管雨水的龙王露头的日子，所以这一天要下雨，而且从此雨水逐渐增多。这天，各种活动围绕祭祀龙神，除了要做一些特殊的食品外，各地还有一些特殊的民俗，如祈求风调雨顺、五谷丰登的活动，耍龙灯由此而生，可见，它与人们的农事活动有关。

（6）上巳节。三月初三，上巳节是古时的名称（三月上旬第一个巳日），魏晋以后固定为三月初三，至近代很多地方仍在三月初三时过节。传说这天是西王母的生日，在古代，娘娘庙里常供有西王母的神像和牌位。这一天，人们到庙里祈福，还要到水边举行招魂禳灾的祓禊仪式，古代还有到山清水秀的地方用香草浸泡的水沐浴的习俗。

（7）寒食节。禁烟节，三月初三或初四。汉时定为清明节前三天，唐宋时改为清明前一天。传说春秋时期的介子推是跟随晋公子重耳流亡的一位大臣，曾割股肉为晋公子充饥。但重耳做了晋国的国君晋文公后，忘记了这段经历，当他偶然想起这件事时，介子推已带着母亲隐居绵山。晋文公派人去找，找不到便放火烧山，希望能使介子推出来，反而把介子推烧死在山里。为了纪念他，晋文公便下令这一天禁止生火，此后这一天变成了寒食节。这一天要禁火、吃冷食。

（8）清明节。三月初三，在春季的后半段，万物至此皆洁净清明，故称"清明"，这个节气与农业生产有关，这时气温升高，雨量增多，开始春耕春种，民谚有"清明前后，种瓜点豆"之说。踏青、放风筝、荡秋千、扫墓、祭祖是清明节的主要习俗。

（9）浴佛节。四月初八，禁屠割。也称"佛诞节"，佛教寺院要洗佛像，供奉各种花卉。

（10）端午节（端阳节）。五月初五，被认为是不吉利的日子。这天要吃粽子，赛龙舟，挂艾草和菖蒲，喝雄黄酒。

（11）晒虫节（虫王节、晒衣节）。六月六，节气上已经入暑，天气闷热。传说这天是龙王晒鳞的吉日，各地在这天普遍晒衣服、器具和书籍，连皇帝的銮驾都要晒一晒，目的是使东西不生虫子。

（12）乞巧节（七夕节、女节）。七月初七，摆香案、供瓜果、穿针引线，向七仙女祈巧，比赛穿针，听天语。

（13）中元节（佛教称为"盂兰盆节"，又叫"鬼节"）。七月十五，唐宋时成为民间节日，节俗与清明节相似。要把麻、谷、秫秸扎在一起，挂在大门口，或到坟上去祭奠祖先，晚上要放河灯，相传这是为屈死冤魂引路。

（14）中秋节。八月十五，汉代时以立秋之日为节，到宋代以后，开始以中秋为节。节俗有祭月、赏月、阖家团圆。

（15）重阳节（重九节、茱萸节）。九月初九，这天要登高、饮酒、赏菊花、放风筝、佩戴茱萸囊，吃重阳糕。

（16）寒衣节（鬼节，祭祖节）。十月初一，要在午饭后上坟烧纸祭祀故人。同时杀鸡驱鬼，使鬼魅不敢进阳宅。

（17）下元节。十月十五，祭祀水神和祖先，求他们保佑庄稼生长旺盛，不受灾害，平安过冬。

（18）腊八节。十二月初八，古人在冬天将尽时，用猎物祭祀祖先神灵，叫作"蜡祭"，秦代改为"腊"字，南北朝时蜡祭日固定为腊月初八。这天又是佛"成道日"，寺院在这一天举行诵经活动，并效法牧女用香谷、果实等煮粥敬佛，称为"腊八粥"。另外，此节还搭载了节约勤俭、岳飞遇害、施舍行善等传说。

（19）小年（祀灶）。十二月二十三，传说中有把黄帝、炎帝、祝融作为灶神的，而且古时就有祀灶之风。祭灶、扫尘是这一天的重要活动。但习俗中有"男不拜月，女不祭灶"之说，所以祭灶者为家中的男子。祭灶的日期各地有所不同，民间有"官三民四乞丐五"或"官三民四船家五"之说。

可以看出，岁时节日大都与农事活动有关，因它的基础是农耕活动的推移，而且从习俗的分布情况看，越接近城市，祈祝礼仪则越稀少淡漠而显得形式化。越往偏僻的乡村，这种信仰的气氛则越浓厚。尽管这是理所当然的事情，但也应予以注意。祈祝活动总是带有许多奇异的特性，对于农民们来说，稻作的生产过程不只是一个单纯的技术问题，其中含有许多与信仰有关的东西。如果不举行这样的祈祝礼仪，农民们相信他们的稻作生产过程就不会顺利完成。祈祝礼仪能长久地传承下来，其主要原因正在于此。

应该指出的是，很多民间节日是综合性节日，如春节，既包括祭祖的宗教内容、祈求丰收的生产内容，也包括放爆竹、赏花灯的娱乐内容。

3. 岁时节日民俗文化观念分析

很多岁时节日民俗文化都有着悠久的历史，它们之所以能传承下来，是因为有其深刻、丰富的文化内涵，这里简要分析如下。

（1）增强家族、民族的凝聚力。家庭是中国社会的基本元素，儒家提倡修身、齐家、治国、平天下，由个人及家及社会，由近及远。在岁时节日中也体现了这种思维模式，中国人的节日大多是从家族内部开始，逐渐扩展到社会群体的。如春节时，一家人一起吃团圆饭、守岁、祭祖、晚辈给长辈拜年、长辈分发压岁钱等，随着节日活动的展开，人们的活动范围逐渐扩大到亲戚、邻居、朋友，大家互相拜年，共祝来年顺利吉祥，平时有矛盾的也可以借这个机会化解，以求有一个好的开始。岁时节日民俗中还包括很多竞技性质的活动，如舞龙灯、舞狮子、踩高跷、划龙舟、登高、赛马、斗牛、摔跤等，这些活动往往以村镇、部族为单位，有些活动完成得好坏取决于参与者的合作程度和技巧，因此其成败关乎某一群体的荣誉，它会调动所有局内人的关心甚至加入到其中，为本群体的竞赛加油鼓劲。通过这些活动增强了特定群体的凝聚力。这些岁时民俗具有全民性，被全民族所遵循，因此也是增强民族凝聚力的时机。

（2）传承历史，认同文化。很多岁时节日民俗中都包含祭祀祖先和家族、民族共同敬奉的神灵、圣贤的活动。通过供奉、奠献、迎诵族谱，提供家庭成员顺利进入另一个岁时阶段的保障。其特点是现世与超现世的沟通，它能直观地展现家庭文化的历史与现实相联系的过程。岁时节日民俗大多经过漫长的历史积淀而形成，一代代的人们不断赋予它们新的文化含义，使它丰富、有趣。岁时节日民俗就像一棵大树，不同的岁时构成了不同的枝干，在这些枝干上又附着了很多神话、传说，它们都是借助岁时在全民族中传播的，而神话、传说的主人公常常与民族的祖先、英雄、先贤相关，传达了民族的历史观、价值观、审美观、民俗知识，因此，实际上它们借助岁时达到了一种全民教育的效果，将这些观念、知识一代代传下去，化为一个民族的民俗素养。从这个意义上说，岁时节日民俗既是民族认同的载体，也是民族文化延续的桥梁。

（3）交流展示，增强信心。岁时节日是一个交流展示的机会，其范围相当广泛。比如商品交流往往是在年节庙会、集市中进行，宋代的《东京梦华录》就记载了北宋都城汴京的主要节日情况，其中对正月初一的描述是："洲北封丘门外及州南一带，皆结彩棚，铺陈冠梳、珠翠、头面、衣着、花朵、领抹、靴鞋、玩好之类。"可见那时的商品交流已经极其丰富。但除了这类交流以外，更重要的是岁时节日提供了家庭、社会群体交流的机会。在家庭内部，日常忙碌的人们，可以借助举行特定的岁时活动相聚；更大范围的群体活动，如赏灯、舞龙、逛庙会、踏青、划龙舟、赏月、登高，等等，都提供了社交的机会。只是这时的社交与平时不同，人们力求以最好的食品、最好的衣着展示最好的精神面貌，表达为生产生活而奋斗的合理性。交流的同时就是展示，展示人们一年劳作的收获，展示制作食品、服饰的技艺，还在互相馈赠中展示彼此的人气，从而获得创造更好生活的信心。节日的交流内容不仅限于此，在具有万物有灵观念的中国民众中，过去的一切得益于天地祖先的佑庇，也离不开与他们朝夕相处的动物、植物的帮助，很多节日中人们通过赠送家畜、家院中的植物及特殊的食品来表达谢意。

（4）仪式演示，珍惜资源。对农业社会来说，土地和水是最重要的资源，因此二者在中国社会受到特别的重视，这在岁时节日中都有所表现。如很多节日都有洗涤和扫尘这样的习俗，比如腊月二十三打扫房间，拆洗被褥；三月三去河中沐浴，六月六要晾晒衣物和清洗自身，另外还有佛诞日的浴佛等，它们都以各种名义祛除不洁，举行各种用水仪式的示范活动，这种用水教育在农业社会中有特殊的意义。同样，很多节日中也贯穿了珍惜土地的观念。西周时期，每到春季来临，天子都要率众亲耕，后代立春之时，也有地方官鞭春牛，民间舞春牛等习俗，目的都是要表达对土地的敬重。

（5）弥补缺憾，寻求平衡。岁时节日对日复一日辛勤劳作的人们总有些不平常的意义，它是对民众单调而乏味的日常生活的弥补，从而给人们带来极大的身心快乐，激发起他们对不完美生活的宽容和热爱之情，并允许他们把这种生命的欢乐喊出来，叫出来，热烈疯狂地唱起来和跳起来，在反常的表现中了解正常的规范，在幸福的激情中调整偏离的心态，最后达到自己教育自己、民众教育民众的目的。由于有节日的"保护"，很多平时不能做的，现在恰是该做的；平时难以满足的愿望，现在得以表达。如传统社会，"犯上""僭越"都是不能容忍的罪孽，但清代赵骏烈在《燕城灯市竹枝词》中记述了一次皇帝亲临灯市观灯的场景，有云：

> 饮罢归途兴尚豪，
> 歌呼长啸月轮高。
> 巡檐拇战身斜倚，
> 博到输赢解佩刀。
> 踉蹡街坊遇醉徒，
> 狂呼大笑俨痴魔。
> 万人队里横冲去，
> 天子前来亦奈何。
> 帝城放夜乐靡休，
> 灯月交辉到处游。
> 毂击肩摩万千辈，
> 不知若个是王侯。

节日里，即便是天子也要遵循民俗的规定，也会容忍"惊驾"之类的"犯上"行为。平时生活在社会底层的民众受尽欺压，但他们可以利用节日的社火举行"闹春官"之类的仪式，让自己选出的假春官为自己做主断案。又如，借债当还，是法律的规定，除夕夜要把所欠债务还清也是民间的规范。但是在我国台湾，每当除夕夜晚到初一，一些寺庙要演出"避债戏"，因某些原因而还不起债的人可以躲到这里，如果讨债的人追到这里要账，可能会遭到观众的毒打，这样就帮助了负债人"名正言顺"地躲过年关。凡此，都让人们在心理上达到平衡和满足。

岁时民俗的文化含义极其丰富，它们胶合在一起形成了独特的魅力，吸引着人们不断地沿着它的轨迹年复一年地将平淡的日子赋予多样的色彩，让生活变得有序、有趣。

五、亚洲其他各国的民俗

（一）婚姻民俗

1. 日本的婚姻民俗

日本男女相识而成婚一般有两种形式：①"见合婚"，即由媒人介绍而成；②"恋爱婚"，即男女双方自由恋爱而成。其婚姻形态主要是"嫁入婚"和"婿娶婚"。"嫁入婚"是男方娶新娘，婚礼等都是在男方一面举行；"婿娶婚"是女方娶新郎，婚礼等都是在女方一面举行，男方要住在女家，为之劳动，要等有了子女才能将妻子接回自己的家中。

日本的结婚方式丰富多彩，但传统的是"神前结婚式"，目前在日本仍最为流行。仪式是在神社的神殿举行，现在也有在大饭店设临时神殿举行的。日本的婚礼与中国婚礼的一派喜庆气氛不同，是在庄严、肃穆的气氛中举行。其程序一般为：一是举行"修禊式"，即在神前去污，以示圣洁；二是"启奏祝词"，由充当司仪的神职人员向神报告两人结婚之事；三是"三献之仪"，新郎新娘在神前对饮三杯酒，类似中国的"合卺礼""交杯酒"，表示永结同心；四是"奉上誓词"，新郎新娘在神前宣读结婚誓词；五是交换结婚戒指，表示夫妻身心相连；六是"玉串奉奠"，"玉串"是杨树或桐树小枝，带有七八片叶，缠以白条的神物，新郎新娘手捧"玉串"敬献给神，祈祷幸福吉祥；最后是"亲族杯之仪"，即双方亲族互相换杯对饮，表示结成亲家，互相祝贺，神前婚礼结束。

此外，还有"基督教结婚式"，是在教堂中举行，由牧师引导，唱赞美诗，读《圣经》、婚约，交换结婚戒指，祈祷，合唱赞美诗，退场结束。在教堂中举行婚礼者多是基督教徒。信奉佛教的人，多数采用"佛前结婚式"。基本程序是：新郎新娘及众亲友在祭主引导下进入佛堂，朗读"敬白文"，向祖先报告结婚之事；祭主向新郎新娘授念珠以示祝福；新郎新娘烧香拜佛；新人交杯誓婚，众人举杯祝福；最后全体双手合十退堂，婚礼结束。现代日本还流行"人前结婚式"，仪式是首先亲朋入场，然后媒人带新郎新娘入场。司仪向大家宣告两位新人结婚，并简单介绍恋爱经过；新郎新娘读结婚誓词，在结婚证书上签字，交换结婚戒指；全体干杯祝贺，婚礼结束。

佛前结婚式、基督教结婚式，这些婚礼仪式带有浓重的宗教色彩，表明神佛是结婚者的批准者、证婚人、监督人，结婚是十分神圣的大事，要终生相守和白头偕老。

婚礼结束，举行"披露宴"。结婚典礼只有双方父母和近亲参加，"披露宴"即向大家公布结婚大事，所以朋友、同事、同学、远亲都被邀请。宴会上，主持人或媒人报告新人恋爱经过，介绍双方亲族，主宾致辞，新人致谢，双方家长致谢，宴会结束。

2. 泰国的婚姻民俗

泰国实行一夫一妻制。年轻人追求自由恋爱、自由婚姻，但在农村仍然保留着传统的婚俗，存在一夫多妻的现象。

传统婚俗，一般是由媒人介绍，双方父母决定。泰国是一个信奉佛教的国家，男子一般一生中都要出家一次，当过和尚的男子被认为受过良好的教育，好人家的女儿都愿意嫁给这样的人。经媒人介绍后，要请和尚推算男女双方的生辰八字，命相相合才能订婚。订婚后，男方须向女方家赠送彩礼。

泰国人很重视结婚日期的选定，必须要择吉日举行婚礼。一般都是选择双月，但因为八月是守夏节的第一个月，不宜结婚。"九"在泰语中有"发达"的意思，所以九月是结婚的吉月。但在一周内，周二、周四、周六是不宜结婚日。

受中国古礼的影响，婚礼大典设在黄昏，其仪式体现出浓厚的宗教内涵。首先是由和尚为新人念吉祥经，之后举行洒水礼。先由长辈将双喜纱圈戴在新郎新娘的头上，从法螺中取"圣水"洒在新人的身上，然后进入洒水房间。洒水的房间放有佛像及国王和王后的御像。新人穿白色婚礼服，头戴双喜纱圈，燃香、拜佛，然后面向东坐在榻上。主持仪式的和尚一面念经一面把圣水洒在新人头上，并让两位新人牵起手来，表示他们已经结为夫妻，并祝他们吉祥、白头偕老，之后由长者取下新人头上双喜纱圈。洒水礼结束后，举行祭拜祖宗神灵的仪式，新郎新娘举起左手交握，跪地拜祖三次。接着新郎跪拜岳父母及女方长辈，岳父母向新人赠送礼物，并祝新人百年好合。之后举行"铺床仪式"，由德高望重、儿女双全的老年夫妇为之铺床，并摆放一些有象征意义的东西，祝吉祝福。但铺床仪式之后，新娘不能马上进洞房，新郎要空守洞房3～7夜不等。守房结束后，由岳父母将新娘送来，婚礼才算正式结束。

3. 印度的婚姻民俗

印度主要是实行一夫一妻制，少数富人有一夫多妻的现象。由于受传统的影响，现代印度婚姻仍然受种姓制度的制约，讲究门当户对。古代印度盛行早婚，女孩子一般在6～8岁就可能被父母嫁出去为他人做妇，实际上就是童养媳。现今印度基本上废除了这一陋俗，但在偏远地区仍不罕见。印度从古代时即盛行妆奁之俗，印度教家庭嫁女必须要给新郎家一笔不菲的奁资，同时承担婚礼费用。如果奁资不足，新娘婚后则可能受到虐待。但在有些地方，也有男方给女方家彩礼的。总之，财富观念在婚姻中有着重要地位。

印度的婚礼，因民族和地域及宗教信仰的不同而异。如印度教徒婚礼的仪式：新郎为新娘戴手镯，之后双双绕"圣火"转圈，认为圣火可以烧掉一切邪恶，保佑新人未来生活幸福，这是古代火崇拜的遗留。结婚之日，新郎要用朱砂粉在新娘的额头上点一红色的圆点，俗称"吉祥点"。点红并非为了美观，而是向世人宣布她已经结婚，而且丈夫健在。如果丈夫故去，红点便要抹去；如果再婚则另涂。据说此风俗原是用畜生的血喷溅新娘的脸，以示欢迎和驱邪，后来逐渐演变成涂红点之俗。

印度锡克人的婚礼非常简朴，多为集体婚礼。此外，印度多数民族的婚礼都举行盛大婚宴，招待亲朋，以示喜庆。

4. 巴基斯坦的婚姻民俗

巴基斯坦是信奉伊斯兰教的国家，其婚俗除受伊斯兰教法约束外，也深受印度教婚俗和其他各民族婚俗的影响，有些地方的婚俗几乎与15世纪差不多。

巴基斯坦的婚姻制度提倡一夫一妻，允许有限制的一夫多妻，一个男子最多可以娶四房妻子。由于伊斯兰教并不禁止堂兄弟姐妹、表兄弟姐妹之间的婚姻，所以家族内和表亲内通婚相当普遍，在不少地区还流行弟娶寡嫂、姐死妹填的古老婚俗。同时交换婚在巴基斯坦也很流行，即男子娶妻时必须将自己的姐妹或家族中的其他姑娘嫁给女方的兄弟或亲族。交换婚很少考虑男女双方年龄是否相当，往往发生妙龄少女嫁给白发老翁或未成年男童的现象，有时甚至发生岳父娶女婿姐妹的怪事。

伊斯兰教认为婚姻是男女穆斯林之间的一种契约，缔结婚姻时，必须按教规举行念"尼卡罕"仪式，订立婚约。"尼卡罕"源于阿拉伯语，意为结合，表示男女双方在主婚人和证婚人面前公开缔结一项永久性的契约，结成甘苦与共的生活伴侣。其仪式是：①由阿訇诵《古兰经》并询问男女当事人的意愿；②由两名证人当场作证；③女方当着主婚人和证婚人的面表示愿意嫁给某男为妻。双方除口头表示外，还要填写正式婚约，一式四份，相关之人在上面签字。在举行念"尼卡罕"仪式时，如果男女任何一方表示拒绝，婚姻便立即宣告作罢。

5. 以色列的婚姻民俗

以色列的婚姻习俗深受宗教影响，处处打着宗教的烙印。犹太教禁止犹太人与异族通婚，这是犹太民族所特有的。因此，犹太人的内婚习俗在相当长时期内存在，古代犹太人甚至允许与同父异母或同母异父的兄妹结合。在以色列国内，直至现在也不允许犹太人与异族结婚，但在国外与异族结婚者，国家则予以承认。与之结婚的异族必须像犹太人一样行割礼，并要接受犹太教。

近现代的犹太人实行一夫一妻制，其婚姻习俗包括订婚仪式和结婚仪式。

(1) 订婚仪式。经媒人介绍，如果男女双方同意则举行订婚仪式，双方要签署订婚协议书。其内容包括双方结婚的条件，举行婚礼的时间、地点，双方的财产责任，包括新娘的嫁妆和无充分理由要解除婚约的一方应支付的赔款数目等。在订婚仪式上，男女双方依次喝下一杯葡萄酒，然后小伙子对姑娘说："按摩西和以色列法律，你已经与我订婚，请带上这枚戒指。"姑娘同意后，小伙子为她戴上戒指。它被视为男方给女方聘礼的一种象征。之后再打碎一只大盘子，订婚仪式结束。

（2）结婚典礼。在举行结婚典礼的前一个安息日，新郎至犹太教堂诵读《托拉》（犹太教经典）。其时，人们向他扔稻、麦、糖果，表示祝福。新娘要在前一个晚上沐浴。结婚典礼前新郎新娘不允许见面。如果新郎是孤儿，必须在前一周去拜谒父母的墓地，以告慰父母在天之灵。

结婚典礼要择吉日举行。犹太人认为周一不好，周二最合适，因为这一天上帝讲两遍"天很好"。现今的以色列，每逢周二下午，参加婚礼者之多，几乎是倾城出动。结婚典礼在新娘家或教堂举行，由新郎新娘的朋友们手撑着四根柱子搭起的婚篷，上面盖着鲜花和祈祷披巾。结婚典礼上，新郎身穿白色长袍，头戴无沿圆帽；新娘身穿艳装，佩戴各种首饰。现今结婚典礼新郎也常常穿西装，新娘披白色长婚纱，象征纯洁。结婚典礼宣布开始后，奏犹太乐曲，新郎新娘在双方父母的陪同下来到婚篷下，面向耶路撒冷站好。主持婚礼的神职人员拉比和两位证婚人都在。主持人拉比面对一杯酒，诵读婚礼祝词，然后新郎新娘同饮这杯酒；饮光后，新郎用脚把杯子踩碎。婚礼上踩碎酒杯和订婚仪式上摔碎盘子之习俗，都是表示追忆昔年圣都、圣殿陷落时的悲惨情景，代表其不忘犹太人亡国的伤痛。饮酒礼之后，新郎新娘遵照"同处"的古俗，在一个房间稍留一会儿。因为按照古俗，新郎新娘在婚礼之日要禁食，这时可以稍吃些食品。随后，新郎新娘接受亲朋好友的祝福，结婚典礼结束。接着是宴会，用来宴请亲朋好友。

由于特殊的历史原因，犹太人的订婚仪式和结婚典礼往往是一起举行，以减少变因和节省时间及费用。现代的以色列青年，追求简单、温馨的婚礼，订婚仪式和结婚典礼日趋简化。

（二）丧葬民俗

1. 日本的丧葬民俗

日本是一个比较重视丧葬礼仪的国家。因为千百年来信奉佛教的人较多，所以丧葬习俗多见受佛教影响的印记。

（1）整容更衣。人死后，亲人为其擦拭口鼻等部位，进行整容，帮助死者闭上眼睛和嘴唇，让其安详永眠。之后为死者更换寿衣。传统的寿衣多为白色，不结扣，不回针，现代的寿衣多是死者生前喜欢的衣服。穿好寿衣之后，在死者手中放入佛珠和钱，以便顺利渡过鬼怪之河。遗体头朝北安放，是为"北枕"。脸蒙白布，枕边放把小刀，以防妖魔。

（2）祭奠与报丧。在遗体枕边，倒放一张屏风。屏风前摆放罩有白布的供桌，摆放香炉、烛台、花瓶及食品等。燃香，点烛，不使香火断灭。之后请和尚念经，并给死者授戒名。另外，家人要换上丧服，即专用的黑色和服。还要把门帘翻过来，缝上黑边；室内器物蒙上白纸，以示服丧。同时，要通知亲友，说明各项安排。现代的讣告通知，一般都要用印有黑边的明信片。

（3）吊唁与香典。接到讣告后，亲友要前往吊唁，并赠送一些香典费。丧家要有专人接待并记清香典费的数额，以便日后感谢。

（4）追悼会与告别仪式。追悼会与告别仪式一般是一起举行。地点可以在死者家中，也可以在寺院和斋场。宗教信仰不同，做法各异。如按佛教教规，家属在祭坛右侧，吊唁者在左侧，和尚在中间。先是由主持人致辞，颂扬生者的功劳、业绩。之后是由和尚念经，超度亡灵。葬仪结束，死者家属向吊唁者表示感谢。

（5）出棺及入葬。葬仪后，将棺材从祭坛上搬下，开盖，家属看死者最后一眼，并放入鲜花。之后亲属用石头钉封棺。日本习俗认为石头有超自然的力量，能驱赶邪魔以保护死者的灵魂。日本的葬俗多是火葬，此外还有土葬。火葬之俗是受佛教影响，始于文武天皇四年（700 年）。

2. 印度的丧葬民俗

印度是一个多宗教信仰的国家，不同的宗教信仰，丧葬习俗亦有所不同。

信奉印度教的民众认为火是神圣的，可以使人在死后得到净化。印度教徒死后，先是举行哀悼的仪式，之后将死者的尸体运到河畔或者专设的火葬场，置于木柴堆上，为了助燃还浇以酥油或汽油，并将米饭撒在死者的身上或填置口中。然后由死者的长子从附近的一堆圣火中引来火种，将柴堆点燃。点燃之前，死者的子女等亲人及其他的亲属，要围绕尸体转三圈，作最后的告别。焚化后，死者的长子用木棒敲碎死者的头骨，让死者的灵魂升天。骨灰投到河中。恒河是印度教徒心目中的圣河，因此是投掷骨灰的首选之河，代表死者的灵魂升天，而他的肉体又回到生活之源的水中。

除印度教徒外，锡克教徒也实行火葬，而信奉伊斯兰教的民众则实行土葬。

印度的那加人，在弥留之际，亲友们要对之大声呼喊，并跺地、捶墙，向地面泼水，尽力换回他的灵魂。人死后，亲人们杀一只鸡，让鸡的灵魂陪着死者的灵魂一起去另一个世界。之后，将死者的尸体放在屋外的平台上，四周架起干柴，并点火将尸体烘干，然后将干尸抬到野外，放在草丛中。这是一种天葬的习俗。

3. 越南的丧葬民俗

越南有 54 个民族，主体民族京族（越族）占总人口的 87%。由于历史的原因，越南各民族两千余年来深受中国文化的影响，其丧葬风俗也体现了这一文化特点。

越族人死后，依照传统习俗实行土葬，有遗骨改葬习俗。其仪式大体如下。

（1）沐浴。死后，家属跪地痛哭，前来帮助办理丧事的人也跪在地上并说道："现在为您沐浴，清除世尘。"然后为死者沐浴、整容、穿衣，将被子或席子盖在死者身上，放在帐中。用过的工具及浴水都放入墓中随葬。

（2）祭奠。在死者的头前方，放置一个小凳子，其上陈列一碗米饭、一个鸡蛋、一双筷子，燃上一炷香；在死者肚子上放一把小刀，以驱恶鬼；在死者口中放入米粒和钱币，或黄金、珍珠之类，之后将死者嘴巴合拢，盖上白布。此即中国自周秦以来的"含饭""含口"，表示死者到阴间不挨饿、不缺钱。

（3）入殓。死者亲属按男左女右分立在死者两侧。主丧者高呼："举哀，跪。"亲属如仪。又呼："吉时已到，请迎入棺！"亲属将死者慢慢放入棺中，按脚、左身、右身、头的顺序以白布裹尸，用死者生前用过的衣物将棺中空隙填实。之后盖棺，停于房屋正中。

（4）吊唁。在灵前设供台，称为"龙位"，吊唁者在灵前行二拜之礼进行吊唁，由死者家人守灵。

（5）送葬。送葬队伍，抬棺者在前，后面的家属按血缘亲疏列队排于棺后，死者长子在最前。棺入墓穴后，送葬人绕墓穴一周，每人向墓穴内撒一把土。封坟后，众人环墓而立，送葬仪式完毕。

4. 巴基斯坦的丧葬民俗

巴基斯坦是信奉伊斯兰教的国家。除了印度教徒、袄教徒等非穆斯林，丧葬基本上都是遵循伊斯兰教法的规定而行。

穆斯林丧葬礼仪的特点是速葬、土葬、薄葬。伊斯兰教认为，亡人以入土为安，停放的时间越短越好，一般都是当天或次日下葬。按教法规定，尸体仅以白布包裹，任何人不得用绸缎，不得用陪葬品，不得用棺木。伊斯兰教认为，任何人死后都得经受末日审判，善人可进入天国享福，恶人要下火狱受罪。因此，各项葬仪都是为了帮助死者消除罪过，免受火狱之苦，以便能够得到真主的恩赐，进入天国。其仪式大体如下。

（1）诵念真言辞世。人在临终前要立下遗嘱，处理好债务和遗产分配，并向真主忏悔，祈求宽恕一切罪过。临终前要口念真言"万物非主，唯有真主，穆罕默德是真主的使者"，带着坚定的信仰离开人世。

（2）浴尸与殓尸。人死后，要尽快举行净礼，即由阿訇或亲人以香汤浴尸。如系女尸，由阿訇的妻子洗浴。浴后用三块白布分别将尸体的下身、上身、全身裹好，放在绳床上或叫"塔卜特"的木匣中。尸体上盖绣有真言的蒙尸布。亲友瞻仰遗容，向遗体告别，抬往墓地。

（3）殡礼和入葬。伊斯兰教认为为死者送殡是"圣行"，凡抬柩者，可蒙真主免罪。所以凡能参加送葬的人，都来参加，但妇女不能送殡。到达墓地后，举行叫"者那则"的殡礼。即将死者放在干净的空地上，头北脚南，面向麦加。众人在阿訇的带领下作举意、抬手、大赞（即念真主至大）。完毕，将尸体放入墓穴中，面朝麦加方向，以土块枕于头下。以石板、砖或木板封闭墓穴成坟。送殡者每人抓三把土撒在坟头。最后大家一起诵念《古兰经》，为亡灵祈祷。丧礼结束后，不走原路，绕道返回，以免将鬼魂带回家。

5. 印度尼西亚的丧葬民俗

印度尼西亚的不同民族、不同宗教信仰、不同地域，其丧葬习俗也各有不同。信奉伊斯兰教的穆斯林民众，丧葬基本上都按伊斯兰教丧礼举行，与其他各国穆斯林大体相同。杜拉加斯族的丧葬习俗则独具特色。

杜拉加斯族认为，人死后灵魂不灭，会返回天国或灵山，是一件好事。因此其葬仪如同喜事。丧葬礼仪分为丧仪、葬仪两部分。其丧仪是人死后，首先将尸体制成干尸，涂上艳丽的颜色，然后置尸于祭坛上，举行祭祀，以水牛为祭品。死者的家属、亲友等都来参加，历时七天。之后将干尸置于通风的房子里保存。其葬仪是经过一年或更长的准备时间，死者家属举行葬仪，得知消息的人都来参加。参加葬仪的人，身穿华丽的衣服，高高兴兴。死者家属面带笑容，举行盛大丧宴。众人载歌载舞，送死者灵魂升天。死者的棺木，形如生前的房屋，葬于山崖墓穴中，葬礼历时十五天，从死者之死至葬毕，不闻一声哭泣，不允一丝哀容。

在印度尼西亚的松巴岛上，穷苦人还有置尸于室中的习俗。人死后，亲人将尸体用布层层包裹，坐在一张牛皮上，存放在屋中，按时供祭，不避腐臭，直到有能力安葬为止。

（三）岁时节庆民俗

1. 日本的岁时节庆民俗

日本的岁时节庆习俗多是受中国传统文化的影响，其节日与中国大体相同，但内容有本民族的特点。此外，还有一些本民族独特的节日。

（1）新年。新年是日本的大节，又称为"正月"。按照传统的习俗，是以农历为准。有"大正月"和"小正月"。大正月是指正月初一到初三；小正月是指正月十五，或者十四到十六。现在日本多是按公历，以 1 月 1 日为元旦，12 月 31 日晚为除夕夜。日本从室町时代（1338—1573）兴起"忘年会"之俗。在年前邀请亲朋好友举行宴会，其意是"忘却过去一年的劳苦，祈望新的一年无病无灾"。现今 12 月 25 日前后是"忘年会"的高峰。除夕之夜一家人坐在一起守岁。在午夜钟声之后新年到来，各家按不同的宗教信仰，或祭神，或祭祖。之后，全家相互贺年。年糕，即用黏性大的米或米粉蒸成的糕，为节日供神的祭品，也是人们的食品。把年糕烘烤后，放入鸡汤、鸡片、笋片、嫩芹菜混煮为羹，对前来贺年的亲友以糕羹和俗传能驱邪的屠苏酒来招待。初一至十四，家家户户门前都会摆放"门松"或悬挂松枝，拉起注连绳，传说可以避邪和安居乐业。整个元月都是亲友互相贺岁之月，所以又称之为"睦月"。

（2）三月三偶人节。又称为"女儿节"。偶人即纸制的玩具人。早在江户时代，日本人家在女儿出生后和出嫁后迎来的第一个三月三日，将偶人放入江河湖海中任其漂走。据说这些偶人能把灾难和厄运带走，以保女儿平安。此俗一直沿袭至今，不过此俗已经随时代的发展而有所变化。在城市中，这一天家长要为女儿摆上 5～7 阶的梯形偶人供坛，上层供上以取形日本天皇和皇后为首的各种古装偶人，中层为官女木偶，接下来各层分别为乐师、大臣和卫兵木偶娃娃。家人与女儿共度节日，吃年糕，喝米酒，表示祝福。

（3）樱花节。日本民族有爱樱、赏樱之俗，故以每年三月十五日至四月十五日为樱花节。其间，日本全国各地樱花盛开，男女老少纷纷外出游园赏花，载歌载舞，迎接春天的到来。日本赏樱花之风，始于奈良时代。公元9世纪，嵯峨天皇曾亲自主持赏樱花大会。但最初只是在贵族中盛行，直至300年前德川幕府时代，赏樱花之风才普及至庶民。不过因为樱花花期短，只一周左右，所以日本人家庭院中不栽植樱花，认为对家族的兴旺延续不利。

（4）盂兰盆节。节期是农历七月十五日，公历在八月中旬。此节是源于佛教的节日，从中国传入日本。"盂兰盆"为梵语，意为"解倒悬之苦"。传说佛祖释迦牟尼的弟子目犍连之母死后为众恶鬼所折磨，痛苦不堪，目犍连求佛祖超度，佛祖令他于七月十五日备百味饮食，供养10万僧众，便可解生母之苦，目犍连照佛祖所说而行，解除了生母之苦。信奉佛教的日本人，非常重视这一节日。镰仓时代举行施舍恶鬼会，后来又转变为"精灵祭"，进而演变成祭祀死去父母的节日。父母死后的第一个盂兰盆节称为"初盆"，儿女都要从外地回到老家，祭祀父母的灵魂，这已成为日本民间一大风俗。有的地方，这一天还举行盛大的祭祀活动，跳盂兰盆舞，娱鬼娱人，场面非常热闹，可与正月相媲美。

2. 泰国的岁时节庆民俗

泰国有很多传统节日，其中以宋干节、万佛节、春耕节、水灯节、大象节最为隆重和欢乐。泰国的很多宗教信仰在节日习俗中都有充分的体现。

（1）宋干节。"宋干"一词来自梵文，意思是"移位"，指的是太阳离开双鱼星座运行到白羊星座，时为每年公历的四月十三日到十五日。据说源于印度婆罗门教的一种仪式。这一天，人们都到河边洗浴、泼水、嬉戏、放生、堆沙塔，洗去一切污秽和邪恶，放生行善，堆沙塔以祈求佛祖保佑平安、五谷丰登。这一天还要行浴佛礼和滴水礼。浴佛礼即为佛像洒水洗尘。滴水礼是先由小辈和下级向长辈和上级行合十礼，之后往他们手中滴几滴纯净水，表示祝福；之后长辈或上级用滴过水的手抚摸滴水者的头，祝福他万事吉祥。宋干节还要举行美女游行，游行的队伍由舞蹈队、佛像彩车、乐队、美女车组成。美女车上坐着四五个身穿五彩民族服装的美丽少女。游行从周一到周日，要进行七天，每天换一套服装。她们的坐骑模型从周一到周日分别为虎、猪、驴、象、水牛、孔雀、金翅鸟。游行结束后，美女们进行选美活动。节日自始至终非常热闹。

（2）万佛节。节期是在每年泰历三月月圆之日，逢闰年改为泰历四月十五日。其来历据说是这一天佛教创始人释迦牟尼，于泰历三月十五日在摩揭陀国王的舍城竹林园大殿，向自动前来集会的1 250名罗汉首次宣传教义，故称其为四方具备的聚会。笃信小乘佛教的泰国佛教徒视该次集会为佛教创建之日，进行隆重纪念。泰国的佛教徒早在阿育陀耶王朝时期就开始纪念万佛节。节庆之日，泰国各地都举行隆重的纪念仪式，国王也亲自参加。清晨，人们带着鲜花、香烛、施舍品前往附近佛寺拜佛、焚香，点燃1 250支蜡烛，撒1 250朵茉莉花，在僧人的带领下，绕寺庙三周，然后进佛殿听讲佛经。人们通宵听经、巡烛、敬佛、礼佛之心十分虔诚。

（3）春耕节。也称"春耕仪式"，是泰国的传统节日之一。仪式由国王亲自主持，祭祀天神，祈求风调雨顺、五谷丰登。节日之期是在泰历六月，每年的具体日期由婆罗门法师占星而定，在元旦前公布。节日分两天进行。第一天在玉佛寺举行佛教的"吉谷仪式"。国王和王后向佛像和谷种膜拜，祈求赐福。春耕大臣向佛像敬献花环，11 名和尚念经祈祝。春耕大臣和春耕女跪向国王，国王向他们行滴水礼，表示祝福。第二天是在曼谷的王家田广场举行春耕礼。国王和王室成员及从全国各地赶来的民众都参加典礼。春耕大臣头戴白尖帽，先拜国王，然后拜佛陀及婆罗门诸神。婆罗门祭司将法水滴在他的手中，他将水抹在额上。之后，在一铜盆中摸布，如果布是长的，则预示干旱，短的预示多雨，中长的预示风调雨顺。在广场备有套好犁待耕的耕牛，婆罗门祭司把耕牛和驱牛棍交给春耕大臣。春耕大臣在仪仗队的陪同下在广场上赶牛三圈，由春耕女播种，法师洒水。春耕大臣再耕一圈，将牛卸下，让牛吃准备好的稻谷、玉米等七种食物；牛吃哪样，意味着哪样作物丰收。仪式结束后，人们分抢谷种，拿回去播种，祈求丰收。

（4）大象节。大象节主要是盛行在泰国西北部的素林府，节期是在每年十一月第三周的星期六和星期日。泰国是大象王国，大象节是极富民族特色的节日。节日中，人们身着盛装，载歌载舞，观看数百头大象表演各种节目，还可以骑象观光，享受这种特殊的乐趣。

3. 印度的岁时节庆民俗

印度是一个多民族、多宗教的国家，因此其民间的民族节日和宗教节日非常之多，据说有 500 多个节日，故人们称印度为"节日之国"。这些节日具有浓郁的民族和宗教文化的色彩，共同的主题就是"善胜邪恶"。全国性的节日往往十分隆重或热闹，深受广大人民的喜欢。印度信仰印度教的人最多，其节日也最多，规模也最大。

（1）难近母节。印历七月初一至初十，公历 9 月至 10 月。从 17 世纪形成，是印度西孟加拉邦印度教徒最重要的传统节日，也是全国性的节日之一。难近母是一位具有三重身份的女神，既是印度教三大主神之一的湿婆之妻，又是降魔女神，还是雪山神女的化身。她神勇无比，象征正义战胜邪恶。节日主要是庆祝她降临人世。节日为期 10 天，政府放假 4 天，民间庆祝活动往往长达半个月之久。节日的前 9 天，人们在街市搭起神棚，敬拜难近母的神像。第 10 天是送神日，人们拥簇神像举行盛大游行，然后将神像投入河中，庆祝活动达到高潮。其间各地举行各种音乐、舞蹈、戏剧的演出活动。在外地的游子们也纷纷赶回故乡与家人团聚。

（2）印度灯节。节期公历 10 月至 11 月。它是印度教四大节日之一，又称为"胜利节"，类似中国的元宵节。全国热烈庆祝五天，农村长达半个月。关于节日的起源，有一种传说是这一天财富女神下凡，目光所及之处，财富立刻降临，所以人们点灯以吸引女神的目光，表达了人们对美好生活的向往。另一种传说是黑天神战胜恶魔阿拉卡苏，将人们拯救出来，人们点灯庆祝。节日来临，人们穿上盛装，白天斋戒，晚间燃灯，向婆罗门及长者施舍食物，然后全家人享用佳肴。彻夜灯火通明，人们载歌载舞，欢庆节日。

（3）洒红节。节期是印历十二月十五日，公历 2 月至 3 月，它是印度教四大节日之一，也叫"霍利节"。类似中国春节，庆祝旧年结束、新年开始，故有印度教徒的春节之称。关于这一节日的起源，传说这一天古代暴君西让亚格西亚布要加害敬神爱民的王子，将其投入火中。但由于保护之神毗湿奴的保护，王子安然无恙地从火中走出；这时人们向他的身上泼洒溶有红粉的水，以表示敬意。后来神诛杀了暴君，善战胜恶。节日前夕，北印度人有点燃篝火进行庆祝的习俗，象征冬去春来，驱除邪恶。节日清晨，人们互相问好、拥抱，互洒红水，祝贺吉祥。

4. 巴基斯坦的岁时节庆民俗

巴基斯坦是一个多节日的国家，这里只介绍其民间的传统节日。

（1）巴胜特节。它是巴基斯坦传统的迎春节。"巴胜特"为梵文，意为"春天"。节期一般是在公历的二月上中旬之交的星期五。放风筝是节日的主要活动。节日当天，人们纷纷爬上屋顶，放飞各种各样的风筝，其中斗风筝最具情趣。人们想办法以自己的风筝绞住对方的风筝，以截断其线，抢去风筝为乐。晚间则彩灯璀璨、焰火腾空，人们跳起各种民间舞蹈，尽情欢乐。据说早在 16 世纪莫卧儿王朝时期，放风筝就已经成为巴胜特节的主要内容。大陆各地的王公贵族及风筝高手都云集于库苏尔，进行斗风筝。现在以拉哈尔的巴胜特节最为火热，欢乐的人们以千姿百态的风筝迎接春天的到来。

（2）努鲁兹节。"努鲁兹"为波斯语，意为"更新之日"，是伊朗和受伊朗文化影响国家的传统节日。节期是伊朗太阳历的元月一日。该日相当于公历的 3 月 21 日，正是春暖花开之时。努鲁兹节是在莫卧儿王朝时传入今巴基斯坦地区的。当时的皇宫、各清真寺都张灯结彩，象征春天的绿色旗帜处处飘扬。雄壮的戎装仪仗队列于各街道，人们成群结队前来观看。宫廷内举行各种游艺活动、宴会和宫廷集市，由皇帝发放赏赐。当今的巴基斯坦，努鲁兹节是帕西人即祆教徒的新年节日，也是他们的最大的节日。他们身着盛装，先从神庙中取水洗手，再在祭司的引导下，到圣火前祈祷、诵经。

在巴尔蒂斯坦地区，伊斯兰教的什叶派、努尔巴赫西亚派认为，这一天是穆罕默德任命他的侄儿阿里为录事的日子，也把它作为重要节日。这一天，人人都身穿盛装，家家都赞颂阿里，互相拜访，祝贺新年。现在由于巴基斯坦的国庆节（公历 3 月 23 日）与努鲁兹节连在一起，所以节日气氛变得更加热烈。

（3）全国牛马大会。巴基斯坦独立后，于 1952 年在拉合尔举办了一次大规模的牲畜评比和表演活动，以推动农牧业的发展。从 1959 年起，巴基斯坦政府每年都在拉合尔举行这种活动，这种活动成为全国牛马大会，由此而成为全国性的盛大节日，为期一周。每年的大会，国家元首或政府首脑都要出席，有时还会邀请外国领导人出席。大会上，农牧民穿着节日盛装，牵着他们精心饲养的各种牲畜来参加评比。评比中优胜者获奖杯、奖牌、奖金。在评比大会上，还有盛大的军乐演出、马术表演和各种具有民族特色的节目。总统卫队会作古代布阵表演，表演骑马越障、劈刺等各种高超的马术。在欢乐的鼓乐声中，马和骆驼表演各种动作，并踩着鼓乐摇摆起舞，博得人们的喝彩和掌声。晚上的火炬表演，队形变换多端，蜿蜒如龙，使一天的节庆气氛达到高潮。

除拉合尔的全国牛马大会外，其他各地也都有自己的牛马大会。从 19 世纪末起，英国殖民当局都在锡比举行大规模的牛马大会，意在挑选良好的军马。现在，巴基斯坦的牛马大会遍及全国各地，成为一个民族节日，这在世界各国的节日中也是颇具特色的。

六、欧洲各国的民俗

（一）婚姻民俗

1. 俄罗斯的婚姻民俗

根据传统的俄罗斯婚俗，男方的父母或媒人去女方家提亲。如果女方家长同意，就算是订婚。双方家长商妥后，开始筹备婚礼。新娘去参加婚礼前，要告别自己的闺房。如果亲人已经去世，就要去墓地向亲人的坟墓告别。还要举行与女友们告别的晚会，把辫子梳成两部分，意味着她将进入一个陌生的新环境，那里的生活对她来说是不容易的。

婚礼那天，新郎和朋友们一起来迎接新娘。准备两辆马车，一辆专载新人，另一辆车供女方亲属乘坐。车上要铺羊皮，雪白的羊毛象征着爱情纯真、婚姻美满。迎亲马车要避开大道抄小道，不走直路走弯路，为的是"甩掉魔鬼的跟踪"。在新娘家门口，一群少年会拦住迎亲队伍，索要"买路钱"。这时，主婚人要将糖果撒向人群。

新郎在新娘双亲陪同下进屋与新娘见面。新娘的父亲立即向门窗缝里敲入铁钉，"以防魔鬼窥视"。之后就是与亲人告别。新娘起身来到壁炉前，告别从小给她温暖和快乐的壁炉，然后向双亲告辞。母亲把大别针挂在女儿的衣裙上，让她带走娘家的智慧和财富。

新郎新娘到教堂举行婚礼，然后来到新郎家。一位身着民族服装的姑娘端着一个大圆面包和一小盅盐，迎上前来。两位新人各掰下一小块面包，蘸一点盐，敬献父母，感谢父母养育之恩。然后各自再掰下一块，塞进对方嘴里，表示夫妻恩爱。在喜庆宴席开始前，新郎还要表演一个节目：他走到院子里一堆圆木墩前，抡起斧头，一阵劈砍，圆木变成了一堆劈柴。围观的人们齐声喝彩："姑娘真有福气，找到一个会当家的好丈夫。"

院子里、屋内早已是宾客满座。男傧相举起酒杯，抿了一口："这酒好苦啊！"在众人异口同声地"苦啊！苦啊！"的喊声中，新郎新娘拥抱，交换"甜蜜"的吻。接着又会有人喊："苦啊！""苦啊！""苦啊！"新郎新娘就得不断地起立、接吻。

酒席散去，新人步入洞房。男方的亲属早已把一袋小麦和一桶饮料搬入洞房，象征着新人将会丰衣足食。一天或几天后，新婚夫妇和客人来到新娘家，丈母娘会宴请新女婿。

2. 英国的婚姻民俗

在英国，男方可先向女方表示爱慕之情，但在得到她的肯定后必须立即告知其父母。一旦双方感情成熟，便可宣布订婚。订婚时男方要买订婚戒指，戴在女子左手的中指上。

英国多数家庭是通过合法婚姻组成的，婚礼仪式大多也是在教堂举行。在仪式上，新郎穿着礼服，由男傧相陪同，站在圣坛前等候。新娘则身穿白色婚纱、头披白纱，伴随着《婚礼进行曲》的乐声，挽着她父亲的手臂，由女傧相（伴娘）引导着徐徐走向圣坛，身后有侍童殿后。新娘来到圣坛的前面，新郎站在她的右边，男傧相则站在新郎右边稍后的地方。新娘的左边是她的父亲（如父亲已故，可由哥哥、叔伯等男性长辈代替）。伴娘及侍童们则站在这对新人的后面。举行仪式时，牧师先问："是谁把这个女人嫁人？"新娘的父亲答"是我"，之后便在就近的座位上坐下。然后牧师问男女双方是否愿意结为夫妻，一直到死永不分离。两人分别回答"是"。之后新郎给新娘戴上戒指。牧师祷告说过"阿门"后，新婚夫妇由至亲及主要宾客陪同进入祈祷室，签署登记簿。礼毕，新娘挽着新郎的右臂，伴着《婚礼进行曲》步出教堂。此时，亲友向他们抛撒米粒或彩纸屑，以示祝福。

婚礼后通常要举行新婚招待会，内容可繁可简，但一个大蛋糕总是不可缺少的。第一块蛋糕要由新娘切下。招待会接近尾声时，新人先离席，回房间换上旅行装，然后再出来向客人及亲友们告别，开始蜜月旅行。度蜜月是英国各地青年结婚的重要内容之一。他们把积蓄下来的钱用于旅游，而结婚后去旅游便称作"度蜜月"。这原是古代的习俗。按英国传统习俗，新婚之时要饮用一种用蜂蜜特制的饮料，用来象征家庭美满、爱情甜蜜和生活幸福。这种饮料从结婚开始要喝30天，因此就把新婚第一个月称作"蜜月"。

英国人对结婚纪念日比较重视，并逢五逢十地分别取了名字。其中最为重要的有："银婚"（结婚25周年）、"金婚"（结婚50周年）和"钻石婚"（结婚75周年）。

3. 法国的婚姻民俗

按照法国的婚姻习俗，婚礼一般要举行两次。在巴黎，如果在星期二、星期四和星期六上午举行婚礼，是免费的；其他时间举行婚礼则需要交一些费用，以用于当地的慈善事业。市政府办事机构会向新郎新娘提供可用场所的名单，以供选择。

世俗婚礼一般在婚礼弥撒之前举行，或在婚礼弥撒前一两天举行。除新郎新娘外，世俗婚礼上只有双方父母、至亲和证婚人。证婚人一般由新郎新娘各选出两个人来担任，不过现在一般一对新婚夫妇双方各选一位证婚人。证婚人可由新郎新娘的亲戚担任，好朋友、直接上级、重要人物，或者是新郎新娘的叔伯、兄弟或姐妹都可以担任证婚人。被选作证婚人是很难推辞这份荣誉的，不过可以不参加婚宴和迎宾。举行婚礼时，证婚人应该送一份比一般客人更贵重的礼物。按礼仪规则，证婚人应在新郎新娘之前赶到市政府相关部门，让新郎新娘等候是很失礼的。证婚人站在新郎新娘后面。仪式结束后，新郎要给市政府有关工作人员

一些钱，表示谢意。

举行完世俗婚礼后，再到教堂里举行一次宗教婚礼。对于真正虔诚的天主教徒来说，已被市长称为"夫人"的新娘要在宗教仪式后才配得上这个称号，此前都应称新娘为"小姐"。市政府、教堂的仪式结束后，新郎新娘和迎亲者进入教堂结婚登记室，新郎新娘在结婚证上签字，并接受亲友的祝福。

举行婚礼前，新郎要在众人的陪同下去新娘家迎接新娘。迎亲的队伍有时人很多，游行时不能喧闹张扬，也不能指指点点，更不能故意拥挤打闹。迎亲游行应尽量选择短途。由于忙于婚礼，新郎新娘和双方父母都很累，所以礼仪上要求祝福的话语及方式尽量简洁。握握手，说声"衷心的祝福""恭喜恭喜"等祝贺语，或者加上一句如"真漂亮，你真是美极了"的赞语。除了新娘的亲朋好友外，一般客人是不能亲吻新娘的，新郎新娘在其他不认识的客人面前，只需微笑着点头即可。

4. 德国的婚姻民俗

德国是以信奉基督教为主的国家。每对结婚的男女青年基本要经历所谓的婚姻"三部曲"，即先去结婚登记处办理登记，然后上教堂举行婚礼，最后是庆贺婚礼或新婚蜜月。不过，一些乡村至今还保留着传统的独特婚俗。

男女青年确定婚姻关系以后，一般都要举行订婚仪式，告知双方的亲朋好友。订婚时，男女双方交换订婚戒指，并相互给对方戴在左手中指上。待结婚时再换到右手无名指上。订婚后，双方商定日期到结婚登记处登记，即成为合法夫妻。德国人结婚一般都上教堂举行婚礼，这被认为是美满婚姻的开始。

教堂婚礼比较隆重，新娘身穿白色婚纱礼服，手捧鲜花，新郎则身穿深色西服，接受神父或牧师的祝福，并互换戒指。婚礼开始时，新郎站在圣坛前等候新娘，新娘则挽着父亲（或哥哥、叔叔）的手臂，在《婚礼进行曲》的伴奏下缓缓走近新郎，两人并排站立，行礼如仪。婚礼结束后，一般还要举行新婚宴会，可以是冷餐会或较丰盛的茶会，有的还举行婚礼舞会招待亲朋好友。

德国还有一种奇特的庆婚、闹婚方式，已经有几百年的历史了。在结婚前一天的晚上，前来祝贺的亲朋好友要在新房门前拿出陶瓷器皿往地上摔。据说陶瓷制品的碎裂声可以吓跑鬼怪，带来幸福，幸福会像地上的碎片那样无穷无尽。但绝对不能摔玻璃器皿，因为德国有句俗语："幸福如玻璃。"如玻璃器皿碎了，就等于幸福被破坏了，是不吉利的。

另外，在德国的黑森林地区，新婚夫妇在举行完教堂婚礼后，还要在教堂门前举行一次独具匠心的"婚礼"，它的内容就是锯树墩。一个又粗又大直径半米左右的树墩摆放在教堂广场正中，新婚夫妇要用一把双人拉锯一口气把树锯断，然后共饮一杯贺酒。这一锯树习俗表示新婚夫妇愿同甘共苦、齐心协力地共建家园。

5. 西班牙的婚姻民俗

西班牙人的婚姻习俗是多姿多彩的。在卡斯蒂利亚、莱昂等地区的农村有一种民间组织叫作"青年协会"。若发现有异乡人向本村姑娘求爱，协会成员便会密切注意。如果异乡人与姑娘相爱了，他们便在晚间加强巡逻，并按"规定"向异乡小伙子"征税"，"税金"通常用钱币或葡萄酒来代替。每逢喜事来临，协会会负责聘请乐队，安排活动日程。婚礼那天，会员们得先轮流与新娘跳舞。

在安达卢西亚，小伙子向姑娘求婚，必须表现出十分的真诚。他们经常在夜间来到姑娘家窗前，隔着栅栏向心上人吐露衷情，有时一直待到深夜才离去，就这样锲而不舍，直到把心爱的姑娘追求到手。

西班牙农村有一种奇特的"闹新房"形式，对象是再婚的鳏夫。在其新婚之夜，村民们由青年人带头，用罐头、铁锅、颈铃等作乐器，向他献上一台噪声震天的音乐会，用这种特殊的形式祝福他再婚幸福。

（二）丧葬民俗

1. 俄罗斯的丧葬民俗

按照俄罗斯传统习俗，死者无论男女老幼，均内衬白衣，外套穿戴整齐，停放室内。头向墙角有圣像的地方，脚朝着门，旁边点燃蜡烛。长者念诵例行的祭词。按照传统习俗，一般在人死后的第三天举行葬礼，其原因据说是耶稣死后过了三天才下葬。出殡时，亲友鱼贯而行向死者告别，然后将尸体入棺，送墓地埋葬。埋法也有所讲究：将棺材在墓穴底部用松木垫起 20 cm 高，棺材周围竖立 4 根木柱，上面架起 4 根横梁，梁上盖木板，再铺桦树皮（耐久不易腐烂），然后填土。下葬时，死者头朝西、脚朝东，脚前立十字架。

俄罗斯虽有火葬，但土葬仍是主要的丧葬方式。在农村，每个村庄都有一片或几片墓地，每个坟墓前都竖立着墓碑，上面刻着死者的姓名、出生日期和逝世日期。墓地用木栅栏围住，周围通常有树林和草地。在每个城市，一般都有几处公墓。除了存放棺枢的坟墓以外，也有人把骨灰盒放在墙上的格子里，并贴上一张死者的照片。

去世后第 9 天、第 40 天及一周年忌日，死者的亲属和好友要聚在一起。因为俄罗斯人认为，在去世后第 9 天，死者的灵魂仍在家里萦绕；到了死后第 40 天，灵魂即将到上帝面前排队听候安排。由此可知，第 9 天亲友们与死者的灵魂再次相聚，第 40 天则为死者的灵魂做最后送行。一周年的忌日就纯属纪念了。

复活节是俄罗斯人扫墓的日子。清晨，人们先来到教堂祈祷，然后前往墓地。他们把坟墓周围的枯枝腐叶清理干净，装入纸袋，放到路边，以便卡车运走。前来扫墓的人，全家人要围着墓地边吃边聊。人们认为，死去的亲人会在复活节这天复生，来参加家庭团聚，一同吃喝。他们在坟墓边上摆上吃的：1～3 个煮熟的红鸡蛋、专为复活节而生产的圆柱形大甜面包、糕点和水果等食品。这是特意为死者准备的，让他们的灵魂与亲人共享团聚共餐的快乐。

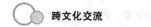

2. 英国的丧葬民俗

过去英国人有大操大办丧事的习俗，上了年纪的人希望死后有一个像样的丧礼。随着时间的推移和社会风气的变化，英国的丧葬礼仪越来越趋于简单化，很少人主张大操大办，认为应当在孤独与肃静中寄托哀思、怀念故人。

英国人家中如不幸有人去世，家人便在报上登一则小启事，说明某人的丧礼将于何月何时在某教堂举行。死者的亲朋好友得知死讯后，届时如无特别之事必须前往参加，但不能马上登门致哀，应立即写封短信或在自己名片上写上"深表悼念"的字样，亲自送给死者最亲近的人（妻子、丈夫、母亲、父亲等），以表示对死者最后的敬意和对其家属的慰问。除特殊情况外，亲友们应尽量前往参加葬礼。丧事的礼物只能送鲜花或花圈。

丧礼一般分为两部分，前半部分在教堂内举行，由牧师主持追思礼拜。到者按照事先安排的节目，唱赞诗、奏哀乐、祷告。丧礼的后半部分是葬礼，在墓地举行。英国的习惯是，葬礼只有死者的家属、最近的亲戚和最亲密的朋友参加。一般英国人的葬制以土葬为主，死者头朝东方，表示迎接日出与复活之意，少数人也举行火葬。参加丧礼的人，无论男女都穿黑色或颜色暗淡的服装，男子系无花黑领带。另外，要保持肃穆，不可大声言谈。

葬礼过后，丧家还有一个服丧期。新寡的妇女在两三个星期内不见客人，除非是最亲的亲友；六个月内不外出拜访；一年之内除音乐会、剧院及挚友的小型宴会外，不参加任何舞会、大型宴会或场面热闹的应酬活动。她穿的衣服也要以素雅的颜色为主。对丧偶的男子则要求在一定时期内穿着严肃、规矩，在头两个月内避免花天酒地式的交际活动。

英国礼仪在这方面本无一定之规，近些年来对此要求也越来越不严格。

3. 德国的丧葬民俗

在德国，葬礼一般都在教堂举行。家里如果有人去世，先要与教堂商定举丧日期，并要用适当的方式通知亲友。此外，尸体要用清水洗净。他们认为水有着无限的神力，它能净化人的躯体、心灵和灵魂，并能祛邪镇妖。人降临尘世要洗礼，离开尘世也要洗尸，洗刷尘世间的一切罪孽。

在教堂举行葬礼的这一天，亲朋好友手持鲜花或花圈陆续来到教堂。首先由牧师或神甫主持追思礼拜，参加葬礼者按事先的安排唱圣诗赞诗，奏哀乐，祷告，宣读由丧家提供的死者生平。教堂葬礼只是整个葬礼的前半部分，后半部分是在墓地举行，只有死者的家属、近亲和亲密的朋友参加，一般好友在参加完教堂葬礼后即可离去，不必去墓地。

葬礼多以土葬为主，亲朋目送灵柩在事先指定好的墓穴中安葬。人们围绕在墓穴周围，为死者祷告，愿他安息，灵魂升入天堂。在德国，如果应邀参加亲友家的葬礼，唯一可送的礼物就是鲜花。可送成束的鲜花，也可送用鲜花做成的花圈（德国人不用纸花做花圈）。在鲜花的饰带上要写上死者、吊唁者的名字及"安息吧""永别了"之类的题词。

在德国，出席葬礼需要注意的一点是尽可能穿黑色的衣服，男子要系黑色无花图案的领带，如果没有黑衣服就穿颜色暗淡、深沉的衣服。同时，在葬礼上要保持肃穆、安静，切不可大声谈笑，否则就是对丧家的不尊重，也显得自己缺乏教养。与人们肃穆的神情和暗淡的服装相反，德国的墓地是万紫千红、鲜花盛开的，它寓示着死者的灵魂到了最美好的天堂。

葬礼过后，丧家还有一个丧期。作为一名新寡的妇女，如果在丧期内就打扮得花枝招展，频繁参加应酬，会招来非议。一般要求新寡的妇女所穿的衣服要以素雅的颜色为主，除小型聚会外不能参加舞会、宴会及场面热闹的大型应酬。她也不能参加喜庆的聚会，应该以一段宁静的生活度过丧期。对丧偶的男子要求不如对寡妇那么严格，但也要求他在一定时期内穿着要规矩些，避免花天酒地的交际。

4. 法国的丧葬民俗

按法国人的传统习俗，在人临终时，要尽量避免孩子在场。亲人去世是一件十分痛苦的事，有可能给孩子幼小的心灵造成不好的影响。死者最亲的人要守在身边，为其抚合双眼，让死者放心地离去。

得知亲戚或朋友去世，一般都要前往死者家中悼唁。悼唁时应以简短的语言，表达对死者的赞辞和自己的悲痛之情，不宜哭出声，不宜询问死者得的什么病，或去世时的情景等。如果到死者遗体前送别，进房时动作要轻，不要讲话。离开时还应面对遗体，在胸前画十字。不能和站在遗体旁边的守灵者握手，只对之点点头即可。

如果讣告中已注明"不收鲜花及花圈"，就不要送鲜花和花圈；不过在死者床边放上一小束花还是可以的。一般情况下，死者的朋友、上级、合作者等相关人士都应在葬礼前向死者送花或花圈，并在鲜花或花圈中放上自己的名片。

在乡村，送葬时大家全都送到墓地；在城市，则只由亲属和生前挚友送到墓地，从墓地回来，送葬的人们回到死者家，一起吃一顿事先准备好的便饭，也有的是去事先在餐馆订好的包间就餐。在丧宴上的谈吐要很谨慎，不要老是提及死者，可以谈论一些与此无关的事情，以免加重死者亲人的悲痛心情。

（三）岁时节庆民俗

欧洲各国的节日名目繁多，大致分为三类：一是国家节日，包括国际性节日、国内政治性节日、行业性节日；二是民间传统节日，其中有的与农耕生产活动有关，有的与宗教和习俗有关，不过，昔日的宗教节日现在对许多人来说，已失去了原有的宗教意义，而只是一种民间传统，届时人们举行各种庆祝活动或娱乐活动；三是地区性节日，包括一些少数民族所特有的节日，这些节日与该地区、该民族的日常生活紧密相连。各种节日相互渗透、相互补充，形成丰富多彩的节日习俗，其中许多习俗在欧洲各国大同小异。但值得注意的是，各国又不乏独具本国特色的节日习俗。

1. 俄罗斯的岁时节庆民俗

俄罗斯的节日五彩缤纷，较为重要的节日有国庆节、劳动节、新年、圣诞节、复活节、莫斯科日、斯拉夫文字和文化节、谢肉节、知识节、大学生节、祖国保卫日、和谐和解日等，其中如新年、圣诞节、复活节、谢肉节、劳动节、国庆节等都是欧美国家所共有的节日。在俄罗斯，为很多欧洲国家所重视的新年和谢肉节也被视为非常重要的节日。

（1）新年。新年对于欧洲各国来说是非常重要的节日。当然，俄罗斯也不例外，在俄罗斯人心目中，新年是最传统的佳节。俄罗斯人对新年的庆祝方式与其他国家有相似之处，但也有自己的特色。公元1699年，彼得大帝颁布命令，改新年为旧历1月1日（公历1月14日）。十月革命后，苏联采用了国际通用历法。这样，新年（公历1月1日）既和旧历新年相近，又恰逢民间传统节日圣诞节。新年、旧历新年、圣诞节的活动交织在一起，更显得喜庆热闹。新年到来前，人们就开始忙碌，沉浸在节日的欢乐气氛之中，家家户户都要打扫卫生，采购精美食品，装饰新年枞树。没有枞树，新年就不称其为新年。走在大街上，到处都是五光十色的圣诞树，树上挂着各种饰物，有彩带、彩灯、小礼物等。新年期间举办"城市之夜"活动已成为许多城市的传统，在城市中心广场安放大型新年枞树，并组织群众性的庆祝活动。除夕夜，许多地方还燃放烟花或烧起篝火。当电视台、电台播放的克里姆林宫的自鸣钟响过12声时，播音员就会向全国人民祝贺新年。此时，所有的人都停止了一切活动，高呼"乌拉"，同时相互祝贺，并入席畅饮。饭后，人们围坐在一起观看电视台准备的专门节目，或者举行跳舞、唱歌等各种娱乐活动。有的年轻人甚至上街娱乐，直至次日黎明。俄罗斯的传统说法是，新年过得不愉快的人要倒霉一年。因此，大家尽兴地玩个通宵。孩子们除了游艺活动之外，还可以得到一份礼物。人们还有互寄贺信或贺卡、发新年贺电、互打电话祝贺新年的习惯，同住一地的亲朋好友则往往相互访问、互赠礼品。

（2）谢肉节。这是斯拉夫民族古老的传统农业节日，是俄罗斯一年中最热闹的节日之一，亦称"送冬节""狂欢节"或"太阳节"。在中古世纪，人们在乍暖还寒之时，要举行祭祀仪式，用煎烤得色泽金黄的圆形小薄饼（太阳、幸福和富足的象征）祭祀太阳，祈盼春天早日到来、风调雨顺、人畜两旺，故有"送冬节"之称。后来，东正教把这一节日定为宗教节日，定在每年的二月底三月初举行，为期一周。谢肉节在封斋节之前举行，人们趁封斋期尚未开始之前举行欢宴，进行狂欢。这就是"谢肉节"或"狂欢节"的来历。

在俄罗斯，"谢肉节"的节期为七天，名称不一：第一天——迎春日；第二天——始欢日；第三天——大宴狂欢日；第四天——拳赛日；第五天——岳母晚会日；第六天——小姑子聚会日；第七天——送别日。

节日期间，人们一定要吃象征太阳的春饼，以此来欢庆太阳的"复苏"。有的地方把烙制的第一张春饼放在风窗上祭祖；有的地方则把第一张春饼放在田地里，祈求太阳尽快地使大地解冻。除宴饮外，人们还举行各种娱乐活动，如滑雪、乘雪橇、跳假面舞、拳赛及其他各种群众游艺活动。其中乘三套车兜风是人们最喜爱的一个项目。即把三匹骏马同时套在一辆车或雪橇上，套法特殊，状似一把打开的扇子，主马在中间驾辕，另两匹马一左一右。马披上彩带，雪橇或雪车铺上厚毯子，装饰华丽。中间的马小跑，两边的马大跑，铃铛清脆，马蹄嗒嗒，使人们沉浸于欢快的气氛之中。

"送别日"是俄罗斯各地居民同庆的日子。在俄罗斯的农村，年轻人要在送别日这天用爬犁或雪橇装满木头、禾草，穿过村子把它们运送到村外，堆放在地头或空地上，然后点燃。人们在火花闪耀中放声歌唱，以示迎春。青年们还围着篝火，争抢已燃着的木头，一块接一块地向上抛起，或掷到四周野地。同时，把穿着妇女或男人服装的、象征"谢肉节"的稻草人扔进火堆中烧掉，送别的人要向稻草人鞠躬、假哭，欢唱送冬迎春的歌曲。由此可见，俄罗斯的"谢肉节"反映了人们渴望丰收、追求幸福的美好愿望。

2. 英国的岁时节庆民俗

英国的主要节日除了欧洲国家所共有的节日之外，还有五朔节、圣大卫节、圣帕特里克节、大学竞舟节、莎翁纪念日、北爱尔兰的"奥兰治节"、威尔士赛诗节、苏格兰艺术节、休战纪念日等。在众多节日中，复活节、五朔节和情人节较具英国特色。

（1）复活节。复活节是一些欧洲国家所共有的节日，也是比较重大的节日，是基督教为纪念耶稣被钉在十字架死后第三日"复活"而设的节日。日期不固定，每年3月21日起第一次满月后的第一个星期日即为"复活节"，如果星期日正值月圆就顺延至下一个星期日。

同其他一些欧洲国家一样，英国也有复活节，但英国人过复活节有自己的特色。在英国，复活节这一天要举行宗教仪式，信奉英国国教的人要到教堂去做礼拜，领取"圣餐"——一块火柴盒大小的面包，蘸上点红葡萄酒，作为纪念耶稣和坚定信念的一种方式。根据传统，人们在复活节要吃彩蛋，这象征着春天的来临和新生命的诞生。教堂、学校或家庭在这一天把煮熟的鸡蛋藏进树穴、草丛或山石后面，邀请前来聚会的孩子们四处寻找。亲友们在节日期间赠送的礼物主要也是鸡蛋。滚彩蛋是传统的复活节消遣的游戏，如今在英格兰北部、苏格兰、阿尔斯特、马恩岛和瑞士仍很流行。这种游戏通常是在复活节进行。人们把煮好的鸡蛋染成五颜六色，从坡上滚下，直到打破，再由主人吃掉。在一些地方，这是一个竞赛项目，谁的蛋最后打破，谁就是优胜者。但这项游戏的乐趣并不在于结果的输赢上，而是在于滚和吃的过程中。这显然是一种比较古老的习俗，因为滚彩蛋本来就不能决出胜负。

（2）五朔节。5月1日是英国传统的五朔节，它是庆祝春天来临的节日。在罗马时代五朔节即已存在，它起源于新石器时代，大约公元前1世纪随比尔格人传入英国。5月1日在英国的祖先凯尔特人的历法中是夏季的第一天，它原是春末祭祀"花果女神"的日子。当寒冬过后，古代的英国人要在这一天庆祝太阳又普照大地，并祈求风调雨顺、五谷丰登。

在英国，五朔节的传统活动是五月柱活动。那时人们用老牛拉绳，在村庄的草地上竖起高高的"五月柱"，上面饰有象征生命与丰收的绿叶。青年们围绕"五月柱"翩翩起舞。姑娘们一早采撷花朵，收集朝露，用露水洗脸，用花编成大花环，抬到街上游行。如今，在英国有些村庄的"五月柱"用挺拔的树干做成，上面漆成五颜六色，顶上挂着花环，花环上拴着长长的彩带。节日里，孩子们手持彩带，围着柱子跳舞。

五朔节期间，英国各地举行游园会，欢庆在漫长的寒冬之后阳光又会普照大地，万物开始生长，并期望在这一年获得好收成。五朔节的一项重要活动就是在游园会上选出最佳美女，称为"五月王后"，作为春天的象征。当选的"五月王后"通常头戴花环，由游行队伍簇拥着乘车穿街走巷，热闹非凡。

（3）情人节。每年的公历 2 月 14 号是西方的情人节，在英国也叫"圣瓦伦丁节"。关于情人节的来历，说法很多。其中流传最广的一种说法是，情人节来源于古罗马的牧神节。据说鸟类在这一天开始交配。在牧神节期间，每个青年男子从一只盒子里抽签，盒子里放的是写有青年女子姓名的条子。抽到谁，谁就成为那个青年男子的情人。后来这个节日改为纪念一位名叫圣瓦伦丁的基督教圣徒。

古罗马青年基督教传教士圣瓦伦丁冒险传播基督教教义，后被捕入狱，他在狱中感动了老狱吏和他双目失明的女儿，得到了他们的悉心照料。临刑前圣瓦伦丁给姑娘写了一封信，表明了对姑娘的深情。在他被处死的当天，盲女在他墓前种了一棵开红花的杏树，以寄托自己的情思，这一天就是 2 月 14 日。这是情人节的来历之一。

在英国，青年男女在情人节这天互赠礼品，现改为互寄"情人卡"。这种卡片只有收信人的名字，并无寄信人的落款，但他多半会在收信人的意料之中。信中言辞大多表达爱情的心声。有的则通过赠送一枝红玫瑰来表达情人之间的感情，男孩将一枝半开的红玫瑰作为送给女孩的情人节最佳礼物，而姑娘则以一盒心形巧克力作为回赠的礼物。现在，这一节日已经成为全世界各国有情人的节日，只不过人们又赋予它更多新的含义罢了。

3. 德国的岁时节庆民俗

在德国，较有特色的节日主要有慕尼黑啤酒节，斯图亚特感恩节，巴伐利亚民间服饰节，施特劳宾地区的高博登节、花节、高山放牧返厩节、兰茨胡特婚礼节和埃施韦格水井节、射手节等，其中以慕尼黑啤酒节、兰茨胡特婚礼节和埃施韦格水井节等地方性节日最具特色。

（1）慕尼黑啤酒节。德国除了许多大大小小的宗教节日外，还有数不清的民间节日，慕尼黑啤酒节便是规模最大的民间节日之一。慕尼黑啤酒节每年举办一次，也称"十月节"，从 9 月的倒数第二个星期六至 10 月的第一个星期日，历时 16 天。慕尼黑啤酒节起源于 1810 年，当时是为庆贺巴伐利亚亲王成婚而举行的活动。1810 年 10 月，巴伐利亚王太子路德维希，即后来的路德维希一世国王与来自萨克森的特蕾泽公主举行了盛大婚礼。婚礼的庆祝活动在慕尼黑全城持续了整整 5 天，高潮是 10 月 12 日在当时城门外的空地上举行的全民庆典，国王一家亲临观看由市民组织的骑马比赛。巴伐利亚各地儿童身穿节日服装，手捧鲜花，携带农产品列队向王室致敬。庆典结束后，这一空地被命名为"特蕾泽广场"，而赛马活动也在每年的同一时间在此举办。每年赛马后的次日,大家尽情畅饮慕尼黑啤酒。这个风俗沿袭下来,便是慕尼黑十月啤酒节的由来。

德国的十月是大麦和啤酒花丰收的季节,人们欢聚在一起,以表达内心的喜悦。啤酒节有一系列的传统活动要在特蕾泽广场举行。节日前广场上搭起 8 座顶高 20 米的特大帐篷,每座帐篷可容纳数千人。在每年 9 月倒数第二个周六的正午 12 时,12 响礼炮轰鸣。按照传统,慕尼黑市市长要在一座大帐篷里用一把大槌,将一只铜制的啤酒龙头打入一个容量为 200 公升的木制啤酒桶内,然后拧开龙头,把桶内流出的第一杯啤酒敬献给巴伐利亚的州长,然后举起第二杯啤酒与参加盛会的成千上万名游客一起开怀畅饮。欢庆活动持续到十月的第一个星期日,那天深夜 11 时,广场不再售酒,半小时后灯光熄灭,一年一度的啤酒节便宣告结束了。啤酒节期间除畅饮啤酒外,还举行一系列丰富多彩的娱乐活动,如游戏、演出、音乐会等,给节日增添了喜庆气氛。人们以各种欢乐的形式喜庆丰收。这一传统节日一直延续至今,如今它已成为一个世界闻名的节日。

(2)兰茨胡特婚礼节。德国有很多地方性民俗节日,独具特色。值得一提的是兰茨胡特婚礼节。兰茨胡特是巴伐利亚的一座历史名城。1475 年,来自波兰的黑德维希公主与兰茨胡特公爵第三子格奥尔格在这里举行婚礼。这场婚礼场面之引人入胜就像一场轻歌剧,传说婚礼前后持续了 23 天,耗费之巨堪称"欧洲之最"。兰茨胡特市政厅的大厅里至今还保留着这一壮观场面的壁画。为纪念这一历史事件,兰茨胡特人每隔四年的七月初都要举行隆重的纪念活动。人们身穿华丽典雅的服饰,从头至尾再现这一壮观的历史场面。届时全城出动,熙熙攘攘,一派热闹非凡的景象。对历史的纪念是为了今天更美好的生活。婚礼节启迪人们更加珍爱婚姻,珍爱家庭,珍爱永不衰退的爱情。

(3)埃施韦格水井节。埃施韦格水井节也是德国的一个地方性的民俗节日。埃施韦格是坐落在韦拉河谷的一座古城,6 月 24 日是该城的水井节,这一节日距今已有 500 多年的历史。节日持续三天,期间整个城市都沉浸在节日的欢乐气氛中,节日在铿锵有力的铜管乐和威武的骑兵队的马蹄声中拉开序幕,紧随其后的是盛况空前的群众性的庆祝活动。年轻的小伙子身穿中古时代的服饰,骑在高大的骏马之上,扮成威武的古骑士。姑娘们则身穿美丽的纱裙,翩翩起舞。民间舞蹈队、杂耍队表演精彩的节目,为古城增添了喜庆的节日气氛。在节日期间,外地游客如潮水般涌来,在饱赏浓郁的民情山景的同时,还可遍尝山乡美酒佳肴。节日的最后一天则是孩子们的天地,纯真的孩童欢聚在韦拉河的小岛上,通宵达旦地尽情嬉戏取乐。

4. 法国的岁时节庆民俗

在法国的众多节日中,圣诞节较为人们所重视,而达拉斯克龙节则独具地方特色。

(1)圣诞节。圣诞节是全世界基督教国家纪念耶稣诞辰的宗教传统节日,在每年 12 月 25 日举行。据说在公元 336 年,罗马在 12 月 25 日纪念太阳神诞辰,罗马教皇为了排斥异教的祭祀活动，正式宣布这一天为耶稣诞辰日。这个节日最早是在罗马城内举行，随着基督教的传播而传到世界各地。后来，它不仅是宗教节日，而且也成为民间节日。

法国和其他基督教国家一样，把圣诞节视为最重大的宗教节日之一，庆祝活动与其他国家大体相同，但又独具特色。从11月底开始，街头巷尾、店铺橱窗便呈现出一派节日气氛。节日前夕，亲朋好友之间还要互相寄赠圣诞贺卡，以表达节日的祝福和问候。

要说圣诞节最为快乐的，还是孩子们。12月24日晚上被称为"平安夜"，到了晚上11点左右，天真的孩子们满怀希望地将新袜子放到壁炉前，然后围坐在圣诞树的周围，等待着"圣诞老人"将礼物放到袜子里或是圣诞树下。有些地区的风俗则是孩子们将鞋子放在门口，等待"圣婴"来时把礼物放在鞋里。在阿尔萨斯地区，传说圣诞节那天有两位老人出现：一位是圣·尼古拉，专给表现好的孩子发放礼品；另一位则是专门责打坏孩子的老人。

圣诞节虽然是宗教节日，但目前在法国已逐渐社会化、民俗化了，真正的宗教活动所剩无几。其中一项至今仍为全体教徒所遵守的仪式，那就是圣诞前夜的子时弥撒。12月24日晚上，从城市到乡村，遍布法国的大小教堂都装饰一新，香烟袅袅，所有教徒都要到教堂参加子时弥撒，上至总统，下至平民。午夜子时（12点），大小教堂钟声齐鸣，以贺"圣子"的诞生。在法国，圣诞节当天，人们阖家团聚，共进节日盛餐。法国的圣诞节晚餐也很有特色，通常包括烤鹅、烤火鸡、香肠、蛋糕，等等，当然香槟酒是无论如何也不可缺少的。可见，法国人对圣诞节是非常重视的。

（2）达拉斯克龙节。法国的地方性节日很多，其中以达拉斯克龙节最具特色。位于罗尼河畔的达拉斯克每年6月底都要举行"达拉斯克龙节"。该节的来历是根据这样一个传说：公元初，达拉斯克附近的岩洞中栖居着一种人们称之为"达拉斯克龙"的怪兽，这怪兽长期骚扰当地居民，后被《圣经》中的圣女马尔泰制服，从此达拉斯克人便皈依基督教。1465年，在达拉斯克的宗教典礼中，第一次出现了达拉斯克龙的模拟像，从此便一年一度地游遍达拉斯克大街。该节由市政府资助并筹备，从礼拜五到礼拜一，为期四天。这个节日的活动有自行车赛、马赛、小母牛赛、滚球赛，以及焰火、舞会和盛大的宴会。节日的高潮是礼拜天，这天要举行带有浓重民间色彩的盛大游行。上午是仿照法国著名作家都德的小说《达拉斯贡城的达达兰》的情节，进行好汉达达兰从非洲重归达拉斯贡的表演。下午从3时许，一支由达达兰、达拉斯克龙及大约20个民间乐队组成的队伍开始举行游行。队伍经由主要街道穿过城市，大约一个半小时以后，队伍会在市竞技场解散。之后，各种新的、由各行各业人士组成的游行队伍又相继出现，在游行中表演一些捉弄人的游戏：农民用绳子将观众绊倒，叫作"绊绳游戏"；给观众灌酒，叫作"酒壶游戏"；脚夫扛大桶，醉汉似的踉踉跄跄，挤撞着观众，叫作"醉汉游戏"；水手们把观众淋得透湿，叫作"鲟鱼游戏"；牧羊人用松油将观众弄脏；脚夫则用他们的保护神圣·克里斯托夫的荨麻扫帚抽打观众。各种游戏和游行队伍接连不断，一直要热闹到下午7时左右。

七、美洲各国的民俗

（一）婚姻民俗

1. 美国的婚姻民俗

美国是一个多民族、多宗教信仰的国家，其婚姻风俗也千差万别。但大多数人基本上还是按照基督教的教规举行传统的婚礼。

在举行婚礼前要先订婚，然后发请帖给亲朋好友。当一切准备就绪，就到了最激动人心的时刻了。婚礼在教堂举行。婚礼仪式通常进行 20～40 分钟。参加婚礼的人伴着《婚礼进行曲》进入教堂。新娘手持一束鲜花和她的父亲最后进来，父亲要把她交给新郎。而新郎要从侧门进入教堂。当一行人聚集到教堂的圣坛前时，在牧师的主持下，新娘和新郎互相表达誓言。常用的结婚誓言是："从今以后，不论境遇好坏、家境贫富、生病与否，誓要相亲相爱，至死不分离。"宣誓过后，二人交换戒指。通常把戒指戴在对方左手无名指上，这是一个古老的风俗。

结婚仪式之后，新郎新娘乘坐汽车离开教堂，汽车上装饰有气球、彩色纸带之类的东西。"新婚宴尔"几个字常写在汽车后面的行李箱上或后玻璃窗上。新娘新郎从参加婚礼的客人撒下的雨点般的生大米中跑向汽车。小两口儿开车离开教堂时，朋友们常常开车追赶他们，不停地按喇叭，以引起他们注意。按照习俗，在婚礼之后，通常会举行宴会，叫作"喜宴"。宴会上参加婚礼的人会向新婚夫妇表示祝贺。婚礼的一切程序结束后，小两口儿就可以去度蜜月了。

美国是一个很开放的国家，不反对个性化。如今，有些年轻人选择自己喜欢的独特的婚礼仪式，他们双双来到公园里、森林中、海滩边、山顶上，尽情享受大自然之美。在那里，他们自己谱写婚礼乐曲，朗诵自己所喜爱的诗句，互诉衷情。有的光着脚爬到高山上举行婚礼，有的举行马拉松赛跑婚礼，还有的带着氧气瓶潜到大海里举行婚礼。他们以最新奇、最有特色的方式谱写自己人生中最有纪念意义的幸福篇章。

2. 加拿大的婚姻民俗

加拿大多数居民为欧洲移民后裔，其生活习俗与欧洲及美国人大致相同，但加拿大也有自己的传统习惯和风俗，在婚俗上也是如此。加拿大青年男女喜欢在五月到九月这段时间举行婚礼，尤其爱在七月份喜结良缘，而且婚礼仪式多选在星期六这一天。在这期间，每逢周末，加拿大城乡教堂会从早到晚传出悦耳的《婚礼进行曲》，新郎新娘乘坐的彩车队徐徐行驶，围观的人们报以热烈的掌声和欢笑声，相遇的车辆鸣喇叭以表示祝贺，各地都沉浸在喜气洋洋的气氛之中。由于众多的男女选择在同一段时间内举行婚礼，教堂显得异常繁忙，因此一切都必须在婚礼前三四个月准备妥当。加拿大人喜爱鲜花，他们婚礼上的鲜花十分考究。教堂、宴会厅、新房都要用玫瑰花、兰花、百合花装扮，色彩艳丽、浓香扑鼻，因此采购鲜花也是一项重要事情。

在加拿大，婚礼仪式在教堂里举行，仪式内容同西方许多国家大体相似。其中，加拿大新婚夫妇相互赠送的戒指内侧刻着各自姓名的缩写字母和结婚日期，双方将之视为珍品而留作永久的纪念。教堂仪式结束后，新婚夫妇要乘坐装扮得花枝招展的彩车沿着繁华地区走一圈，以此向世人宣告他们婚姻的美好开端，这是一种古老习俗的延续。随后到风景秀丽的公园或名胜游览地拍摄新婚合影照片。

加拿大人的新婚宴会一般都选在晚上举行，先是非正式的酒会，接着是正式的冷餐会和热餐会，气氛热烈，场面隆重。加拿大新婚夫妇也有婚后蜜月旅行的习惯。由于加拿大冬季漫长，因此经济条件好的，大多喜欢到加勒比海诸岛或美国的佛罗里达州去度假，尽情享受阳光、沙滩和海浪。而收入不丰者，大多到国内的风景胜地游玩，如魁北克的劳伦欣山区、落基山脉的路易斯湖等地。

在加拿大的多种婚俗中，值得一提的是加拿大北部因纽特人的"抢亲"习俗。因纽特人的婚礼日期多选在隆冬季节，因为这段时间经常大雪封门，无法外出捕鱼或打猎。举行婚礼的那天，男子偷偷隐藏在女方家附近，一旦有机会，便将姑娘"抢走"。姑娘自然知道小伙子在门外挨冻，为了考验他是否忠诚，故意深居内室，让他难于"抢"到手。聪明的小伙子总是用计谋将姑娘引出家门，以达到"抢"人的目的。如果婚礼选在夏天，小伙子可以钻进女方家，扯着姑娘往外跑，姑娘佯装不从，家人视而不见，最后姑娘的喊叫声慢慢消失在远方。抢亲本是古代社会中一种真实存在的婚姻形式，经过几千年的演变，已成为一种有趣的表演。不过，透过这一古老的风俗，还可以看到一些当年抢亲的影子。因纽特人的婚礼异常简朴，新郎新娘叩拜家族长老、父母兄弟、亲朋好友等人，大伙吃一顿鱼肉饭、喝一碗鱼汤，纵情跳一阵舞，婚礼便宣告结束，客人各自离去。

3. 巴西的婚姻习俗

男大当婚，女大当嫁。巴西人的结婚年龄一般为：男子 24～26 岁，女子 19～20 岁。婚姻大多是同一阶层的不同家族之间的结合。合法婚姻有两种：一种是在政府登记；另一种是到教堂登记。但有些中产阶级和上层人士为了在财产处理上有法可依，都到政府去登记，而出于宗教信仰又要到教堂去登记，从而举行两次婚礼。而在一些偏僻乡村，因为一时无法登记结婚而要同居者，必须由双方家长同意，等有关神职人员巡视时，再为这些已成婚的夫妇登记，并举行集体婚礼。

根据巴西婚嫁的传统习惯，男女双方结婚，男方无须聘礼，只准备一对戒指，准时到教堂举行婚礼就行了。而女方则要负担结婚时所用的一切费用，如操办婚礼的事务费、教堂的使用费、新房的布置费等。有钱人家的闺女出嫁，除了丰厚的嫁妆外，还要陪嫁新房。陪嫁的财产越多，越能显示出女方家庭的富有和新娘的尊贵地位。

男女双方结婚以后，妻子一般不跟丈夫到婆家去住，多数是同自己的父母居住在一起。有的女婿干脆也搬到丈母娘家来住，但女婿仍要负担生活费。在比较贫穷落后的乡村，婚嫁并不那么讲究，一般都是女方嫁到男方去。聘礼、陪嫁很简便。婚礼也很简单，大多是请喝一些甘蔗酒就行了。

巴西人很重视少女的童贞，所以家长对少女管教比较严格，一旦女儿发育成熟，便先送进修道院。在巴西虽然女子多于男子，但没有重男轻女的现象。相反，巴西人对妇女极为尊重。法律对妇女的权益有一定的保障，一旦夫妻离婚，大多数男方要按时付给女方生活费和未成年子女的教育费，同时女方有权向富有的男方要求平分财产。在法庭上，往往妇女是胜利者。

4. 墨西哥及智利的婚姻民俗

墨西哥的印第安人婚俗特色十足，他们在爱情、婚姻和家庭方面，至今还保留着一些古老的传统习俗。在墨西哥东南沿海地区，如果某个男子身上穿戴五种颜色，就表示他正在求爱。这五种颜色分别为：头戴白沿黑顶的礼帽，身穿蓝色西服，配以黄色领带，手拿红色手帕。

塔拉乌马拉人主要分布在墨西哥北部两个州。这些印第安人长期住在山区，性格豪放。在男女恋爱结婚方面，女性比较大胆泼辣。在爱情生活上，女方往往采取主动。如果姑娘往一个小伙子家里扔石子，就表示她看中了这个小伙子，扔石子是印第安人求爱的一种表示。还有一种方式，就是过"特斯吉纳达"节时，姑娘可以去抢小伙子头上裹着的汗巾或脖子上的项圈，然后赶紧跑开。如果小伙子在姑娘后面紧追不放，就表示他已同意了这门婚事。他们就可以双双来到部族长老处，要求长老为他们证婚。

属于奥尔梅克族的一些部族的婚俗也别具风格。其中的皮林达斯族主要散居在中部墨西哥州的荒僻高原，他们对婚姻的态度十分严肃，尽量避免轻率或过早结婚。当小伙子向姑娘求爱时，她必须经过一年的考虑才会答复。一年后，如果姑娘答应，他俩便可通知双方家长，举行订婚仪式。

（二）丧葬民俗

1. 美国的丧葬民俗

美国的传统葬礼多采用宗教形式，通常在教堂举行。葬礼前，灵柩要放在教堂中，亲友们轮流守灵。守灵习俗的形成大概有两种原因：一是死者亲属始终抱着死者会重新苏醒的幻想；二是他们曾在死者生前尽心竭力地加以看护，虽然这种看护现在已不需要，但他们仍不忍轻易放弃自己的责任。天长日久，守灵便成为对死者表示尊敬的一种习惯做法。

美国人埋葬死者有一定的规则。传统风俗是在死者胸前放上十字架，或把他的手交叉放在胸前，然后头朝向东方埋葬，据说这是早期"拜日说"的反映。埋葬幼年死者的方式，与埋葬成年死者不同。在古罗马时，人们把夭折的孩子埋在自家的屋檐下，认为这样可以使孩子灵魂得到安宁。现代仍然有人按照传统观念把死去的幼儿或未受洗礼的孩子的尸体放在某个成年妇女的棺材里埋葬。而美国犹太人另有一种习俗，在埋葬死者时，使其面朝以色列方向，第二年再打开墓穴重新埋葬。

现代美国设有专门负责发放死亡证书、安排葬礼仪式的机构，公墓也有专职安排丧事的人员。公墓里往往盖有教堂式的建筑，但里面并无神像，宗教仪式和非宗教仪式的葬礼都可以在这里举行。

宗教仪式的葬礼程序通常包括祷告、唱赞美诗和牧师致颂词。葬礼毕，人们便向遗体告别，然后用灵车将死者送往墓地安葬。灵车为黑色，车窗遮有黑纱。灵车在送葬队伍的最前面，后面紧跟着死者的亲属。送葬人一律身着黑色或蓝色衣服，男子打黑色领带。送葬队伍非常庄严，行人不得打乱送葬队伍。行至墓地，还有一个短小的入葬仪式。送葬亲属以同死者关系的远近为序——为墓穴掩土，但这只是象征性的。随后工人便会驾驶推土机，迅速把墓穴填平。之后要把土压实，再铺上碧绿的草皮。

葬礼结束后，死者的宾朋通常还要和死者的家属聚会一下，或一起吃顿饭，表示对生者的同情和慰问。与其他国家不同的是，在葬礼这天，参加葬礼的人们要自带食物，主人只会请客人吃煮得很老的鸡蛋和盐。悼念死者，鲜花必不可少。参加葬礼的人，要为死者献上菖蒲花，同时自己在胸前也佩戴一朵白花，以示对死者的哀悼。每年到一定日子，人们还要去墓地扫墓、献花，以寄托自己的哀思。

2. 巴西的丧葬民俗

巴西有 73％的人信仰罗马天主教，13％的人信仰基督教。巴西的丧葬基本上都是依据教规进行，而土著的印第安各个部落的葬俗则多种多样，别具特色。

印第安图皮人认为一个人的死亡是上天给予他的惩罚。例如，孩子死于蠕虫病，认为是因为他的父亲在其母怀孕期间没有遵守关于饮食的规定；青年被倒下的树压死，是因为以前他曾有过乱伦行为；老人死于睡梦中，是因为有人向他施展了巫术。

许多印第安部落把尸身用染料染上颜色。比如，塔皮拉佩人用胭脂树红染死人的头发和全身，脸则用棕榈树染料染成黑色；卡波尔人用煤灰把死人的脸染黑，以抵御恶神安南；苏鲁伊人除了用胭脂树红涂抹尸身外，还把死人的头发系成绺，用席子裹住尸体或放在吊床上直接埋入地下，避免尸体接触泥土；阿苏里尼人把死者的头朝向西方，而卡波尔人和塔皮拉佩人则把死者的头朝向东方。

印第安各部落安葬死者的时间各有不同，但大多是在人去世后的第二天。许多印第安部落把死者葬于自己的屋下，使死者处于亲人的保护之下。卡波尔人把死者葬在烧荒地里，瓜拉尼人则有为死者准备的墓地。许多印第安部落把死者的物品随身埋葬。苏鲁伊人把死者的东西抛在密林中，他们认为死者的东西会使人生病和死亡。还有不少印第安部落实行火葬，把死者置于点燃的木柴上，在死者亲属放声痛哭的同时，其他送葬者要大声歌唱，为死者送行。

雅诺马米人把死者放入一个用树枝编成的笼子中，然后将笼子吊在野外的大树上，任凭兀鹰啄食。20天后，笼中只剩下白骨。再把骨头烧成灰，掺和在木薯、甘蔗的汁液中制成饮料。他们认为人死后可以转世，并在喝了饮料的人中获得新生。平时，雅诺马米人在接待来访的客人时，也会举行客人吞食死者骨灰的仪式。他们把骨灰搅在泡过车前草的水里，盛在葫芦瓢内，大家传着喝。

尼亚瓦人死后，部落要举行隆重的悼念活动。他们在尸体上盖上一种特殊的布，这种布是由从一种树上取下的木棉织成的，然后把尸体葬在很深的墓穴中。整个葬礼活动都很庄重、安静，没有哭泣与叫喊，让死者的灵魂静静地离开这个世界。

3. 加拿大的丧葬民俗

加拿大人一般对死者进行土葬。加拿大人死后，一般都要请牧师做弥撒，使死者的灵魂升入天堂。在葬礼上，亲友们要在牧师的祷告声中向墓穴中的灵柩撒下鲜花。参加葬礼的人见到死者亲属，要和他们握一下手或拥抱一下，并轻声地慰问几句，等葬礼仪式完毕以后再离开。如果不参加丧葬仪式，也要静坐10～15分钟后方可离去。参加葬礼时，一般应带一束鲜花，并在花上附带一张用黑颜色笔写的哀悼词的卡片，把花放在死者的墓前或送到死者的家中。

4. 墨西哥的丧葬习俗

墨西哥人对死亡有其独特的看法，他们认为，人死后可以摆脱现在的不幸和痛苦，走向欢乐的世界。因此，他们对死者的祭奠往往是载歌载舞，欢乐异常。亡灵节这天，人们在家里搭起祭坛，摆上祭品，一家人围坐在祭坛旁，默默地缅怀故人。然后，呼朋唤友，相邀而出，带着鲜花和祭品，到郊外去参加祭扫活动。到墓地去扫墓的人，在祭祀之后，还要按照印第安人的传统，戴着五颜六色的人、兽、神、鬼等假面具在墓旁起舞狂欢。他们一边吃着祭品，喝着普格酒，一边为亡灵祝福。这样的野餐大约要午夜过后才完毕，这时情侣们便去"踏青"，妇女、小孩则留下来守护"亡灵"，而醉酒者则会躺在十字架前睡上一觉，直至拂晓人们才陆续散去。

死前忏悔是墨西哥阿兹特克族的一种习俗。家中的老人在离开人世之前，要向祭司忏悔，把自己一生中所犯的过失甚至罪恶全部都说出来，求得神的宽恕。平民百姓要到祭司家忏悔，上层人物在自家忏悔。忏悔的日子越接近死期越好。忏悔前，忏悔者把香料放入炉中，并用手指触地，表示向火神和大地宣誓，接着开始讲述自己的一生，交代自己所犯的一切过失。忏悔完毕，祭司要对忏悔者进行惩罚，即用尖尖的木刺刺穿他的舌头，有时木刺多达80根。忏悔仪式过后，忏悔者如释重负，不再担心死后受到惩罚，可以安心等待死亡了。

（三）岁时节庆民俗

美洲各国的节日习俗也非常丰富，其中许多习俗虽大体同于欧洲各国，但也有很多节日习俗独具美洲特色，为美洲国家所特有。

1. 美国的岁时节庆民俗

美国的节日主要有圣诞节、新年、复活节、万圣节、感恩节、母亲节、国庆节、劳动节、马丁·路德·金纪念日、总统日、哥伦布节和退伍军人节及圣瓦伦丁节等，其中圣诞节、新年、复活节、万圣节等是美洲一些国家所共有的节日。在美国，感恩节和母亲节是美国最具本国特色的节日。

（1）感恩节。在美国，每年11月的最后一个星期四是感恩节。感恩节是美国人民独创的一个古老节日，也是美国人阖家欢聚的节日，因此美国人提起感恩节总是倍感亲切。

感恩节的由来，要一直追溯到美国历史的发端。1620年9月的一天，著名的"五月花号"船满载不堪忍受英国国内宗教迫害的清教徒102人离港起航。在漫无边际的大洋中，漂泊了整整65天，终于抵达美国的马萨诸塞州的普利茅斯。他们在病困交加中得到了当地印第安人的救助，学会了种植玉米、狩猎、捕鱼等本领。在第二年欢庆丰收时，英国移民邀请印第安人一起感谢上帝施恩，因此有了第一个感恩节。年复一年，逐渐形成了一个传统节日。1789年，美国第一任总统华盛顿宣布感恩节为全国性节日，但未确定节日日期。1941年，美国国会才将感恩节定在每年11月的最后一个星期四。

每逢感恩节这一天，美国举国上下热闹非凡。城乡市镇到处举行化妆游行、戏剧表演和体育比赛等活动，学校和商店也都按规定放假休息。

孩子们还模仿当年印第安人的模样穿上稀奇古怪的服装，画上脸谱或戴上面具到街上唱歌、吹喇叭。当天教堂里的人也格外多，按习俗人们都要在这里做感恩祈祷。美国人从小就习惯于独立生活，各奔东西。而在感恩节，他们总是力争从天南海北归来，一家人围坐在一起，大嚼美味火鸡，畅谈往事，使人感到分外亲切、温暖。另外，好客的美国人也不忘在这一天邀请好友、单身汉或远离家乡的人共度佳节。值得一提的是，感恩节的食品极富传统色彩。每逢感恩节，美国人家家烤火鸡。火鸡是感恩节的传统主菜。此外，还有红莓苔子果酱、甜山芋、玉蜀黍、南瓜饼、自己烘烤的面包及各种蔬菜和水果等，这些东西都是感恩节的传统食品。感恩节宴会后，有些家庭还会做些传统游戏，有些家庭在节日里驱车到乡间去郊游，或是坐飞机出去旅行，特别是当年移民们安家落户的地方——普利茅斯港更是游客们向往的所在。

庆祝感恩节的习俗代代相传，很少发生变化。而且无论是在岩石嶙峋的西部海岸，还是在美丽富饶的夏威夷岛，人们几乎都在以同样的方式欢度感恩节。它是不论何种信仰、何种民族的美国人都要庆祝的传统节日。通过节日的欢庆，消除种族间的隔阂以增强亲和力。

（2）母亲节。每年 5 月的第二个星期日是美国的民间节日——母亲节，人们在这一天自发地表达对母亲的爱戴、尊敬和感谢。

美国的母亲节，始于 1907 年 5 月。订立母亲节这一倡议是费城的安娜·贾维斯提出的。她曾亲自在教堂中安排仪式、组织活动，同时要求前来参加者胸前要佩戴白色的石竹花。这一活动，引起了不少人的关注和兴趣。第二年，便有更多的教堂纷纷组织同样的活动，人们还一致决定将每年五月的第二个星期日定为"母亲节"。从此母亲节便在美国成了一个公认的正式节日。1914 年，美国国会正式命名五月的第二个星期日为"母亲节"，并要求总统发布宣言，号召政府官员在所有的公共建筑物上悬挂国旗。紧接着，威尔逊总统昭告全国，并要求公民也在自己的住宅内挂国旗以表达对全体母亲的热爱和尊敬。此后美国总统每年都要发表一篇内容相同的宣言。

如今，在胸前佩戴石竹花的习俗已有颜色的分别。那些母亲已经去世的人仍然佩戴白色石竹花，而母亲健在的人则佩戴红色石竹花。母亲节这一天，人们总要想方设法使母亲愉快地度过节日，并感谢和补偿她们一年的辛勤劳动。最普遍的方式是向母亲赠送母亲节卡片和礼物。节日里，每个母亲都会满怀喜悦地接受孩子们和丈夫赠送的玫瑰花或其他花束、糖果、书和纪念品，特别是当她们收到小孩子们自己动手制作的上面用蜡笔稚气地写着"妈妈，我爱你"字样的卡片时，便会感到格外自豪和欣慰。但最珍贵、最优厚的礼物还是把她们从日常的家务劳动中解放出来，轻松地休息一整天。这一天，许多家庭都是由丈夫和孩子们把全部家务活包下来，母亲不必做饭，不必洗盘刷碗，也不必洗衣服。不少家庭还有侍候母亲在床上吃早饭的惯例。

现在，世界上已有 40 多个国家公认这一节日。可以说，母亲节已成为一个世界性的节日，人们在母亲节这一天都要以丰富多样的形式表达对母亲的敬爱与感激之情。

2. 加拿大的岁时节庆民俗

加拿大较具特色的节日有郁金香节、枫糖节、魁北克冬季狂欢节、夏洛特敦夏日节、牛仔节等，其中以郁金香节和枫糖节最具加拿大特色。

（1）郁金香节。加拿大人最喜欢五彩缤纷的郁金香花。加拿大郁金香节是世界上最为壮观的郁金香盛会，也是加拿大较为隆重的地方性节日。郁金香节一般是在鲜花盛开的 5 月，持续两个周末，它的特点之一是邀请世界各国以自己国家的郁金香前来参展。节日期间，渥太华全市设 18 个景点，连绵 35 千米，500 多万株绚丽多彩的郁金香使首都渥太华成为一片花的海洋，它昭示着加拿大是一个鲜花盛开的国度。各参展国的大帐篷、各式各样的花展和园艺展万紫千红、美不胜收，体现了友谊之花常开不败的理念。露天的咖啡厅、传统的小吃、街头的艺术家、一系列的音乐会，凡此种种，热闹非凡。渥太华丽都运河的彩船表演是个高潮。游船下午一时从道斯湖公园出发，沿运河向国会方向往上游，船上涂着艳丽的色彩，人们穿上了盛装。表演者沿途吹奏乐曲，表演节目。有整齐的管乐队演奏，也有抱着吉他的小合唱；有中国热闹的龙舟，也有苏格兰传统短裙和风笛。丽都运河并不宽阔，因此两岸的观众与游船交流甚洽，掌声欢呼声不绝，船上抛下的糖果也不时落到水中。很多观众自带了折叠椅，有的观众还在河边草地上野餐。更多的观众和游客则乘坐专门为节日而开出的免费公共汽车，沿河坐一段汽车、步行一段，悠闲自得。加拿大的郁金香节，是一个以鲜花美化国家的节日，又是一个以鲜花交友、增进各国友谊的节日。

（2）枫糖节。枫糖节是加拿大传统的地区性民间节日，于每年三、四月间在加拿大的魁北克和安大略举行。加拿大盛产枫树，素有"枫叶之国"的美称。在加拿大十几个枫树品种中，最著名的要数"糖枫"。它的树叶香甜如奶，能熬出"枫糖浆"。魁北克和安大略是加拿大最大的生产枫糖的省份，因此，在每年三、四月间枫糖丰收的季节，都要举行枫糖节来庆贺。

节日期间，生产枫糖的农场粉饰一新，披上节日的盛装，向来自各地的游客开放，大家在一起品尝大自然送给他们的甜蜜礼品。一些农场还专门保留着旧时印第安人采集枫树液和制作枫糖的器具，在节日里沿用古老的制作方法，为观光游客表演制枫糖的工艺过程，有的还在周末向旅游者免费供应枫糖糕和"太妃糖"，任人品尝。节日里当地居民还热情地为游客们表演各种民间歌舞，并带领观光游客去欣赏繁茂美丽的枫林红叶。

3. 巴西的岁时节庆民俗

巴西的特色节日主要有狂欢节、海神节、敬牛节、琼尼纳斯节、亚马孙民俗节、布鲁曼瑙的十月节，其中以狂欢节和海神节最具巴西特色。

（1）狂欢节。巴西的狂欢节是世界上最大、也是最奔放的狂欢节，其表演被称为"地球上最伟大的表演"。

巴西的狂欢节每年吸引国内外数百万游客。节日期间，狂欢的浪潮席卷巴西全国，男女老少，不分种族、信仰、贫富，都涌向街头，披红戴绿，载歌载舞，人人都仿佛进入了另外一个世界。

在巴西各地的狂欢节中，尤以里约热内卢的盛会为世界上最著名、最令人神往的盛会。盛大的桑巴游行是狂欢节的高潮。游行队伍簇拥着自己学校的标志，由学校领导、作曲家和彩车设计者组成的仪仗队走在前头。后面是打扮得如花似玉的马伊亚妇人队，她们身穿宽摆连衣裙，头戴羽毛帽，面带各种奇形怪状的面具，几百人的男子打击乐队前后左右护着她们。队伍的精华部分就是彩车队和桑巴舞队。彩车队的"狂欢王"和"狂欢王后"最先映入眼帘，他们是节日象征性的"首领"。其后紧跟着的是头戴面具、脚踩高跷、身着小丑服装的丑角和穿着稀奇古怪服装的荒诞剧演员，此外，还有头插羽毛、用各种颜色涂满全身的印第安人舞蹈家……而桑巴舞的队伍更令人陶醉，他们穿着迷你舞服，剧烈地扭动腰部、腹部和臀部，接连不断地轮番跳着桑巴、伦巴、土风、摇摆等民族舞蹈。巴西狂欢节那艳丽的服饰、强劲的音乐、火辣辣的桑巴舞和风姿绰约的巴西美女总是让人流连忘返。在狂欢节中，人们尽情宣泄情感，饱享人生的快乐。

（2）海神节。在巴西，1月1日的海神节是一个辞旧迎新、供敬海神、祈祷海神保佑家人来年平安的节日，至今已有二百多年的历史了。最隆重的庆祝活动当属东部的萨尔瓦多市。每年12月31日子夜前夕，海神的信徒们和来自各地的旅游者聚集在海边，怀抱自制的小船，头顶装满鲜花的陶皿，围绕在女神像前载歌载舞。当新年的钟声敲响，歌颂女神的乐声响起时，焰火腾空开放，信徒和游客们鱼贯地走到齐腰深的水中，将小船、鲜花和装满献给女神的供物的篮子放入水中，凝视着它们顺水漂去，好似带走对女神的崇仰之情和无限寄托。然后，人们会在水中洗个痛快澡，将过去一年的污浊洗刷干净，纯洁地迎接新的一年的到来。

4. 墨西哥的岁时节庆民俗

墨西哥比较有特色的节日主要有亡灵节、圣船节、查姆拉人狂欢节、军事狂欢节、饰驴节、克拉克萨节、仙人掌节、辣酱节、乌切布瓜节、塔斯科城银器节和面包节等，其中亡灵节和圣船节的特色较为鲜明。

（1）亡灵节。从10月31日起，墨西哥举国欢度"亡灵节"（也叫"死人节"）。墨西哥的这一节日，既与西方的"万圣节"有相似之处，又不完全相同，表现出浓厚的印第安民族文化特色。按照民间风俗，11月1日是"幼灵"节，2日是"成灵"节。人们在墓地通往村庄或者小镇的路上撒下黄色的花瓣，让亡灵循着芬芳的气味由小路归来。晚间，在家门口点上南瓜灯笼，为亡灵上门引路；在祭坛上摆上玉米羹、巧克力、面包、粽子、辣酱、南瓜、甜食、甜点等供品，让亡灵享用。"亡灵节"祭坛上的面包与平常食用的面包是不同的。不同的形状又有不同的含义。有的做成"人"形，不带"腿"的"人"，表示"鬼魂"；被叫作"罗斯凯特"的螺旋状面包，表示"生命的轮回"；做成千层饼形状、并带有装饰的面包"奥哈尔德拉"，意在欢迎亡灵的归来。祭品中，还有一种奇特的食物，叫作"骷髅糖"，骷髅糖的大小、颜色各不相同，每个上面都写着名字，一家人要购买写有与自己先人名字相同的"骷髅糖"，并将其吃掉，以表达对死者的怀念之情。

节日里，无论男女老幼，都可以戴着面具，穿上印着白骨的鬼怪衣服，在街上招摇过市，表示亡灵归来。

（2）圣船节。圣船节是墨西哥古老的传统节日，在每年盛夏的某一天举行。节日这天，墨西哥的墨西卡尔滴塔岛要举行一年一度的划船比赛。清晨，人们将圣佩德罗和圣巴勃罗的圣像抬到各自的"圣船"上，向湖中心缓缓驶去。紧随其后的一只大船坐着"圣母"，她代表着阿兹特克人。后面的几百只小船分成两路，他们是两位"圣人"各自的乐队和啦啦队。所有的船到湖中心后，便以"圣船"为中心摆成一个小岛。此时歌声、乐声、爆竹声和喊声响成一片。神父在当地官员的陪同下，来到一只大船上为大家做礼拜，他虔诚地向湖水祷告，为当地人民祈求幸福。然后，由大主教宣布划船比赛开始。"圣船"在几百只小船中间向前划去。因为圣佩德罗是当地渔民的象征，所以他所在的船总是胜利者。当船抵岸时，人们欢呼祝贺。当地市长走上船头，把节日的名贵纪念品——一条有几百年历史的带有金色大虾图案的红色绸带戴在圣佩德罗的像上。然后在一片歌声中，人们将圣像抬到庙中他的金色塑像旁。晚上，人们纷纷上街秉烛夜游，以庆祝圣佩德罗的胜利。圣船节是墨西哥古老文化的象征，由于政府的支持和人们的传统观念，这个古老的节日便一直在民间延续下来。

八、非洲及大洋洲各国的民俗

（一）婚姻习俗

1. 埃及的婚姻习俗

拥有数千年古老文明又在近代向西方开放的埃及，其婚姻习俗因各地宗教信仰、地域、经济、教育和环境的差异而有所不同。而其传统的婚俗则更多地显现了民族特点。

（1）订婚。城里青年主要是通过自由恋爱选择配偶，但父母的意见仍具有举足轻重的作用。在农村依然是遵从父母之命、媒妁之言。男女双方十分看重对方家庭的名望、经济状况和社会地位及本人的名声。议婚时男方及家属去女方家，女方要亲自上茶，双方的男性共念《古兰经》开篇章，然后共同商议彩礼数额和结婚日期，并择日举行订婚仪式。订婚仪式可以在男方家或公共娱乐场所举行。女方身着鲜艳纱裙礼服，佩戴男方赠送的首饰、戒指，与男方共同坐在大厅，接受亲友们的祝福。订婚后双方可以双双出现在公众面前；如果后悔，也可以解除婚约。

（2）结婚仪式。埃及人的婚礼，无论城乡场面都非常热闹，充满喜庆气氛。

埃及城市人的婚礼既有埃及传统的民族风俗，也受西方文化的影响。婚礼在晚间举行。新娘身着白色婚纱，新郎身着西装。特邀的舞女在迎新队伍前边走边舞，另有歌女和众人在队伍两边唱着民间的迎新歌。新郎新娘进入婚礼大厅后坐在特定的位置上，或接受众人的祝贺，或和大家一起跳舞。之后会举行宴会感谢亲友的光临，结婚宴会一直持续到次日清晨。

在埃及农村是按传统习俗举行婚礼。在婚礼前一天，新郎家在房前搭起帐篷，接受亲友们的贺喜；新娘要沐浴净身，用黏糖除去脸上的汗毛，更换新衣，梳妆打扮。第二天傍晚，新郎在众人的陪同下，奏鼓乐去迎接新娘。新娘的母亲会端出用米和鸽子肉做的晚饭让这对新人吃。米饭代表多子多孙，新郎吃了饭就表示接纳了新娘，两个人的幸福生活由此开始。这一天男方家也用盛宴招待来宾。当通宵达旦的活动结束后，新郎新娘在众人的簇拥下走入洞房。旁边的人向新郎新娘身上抛大米，新郎的母亲或姊妹向他们身上淋洒点水，祝福他们多生孩子、生活美满。而且进新房时要先迈右脚，以求真主赐福。

埃及人的婚姻中保留了一些古老的婚俗。近亲结婚的旧俗还在流行，尽管受现代科学潮流的冲击，但传统的观念根深蒂固，即使是大学毕业的知识分子，表兄妹结婚也不是稀罕的事。

2. 南非的婚姻民俗

南非人的婚姻，从前多是由家庭或部落长老包办。现在的南非社会，婚姻风俗发生了巨大变化，婚姻完全是自由的。南非人认为男女相爱是个人的私事，只要双方相互看中，便可以订婚。当然，对于这一人生大事，男女双方也会征求父母的意见，以期获得他们的支持与祝福。

南非是一个多种族、多宗教的国家。举行婚礼的仪式也各不相同。受西方文化影响，南非人的婚礼多数是在教堂举行。应邀出席婚礼的是双方的家庭成员和亲朋好友。婚礼通常由神职人员主持，在经过例行的宗教礼仪后，男女双方即被宣布成为合法夫妻。证婚人在婚书上签字，男女双方交换戒指，并相互亲吻对方，婚礼结束。但有些人在举行通常的婚礼后，往往还按本民族的习俗再举行一次传统的婚礼。不论举行哪一种形式的婚礼，仪式结束后，新婚夫妻都要举行庆祝酒会，招待前来祝贺的亲友。此后，大多数新婚夫妇都会外出度蜜月，在新的环境中尽情享受爱情的甜蜜。

南非人的传统婚俗，尽管因所属种族不同而各有所异，但男方家向女方家奉送聘礼的习俗是共同的。按传统的习俗，当部落里的一位男子看上一位女子以后，他需要向女子的父亲或监护人送去一定数量的牛作为聘礼。如果对方收下了他的牛，就意味着同意了这门亲事，他就可以把这位女子娶回家去。这种以牛为聘礼的迎娶礼仪称为"洛勃拉"。现在，虽然不再以牛为财富的象征，但是下聘礼之俗在南部非洲其他国家中仍然很流行。就连南非总统曼德拉在 1998 年 7 月与莫桑比克前总统萨莫拉·马歇尔的遗孀格拉萨·马歇尔结婚时，仍按传统习俗给她的娘家送去一头牛作为聘礼。"洛勃拉"的影响之深远，由此可见一斑。

3. 澳大利亚的婚姻民俗

澳大利亚人的婚姻习俗过去基本上是沿袭原移民国的旧俗，近些年来受世界各种文化的影响，正在发生变化。

澳大利亚人的法定结婚年龄是 18 周岁。准备结婚的男女二人，其婚礼要提前预订。要在 1~6 个月前通知婚礼主持人，并且要填写一张婚礼预订表。婚礼主持人必须是在政府注册的有资格者，不是任何人都有资格主持婚礼。婚礼主持人在接到婚礼预订表之后，递交给州一级的出生、死亡、结婚登记署，并在 15 个工作日内予以登记。

在澳大利亚，婚礼只能在周一、周三、周五、周六约定的时间内举行。婚礼礼堂的场面不大，只能容纳下新郎新娘和十名客人。

婚礼仪式的程序很简单：首先是新郎、新娘各自宣誓，保证他们已经超过 18 岁，没有其他的非法婚姻关系，双方没有被法律所禁止结婚的血缘关系。然后，两人在宣誓书上签字。接着是新郎、新娘在主持人的问话下向对方发誓，诸如"我真心爱她（他）""愿意与他（她）结婚"之类。之后，两人交换结婚戒指。仪式结束后，婚礼主持人将结婚证书交给双方。和欧洲的传统婚俗不一样，婚礼不是在教堂中由神职人员主持，但基本程序大体相似。

澳大利亚人的婚姻不是很稳定，46％的婚姻归于失败。其中9％的家庭在5年内解体、20％的家庭在10年内解体、35％的家庭在20年内解体。28％的男人和23％的女人选择独身。传统的核心式家庭正在日渐变化。所谓的核心式家庭，是指男女双方的婚姻是建立在爱情基础上的，子女是父母爱情的结晶，与父母有血缘上和法律上的关系；父母与子女同住，父母要一直抚养他们到成人，直至他们建立自己的家庭。澳大利亚人的家庭结构是多种多样的，有核心式家庭，也有几代同居的家庭（这主要是亚洲人、意大利人、犹太人及其后裔），还有单亲家庭、混合家庭（双方离婚或一方离婚，带着孩子再婚重新组建的家庭）、单身独居家庭、异性同居带子女的家庭、同性恋者家庭，等等。

土著人的婚姻实行一夫一妻制，但一夫多妻也不受限制。

4. 新西兰的婚姻民俗

新西兰人的婚姻习俗同澳大利亚一样。青年男女18周岁就可以结婚，但双方必须无血缘关系和姻亲关系。如果男女双方中有一方年龄未满18周岁，结婚须经父母同意；年满18岁以后，婚姻完全是自己的事，并完全由自己做主。

结婚的礼仪十分简单，恐怕在世界各国中也是比较罕见的。男女双方在结婚前先去出生、死亡、结婚注册处填写一份结婚通知表，三天后即可领到一份有效期为三个月的结婚批准书。结婚仪式当即可在注册处的办公室由注册官主持举行，也可以在双方同意的另外一个地点举行。婚礼上每人填写两份结婚证书，一份由主婚人上交注册处，一份由自己保管。婚生孩子的姓氏的选择也很自由，可以随父姓，也可以随母姓，还可以随意姓其他任何姓。

离婚的进程相对要慢一些，虽然法律规定只要双方感情破裂无法和解即可离婚，但夫妻双方必须分居两年后才可办理离婚手续。离婚后孩子由双方共同抚养。如果是结婚三年以后离婚，婚后财产平分。事实上同性恋婚姻分离后的财产也是如此分割。

男女同居在新西兰是比较普遍的，社会对此持宽容开放的态度，同居者并不受舆论的责难。终生同居而不结婚的人也不在少数。他们认为这是相互了解、增进感情的方式，同时也可以减少结婚所带来的麻烦。

新西兰的毛利人，是新西兰这块土地的最先开拓者。他们的祖先是拉庇达人，属于亚洲波利尼西亚人种。据说早在10世纪时，有一个叫库普的毛利人就曾发现了新西兰。公元1350年，有更多的毛利人抵达这里。1840年，新西兰沦为英国的殖民地。

毛利人盛行未婚同居的习俗。毛利人青年男女在达到结婚年龄之后，一般是先在一起同居一段时间，如果双方感到可以在一起生活，经父母同意就可以举行婚礼了；如果觉得不合适，就可以平静地分手。

毛利人实行一夫一妻制，但是部落首领则可以在他的妻子不生育的情况下再娶一位妻子。这时，作为第一夫人往往要说服丈夫娶她的姐妹为妻，以便把自己留在家里。

（二）丧葬民俗

1. 埃及的丧葬民俗

埃及人信仰伊斯兰教，其丧葬习俗基本上是依教义而行。埃及人认为在天空中有一棵生命之树，世界上任何的生命都是树上的一片叶子，当那片叶子枯黄的时候，他（她）的生命就结束了。人生的一切都是真主安排的，能够一生行善，死后就可进入天国，所以他们都平静地对待死亡的来临。

人死后，其家人亲属立即为他洗浴，之后用白布或绿布裹尸。白色象征圣洁，绿色象征生命。洗浴水要泼在远处，以便驱走死神的阴影。按伊斯兰教教义，人死后基本上要在24小时之内下葬。在整个的丧葬过程中，都要念《古兰经》，这既是为了送死者灵魂升入天国，也是为了将阴魂驱走，免得为害活人。埃及人非常注重亲情和友情，在得知丧讯之后，亲朋好友会立即前往吊唁。男人戴黑领带，女人穿黑色长裙，头戴黑色纱巾。送葬时，男人争着抬棺，这是免罪的善举。送葬队伍通常要先到清真寺，为死者祈祷，然后再去墓地。埃及人认为，下葬是死者新生活的开始，所以要亲自送死者一程。习俗认为，在死后会有两个天神来为死者还魂，还要问一些问题。回答的好坏会决定死者在另一个世界的命运。所以亲属在向坟墓填土时要告诉死者："当他们问你时，你要回答：真主即我主，伊斯兰教即我所信教，穆罕默德是我信奉的主的使者，世界上唯有真主。"葬礼结束后，送葬者不得从原路返回，要另择其他道路，避免将鬼魂再带回家。

死者下葬后的第二天，开始为期三天的悼念活动。在院内为死者念经，接受亲友的凭吊，为死者哭丧。死者下葬后第三周的周四，其女性的家属亲友，会去墓地为亡灵诵经、向穷人布施。据说周三的晚上死者的灵魂会回到墓地，周四停留一天，所以要前去祭奠。死者死后的第40天，肉体腐烂，仅存白骨，死者将彻底摆脱尘世进入另一个世界，所以这一天死者的男性家属和亲友会前往墓地祭奠，为亡灵诵经，送他的灵魂进入天国，同时，这也是宣告家人可以开始新的生活。

2. 南非的丧葬民俗

南非是个多种族、多宗教信仰的国家，其丧葬习俗各有不同。南非黑人实行土葬，"丧事喜办"是黑人各部落的普遍习俗。

（1）讣告。在南非，人死之后，其家属在告知相关亲友的同时，还在报纸上登一则小启事，或在居住区内的教堂里贴一讣告，说明某人何时去世，葬礼在何时何地举行。当死者亲友得知讣告后，如无特殊原因，都会去参加丧礼，以表示对死者的敬意。

（2）葬礼。葬礼一般分两部分进行。前半部分是举行"追思弥撒"。追思弥撒是在教堂里由神职人员主持的。死者的棺材放在教堂的神坛上，周围摆放鲜花，前来参加送葬的人依次在教堂内就座。仪式开始后，先是由神职人员介绍死者的生平和业绩；之后手举神器，围绕棺木低声吟诵对死者的颂词；然后教堂唱诗班领全体参加葬礼的人唱赞美诗；接着大家围绕棺木转一圈，与死者告别；最后，神职人员触摸一下每个参加葬礼者的额头表示祝福，并将一块象征"圣餐"的小圆饼干送到每个人的口中，人们就着"圣水"吃下。

追思弥撒结束后，将死者的棺木送往墓地，参加者要前往为死者送行。至墓地后，坐在事先搭好的帐篷中，由神职人员领大家唱赞美诗。唱毕，将棺材放入事先挖好的墓穴中，家人及亲属将鲜花撒在墓穴内，送葬者每人向墓中撒一把土后，填平墓穴，竖立预先准备好的墓碑，葬礼结束。在整个的丧葬过程中，没有哭声，大家高高兴兴地送死者进入另一个世界。

其他信仰基督教、伊斯兰教、印度教的人都按各自的教规习俗举办丧葬之礼，气氛比较肃穆庄重。

3. 澳大利亚的丧葬民俗

澳大利亚的欧裔移民的丧葬习俗都是按各自信仰的基督教、天主教的教规举行，唯有其土著人的丧葬习俗与众不同。

澳大利亚土著人的葬礼很特别。人死之后，家人聚在一起，由族里的专人去砍一些木桩，涂上彩画，安插在坟墓的四周，每根木桩都象征家里活着的和死去的人。尸体被高高悬起，即使已经腐烂，也要等到下个月的月圆时才能取下。最后，死者家属还要举行一次洁身礼，即葬礼之后，都要在外面露宿，要等下雨淋洗后才能回家，有时要等几天甚至几个星期。漫长等待的时日，固然体现了生者对死者的真挚感情，但另一方面也是一种彻底诀别的表示，即不希望死者的灵魂或者不洁的晦气附留在自己身上或带回家中。

4. 新西兰的丧葬民俗

信仰基督教的欧裔新西兰人，其丧葬习俗按照基督教的丧葬仪式进行，毛利人的丧葬习俗则独具特点。

毛利人在人死之后，由死者的亲属将尸体放置在聚会棚的席子上，盖上崭新的编织物，并把家传的宝贝放在其胸前。与死者最亲近的妇女坐在尸体的两旁，一刻不停地号哭，她们把头发剪短，用石刀把身体划破。这一天，全天禁食，滴水不沾。得知死讯的本部落和其他部落的人纷纷前来吊唁。吊唁者带着用绿树枝编成的项圈，或者带着死者曾经赠送他们的礼物。尸体要停放很多天，让所有的亲属为之哀悼。前几天是不断地哭丧和唱挽歌，以后气氛越来越轻松，人们互相交谈，丧主与客人一起唱歌、跳舞、进行体育比赛。葬礼快要结束时，把尸体藏放在山洞里或树林中，或埋起来，由"塔普"保护着。两天后，再将尸体取出，清洗干净后，用红赭石涂上色彩，放在聚会棚中，人们为之哀哭。之后将尸体裹起来放在棺中，或用亚麻席子包裹，放在一个秘密的安葬处。普通的毛利人只需一次安葬，身份高贵的人物则会进行二次安葬。

（三）岁时节庆民俗

1. 埃及的岁时节庆民俗

埃及的岁时节庆民俗反映了埃及的传统文化。因为埃及是信仰伊斯兰教的国家，所以宗教节日更是体现了其民族风情。

（1）惠风节。惠风节是埃及人传统的民族节日。节期为每年四月月圆之日，这一天全国放假一天。惠风节是源于古埃及法老时期的节日。古埃及人认为这一天是白昼与黑夜等长的一天，也是春天到来的第一天，又称为"踏青节"。古埃及人认为，这一天标志新年的到来，是新生命的开端。法老、大臣和民众纷纷在神庙、宫中和尼罗河畔参加各种庆祝活动。埃及的科普特人认为他们是埃及法老的后代，所以更是把惠风节视为最盛大的节日。如今，埃及人在这一天都身穿鲜艳的服装，去踏青、野餐，打起手鼓唱歌、跳舞，在大自然的怀抱里充分感受与大自然交融的气息，尽情享受大自然的美丽风光。这一天人们吃鸡蛋、圆葱、莴苣、大豆等节日食品。古埃及人认为鸡蛋是生命的本源，预示着生命的复活；莴苣和大豆是送子女神米娜神坛前的供品，能治不孕，保佑多子多孙；圆葱能驱邪治病，人们不仅吃圆葱，还把它穿成串挂在脖子上或挂在门前，圆葱被视为是神奇的吉祥物。

（2）尼罗河忠诚节。尼罗河是埃及人的生命河。尼罗河一年一度的涨水，使两岸变成一片汪洋沼泽，大水退去后就会出现一片肥沃的土地，这一过程为谷物生长提供了丰富的天然肥料。所以埃及人把尼罗河视为"生命之源"，是上天赐予埃及人的礼物。因此，当每年河水泛滥之际，埃及人都要举行隆重的庆祝活动，感谢尼罗河赐予他们的恩惠，逐渐形成了节日。每年的八月二十八日，是埃及的传统节日——尼罗河忠诚节。古埃及时期，这一天人们会身穿盛装，前往尼罗河神庙，祭拜河神。法老乘太阳船，巡河十天，船上供着尼罗河神像，然后将一名美女抛入河中，意为送给河神为妻，以此表示对河神的忠诚，所以称为"忠诚节"。这一古老的风俗，被沿袭下来。节庆之日，人们举行盛大的游河活动。沿河滨大道，彩车如织，少男少女扮成法老和王后、古埃及诸神及埃及美女，在巡游中会将一石膏制的"美女"投入河中，算是送给河神的娇妻。这个传统的古老节日，表达了埃及人民对尼罗河的热爱与深厚的感恩之情。

埃及与其他信仰伊斯兰教的国家一样，伊斯兰教所规定的节日是所有穆斯林共同庆祝的节日。这些宗教节日虽然各国基本相同，但因具体的环境不同而因地而异。埃及人感受到的气氛最为浓烈的宗教节日主要有以下几个。

（1）开斋。伊斯兰教历中每年九月是法定的斋月，经过一个月后即为"开斋节"。开斋节放假三天。第一天上午，人们去大小清真寺祷告，之后男人们去墓地为死去的亲人献鲜花，然后去父母家和已出嫁的姊妹家祝贺节日。因为这一天出嫁的女儿不能回娘家。晚上有丰盛的晚餐，鱼则是餐桌上不可缺少的美味。第二天携带妻儿去父母家与兄弟姊妹欢聚，吃甜食，共享天伦之乐。第三天全家人去郊外野游，享受家庭的温馨和节日的欢乐。

（2）宰牲节（古尔邦节）。节期是每年的十二月十日，埃及放假四天。第一天是会礼日。人们去清真寺集体礼拜，随后在清真寺宰杀牛羊。牛羊肉分为三份，一份发给穷人，一份送给亲朋，一份留给自己。此后的三天，亲友互访，郊外野游，尽情享用节日的美味。

（3）圣纪日。又称为"圣忌日"，节期为伊斯兰历三月十二日，是先知穆罕默德的诞生纪念日和逝世的忌日。埃及在圣纪日放假一天，举行各种规模的纪念活动，宣传穆罕默德生平业绩和教导，以使人们世代不忘。这一天人们张灯结彩，准备各种丰盛的节日食品，纪念伟大的先知。

埃及的基督教徒与世界各地的基督教徒一样，每年都要庆祝复活节和圣诞节，只是规模比其他基督教国家要小。节日期间，人们会去教堂祈祷，参加各种宗教活动，拜谒圣像，向教堂捐钱，向穷人分发祭品等。

2. 索马里的岁时节庆民俗

索马里位于非洲东部的索马里半岛，是郑和下西洋曾经访问过的国度。国土面积63万平方千米。终年高温，干燥少雨。人口1 070万。

萨马勒族占索马里全国总人口的82％以上。伊斯兰教为国教。13世纪曾建立过封建帝国。1840年以后被英、意、法瓜分。1960年英、意属索马里独立。

索马里最有情趣的节日是棍棒节。棍棒节在索马里已经有数百年的历史。节期是在每年夏季庄稼收割完毕之后。节日始源于古代索马里人欢庆丰收。当时在举行庆祝活动时，常常举行战阵厮杀表演，既娱神也娱人。表演时，年轻人都穿上盔甲，布成两军对垒的战阵，然后以木棒为武器进行厮杀，占地多者为胜。这一节庆习俗一直沿袭至今。今日的交战实际上是一场竞技比赛。节庆之日，在大约1 000平方米的场地上搭起看台，台前竖起高高的旗杆，悬挂国旗。场地中央画出一条醒目的白线，是"交战"双方的分界线。为了避免造成伤害，交战双方的武器改为树枝，交战前，双方列队相向坐在场地的两端，观看的群众围在四周。警察是裁判官，也是秩序的维持者。

当政府首长和外国来宾登上看台坐定以后，首先检阅部队。"两军"列队走过看台，向首长致敬。他们在非洲战鼓的伴奏下，高举树枝，跳着雄壮的"伊斯通卡舞"，显示战士的勇猛。

战斗开始前，裁判官走进场地中间，吹响两次号角后，双方便投入战斗，用树枝互相抽打，杀声四起。按规定，能冲过白线、占领对方阵地的一方为胜。据说，有时双方厮杀甚为激烈，要动用手持盾牌的警察和高压水龙头的警车才能平息。

晚间，会举行民间歌舞表演和化妆狂欢舞会。参加演出的男男女女戴着假面具，边歌边舞，尽情欢乐。以歌舞升平冲散厮杀的狂热，企盼未来的一年获得更大的丰收。

3. 澳大利亚的岁时节庆民俗

澳大利亚法定节日主要有元旦（1月1日）、复活节（4月24至27日）、圣诞节（12月

25 日)、节礼日。重大的民间节日有玛蒂格拉狂欢节、华兰纳节、蒙巴节、佩思野花节等。

（1）圣诞节。12 月 25 日，在北半球是大雪纷飞的隆冬时节，所以圣诞老人多是身穿长袍、头戴长棉帽的形象。欧、美各国的信徒们在这一天都是围坐在壁炉旁庆祝圣诞。澳大利亚这时正值炎热的盛夏，所以人们多是去深山老林中避暑，或者去海边冲浪，以一种独特的方式庆贺圣诞。

（2）节礼日。一般是在圣诞日的第二天，如果遇上星期日则再推迟一天。节日里，按照传统习俗，主人要向雇员、仆人和邮递员赠送盒装的礼品，对他们的辛苦服务表示感谢。

（3）玛蒂格拉狂欢节。这是悉尼最大的民间节日，也是同性恋者的节日。不过它已经从最初（1928 年）单纯的同性恋者游行发展成一个综合性的节日。每年 2 月，来自全球各地的同性恋者都会聚在悉尼，在 2 月最后的一个星期日的晚上进行游行表演。这种光怪陆离的现象使全世界许多好奇的游客都闻名而来，观众超过 40 万人。这为当地带来了丰厚的旅游收入，所以得到了政府的认可和大力协助。

（4）华兰纳节。"华兰纳"是土著人语言，意为"蓝天"。从 1961 年起，每年 9 月在布里斯班都要举行华兰纳节的庆祝活动，它是一个迎接春天的节日。最初，它旨在宣扬澳大利亚的本土文化，现在逐渐发展成为以传播世界各地文化为主题。每年选择一个国家，介绍它的历史、文化、风土人情。它促进了澳大利亚人对世界的了解，也使世界各国更多地了解澳大利亚，从而促进了澳大利亚与世界各国的贸易与文化交流，每年都吸引 100 多万观众来到这里。现在，华兰纳节已经成为澳大利亚家喻户晓的节日。

（5）蒙巴节。"蒙巴"是土著人语言，意为"让我们欢聚在一起"。蒙巴节是墨尔本的金秋艺术节。自 1954 年开始举办，从每年的 2 月底到 3 月的第二个星期一，前后 10 天。节日期间，人们进行各种文艺表演，电影周、艺术讲座及最受欢迎的美女花车游行吸引了大批的观众。

（6）佩思野花节。9 月是澳大利亚的春季，此时，位于西海岸的佩思正是鲜花盛开之时，由此而形成以展览花卉为主要内容的野花节。它是澳大利亚规模最大的园艺展览活动，7 000 多种花争奇斗艳，是名副其实的花的世界、花的海洋。

4. 新西兰的岁时节庆民俗

新西兰的节日很多，诸如新年、怀坦吉日、复活节、澳新军团日、女王诞辰、节礼日，等等。但规模大、最受人们重视的是圣诞节。此外，还有一些文化节也很有特色。

（1）圣诞节。圣诞节原是基督教的节日。但现在在新西兰，它已经远远超出了宗教的范围，成了一个全民共庆的盛大的民间节日。在离节日还有一个月的时候，人们就开始进行一些节庆活动了。11 月 30 日，在奥克兰的皇后大街上，会举行圣诞大游行。游行从下午 2 点开始，但人们在上午 9 点就已经在街道两旁等候了。游行是以方阵的形式进行的。有的方阵有自己的彩车，有的方阵负责舞蹈表演，有的方阵由穿着苏格兰裙的乐队组成。亚裔的人们也参加游行，有中国的舞龙和秧歌方阵，也有韩国的民间鼓方阵，而日本方阵的队员则穿着和服，拿着筷子一类的东西，跳着只有他们自己才看得懂的民族舞。游行后的一周，在奥克兰国家公园会举行演唱会。新西兰人三五成群，或与家人、朋友围坐在草地上，一边看节目，一边喝啤酒、吃东西，谈笑风生，既尽情放松快乐，又增进亲情与友谊。晚会高潮时，漫天烟花。圣诞之日即 12 月 25 日，家家准备圣诞树，做圣诞食品，点圣诞蜡烛，烧圣诞火柴，唱圣诞歌，圣诞老人会为孩子们分发礼物。而更有人情味的是，这一天已婚的女子都会回到父母身边团聚，全家异常欢乐，共享天伦之乐。

（2）奥克兰爵士音乐节。每年四月在奥克兰举行奥克兰爵士音乐节，以爵士乐为主题，展开一连串的庆祝活动。喜爱爵士乐的人们都汇集在这里，彼此切磋，争相献艺。众多的爵士乐爱好者如醉如痴地体味着其中的快乐。

（3）奥克兰国际文化节。为了展现奥克兰多元文化的特色，每年 2 月，奥克兰都要举办为期一周的文化庆典，每天都有不同的节目上演，包括舞蹈表演、街头音乐会、雕刻艺术展、传统食物料理等多种形式。

第六节　饮食文化

一、饮食

（一）饮食的基本含义

在《现代汉语词典》里，饮食的义项有两个：一个是名词性的，指"吃的和喝的东西"，强调的是名称；另一个是动词性的，指"吃东西和喝东西"，强调的是动作。

在英文中，饮食的概念可以有以下表达方法："food and drink"意为"吃的和喝的东西"；"diet"意为"通常所吃的食物"，也可以指"日常的膳食"；"bite and sup"则是指"吃东西和喝东西"。

从这些有关"饮食"的解释中可以看出，"饮食"一词的基本语言学含义比较简单，无非就是吃喝的东西或吃喝的动作。但深究起来，"饮食"就变得复杂了。饮食如果仅仅是吃饱喝足，为什么在吃饱喝足的同时，有这么多繁文缛节？为什么一种食物对一个地方的人来说是天赐美味，而对另一个地方的人来说却敬而远之，甚至有的地方的人更是避之不及呢？有人为吃什么而苦恼，而有人却为吃不饱而烦恼。饮食本身是本能的，而吃什么，如何吃，在哪里吃，则体现出不同族群的不同特点，体现出其文化性。

（二）饮食的功用

按一日三餐来计算，一个人每年要吃 1 095 顿饭，其所涉及的食物原料、烹饪方法、进餐方式又各式各样。这些"饮食"在填饱了人们肚皮的同时，往往也会给人们带来种种的乐趣和"饮食"之外的功用。

1. 满足生理需要

美国著名心理学家亚伯拉罕·马斯洛（1908—1970）提出了著名的"需要层次论"。马斯洛将人的需要依次分为生理的需要、安全的需要、情感和归属的需要、尊重的需要和自我实现的需要。其中，生理的需要是人类为维持和发展生命对外界条件不可缺少的需要。如维持生存需要空气、阳光、食物、水等，生理过程需要睡眠、御寒、新陈代谢，为了种族的保护和延续需要建立并促进性爱关系。在人的一切需要中，生理的需要是最基本的、最优先的需要。换句话说，如果一个人生活上的一切东西都缺乏或不满足，其最重要、最先满足的可能是生理上的需要。例如，对于长期处在饥饿状态的人来说，他向往的可能是丰富的食物，其他的需要就会退到次要地位。

人的生存与发展是建立在基本生理需要被满足的基础之上的。"食"使人得以维持个体生命的存活；"性"使人类得以繁衍生命和后代。而"食"又始终处于首要的地位，因为饮食带来了人体活动、发育、成长，以及恢复体力、产生能量所必需的各种营养物质，离开了这些营养物质，生命将无法存活。人们只有在满足了对饮食的需要之后，才谈得上追求其他的种种需要。

纵观人类文明发展史，人类自诞生到目前的大多数时间里都在为基本的"温饱"而奋斗，即使是历史发展到现在，世界上仍有数以亿计的人们还在为"温饱"而发愁。因此，饮食的首要功用，也是基本功用，就是满足人类的生理需要。

2. 满足心理需要

饮食除了满足人类的基本生理需要之外，还对人类的心理活动和状态有重要的影响，而某些饮食现象有时也会成为某种心理状况的一种特定标示物。

当一个人处于吃了上顿没下顿的境况时，其内心的忧虑是可想而知的，因此，充足的食物供给或保障可以让人得到心理上的安慰。在现实生活中，有些人由于经济或社会的原因，常常感受不到这种"安慰"，而整日忧心忡忡；有些人则由于富足的生活而淡漠了这种感觉。

饮食的具体产品在很多情况下是一种商品，在特定的消费层面上，还是一种具有很高"文化含量"的"艺术品"。在饮食消费市场中，一定的饮食类型或品种往往成为某种身份、地位、价值、品位或文化的象征。有些食物具有公众化的特点，而有些食物则是为专门的消费群体而准备的。食客在饮食消费中，常常会感受到一种特有的成就感或价值感的满足——食常人所难食。例如，鲍鱼在中国的饮食文化中是身份、地位的象征，因此其身价倍增。

饮食还可使人感受"美味"带来的快乐。饮食带来的快乐，可以在人们的心里留下美好的回忆。

3. 满足社交需要

在现实生活中，人情往来是极其自然的事情，一个没有朋友或者是不被社会、环境所接受的人，其内心是非常痛苦的。人情往来不仅是个人之间的事情，在公务、商务交往中，"感情"的联络和沟通也是非常重要的。尽管人类已发明了各种情感交流的手段来满足人们的需要，但毫无疑问的是，在这种种手段之中，利用"饮食"进行情感交流和沟通仍然有无可替代的重要作用和地位，美酒佳肴总能营造出一种良好的增进交流和情感的氛围。

一个特定的宴饮行为所涉及的场地、气氛、档次、服务、食物、特色，以及出场的人员，既能表达出"主人"的某种"意图"，也会让"客人"体会到自己的价值、地位及受尊敬的程度。无论是国宴的豪华、气派、庄重，还是街头咖啡座的浪漫、轻松、自由，都透露出饮食所特有的情感交流的作用。

（三）人对食物的选择

人每天都要与饮食打交道，但不同的人或人群对食物的选择是不一样的，你喜欢的也许正是别人讨厌的；而别人喜欢的，也可能是你看不上的。那么，是哪些原因使人们在饮食选择上表现出不同的喜好或个性呢？这里从以下三个方面来进行分析。

1. 家庭因素

饮食行为最终总是要落实到每个具体的人身上的。在大多数情况下，一个人的饮食爱好与选择首先受到其所生活、成长的家庭因素的影响，尤其是其童年时代生活的影响。一个人关于饮食的最初知识是从父母或家人那里获得的，在从父母或家人的教育、影响，以及自己的"经验"中知道了哪些东西是可以吃的，哪些东西是好吃的，哪些东西是不好吃的，哪些东西是"珍贵"的，哪些东西是一般的……童年时代获得的这些关于饮食的知识与经验会对人一生的饮食选择产生直接的和潜在的影响。正是由于这一原因，人们常常认为自己家里的食物要比别人家的好吃。

2. 个人因素

当一个孩子长大成人之后，其孩童时代所形成的饮食习惯或偏好会发生不同程度的变化，这种变化使得他的饮食习惯在家庭传统的基础上更具个性色彩。

个人的饮食观念与其所受教育的程度有一定的内在联系，因为受教育程度的高低对个人判断是非、理解事物的能力，以及对待新事物的态度有着直接的影响。现实生活中，不同的人对饮食的价值及其对人生的意义有着不同的看法。在苗条身材与口腹之欲，身体健康与饮食嗜好，吃饱喝足还是享受美味，烹饪是技术还是艺术，是花1 000元享受一顿美餐还是去买一款流行服饰，是花两小时去体味酒吧的浪漫还是去欣赏高雅艺术等问题上，不同的人会有不同的回答或解决方案。而影响你做出抉择的重要因素之一，就是那看不见、摸不着的价值观。

经济条件也会对人选择食物产生一定程度的影响。从整体上看，由于收入和社会地位上的差异，人们对食物的要求和偏好也是存在明显差异的，因为他们在价值观、生活方式、生活要求等方面有所不同。

人们进餐时的心情也会对其选择产生影响，有时是重要的影响。一个心情不佳的人可能厌食，也可能暴饮暴食，而当"人逢喜事精神爽"的时候，就有可能无所顾忌地大快朵颐。

3. 环境因素

在日常生活中，个人的行为选择并非任何时候都由自己做主，所谓"身不由己"就是说在有些情况下个人会被动地服从于某种环境压力，从而做出有违自己初衷的行为选择。

不管你愿意与否，人在现实生活中总是会自觉或不自觉地被划入某一类人的行列，即团体归属。作为特定团体的一分子，你的行为举止通常会在一定程度上表现出与团体中其他成员之间的和谐与统一。例如，一个周旋于西方上流社会的人士如果对葡萄酒一窍不通，那是非常难以想象的。

人员流动是促进不同地域文化和民族文化交流的直接而有效的方式之一，当今社会人员的流动范围不断扩大，流动速度不断加快，使得国家或地区、民族间的文化交流日渐频繁和深入。作为区域、民族文化重要载体的"饮食"也成了颇为独特的文化交流使者。

现代传媒业的发展和商业促销手段的进步，使得买卖双方越来越依赖于广告信息。你也许没有意识到，当你决定买某种食物、食品，或者是决定到某家餐馆或咖啡店轻松一下的时候，这往往不是你自己的主意，而是广告或某种促销行为帮你做出的决定。广告和种种商业促销行为不但影响消费者个人的行为，而且在很大程度上决定着"流行趋势"的形成、扩散和持续。在现代社会，离开了广告或商业促销的作用，新的消费潮流是难以为继的。

二、饮食文化概述

（一）饮食文化的概念

饮食文化是指特定的社会群体在食物原料开发利用、食品制作和饮食消费过程中的技术、科学、艺术，以及以饮食为基础的习俗、传统、思想和哲学，即由人们食生产和食生活的方式、过程、功能等结构组合而成的全部食事的总和。

在一个特定的社会群体（大至国家、民族，小如部落、村寨乃至家庭）中，人们的饮食行为在特定的自然、社会环境因素的影响下形成了种种属于本群体的特色，反过来这些特色也成了特定群体的文化标识——与其他群体的不同之处。当以一个特定的社会群体作为人类文化研究对象时，其饮食行为自然也就成了文化研究的基本内容之一。正是在这个意义上，人们常常将与人类饮食活动相关的诸事项称为"饮食文化"。但是，"文化"定义的复杂性使得要寻找一个能令大家都接受的关于"饮食文化"的定义显得颇为困难。

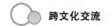

（二）饮食文化的内容

当以一个特定的社会群体的饮食生活为文化分析对象时，首先感受到的是纷繁复杂的饮食现象，各式各样的原料、名目繁多的食物、稀奇古怪的习惯……对这些现象加以必要的分类处理有助于人们更好地了解和认识这些现象所表达的与众不同，否则，人们就可能被一些表面的现象所迷惑而不得要领。对饮食文化内在结构的分析有不同的视角和方法。从下述几个层面对饮食文化的内在结构进行理解，即介绍人类食事活动包括的内容。

1. 食生产

食生产是指食物原料开发（发掘、研制、培育），生产（种植、养殖），食品加工制作（家庭饮食、饭馆餐饮、工厂生产），食料与食品保鲜、安全储藏，饮食器具制作，社会食生产管理与组织。

食物原料的开发，通常由群体所在的自然和人类社会环境所决定。例如，游牧之民以肉乳为食，农耕之族则以稻、麦为粮，靠山临水的自然是以渔猎为生。按照人类自古至今发展出的五种谋食方式，食物的生产取得，依次有狩猎和采集、初级农业、畜牧业、精耕农业、工业化等方式。食品加工制作也依据社会生产发展水平不同而呈现出较大的差异。食料与食品保鲜、安全储藏，饮食器具制作，社会食生产管理与组织，在不同的群体间均有明显差别。

2. 食生活

食生活是指食料、食品获取（如购买食料、食品），食料、食品流通，食品制作（如家庭饮食烹调），食物消费（进食），饮食社会活动与食事礼仪，社会食生活管理与组织。

人类自古至今共发展出五种谋食方式，主要体现在食料、食品获取的方法的不同。人群的流动、迁徙，伴随着包括饮食在内的文化交流，其中以食料、食品的流通最为明显。在食品制作方面，中式烹饪以蒸、煮、炸为主，而西式烹饪则擅长于烘、烤。不同地区或群体的饮食方式存在着巨大的差异，其差异表现为饮食器具的样式和使用方法的不同，分食与合食的不同，具体食物的食用方式不同，集中体现饮食社会活动与食事礼仪的宴会在程式、菜点组合、酒水配置、服务方式等方面也不同。

3. 食事象

食事象是指人类食事或与之相关的各种行为、现象。

在人类漫长的发展过程中，人们对食物的追求几乎是生活中最重要的事情。在对待食物或进食的态度上，出现了许多相应的行为、现象。在欧洲许多国家，盐是招待贵客、祝福新人的最好礼物，这与古代盐难以取得有关，即使现在盐已是最普通不过的消费品的时候，这种古老的习俗还是保留了下来。

类似这些与饮食有关的行为、现象都是饮食文化的重要内容。

4. 食思想

食思想包括人们的食认识、知识、观念、理论。

食思想是指特定群体对待饮食的态度或看法，具体地说就是对饮食在日常生活中的地位与作用、饮食的宜忌、何为美味、饮食与健康、合理饮食等一系列问题的理解和认识。

在这些观念和意识中，有的很直接地在饮食行为中得到表现，并时而表现出某种强制的色彩。例如，一些与宗教信仰相关的饮食禁忌对相关群体饮食选择的限制就显得非常直接、明确；有的则表现得不那么直接和强烈。例如，吸烟、酗酒的危害人人皆知，但是，仍然有许多人乐此不疲。尽管这些观念与意识的表现形式不同，表现力度不同，但可以肯定的是：一个群体特有的食物制作技术、饮食方式、饮食习俗与制度等都是与其特定的饮食观念相互关联的。换句话说，就是一定的自然、社会环境使得一定的社会群体具有了属于自己的对于饮食的看法和认识，这些看法和认识又通过具体的饮食行为表现出来。

5. 食惯制

食惯制是指饮食习俗、风俗、传统等。

饮食文化中的风俗，除了与上述的"食生产""食生活"中的诸事项相关外，还包括饮食行为中的礼仪、规范、节令和民事活动等内容。例如，西方人喝咖啡时，咖啡匙只能用作搅拌的工具，不可作品饮之用。故不谙西方习俗的人经常在此露出"马脚"，那么，这种对咖啡匙用法的"约定俗成"就成了西方咖啡文化中的一种"风俗习惯"。再如，在西式宴会的座次安排中，由于桌型的不同其主宾的位置会有相应的改变，这也就形成了西式宴会文化中特有的"风俗习惯"。在传统节令、重要民事活动中，"饮食"活动通常是不可或缺的内容，并表现出特有的"记号性"特征——专门为这些活动而制备。例如，西方感恩节、圣诞节期间的火鸡。风俗是识别不同地区或群体饮食文化特点的重要事象，因为它不会轻易地被改变，并经常通过一些习惯性行为加以表达，尽管这种习惯性表达有时是无意识的。

饮食文化记录的是在特定的文化背景下，特定民族的群体饮食制度、习惯，它是一种从民族历史上留传下来的，为整个社会集体所认同的饮食观念和行为，通常被视为全民族文化的一个窗口。

三、世界饮食文化的区域概述

对于世界饮食文化区域划分目前尚未见具体论述。本节将介绍我国和日本学者根据世界烹饪餐饮格局对世界饮食风味划分的两种方法。这两种划分的方法是基于"精英烹饪"的视角来审视世界饮食风味状况，如加上非洲饮食风味区域（包括大部分非洲国家及太平洋、印度洋等部分岛国），基本上可以概括世界饮食区域的格局。

（一）世界烹饪三大风味体系

姜习在《中国烹饪百科全书》的正文前专文《中国烹饪》中提到，中国烹饪与法国烹饪、土耳其烹饪齐名，并称为世界烹饪的三大饮食风味体系。也有人把以上三大饮食风味命名为"东方饮食风味"、"西方饮食风味"和"阿拉伯饮食风味"。

1. 东方饮食风味

东方饮食风味有 5 000 余年发展历程，主要植根于农、林业经济，以粮、豆、蔬、果等植物性食料为基础，膳食结构中主、副食的界限分明：猪肉在肉食品中的比例较高，重视山珍海味和茶酒，喜爱异味和补品（如昆虫、花卉、食用菌、野菜等）。

东方菜系以中国菜点为中心，还包括高丽（朝鲜半岛的古称）菜、日本菜、越南菜、泰国菜、缅甸菜、新加坡菜等，烹调方法精细复杂，菜式多、流派多、筵宴款式多，重视菜点的艺术装潢和菜名的文学修辞；医食同源，以传统的中国医药学作指导，强调季节进补与药膳食疗；习惯于圆桌合餐制，箸食，讲究席规、酒令及食礼。

东方饮食风味受儒教、道教、佛教、神道教的影响较深，历史文化的积淀多，烹调意识强烈；以味为核心，以养为目的，以悦目畅神为满足，讲究博食、熟食、精食、巧食、养食、礼食及趣食；现代科学技术的含量相对较少，具有东方农业文明的本质特征。主要流传在东亚、东北亚和东南亚，影响到 20 多个国家和地区的 16 亿人口；其中中国有"烹饪王国"的美誉，"日本料理"也有较大的知名度。

2. 西方饮食风味

西方饮食风味有 3 000 余年的发展历程，因活跃在西半球而得名。主要植根于牧、渔业经济，以肉、奶、禽、蛋等动物性食料为基础，膳食结构中主、副食的界限不分明，牛肉在肉食品中的比例较高，重视黑面包、海水鱼、巧克力、奶酪、咖啡、冷饮与名贵果蔬，在酒水调制与品饮上有一套完整的规程。

西方菜系以法国菜点为主干，以罗宋菜（即俄罗斯菜）和意大利面点为两翼，还包括英国菜、德国菜、瑞士菜、希腊菜、波兰菜、西班牙菜、芬兰菜、加拿大菜、巴西菜、澳大利亚菜等；烹调方法较为简练，多烧烤，重用料酒，口味以咸甜、酒香为基调，佐以肥浓或清淡；菜式、流派与筵席款式均不是太多，但是质精、规格高，重视饮宴场合的文明修养，喜好以乐侑食。

西方饮食风味受天主教、东正教、耶稣教和其他一些新教的影响较深，有中世纪文艺复兴时代的宫廷饮膳文化遗存；重视运用现代科学技术，不断研制新食料、新炊具和新工艺，强调营养卫生，是欧洲现代工业文明的产物；注重宴饮格调和社交礼仪，酒水与菜点配套规范，习惯于长方桌分餐制，叉食，餐室富丽，餐具华美，进餐气氛温馨。主要流传在欧洲、美洲和大洋洲，影响到 60 多个国家和地区的 15 亿人口；其中的法国巴黎号称"世界食都"，莫斯科、罗马、法兰克福、柏林、伦敦、维也纳、华沙、马德里、雅典、伯尔尼、渥太华、巴西利亚和悉尼等著名都会，均有美食传世。

3. 阿拉伯饮食风味

阿拉伯饮食风味有 1 300 余年的发展历程，因诞生于阿拉伯半岛、与伊斯兰教同步发展而得名。主要植根于农林牧渔相结合的经济，植物性食料与动物性食料并重，膳食结构较为均衡；羊肉在肉食品中的比例较高，重视面粉、杂粮、土豆和乳品、茶叶、冷饮等软饮料，喜好增香佐料和野菜，不尚珍奇。

以土耳其菜点为中心，还包括巴基斯坦菜、印度尼西亚菜、伊朗菜、伊拉克菜、科威特菜、沙特阿拉伯菜、巴勒斯坦菜、埃及菜，等等；烹调技术古朴粗犷，长于烤、炸、涮、炖，嗜爱鲜咸和浓香，要求醇烂与爽口，形成"阿拉伯式厨房"风格；习惯于铺白布席地围坐抓食，辅以餐刀片割，待客情意真挚。

阿拉伯饮食风味受伊斯兰教和古犹太教《膳食法令》的影响较深，选择食料、调理菜点和进食宴客都严格遵循《古兰经》的规定，"忌血生，戒外荤""过斋月"，特别讲究膳食卫生，食风严肃，食礼端庄。主要流传在西亚、南亚和中北非，影响到 40 多个国家和地区的7 亿人口；其中的土耳其被誉为"穆斯林美食之乡"，伊斯兰堡、雅加达、德黑兰、巴格达、科威特、利雅得、耶路撒冷、开罗的特色肴馔，也都以"清""真"二字脍炙人口。

（二）四大料理圈

日本学者迁原康夫把烹饪上有特色的四个区域称为"四大料理圈"。

1. 中国料理圈

从全世界的角度看，拥有独特洗练的调理技巧，使用特有食材，更具备悠久历史的料理文化，最著名的有中国、印度、中东与欧洲四个地区，一般称为"四大料理圈"。这些地方也正是世界重要文明的发祥地，可见文明与料理水准有着密切的关系。

就中国料理圈而言，中国人做菜最重要的观念是"医食同源"。也就是说，饮食是生活中调理身体、追求健康的一部分。至于其食材，最主要的肉类是猪肉，调味料则有酱油、味精及各种酱料（豆瓣酱、辣椒酱等）。中国料理做法变化多端，会根据不同食物不同的含油程度，采取最能发挥食材特色的煎、炒或炸等处理方式。整体而言，中国菜调味技巧复杂且高明，端上桌的菜都显得精致漂亮，可谓是色、香、味俱全。不过在这三者之中，中国人最重视的还是好吃。另外，在保存食品方面，中国人常使用腌渍方法处理肉类与蔬菜，技巧高超。

2. 印度料理圈

印度料理的特色是：使用各种香料做成的咖喱粉，以及牛乳或绵羊乳添加香料做成的印度酥油，印度酥油通常很辣。因为宗教原因，印度人通常避免食用牛肉或猪肉，而吃羊肉与鸡肉。在植物性食物方面，名为"达尔"的豆类料理特别受欢迎。

日常主食则是用米煮粥，或者以小麦与杂粮做成名叫"查巴迪"的面粉脆酥薄饼，以及名为"馕"的薄饼。为了烤馕，许多印度家庭都有名为"丹多尔"的黏土制成的烤瓮。

3. 中东料理圈

中东料理圈又可区分为土耳其-波斯系与阿拉伯系两大部分。由于信仰伊斯兰教，中东民族完全不食用猪肉。他们最喜好的肉类是羊肉，特别是仔羊，常做成串烧料理"西西格巴布"。在调味料方面，酸奶与橄榄油是不可或缺的食材，也会大量使用辣椒、胡椒与丁香等味道强烈的香料。

4. 欧洲料理圈

欧洲人最重要的食材是肉类与乳制品，大部分调理方法都和这两种饮食原料有关，但主食还是面包。面包之外的原料处理方式，以容易保存为最重要的因素，许多食物都会经过熬煮或者盐渍。欧洲人特别喜好香料，甚至被称为"用鼻子吃饭"。但其实他们也喜好清淡，因此有生食蔬菜搭配色拉的做法。

四、中国饮食文化

（一）中国饮食文化的生成机制

中国饮食文化从形式到内容都是多样而丰富的，在世界上独树一帜。其成因要从中国的地理环境、历史传统、政治影响、文化形成等多方面进行综合分析。

从自然条件上看，中国地大物博，气候多样。人们根据各地区的物产，制作出了具有各种民族风味和地方风味的食品，从而形成了中国饮食文化的多样性。从经济条件上看，中国先民的主体在距今7千万年前后，就进入了以种植和养殖经济为基础的农业社会。因此，中国的饮食文化注定是以农业为基础的文化，农业一直是中国的立国之本，受到历朝历代的重视，以谷类食物为主的文化特征影响着中国人数千年的饮食生活。从政治条件上看，秦始皇统一中国后，大一统的集权力量，为各地的特产互相交融、促进提供了条件，构成了丰富的饮食文化。从文化背景上看，重生是中国农业文化的一大特点，由重生而重养生导致注重饮食，《论语·颜渊》中孔子说："足食、足兵。"道出了饮食的重要性。

中国文化崇尚权威，上层文化对饮食文化的推动作用也不容忽视，一些有声望、有学问的文人的发明，受到人们的重视，经他们赞赏、实践的菜肴就会身价百倍，远近传扬。同时，文人的记录也为人们了解古代饮食的发展、保持其传统做出了重要贡献，中国从魏晋南北朝时期起就出现了很多文人记述的饮食烹调的专著，如西晋的《安平公食学》、南齐的《食珍录》、北齐的《食经》、唐代的《食谱》、宋代《东京梦华录》《梦粱录》、元代的《饮膳正要》、明代的《随园食单》等，都或多或少地记载了古代饮食文化。重历史、重家庭、重传统技艺（包括特殊的烹调、酿造等方面的技术）的传统是中国农业文化的特点，它使一些"祖传"的烹饪技艺得以留传。如现存最早的菜谱，虞悰的《食珍录》就是家族秘传的记录。又如"孔府菜系"，据说经过了 70 多代的传承，现仍闻名于世。

（二）中国饮食文化的特征

一个国家或民族的饮食文化，是由这个国家或民族的饮食制度、饮食结构、器具、加工技艺（烹饪方法）、饮食方式及其相关的思想、哲学、礼仪、心理等因素构成的。

1. 中国传统的饮食结构

中国的主体民族——汉族的传统饮食文化，从结构内容上说，是以植物性食料为主。主食是五谷，辅食是蔬菜，外加少量的肉食。对于以畜牧业为主的少数民族来说，则是以肉食为主食。

（1）以谷物为主。从新石器时代起，中国就进入了农耕社会，人们的饮食以谷物为主食，但由于各地自然条件的不同，谷物种类也有差异。比如，我国就存在着黄河流域的仰韶文化和长江流域的河姆渡文化两种不同的食俗。仰韶文化以粟为主，河姆渡文化以稻为主，饮食分为南北两大系统，这在新石器时代就已确立。主食的确立有自然产物的原因，也有一些人文因素。如在黄河流域，粟的产量比较高，比麦、黍几乎多一倍，而且"五谷"之中，只有粟耐陈，经考古发现，不少粟在几千年后依然籽粒完整。在人口密集、灾情频繁的北方，多产、耐储藏是人们选择粟为主食的一个重要因素。粟可分为稷和粱两大类，满足了社会上、下层对主食的需要。因为粟即稷，有"五谷之长"的美称，"稷"还与"社"一起组成国家的象征，连古代农官也以"稷"命名。

（2）以素食为主，以肉食为辅。两千年以前成书的《黄帝内经·素问》中，就指出了古代汉族的饮食结构是："五谷为养，五果为助，五畜为益，五菜为充"。谷物、果类、蔬菜都是植物性的食物，说明汉民族很早就以植物性食物为主，动物性食物为辅，很少喝乳制品。古代把在位的士大夫以上的贵族称作"肉食者"，把贫民称作"蔬食者"。大概是因为当时家畜肉类还不充足，广大民众还很少食用。但实际上，这些统治者也是以吃粮食为主的。

（3）以热食、熟食为主，以冷食生食为辅。《礼记训纂·王制》说："中国戎夷，五方之民，皆有性也，不可推移。东方曰夷，被发文身，有不火食者矣。南方曰蛮，雕题交趾，有不火食者矣。西方曰戎，被发衣皮，有不粒食者矣。北方曰狄，衣羽毛，穴居，有不粒食者矣。"只有华夏族吃谷物、熟食。可见古籍中曾经把吃谷粒并火食（即熟食）作为华夷之分的主要标志。

2. 中国饮食器具的演变

烹调方法的进步同烹饪器具的发展关系非常密切。陶器时代的烹饪法主要是烹煮和蒸制，在公元前 5500—前 4800 年，中国先民已普遍使用陶釜煮食。从商周时期的奴隶制时代开始，由于有了主食、副食之分，食具就出现了新的变化。如"豆器"为肉食用具，后用于祭祀时向神祇供奉食品；"俎"盛放整羊；"卢"为饭食之具；"杯""盅"为饮器；"盏"是较小的饮器；"箸"为进食之具等。中国饮食文化的一大特点就是使用筷子。先秦文献中称筷子为"箸"或"挟"，到战国晚期，箸才开始被当作吃饭的工具。隋唐时期又称"箸"为"筋"。后来人们不喜欢它们含有的"停滞"的意思，就反其意改为"快"。宋代以后又在"快"上加个"竹"字头，写作"筷"，从此沿用至今。

商周两代是中国铜制炊具的鼎盛时期，食具已不再限于用陶土烧制，而是出现了大量用金属做成的食具。其中铜鼎的出现标志着中国油烹的开始。鼎也是重要的礼器，为朝廷大典所必用，后来成为国家权力的象征。商周时还出现了玉石、牙骨、漆木等用各种质料做成的食具。从秦朝到西汉时期，铁釜、铁刀等炊具已普遍使用，有了铁锅，高温快热的爆、炒的方法便应运而生。汉代，瓷器逐渐进入成熟阶段，后来被中国民众广泛使用的食具则以瓷器和铁器为主，直到现在。

食具的发展随时代、生活的变化而改变。如桌椅问世之前，人们习惯席地而坐，食具也都放在地上，由于跪坐的需要，食具的底足一般比较高以便于取食。战国时期出现了可起桌子作用的食案，位置的变化使食具的造型发生新的变化。如原来的底足变矮，以后演变成了平底的盘。考古和古代文献都证明，在战国时期盘已作为食具使用了。到了唐代，桌子普遍流行使用，食具的造型便向平稳方面发展，过去使用的食具有些被淘汰了，但是盘却一直流传下来。

3. 中国传统饮食惯制

饮食惯制是饮食文化的重要部分，包括聚食制、餐食制等方面。

聚食制起源很早，从许多考古发现中可以看到，古时候，炊间就是聚食的地方，一般在宅的中央。殷周时，发展成在席上跪坐用餐。"筵席"一词也是在席上用餐的意思。至今，在西南少数民族中还存在着这种聚食形式。聚食制的长期流传，是中国文化重视血缘亲族关系和家族、家庭观念在饮食方式上的反映。筵席、筵席礼仪等也是从聚食制演化而来的。

餐食制是人们日常几餐的分餐习惯。在上古时期人们采用的是二餐制。甲骨文中有"大食""小食"之称，指一天中朝、夕两餐的时刻。东周时，日常生活中已经形成了"三食"的习惯，尤其在生活优裕"列鼎而食"的贵族中间，一般都已采用三食制。大约到了汉代，随着经济的发展，一日三餐的习惯渐渐被民间采用，而它又反过来推动了生产。"三食"制即已成为中国饮食的基本食制。

4. 中国传统的饮食加工技艺

中国的饮食加工技艺历史悠久，经验丰富，以选料讲究、制作精湛、品种多样著称于世，是中国宝贵的文化遗产之一。它可以分为食物加工和饮料加工两部分。

（1）食物加工。食物加工常被称为"烹调"，包括"烹"和"调"两部分。"烹"讲究燃料、烹饪器具及火候的使用和把握。燃料性能不同，制作食物的方法也不同。注重火候同时必须讲究使用不同的烹饪器具。如铁锅宜煎炒，砂罐宜煨煮；炒制需要火力集中，要选用圆底锅；煎制需要火力平均，就要选用平底锅；砂锅炖焖，菜肴容易酥烂而香味浓郁，还能使菜肴保持热度。根据原料的需要，菜肴加热成熟的方法也不同。"调"就是利用烹料的配合与各种烹的手段，使菜肴更为美味。

烹调方法的结合运用，造就了中国饮食的特色，以菜肴为例，由于各地自然条件不同，人们对饮食味道的要求也不同。古人认为，美味佳肴"物无定味，适口者珍"。体现在菜肴的烹调技艺上，就是各地根据不同的味觉习惯、气候特点，选择原料、色泽和操作方法，逐渐构成了区域性的菜系，并衍生出各种风味饮食。

从历史文献记载来看，中国饮食的地方差异，形成的时间可以追溯到先秦时代。《礼记·内则》中比较详细地介绍了西周时期的几种美味菜肴的烹饪方法，这是目前所能见到的最早的中国北方菜食谱，其用料多为陆产，属黄河流域的地方风味。而《吕览·本味》《楚辞·招魂》中所列举的菜肴，其用料多为水产禽类，属长江流域地方风味。两汉以后，西南巴蜀地区的益州及东南吴越地区的广陵成为天下重镇，经济空前繁荣，更多的物产得到很好的开发和利用。到了唐代，中国饮食调制法的风俗传承在南方形成三大各具特色的区域：西南长江中上游的川味，长江中下游的淮扬味，岭南珠江流域和闽江流域的粤闽味。另外，山东是我国文化发源地之一，在秦汉时期那里的手工业就已经很发达，从而促进了山东烹饪技术的发展和提高。所以到了宋代，川、鲁、苏、粤四大风味菜已经形成。

到了元、明、清时期，特别是清代，各地风味有了很大发展，在四大菜系的基础上，又增加了闽菜、京菜、湘菜、徽菜，成为八大菜系。八大菜系只是笼统地划分，实际上还有不少菜系如浙菜、沪菜、藏菜等。

（2）饮料加工。中国传统饮料以酒和茶为代表，它们的加工制作都有悠久的历史。

酒的起源是一个有趣而又复杂的问题，我国古代就有许多说法。在《吕氏春秋·勿躬》和《世本》等较早的文献中就有了"仪狄作酒"的说法，而比较著名的还是杜康造酒说，另外还有黄帝、神农为酿造之祖的说法。当然，这些都属于传说。西晋文学家江统的《酒诰》认为，酒不是某一个人发明的，煮熟了的谷物丢在野外就会变成酒。水果、谷类作物发酵而成酒，这种现象是正常而不难见到的。远古时期的人们发现了这种食物酒化的现象，经过长期的观察，不断总结，逐步开始有意识地造酒，并总结出造酒技术。事实上，我国古代并不乏自然发酵的记载，如周密的《癸辛杂识》、元好问的《蒲桃酒赋序》、刘作藩的《粤西偶记》中都有关于古代山梨、葡萄久储而发酵成酒的记载。在进入农业社会后，谷物自然酒化的现象也不难发现。《淮南子集释·说林训》中说："清醯之美，始于耒耜。"认为制酒与农业同时产生，这是颇有见地的。

根据制作方法不同，酒大致可以分为酿造酒和蒸馏酒两大类。我国古代造酒的起源很早，大约在新石器时代晚期，酒已经比较普遍了，这一点可以从考古发掘中找到旁证。龙山文化遗址就曾出土了大量尊、壶、杯等陶制酒器。从有文字记载的历史来看，殷商时的造酒业是十分发达的。殷人嗜酒之烈，在历史上是十分罕见的。根据对甲骨文的分析，殷代已经以黍即谷子为主要原料，用"蘖"（酿酒的曲）作为糖化剂酿造一种酒味不浓的甜酒"醴"。

周代不仅有"酒正""浆人""酒官""大酋"等专门掌管酿酒的职官，而且在《礼记·月令》中已有了十分精辟的制酒经验总结，其中制酒的各方面应注意的事项都已讲到，而且这时已经有酒香醇厚的"陈年老窖"。

秦汉以后，制曲业兴盛，曲的种类增多。适于北方使用的大曲和适于南方使用的小曲，在魏晋时均已有全面的发展。有了各种特点的曲，就可以酿造出风格各异的酒。从殷周到唐代，我国的酒虽有种种不同，但都是以谷物酿造的酒，也就是今天的黄酒的类型，民间称之为"老酒"。"老酒"所含的酒精浓度并不高，有糟，并不是今天所常见的蒸馏酒。所以古代记载的豪饮，动辄就是几斗几大碗，甚至以"石"计，如西汉的于定国、东汉的卢植、曹魏的刘伶，据说分别有"至数石不乱""能饮一石不醉"的海量。这些记载当然有夸张之处，但如果知道他们所饮的都是含酒精量不高的黄酒，也就不足为奇了。

由于酿造酒含酒精不高（绍酒酒精含量在 $13\% \sim 20\%$），好酒者不能满足，于是从周代起，人们就开始探索提高酒精浓度的办法。于是蒸馏酒，即今天的烧酒便产生了，其酒精含量可达 60% 以上。据推测，这种酒至少不会晚于南宋产生。烧酒是中国最具代表性的酒类，宋元以后，发展极快，因原料、水质、曲种、蒸馏、储存、勾兑等一系列工艺流程不同，形成了我国以茅台为代表的各种独特风格的若干品种。

中国是茶的故乡，它的原产地在中国的四川、云南等省份。茶被发现，至今已有几千年。据《神农本草经》记载："神农尝百草，日遇七十二毒，得茶而解之。"说明茶最初发现可能是作为药用。到商周时期，茶已成为巴蜀等地的特产而受到重视。春秋时期，茶的用途进一步发展，可能还有一个被作为菜用的阶段，如《晏子春秋》中说："婴相齐景公时，食脱粟之饭，炙三弋五卵，茗菜而已。"大约在秦汉之际，民间开始把茶作为饮料，如西汉宣帝时，王褒撰写的《僮约赋》中，讲到"烹茶尽具"和"武阳买茶"，这是以茶叶为饮料的最早记载。武阳即今天的四川彭山，说明饮茶的风习最早起源于巴蜀。东汉以后饮茶之风向江南一带发展，继而进入长江以北。西晋以后，饮茶成为中国各族人民的一种重要习俗。到了南北朝时，饮茶成了僧人借以养性和祭祀神灵的高雅之物。

到了唐代，对于茶味的研究不但独精，而且嗜茶、尚茶的饮茶习俗更加盛行。这与唐代佛教的发展有很大关系。寺院的发展对茶的传播和饮茶习俗的普及乃至茶文化的形成起了重大作用。"天下名山僧占多"，寺院一般在名山大川、环境幽静的地方，这些地方的气候、水土等自然条件往往宜于茶的生长。饮茶有利于佛教徒坐禅提神，而僧尼又最讲究静修，所以僧人爱种茶、饮茶。于是在许多寺院旁边出现了大茶园，例如，始于唐代、盛于南宋、传至今日已有一千多年历史的灵隐佛茶，就是江南的佛门名茶。茶成了佛事活动中的一个部分。

僧人的饮茶之风，进一步影响到民间和文人士大夫的生活方式。饮茶之风导致人们对于茶具、用水、选茶、烹煮都有讲究。唐代的陆羽总结了这些现象，并结合自己丰富的制茶和饮茶经验，著成《茶经》一书，从茶的产地、性能、制作、品饮等方面进行了研究，这表明中国茶道已经形成。茶的外传大约也起于唐代，由鉴真和尚东渡时传到日本，经维吾尔族和突厥族的商人传到亚洲西部；近代传到欧洲、美洲、非洲、大洋洲。

随着历史的发展，饮茶方式不断变化。三国时期张揖《广雅》介绍的饮茶法说："欲煮茗饮，先炙（茶饼）令赤色，捣末置瓷器中，以汤浇覆之，用葱、姜、橘子笔之。"这是最早的有文字可查的饮茶法。这种方法至今还在一些民族的饮茶习俗中有所体现。比如侗族的"打油茶"是用茶叶、果仁、油盐一起煮成茶汤来敬客。唐宋时期，通行的煮茶法，即把茶叶碾成碎末，制成茶团，饮用时把茶捣碎，加入葱、姜、橘皮、薄荷、盐等调料一起煎煮，还有把茶叶碾碎、罗细，然后冲水，将茶末调成糊状喝下，所以又叫"吃茶"。到唐代陆羽时，已经开始反对在煮茶时加入葱、姜、橘子皮、薄荷等配料，因为这会掩盖茶的原味。宋人饮茶，改在锅中熬茶或在盏中点茶，即把茶放入盏中，然后放入开水。元代最重要的改变是改末茶为叶茶，叶茶煮饮，更贴近后代的"撮泡"法。明代的茶艺趋于完善，是中国工夫茶的鼎盛时期，这时人们采用叶茶冲泡的方法。清代饮茶法更趋精细、完美。

茶有不同的分类方法。按其制法可分为六大类，即绿茶、红茶、乌龙茶、白茶、花茶、紧压茶。它们的代表分别为龙井茶（浙江杭州西湖）、祁红（安徽祁门）、武夷岩茶（福建武夷山）、白牡丹（福建）、福州茉莉烘青、普洱茶（云南思茅和西双版纳）等。

（三）中国饮食习俗的文化内涵

1. 中国饮食文化中的传统思想观念

一个民族的饮食往往是它传统思想的一种表现形式，也因而构成了不同民族饮食文化的特点。中国饮食文化就充分地体现了中国的传统思想。

（1）中国饮食文化蕴含了民本思想。饮食，是传统儒家文化中民本思想的组成部分；足食，即让国民吃饱，是传统社会稳定秩序的一项国策。饮食往往是衡量统治者政绩的一个硬性指标，是国泰民安的基础。与此相应，饮食也是衡量统治者贤明与否的一把尺子，《礼记》中记载，孔子就提出古代的圣贤君子要"食不贰味，以与民同利"。

（2）中国饮食文化中蕴含了敬粮观念。中国是有几千年文化传统的农业国家，农业构成了我们民族的自养模式，表现在饮食上就是对粮食的敬重。这种敬重首先体现在祭祀活动中，人们用粮食敬奉神灵和祖先，用神灵、祖先的恩赐物来祈求或答谢他们，这种传统由来已久，并相当普遍。比如中秋节用月饼感谢祖先神灵给人们带来的丰收，腊月二十三用糖来敬献"一家之主"灶神，春节备办丰厚的牲醴敬献给神灵和祖先。在日常的生活观念中，节约粮食是一种美德，中国人从小就接受这方面的教育。唐代诗人李绅《悯农》诗云："锄禾日当午，汗滴禾下土；谁知盘中餐，粒粒皆辛苦。"至今仍是中国启蒙教育的重要内容。因为"敬粮"，饮食还往往成为衡量个人志向的一杆秤，有志者磨炼意志、培养志向也往往从饮食开始，要"一箪食，一瓢饮"（《论语正义·雍也》），甘于清贫；想成就大事者，还要经受"饿其体肤"（《孟子·告子下》）的磨炼。这些远远超过了饮食的范围而进入文化心理的深层，但其载体却由饮食来充当，足见饮食在中国文化中的重要地位。

2. 中国饮食文化中的礼仪内涵

礼是中国数千年历史的核心，具有中国一切文化现象的特征。礼的中心内容和基本原则是充分承认存在于社会各个阶层的亲疏、尊卑、长幼差别的合理性，认为这种差别就是理想社会的秩序。要保持这种秩序，就必须使贵贱、尊卑、长幼各有其行为规范。每个人都应严格地遵守由自己的社会地位决定的规范，这就是所谓"礼"。《礼记训纂·礼运第九》中，孔子在观察夏、商的治理之道后，得出一个结论："夫礼之初，始诸饮食。"可见饮食是一件极其庄重的大事，是礼仪的源泉，所以中国古代三部最著名的礼典《周礼》《仪礼》《礼记》，都在饮食方面规定了很多礼仪。

先秦时期的礼仪大致已框定在饮食活动的范围内。如以主食的种类和佐食的多寡有无，区别人伦等级的尊卑长幼，贵族饮食有肉类，也有谷类、蔬菜等，平民百姓主要以豆类等粗粮为主。在食器上，古人常以"钟鸣鼎食"来形容贵族阶级的饮食盛况，以"箪食瓢饮"来形容下层人民的简陋生活。同一器具质量的差异也可以作为区分上下等级的标志。

《礼记·曲礼》还对筵宴上用饭的礼仪有许多规定，如：不要大口喝汤，进食时口中不要发出声响，不要把咬过的鱼肉放回盘中，不要啃骨头，不要因饭烫而用手扇凉，不要狼吞虎咽地喝羹，不要在羹中再加调料搅和，不要拨弄牙齿等。如有触犯，就是失礼，就会惹主人的反感。与尊长共宴，要注意的规矩更多。先奉尊长食，同时要等尊长吃完了自己才停止；不要落得满桌是饭，要小口地吃，并快点吞下，咀嚼要快，不要把饭留在颊间咀嚼。与国君进食，更要讲究揖让周旋之礼。《礼记·玉藻》说，如果国君还没吃饱，侍食的臣子不敢先饱。国君吃饱后，臣子还要对国君劝食，但也三次为度。就连在家宴中也以排座次来区别食者的上下尊卑。

3. 中国饮食文化中的哲学内涵

"饮食男女"是人类经验的重要部分，哲学研究的对象是人类经验的全部，所以饮食文化在实质上也体现着一个民族的哲学思维倾向。

（1）饮食中的阴阳五行学说。五行说把自然现象和人类的活动归结为金、木、水、火、土五种物质元素，这五种元素在口味上的属性是辛、酸、咸、苦、甘，合称"五味"，五味受五行的支配。按照这种认识，食物被分为五畜（羊鸡牛犬彘）、五谷（麦菽稷麻黍）、五香（花椒、八角、桂皮、丁香、茴香子）等。饮食中的基本成分是谷类食物，系土地所生，故饮食属于五行中的"土"。阴阳学说则解释了宇宙起源。认为阴、阳指两种宇宙势力或原理，阳代表阳性、主动、热、明、干、刚等；阴代表阴性、被动、冷、暗、温、柔等，阴阳互相作用就产生了宇宙的一切现象。任何事物都有阴阳两个方面，饮食也如此，如饮为阳，食为阴；食之内很多食物为阳或阴，如用火烹熟的肉多半是阳性的，谷类食物则大多是阴性的。饮食一方面是为了充饥，另一方面则是为了养生，饮食活动只有在不违背阴阳五行的规律的前提下，才能达到养生保健的作用。饮食首先要做到阴阳配合，中国人在饮食中比较严格地遵循饭菜均衡原则，认为在饮食中做到五行相调，阴阳相合，可以达到养生防病的效果，这就是传统的以食代药的食疗法。

（2）饮食中的"中和"观念。中国古代哲学中的一个观点认为宇宙万物只有达到"中和"的境界，方能获得永恒。"中和"在饮食文化中，是适中和平衡。"中和"是饮食文化中的最高标准，在"中和"思想的影响下，中国传统饮食习惯还包括一种"节制"的观念。孔子说："君子食无求饱。"（《论语·学而》）。《绎史·著书下》也说："凡食之道，大充，伤而形不藏；大摄，骨枯而血沍。充摄之间，此谓和成。"人们每餐饭应达到"七分饱"，不能极饥而食，极渴而饮，暴饮暴食会导致血气失常，卒然不救。饮酒更需节制，少则益人，过多则有损。饮食还具有一种"和合"的社会功能。古人说："饮食所以合欢也。"中国人讲究一团和气，吃饭时习惯聚食，在共同用膳、不分彼此的过程中体会人情味。它不是从卫生的角度，而是从集体情感交流的角度去理解饮食的，这更符合我们民族的心理，因而至今难以改变，反映出古代哲学中的"中和"思想对中华民族的深远影响。

（3）道家崇尚自然的观念。道家在这里泛指以先秦老子、庄子学说为中心的哲学流派及后世受其影响而形成的宗教——道教而言。道家非常崇尚自然，强调"道法自然"（《老子》第二十五章），自然清淡是道的特性。而中国饮食文化也遵循了道家以自然为美的原则，即顺物原性，保持原物、原味、原形、原质，要"味无味"（《老子》第六十三章），以"恬淡为上，胜而不美"（《老子注译及评介》第三十一章）。道家把淡味作为百味之首，美味就是淡味，烹饪技术中的所谓"大味必淡"就是这种思想的概括，它强调的是清淡、质朴、自然的本味，要求人们巧妙地利用原料的天然本味调理出一种难以用言语表达的美味。在日常饮食生活中，人们注意到清淡食物可静身养性，有养阴、益心、健身的作用，而且对治疗一些疾病也有益处，可见道家的自然观对我国饮食文化有着极其深远的影响。

五、世界部分国家饮食特色

（一）亚洲部分国家饮食特色

1. 韩国饮食的特色

韩国菜肴以"五色"即青、黄、红、白和黑色为主色，以"五味"即甜、辣、咸、苦、酸为味道组合的要旨，又以"五辣"即韭菜、大蒜、山蒜、姜和葱作香辣的来源，辣椒和胡椒仅用来提鲜和增辣。韩国菜采用山川野菜或是海滨鲜食入馔，并以五谷为主食，利用色调取悦食客，辅以鲜辣味道以引发食欲，再配以特色酱料增加食味。

（1）"药食同源"的烹饪理念。韩国人深受儒家思想熏陶，继而引申出"吃是五福之一，吃是健康之本"的饮食之道。所谓"五福"即长寿、富贵、康宁、好德、善终。加上韩国人推崇健康为首，所以韩国菜将"药食同源"和"药念"标榜为做菜要旨。"药食同源"即在菜肴中广泛运用药材，诸如人参、红枣、枸杞、薏苡、生姜和桂皮等，这些食材具有强身健体的滋补作用，大有养生培元的功效。

（2）韩国菜的花彩。韩国菜花彩（装饰）伴碟，是用红、白、黄、青、黑等自然色调作陪衬，如将鸡蛋丝、芹菜粒、葱丝、银杏、松子仁、辣椒丝或黑芝麻撒在食物上，美化佳肴。花彩采用相关辅料堆砌，只作点缀，不会喧宾夺主，突出了韩国菜粗中带细、自然淳朴的田园风味。

（3）酱料运用显特色。酱料是韩国饮食特色的标记。韩国属半岛国家，四季分明，不过冬天寒冷，不宜种菜，所以韩国人很早便懂得利用天然环境和发酵技术来保存食品，酱料便是发酵技术的产物。传统酱料黄酱（基本调味料），即利用黄豆发酵而成，有点像中国面酱或日本味噌；泡菜酱则是腌菜、肉食或海鲜的常用酱；腌鱼酱或腌鱼虾酱也独具风味。

2. 日本饮食的特色

（1）关东口味和关西口味。日本属于岛国国家，地理环境特别，各地区因气候不同而使物产收成、风俗和食味各异，这也反映在个别地区的料理中。传统日本料理依照口味差别可分为关东料理及关西料理。前者以东京地区为主，口味尚浓，加上当地水质属硬水，故喜配酱油来突显菜式风味，酱油味更成为关东料理主流；后者则泛指京都、大阪一带，口味偏好清淡、甘甜，这与其水质属软水有关。古代更以"美味是唯淡"来赞扬关西料理。薄盐和昆布能引出水的甘甜味道，故关西料理便以盐味为主。由于地理环境优越，有好水能酿出美酒和制造出优质酱汁，便丰富了菜式食味，因此关西料理在日本料理中占有重要位置。

（2）专门化的乡土料理。除了关东料理和关西料理外，还有具有区域性的各式乡土料理，例如，北海道的石狩锅、福井的蟹料理、青森的鰊鱼和粕渍、山形的鰰鱼味噌煮，常陆的鮟鱇锅、信州的荞麦蒸、南部熊本的马刺身和樱锅等，皆是兼具地方特色的风味美食。

现今社会交通发达，物流迅速，造就了传统乡土料理能突破区域界限，采纳不同食材入馔，除了保留原有菜式特色，还因为四季食材品种选择多样，让菜式食味更显优雅和别具创意。日本人除了极力保存传统文化外，还秉持着对事物专注的精神和严谨的专业态度，当其投入在饮食业界，便衍生出各具特色的食物专门店或餐厅，如鳗鱼炭烧店、烧鸟店、居酒屋、酥炸专门店、怀石料理店、寿司屋、铁板烧餐厅和河豚专门店等。

（3）季节料理——怀石料理。12世纪末，佛教传入日本，京都贵族喜供养禅师。当时丰臣秀吉对千利休禅师所倡导的茶艺甚为推崇，使得尝茶听禅的风气盛行。长时间听禅又空腹喝茶，会引起肠胃不适，所以在习茶道前进食一点清淡精致的料理，可免肠胃受损，因而衍生出"茶怀石"。鉴于贵族们尊敬自然的料理，茶道已成为上层的社交联谊活动，加上京都一带是寺庙发源地，僧侣众多，故以精致素菜料理为主，发展至后期则已成为京都的首要流派，故又称为"京料理"或"贵族料理"。所谓"怀石"乃指古时禅师进行断食时，怀抱已烧热的石头暖腹，以抵挡饥寒之苦，在此比作坚持修行的精神。

怀石具备"一汁三菜"，以饭汤为主，后期由富豪町人加入四季食材，演变至"二汁五菜或七菜"，喜宴则更可多至"三汁十菜"。怀石料理以套餐形式出现，按上菜顺序编排：餐前小吃（先付），什锦头盘（前菜），清汤（吸物），生鱼片（刺身），煮菜（焚合），烤鱼（烧物），酥炸类（扬物），酸食（酢物），饭品及泡菜（食事）和甜品（甘味）等。由于怀石料理是沿袭禅宗概念发展而成，故烹调讲究自然原味，重视四时食材的变化，所以在烹调手法及摆饰上都配合季节而变化，属季节料理。

（4）面。面食为日本人的主食之一，最早起源于奈良时代，由中国传入的绳索饼演变而成。日本著名面食以荞麦面、手拉面为主，前者由东部向西部伸展，后者则由北部向下南移，饨（乌冬）则是西部著名面食。值得一提的便是位处东西之间的名古屋，其著名的基子面便是别具创意的乡土食品；关西口味的素面，以面条细而轻盈为特色，突出了口味偏于清淡雅致的饮食风格。

日本料理的厨部理念可分为三大部分：寿司部、铁板烧部及和食部。

寿司部着重于对新鲜材料的处理，讲究寿司饭的品质控制、严谨细腻的刀法和腌渍技巧，以及对创意的追求。

铁板烧部讲究新鲜食材，并注重运用桌前的烹调技巧和对火候的掌控，以及掌握应对客人的技巧。

和食部侧重于烹调的技术处理，如食材冷冻、解冻的方法和如何配合运用，以及各类酱料的调配、制作和保存方法等；并进一步讲究怀石料理的精髓，改进菜式，以及编订餐牌，为日本料理的中心部门。

3. 泰国饮食的特色

泰国，原名暹罗（Siam），含有"land of smiles"之意，即笑容之地。由于水道纵横，故有"东方威尼斯"的美誉。泰国是一个族群众多的国家，早在数千年前已有中国的少数民族、寮国（即老挝）人和高棉（即柬埔寨）人移居于此地；及至18世纪前，航海通商的中东人、伊朗人（古称波斯人）和印度人经过此地，对这里一见钟情，从此落地生根。由于移居人口来自世界各地，遂而形成了多民族聚居，却又能相处和谐的现象。此外，多民族聚居的结果，使他们能迅速吸收外来事物，加上当地人民多信奉佛教，故在社会观、建筑艺术与饮食文化方面都受佛教影响，形成了别具一格的文化，具有平和、活泼而不失庄严的特质。

传统的泰式烹调用炆煮、烧焗或烤焙方法来处理食物，后来受中国人影响，才引入炒和油炸方法，其烹饪灵感来自中国、印度和伊朗（古称波斯）。到了17世纪后期，烹调方法受葡萄牙、荷兰、法国和日本的影响，使得烹调技术更上一层楼。在 1660 年，葡萄牙领事还将辣椒食材带入泰国，后来还把泰国菜介绍至南美等地。

泰国人信奉佛教，故在饮食上尽量避免选用庞大的牲畜和家禽入馔，以将肉食切碎或撕碎的方式取代大块肉食，再配以新鲜香草，另按厨师的手艺心得、个人食味、节庆需要与生活作息烧制成独特的，并以酸、鲜、香、辣见称的菜肴。

此外，根据泰国厨师说："放置在食盘中的食物，一切皆可食用。"泰国菜将"色香味美"共冶一炉，试问馋嘴一族哪能放过"艳色一绝"又"味道丰厚"的泰国菜呢？

值得一提的是，他们的烹调哲学为取材自然朴实，风味原始，特别是把传统酱料如虾酱、鱼露、椰糖或蚝油往菜肴里一放，仿佛有神来之笔般把平常粗食变成了人间极品，这使人不难想到为何泰国菜能成功攀上世界美味行列。总而言之，简单直接的烹调方法，取材自然的饮食理念，大量选用新鲜香草，最能道出泰菜的精要。

泰国菜的特色如下。

（1）强烈南洋风格。调味和取材大胆创新，刺激味蕾，令人胃口大开，食盘上的食物往往夸张热闹，颜色艳丽抢眼，菜肴烹调风格简单，颇有椰林树影之姿，将各式酱料和香料巧妙地运用在菜肴上，令菜式更为突出。

（2）多种族文化构成食风大融合，创造出别具一格的泰式美味，兼具中国、缅甸、老挝、越南和马来西亚等料理手法，加上数千年来与中东、印度、西班牙和欧洲通商，造就了能包容外国文化，形成移民文化的饮食特质（接受与包容），从地方菜系迈向国际化。

（3）酱料文化。公元 1 世纪时印度人把佛教引入泰国，时至今日，几乎 95％以上的泰国人信奉佛教，所以他们会把信仰带入饮食，不会让牲畜生鱼原形（这是宗教上的忌讳）上桌，会先将其切碎（目的是心安理得），才进行料理，遂引致酱料（形状模糊不清），"酱料文化"即变成了泰国菜的标签。

（4）自然朴实的食材入馔。泰国菜口味复杂，菜式多为复合味道，一般食味有三种以上，再搭配自然界的各项食材入馔，加上烹调方法简单，没有中国菜那般配合多种烹调技术制作，多以生吃、快炒、油炸、烤焗或炖煮的单一方法炮制菜式，故深受不懂烹调的年轻一族欢迎，因为闲来也可弄上一二。

（5）随心所欲的饮食哲学。泰国人天生纯朴，做事皆随心所欲，所以传统泰国人会席地而坐，以手取食，不会拘泥于世俗法规，而是随兴地饮食，单纯讲究口味与食欲的满足，食法和烹调手法随意配合。

4. 印度饮食的特色

印度，一个古老而淳朴的国家，已有五千多年历史。尽管世界不断改变，新思想和新事物不断冲击着社会，但今日的印度仍然保持着根深蒂固的传统。在世界舞台上，印度既以先进的计算机软件开发技术闻名，又保留有迷人的艺术和传统，令人赞叹不已！

多年来，印度人通过当兵、贸易和移民等多种途径，散居世界各地，加上自身的聪明才智，印度人吸纳了多国不同的文化，于是构成了别具一格的本土文化。以饮食烹调为例，在与各国的饮食文化交流中，印度饮食因其自身独特的烹调风格而享誉全球。据悉，公元前326 年，希腊和中东的食材及烹调技术明显地影响了印度烹调。到了 16 世纪，蒙兀儿（Moghul）人把肉类和米饭菜式传入印度；葡萄牙君王在入侵印度时，还引进了辣椒，这成为印度主要的香料和调味料。18—19 世纪，英国商人来此地进行贸易，并把酸甜酱（chutney，以水果、香料和醋混合而成）带入印度，成为印式调味品或伴食酱汁，种类过百，食味层出不穷，形成印度菜特色之一。此外，印度还融合了很多不同的民族，如蒙古人、赛亚人、帕提亚人、阿拉伯人、土耳其人、阿富汗人和荷兰人等，形成了文化、宗教与民族趋向多元化的国家。

早期的印度菜肴烹调以保存为出发点，因而研制出多款泡菜。后来，食材品种多了，除了保存问题，还要顾及食物营养，于是加上经研碎后的香料做成酱汁来搭配其他食材，创造出一道道细致又可口的印度菜肴，变化之大，令人惊讶。

印度不同区域有各自地方语言、气候、建筑、衣饰和独有的菜肴，同时也吸收了其他地域（如伊朗、希腊、阿富汗、葡萄牙和英国等）的菜系和饮食文化，融会贯通而形成自身的饮食特色。典型的印度餐包括肉类、家禽和海鲜，亦会附带两道蔬菜、豆类、面包或饭、乳酪或乳酪酱汁，有时还会添上一些沙拉、泡菜和腌菜。通常北方会选用面包搭配，南方则会以米饭搭配。

（二）欧洲部分国家饮食的特色

1. 法国饮食的特色

法国烹调艺术就像时装般随着不同年代的潮流而转变，烹调技巧、食材选料及摆设，亦随着时代改变。按烹调风格而言，法国菜肴可分为三大主流派系。

（1）古典法国菜派系（Classic Cuisine/Haute Cuisine）。古典法国菜派系起源于法国大革命前，是在皇胄贵族中流行的菜肴，后来经由艾斯奥菲区分类别。古典菜派系的主厨手艺精湛，选料必须是品质最好的，常用的食材包括龙虾、蚝、肉排和香槟，多以酒及面粉为汁酱基础，再经浓缩而成，口感丰富浓郁，多以牛油或冰淇淋润饰调稠。

（2）家常法国菜派系（Bourgeoisie Cuisine）。家常法国菜派系起源于法国历代平民的传统烹调方式，选料新鲜，做法简单，亦是家庭式的菜肴，在 1950—1970 年间最为流行。

（3）新派法国菜派系（Nouvelle Cuisine）。新派法国菜派系自 20 世纪 70 年代起，由保罗·布谷斯（Paul Bocuse）倡导，在 1973 年以后极为流行。新派菜系在烹调上使用名贵材料，具有原汁原味、材料新鲜等特点，菜式多以瓷碟个别盛载，口味调配得清淡。20 世纪90 年代后，人们注重健康，由 Michael Guerard 倡导的健康法国菜（Minceur Cuisine）大行其道，采用简单直接的烹调方法，减少用油量；而汁酱多用原肉汁调制，并以奶酪取代冰淇淋调稠汁液。

法国位于欧洲西部，在地图上呈六角形，北面连接比利时、卢森堡和英伦海峡，南濒临西班牙和地中海，西临大西洋，东面与德国、瑞士和意大利为邻，地处北海与地中海要道，也是西欧至南欧之通道，往返非洲和亚洲之要塞。简单而言，法国拥有约60％的平原大地，农耕业得天独厚，由于所出产的葡萄质量好，故当地酿酒业发达，堪称全球第一。

鉴于历史、地理环境和地方物产有别，造就出法国各地区烹调的独有风格，依其特色和地理分布，可分为以下几种菜系。

①布根地菜肴（Burgundy）。布根地盛产红、白葡萄酒，其他著名产品有田螺及鸡。驰名菜肴包括焗田螺（Escargots a la Bourguigonne）及红酒鸡（Coq au Vin）等。

②阿尔萨斯菜肴（Alsace）。阿尔萨斯盛产白葡萄酒、桃红酒，世界著名的鹅肝（Foie Gras）也来自此地区。驰名菜肴有罗伦士塔（Cuiche Lorraine）。

③诺曼底菜肴（Normandy）。诺曼底盛产海鲜、干酪（Camembert）、奶油及苹果、苹果白兰地（Calvados）。驰名菜肴有暖苹果搭配雪葩（Torte Fine aux Pommes et Sorbet）。

④普罗旺斯菜肴（Provence）。普罗旺斯出产全法国最好的橄榄油、海鲜、番茄及香料等。驰名菜式有海鲜汤（La bowrride du pecheur a la provencal）等。

2. 西班牙饮食的特色

西班牙三面临海，内陆一带山峦起伏，气候多样，故各地气候和温差差异颇大。从历史上看，西班牙屡受外族入侵，又辗转受不同教义影响，遂使各省市留存其独特的传统文化，拥有不同节庆特色。西班牙菜融合了各种外族文化，充满独特的地方色彩，以"美酒佳肴"来形容西班牙的酒和菜，绝不为过。按其地方特性，不难找到高质量的饮食材料，并在专业大师高超的烹调技术的调配下，形成了菜种丰富、烹调可口和各具特色的优点，并与中国菜式相近。

多姿多彩的地方菜肴，大致上出自下列几个地区。

（1）安达鲁西亚及埃斯特雷马杜拉。该地菜肴以清新和色彩丰富为主，多采用橄榄油、蒜头及其他新鲜蔬菜为基本材料做菜。同时，还秉承了阿拉伯人的烹调技巧，菜式中有不少是运用油炸形式烹调，取其香脆酥松的质感，配以清鲜食味，故口感甚佳，著名的特产食品包括：风干火腿、沙丁鱼和红酒，驰名菜式有西班牙冻汤。

（2）巴斯克。巴斯克与法国西南山区相邻，菜肴多以海鲜和野味为主要材料，特产有盐制鳕鱼及鳗鱼苗，驰名菜式有炸鳗鱼苗。

（3）加泰罗尼亚。加泰罗尼亚位于地中海和比利牛斯山之间，接邻法国，曾受法国统治，烹调方法与地中海沿岸地区接近。加泰罗尼亚以炖菜佳肴出名，盛产香肠、乳酪和蒜油，著名的特产食品还有卡瓦气泡酒，驰名菜式有墨汁饭、香蒜酱和海鲜大烩。

（4）加利梅西亚及莱昂。加利梅西亚及莱昂位于西班牙北部，盛产海鲜及鲑鱼，亦是烹调技术最出色的食区。有别于其他地方菜肴，此地的菜肴甚少采用蒜或橄榄油，却多采用猪油、粟米面和麦粉，特别的菜式包括扒酿沙丁鱼。另外，当地特产藤壶，其肉质甜脆甘美，是不容错过的海鲜。

（5）卡斯提尔及拉曼查。该地位于西班牙中部，菜肴以烤肉为主食。利用大柴炉慢火烤熟羔羊和小猪，前者口味浓厚，肉质鲜嫩，膻味不重；后者则选取两三周左右、重约 4 千克的乳猪，烤得表皮金黄脆亮，油润欲滴。加上梅塞塔高原是闭塞性高原，天气干燥带点炎热，适合畜牧业发展，故盛产乳酪、猪肉香肠（Chorizo）和西班牙藏红花，驰名菜式有香蒜肠肉汤及杂烩大锅菜。

（6）巴伦西亚。该地位于西班牙东南部，菜肴与地中海相似，盛产蔬菜和水果（如枣和无花果等）。巴伦西亚是稻米之乡，当地人用任何配料如肉、鸡、海鲜、蔬菜和鱼等来做菜饭，并按人头多寡来决定饭锅。驰名菜式是巴伦西亚海鲜饭（Paella Valenciana）。每年，在巴伦西亚均会举办户外海鲜饭野炊竞赛。赛后，亲朋好友会围着一大锅海鲜饭尽情享用。

（7）阿拉贡及里奥哈。该地位于西班牙东部，邻近比利牛斯山区，烹调以简单为主，以洋葱、番茄、蒜头、辣椒和橄榄油伴以特色酱汁，制成菜肴和饮汤。里奥哈盛产红酒，当地人按照传统酿酒法，保持酒的颜色、香味、口味和品质，其品质纯正。

（8）巴利阿里群岛。这是地中海西部群岛，西班牙的一个省，其菜肴与地中海菜肴及卡塔罗尼亚菜肴相似。著名特产包括半软半硬的干酪、蛋黄油、鹅蛋卷、千层饼和辣味大香肠。

（9）加那利群岛。位于非洲西岸附近，菜式极富想象力。岛上盛产热带水果，如牛油果（鳄梨）、白焦和木瓜等，四周环水，故菜肴多以海鲜及水果为主。

统而言之，西班牙人以肉食为主，咸腻浓重，尤爱吃腌得酥香味美的火腿香肠，蔬菜类则少吃，就算置于美食当中，人们也会将其拨到一旁或少量进食。他们不专长于精致菜式，反而以口味醇厚浓重为特色。

西班牙人天生快乐，热情喜客，爱与朋友聚会兼爱夜生活，故酒吧、餐厅和弗朗明哥歌舞馆林立。据消费统计指出，大部分西班牙人愿意花费收入的 20% 以上用于饮食和娱乐。

众所周知，西班牙人用膳时间特别长，上班前只略吃早餐，上午 10 点左右为早间休息时间，人们会饮一杯咖啡，享用一客迷你三明治或煎蛋饼；午餐在下午 2 点至 4 点之前，人们会选择一杯红酒，大致享用三道菜；约晚上 10 点后才进食晚餐，因时间颇晚，为避免饥饿，他们都习惯在晚餐前到酒吧喝少许酒及尝一点小吃。

西班牙称餐厅为"Restaurantes"，餐厅一般都供应全套用餐菜牌，包括开胃头盘、汤、主菜及甜品。特式小饭馆则称为"Tasca"或"Tascas ilustradas"，多以彩色陶砖为装饰，供应家常菜式，风味独特。当然在西班牙最不会缺少的是酒馆或酒吧，主要供应各式饮料如啤酒、葡萄酒、Fino 雪莉酒；另外，也提供精美的点心、小吃及串烧食物；店内爱将西班牙生火腿一只只挂在天花板上，而酒保会以支架固定火腿，随时为你送上即削的生火腿片"Jamon"，此外，亦有专门的面包糕饼店"Pastelerias"，售卖地道西班牙面包和修道院式糕点。

3. 德国饮食的特色

德国人是食猪肉的民族，世上没有其他菜系比他们更侧重于猪肉。在德国，有像其他各国处理猪肉的手法，例如猪排等，但这不是德国人最拿手的，反观德式烧猪排及德式烧猪手，其烹调特点为长时间烧焗，还把不断流出的油脂淋回肉上，使味道更加浓厚。

自德国统一后，德国饮食的地区文化更加明显，北部食物来自波罗的海，菜式有浓厚的纳维亚半岛的风格；中部山川河流资源充沛，菜式较为丰富且分量大；南部受邻近国家如土耳其、奥地利、西班牙及意大利的影响，食味较为清淡。

由于肉类产量丰富，引发出储存的问题，德国人对肉类保存颇有研究，他们运用烟熏、腌制、盐腌、醋腌和硝盐等多种技术，做出各类香肠、火腿或咸肉等闻名食物，也因此而发展成一种独特的饮食文化。

德国食品的美味，依赖于优质的食物原料。由于工农业发达，所以劳动阶层需要进行大量而繁重的体力劳动，对食物需求量较大，故德国菜以往给人的印象为食味比较重，分量足。但随着经济的发展，观念的变化，健康已成为食客与厨师最关注的问题，所以新一代德国菜的菜式，已减少使用淀粉和蛋白质等食材，冰淇淋和牛油等用量也有所减少，重归传统烹调法，如多使用酒腌或酸腌等较健康的处理食物的方法，给德国菜注入了新的生命力。

4. 意大利饮食的特色

数千年来，得天独厚的自然环境，发达的对外贸易，浓厚的文化、艺术氛围，悠久的历史文化传统，培养了意大利人对饮食文化的独特认识和理解。对于美食的挚爱与追求已成为意大利文化不可缺少的组成部分。

现代意大利的饮食风格与文艺复兴时期的社会文化密切相关，著名的商业城市威尼斯和佛罗伦萨为此做出了巨大贡献。这两座城市是当时东西贸易和交通的重要枢纽，贸易交流带来了世界各地的物产，人员来往则促进了不同文化之间的交流。而富裕的威尼斯商人们则秉承了古罗马的奢华风气，一如既往地继续着他们对美食的爱好和追求。在这些因素的作用下，传统的意大利饮食风格要想不变是不可能的了。地方特色越来越显著，口味的变化也越来越多，众多香料、香草使得菜肴滋味更具"刺激"。这两个城市对意大利饮食文化发展的贡献是多方面的，威尼斯人将"叉子"摆上了餐桌。但一直被后人称道的则是佛罗伦萨人对菜品数量、质量上的贡献，尽管法国菜现在是西方烹饪艺术的杰出代表，但毫无疑问，法国菜最初的发展完全得益于意大利人的贡献。当然，在意大利饮食文化影响其他地区和民族饮食文化的同时，其自身也受到其他民族、地区饮食文化的影响。

意大利直到1861年才建立统一的国家，此前的大多数时期为城邦分治，国土为各皇亲国威所割据，这种社会格局使得不同地区、不同城邦在文化、风俗等方面表现出极其鲜明的个性特征，而人们的饮食行为或习俗成为表现这些个性特征的载体。历史悠久的传统文化使得意大利人的乡土观念极其浓厚，在饮食观念上的表现则是"家乡菜最好"。意大利风格各异、特色鲜明的地方饮食文化，使得人们很难对"意大利菜"进行恰当的表述。鲜明的地方特色是意大利饮食的特点之一，不同地区往往有自己独具代表性的原料、烹法和特色菜肴。米兰的炸猪排、红花饭，威尼斯的茄汁海鲜、洋葱小牛肝，罗马的犊牛火腿片等，都是知名的美味佳肴。

意大利人非常尊重自己民族的饮食文化，用传统方法制作的火腿、香肠、干酪、干豆等食品至今仍然受到人们喜爱。此类食品不但工艺复杂，有时也很耗费时间。风干牛肉、风干火腿、色拉米（猪肉腊肠）和各式冷肉肠是意大利著名的传统肉制品，是制作意大利菜肴不可或缺的原料。

在西式烹调中，意大利烹饪方法以变化多而出名。在诸多烹制方法中，以炒、煎、炸、烤、烩、焖居多，蒸、煮、烙、炖也常有所用。

作为意大利的著名特产，橄榄油在意大利饮食中具有重要的作用，它既是烹制用油，也是调味用油。意大利出产的葡萄酒世界知名，它与奶酪、橄榄油一样，都是意大利烹调不可缺少的重要调味品。

善用蒜茸和干辣椒调味是意大利烹调的特色之一，这两种调料是形成意大利菜肴"微辣"滋味的主要来源。

美味可口的意大利面条和比萨饼在全世界范围内被越来越多的人品尝，并给予肯定。

5. 希腊饮食的特色

希腊饮食文化异常发达，宫廷膳食达到了相当高的水准，是现代欧美饮食文化的主要源头之一。现今希腊饮食文化基本上属于西方饮食文化的体系，同俄罗斯与东欧的膳食风格比较接近。例如，该国主要食源是面粉、玉米、牛羊肉和烟酒。希腊人爱吃海鱼、火鸡、通心粉及橄榄油，制菜多系烤、炸、煮、烩，口味趋向咸鲜腥酸，喜爱油腻。

希腊人的饮食也有特异之处。一是爱吃零食，如盐水花生、南瓜子、核桃仁、蜜饯之类，他们在这方面开支往往较大。二是嗜爱烟酒与咖啡。烟是男女老幼都抽，一天一包是常事；起床后必喝浓咖啡，一杯可品一小时；酒是两餐不可缺，稍醉微醺被视作社交的风范。三是豪爽慷慨，喜欢以美食赠客，整只的烤乳猪和烤火鸡也不吝啬。四是饮食中保留着鲜明的图腾习俗。如崇拜蛇与狼，视盐为圣物，餐室中装饰大蒜头串与石榴枝，将钱币置于大蛋糕中烤熟后分切以预卜吉凶，喜爱黄、绿、蓝色食品，忌讳猫等。

（三）非洲部分国家饮食的特色

1. 埃及饮食的特色

由于外来的饮食文化因素不断冲击和切入，埃及传统的饮食文化难以一脉相承。现今的埃及饮食文化已隶属于阿拉伯饮食文化范畴。

与此同时，埃及领土又地跨亚、非两洲，除了尼罗河谷、地中海沿岸、苏伊士运河和西奈半岛外，绝大多数地区是炎热干燥的热带沙漠，主要的农产品仅有小麦、玉米、洋葱和甘蔗，畜牧业的发展也受到限制。因此，该国的饮食文化又具有西亚和北非热带沙漠气候的特色，如主要食用政府补贴的"耶素面饼"，大米稀少，蔬菜也不充裕，豆薯类的小吃多；制菜喜用粗盐、胡椒、辣椒、咖喱、番茄酱、孜然、柠檬汁和黄油等调味，口感偏重，喜好焦香、麻辣与浓郁。另外，该国的饮料多为红茶、淡咖啡、酸奶、果汁、啤酒与凉开水。爱吃瓜果与雪糕，这也是其居住环境使然。

2. 南非饮食的特色

南非的烹饪技术来源于很多民族，是各种文化和传统的综合。

随着海外移民浪潮的迭起，带来了世界各地的菜肴，英国（包括鱼和薯条）、德国、葡萄牙、西班牙、匈牙利、马来、印度和中国式佳肴应有尽有。

南非荷兰菜系起源于 17 世纪的开普敦，后来由布耳人在从开普敦迁走时传到了北方。它是一种用欧洲农家混合方法烹调，再佐以从荷兰东印度公司购买的香草和调味品的独特菜系。

来自亚洲的影响丰富了南非的美食，如炖西红柿和菜豆、咖喱肉末和米饭、南瓜肉桂油炸面团、姜饼、馄饨汤、肉丸子。南非人的肉食以牛肉为主，最受欢迎的是碎牛肉或羊排以特殊香料调味，再搭配风干的桃子、杏果或葡萄干，这种典型的马来菜反映出马来厨师已逐渐调整传统的东方烹调方式，并适当运用南非当地的食材，以创造出崭新的南非美食。

南非人喜欢煮食捕获的猎物，例如，炖鹿肉、鹿排，锅烤鹿肉，炖兔肉，蒸鸵鸟肉。喜欢咖喱的游客可到夸祖鲁－纳塔尔省（尤其是德班地区）去品尝印度菜肴，如辣子鸡或羊肉加米饭或印度式面包，而咖喱肉馅饼和素馅饼则在全国各地都可以买到。

内地的卡龙以汁浓味厚的羊肉而闻名，还有睡莲叶芽炖羊肉、葡萄干黄米饭和烤红薯。凌波波省的主食是玉米粉。早餐桌上经常有黄色的玉米粥或棕色的粟米粥。玉米饼也很流行，还有麦片豆粥。南非的肉类食品质量很好，捻角羚、黑斑羚或鸵鸟肉，味道比牛肉好，而且胆固醇含量较低。其他菜肴有混合烧烤、牛尾、加香料和红酒炖制出的肉烂离骨的珍珠鸡砂锅，还有鸡腿、蚂蚱和一种昆虫的幼虫干 Mopane。甜食有麻花糖、脆饼干、葡萄干布丁、蒸布丁和奶馅饼。脆饼干的传统吃法是蘸咖啡。

烤肉是南非人生活中不可缺少的组成部分。在南非到处都可看到牛排、鸡块、野味蘸辣汁在烤架上吱吱作响，肉食总是配以各种沙拉、蔬菜和一种叫"Pap"的粥，再有就是西红柿葱头酱、马铃薯咖喱豆和咖喱腌鱼。

（四）美洲部分国家饮食的特色

1. 美国饮食的特色

美国饮食文化具有多元化的属性：追求时尚，膳食简便，善于吸收他国之长为己所用，同时也保留固有的饮食嗜好与忌讳，食风新颖别致，食肴五光十色。

美国是一个开放型的发达国家，由于对外交往频繁和生活水平较高，便成为世界美食汇展的橱窗。从中国的饺子到法国的奶酪，从墨西哥的玉米粽子到汤加的烤乳猪，都拥有众多的食客。而且他们评价食品，往往是一阵风，只要说是有营养，便敢舍身一试。像猕猴桃、鹰嘴豆、防风根、工程蝇，在这里都曾风靡一时。这便构成其饮食文化第一大特色——食性杂，求时髦，赶潮流，多变化。

美国人吃饭随便而简易，家庭烹调技术一般不高，故而大多依赖方便食品，而且消费量大。他们的一日三餐，多是见啥吃啥，有啥吃啥。家宴也出奇的简单，哪怕仅有一道菜，也敢大发请柬，甚至要求客人自带酒菜光临。据统计，美国人每天至少要吃一餐方便食品，方便食品约占其饮食开支的40%。美国有各类快餐店数十万家，一年消费方便面100多亿碗，以供应军队快餐食品出名的肉商"山姆大叔"，现已成为美国的别称。这又说明美国饮食文化是建立在发达的现代食品工业基础之上的，因而科技含量较高。

美国菜兼取法、意之长，结合国情演化，200多年间烹调工艺也达到了一定的水准。其品味是咸中带甜，一般不用大蒜、辣椒和醋调味。多系瓜果配肉品，喜清淡，重香熟。烹调时，肉要去骨，不用内脏；鱼须剔刺，砍掉头尾；虾要剥壳，蟹要拆肉，果要去皮去核。煎炒、焗烤、铁扒，均见功力。名食有苹果烤鸭、哥伦比亚牛排、芝加哥奶油汤、弗吉尼亚史密斯菲尔德农家火腿、花旗大虾、巧克力热狗、南瓜馅饼、玉米羹和螃赤饮等。该国的食俗也不同一般。如重视餐具，每人每餐的餐具多达20余种，式样齐全，质地考究。情人节、感恩节和圣诞节同时也是食品节，美味山积。近年来，因为道德、禁欲、营养和"文明病"流行等原因，美国兴起"素食主义"，倡导绿色食品、黑色食品、昆虫食品和花卉食品，减肥之风大盛。此外，肥肉、禽皮、虾酱、爪趾、臭豆腐、海味、山珍、蒸菜、烧菜等食物，许多美国人也不感兴趣；至于饲养的宠物（如狗、猫、鸽、兔），更是严禁食用的。

2. 墨西哥饮食的特色

墨西哥是中美洲的文明古国，食物非常丰盛。因为被西班牙统治过，受到过古印第安文化的影响，墨西哥菜式均以酸辣为主。而辣椒，成了墨西哥人不可缺少的食品。墨西哥本土出产的辣椒有百款之多，颜色由火红到深褐色，各不相同。

墨西哥的早餐可以用"醒神"来形容，各式食物都以辣为主，连松饼都是以辣椒来烹制。正宗的墨西哥菜，原料多以辣椒和番茄主打，味道有甜、辣和酸等。而酱汁也多是辣椒和番茄调制而成。

墨西哥菜分前菜、汤类、主食和甜品，其中以汤类较为清淡，用以突出主菜的酸辣特色。粟米是墨西哥人的主粮之一，也是墨西哥菜不可缺少的原料之一。

墨西哥人以玉米为主食，连国宴也是一盘盘的玉米食品。"托尔蒂亚"是将玉米放在平底锅上烤出的薄饼，香脆可口，尤以绿色玉米所制的薄饼最香。"达科"是包着鸡丝、沙拉、洋葱、辣椒，用油炸过的玉米卷，最高档的"达科"以蝗虫做馅。"达玛雷斯"是玉米叶包裹的玉米粽子，里面有馅拌鸡、猪肉和干果、青菜。"蓬索"是用玉米叶包裹的玉米粒加鱼、肉熬成的鲜汤。整席玉米国宴，包括面包、饼干、冰激凌、糖、酒，一律以玉米为原料制成，令人大开眼界。

3. 巴西饮食的特色

巴西全国有黄、白、黑三种肤色的人，其中白种人占 50% 上，官方语言为葡萄牙语，认为"金桦果"为幸福的象征。新年夜晚，时钟敲过 12 下，全家人高举火把，唱着小调，蜂拥进山寻找"金桦果"，谁找到的果子最多，谁就最幸福。

巴西大大小小的节日数不胜数，每年二月中下旬，全巴西要欢度狂欢节。在节日的三天三夜里，人们倾城而出，不拘平时礼节，没大没小尽情狂欢，簇拥着选出的狂欢节"国王"和"王后"，头带假面具表演各种歌舞，各方人士大显身手，世界各国游客也纷纷而至，确实达到了狂欢程度。

巴西人在饮食上一般喜清淡口味，以黑豆为主食，大多数人每天至少吃一顿黑豆饭，以吃西式菜肴（欧式菜）为主，也吃中国菜。早点喝红茶，吃烤面包。午餐、晚餐喝咖啡，平均每人每天喝 6～7 次咖啡。巴西人喜吃甜点心（如蛋糕、煎饼等），爱吃香蕉，爱喝葡萄酒、香槟酒、桂花陈酒，也爱喝茅台酒，但一般人酒量不大。

（五）大洋洲部分国家饮食的特色

1. 汤加饮食的特色

汤加为南太平洋西部的岛国。汤加国虽小，但饮食文化的风情举世闻名。其中包括催肥的薯块、特异的全猪宴、神圣的卡瓦酒，汤加人反对节食减肥等。汤加人的主食是硕大块茎薯类，还有椰子和香蕉。由于经常食用营养丰富的优质碳水化合物，所以举国上下大都肥胖，并且汤加人以胖为美，以胖为荣，以胖为尊贵。

汤加人平时很少吃肉，也不喝牛奶。如遇大典，则在王宫举行盛大的"全猪宴"。届时会在广场上摆放许多棕榈叶编成的特大条案，每个案上陈放 25 头烤猪、30 只烧鸡、几十只大鳌虾和成堆的蔬果。赴宴者席地而坐，用手撕扯着肉菜山吃海喝。同时表演热烈奔放的劲歌狂舞，喜庆欢腾。此宴吸引了五洲四海的观光客，并为该国增加了不少外汇收入。

"卡瓦"是一种胡椒科灌木的树根，将其晒干、捣碎，浸出并过滤后的汁液，即为"卡瓦酒"。它虽不含酒精，但有浓烈的辛辣味，会使舌头麻木。此酒可以健肾降压，并且令人越喝越上瘾。汤加人敬献卡瓦酒时，常有礼节严谨的神圣仪式，带有原始部落宗教的遗痕。汤加人也忌讳 13 和星期五，吃饭时不许说话，还忌讳将鲜花当礼品送人。该国以身材苗条为丑陋，宴会上不准涉及节食、减肥等话题。

2. 澳大利亚饮食的特色

澳大利亚传统的饮食文化以英格兰、爱尔兰风格为主。一般以吃西餐为主，生活习惯与英国相似。20 世纪 50 年代随着大量欧洲移民的涌入，也带来了饮食文化的多样化。意大利、希腊、法国、西班牙、土耳其、阿拉伯等各地饮食方式相继在澳大利亚各地落户生根。它不仅满足了各地移民的需要，也给那里的英国后裔带来了新的口味。

从 19 世纪 50 年代淘金潮开始，华工就已经把中餐带进澳大利亚，当时的许多小城镇都可以找到中餐馆。20 世纪初，糖醋排骨、黑椒牛柳、咕老肉、杏仁鸡丁就已经成为那里风行一时的充满异国情调的菜肴。现在你可以在澳大利亚任何一个小城镇里看到中式餐馆。在大城市里的唐人街，中餐馆、酒楼更是鳞次栉比，不胜枚举。据说在各国风味餐馆中，中餐馆的数目是最多的。

随着 20 世纪 70 年代后期越南难民的涌入，一种价格低廉的越南菜悄悄流传开来，其中最脍炙人口的就是牛肉粉，这几乎成了越南食品的象征。然后没过多久越南风味就被咸、辣、甜的泰国菜所取代。泰国餐馆就像当年的法国餐馆一样迅速遍及澳大利亚各个城区，并风行了 10 年之久。现在最为流行的亚洲餐依次为中餐、泰餐、日餐、韩餐、越餐和马来餐。

澳大利亚人的食物应该是世界上最丰富多样的：肉、蛋、禽、海鲜、蔬菜和四季时令水果应有尽有，几乎全部是自产自销，很少依赖进口，而且品质优良。在澳大利亚这块广袤的土地上可以种植各种在其他国家出产的东西。所以澳大利亚人学会了各种烹调技术且在饮食上有了创新，算是丰富物产的物尽其用。

（六）古朴的民族饮食特色

各个民族生活在特定的地理、人文、生态环境中，依据着机遇不等的历史条件，创造出各具特色的饮食文化，为全人类的进步都做出过贡献。

1. 黑人饮食的特色

黑人即赤道人种，因起源于赤道热带地区而得名。由于现今的黑人基本上聚居在亚、美、非三洲，因其生活环境和经济基础的不同，饮食文化也有明显的差异。

亚洲黑人多生活在印度、印度尼西亚等国，仍然保留着亚热带、热带丛林地区比较原始的食风，刀耕火种，水煮生拌，过着筚路蓝缕的生活，相当艰辛。

美洲黑人因为定居于美洲近 400 年，其饮食文化中小部分保留着黑人原有的属性，大部分受到居住国食风的影响，带有多元化的特征，如接受西餐洋食、重视面包冷饮、遵循基督教食规，食性偏杂、饮食观念较为开放。但这已不是黑人饮食文化的主旋律了。

黑人饮食文化的主旋律，是在撒哈拉沙漠以南的 50 多个国家和地区内。一般来说，他们继承了尼格罗人先民的膳食传统，并且具有原始宗教色彩，以及热带沙漠、热带草原、热带雨林气候的风情，较为古朴粗犷。如有的捕获野兽，采集野生草木，有的进化到食用面食、奶汁及家畜，有的则是两者兼具；普遍爱吃芭蕉、椰子等水果，喜食玉米、高粱及杂麦、薯芋煮粥或烤饼，善于提取奶油、酿造土啤酒和利用野生草木作饮料，嗜好蛇鼠与昆虫；还有不少黑人在死亡线上挣扎，糠菜难抵半年粮。其食具多为简陋的骨石器、竹木器或陶瓦器，烹调技术粗放，调味品少，生食比重大，熟食也是断生为度。他们的祭祀亦多，食忌各别，喜欢以乐侑食，每逢聚宴，歌舞跳跃，篝火通明。至于上层社会的黑人，饮食文化则较发达，大多习用西餐，重视营养调配。

2. 印第安人饮食的特色

印第安人是美洲土著民族的总称。印第安人对人类饮食文化的最大贡献，是他们首先成功地栽培了 40 多种农作物，如玉米、马铃薯、向日葵、木薯、可可、烟草、棉花、剑麻、番茄、辣椒、西葫芦、南瓜、菠萝、花生、鳄梨等。特别是玉米，奠定了美洲文明的基础，被誉为"印第安人之花"；再如马铃薯和向日葵，对欧亚两大洲食源的扩大也影响深远；至于可可、番茄、辣椒、南瓜、花生和烟草，更是造福于全人类了。

印第安人的烹饪技艺也独具一格。其主食多为玉米、马铃薯和亚热带山区荒漠的野生草木，喜爱番茄、菜豆与辣椒，珍视昆虫、仙人掌果和龙舌兰汁液，喜用向日葵油。烹调方法拙朴、便易，至今仍保留着古老的"石烹"。调理玉米和马铃薯常有绝活，均能变出百多种花色乃至酿酒。其口味以辣为主，鲜咸中略带酸甜。他们的昆虫菜肴多达数十种，在世界上颇有名气。他们的饮料多是直接取自大自然，如仙人掌果汁、龙舌兰茎液、古柯树（一种富含可卡因的灌木）叶片茶。印第安人较为集中的秘鲁和墨西哥，饮食水平都达到较高的水准。秘鲁的餐饮业十分兴旺，在南美洲素享盛誉；而墨西哥人之善吃据说排在世界第五位，排序仅次于中国、意大利、法国和印度。

印第安人的饮食生活还受到古老的玛雅文化和印加文化影响，保留着许多图腾崇拜的遗俗。如饭食习以"黄色"为贵，尤为喜爱黄玉米、黄土豆、黄辣椒、黄南瓜、黄菠萝和黄花生，这是他们崇拜太阳、以太阳子孙自居、以黄色为神圣的原因所致。印第安人相信"万物有灵"，普遍重视祭祀，祭仪隆重而又神奇。他们还有对抗性强、连续多日的"夸富宴"，在神灵和亲邻面前展示家族的地位和荣誉。至于其食礼，古朴、率直、大度并且纯真。此外，印第安人的制陶、纺织、印染、绘画、雕刻、羽饰、刺绣、金银铜器等工艺精湛，并经常用于餐室装潢和餐具美化，丰富了饮馔的文化内涵。

3. 吉卜赛人饮食的特色

吉卜赛人饮食文化也受诸多因素的影响。一般而言，偏爱肉食，猪肉、羊羔、火腿和鸡鹅，都是盘中美餐；尤喜飞禽走兽，特别珍视刺猬。其方法多为整烤或泥烤，沾上盐与其他调料，分外香鲜。他们对死亡的禽畜不忌讳，并有"神宰的牲畜比人宰的更美味可口"的说法。而且他们吃鸡，也多为鸡翅和鸡架，因为这类食品在欧美每千克的价格只相当于牛肉价格的 2.5％或等价于一个鸡蛋。至于粮豆和蔬果，也是在便宜的前提下有啥吃啥，一般都能入乡随俗、酌情而变。

吉卜赛人不射猎，不吃马、狗和猫。不射猎是因为他们同情野兽，不吃马和狗是因为这两种动物是他们流浪生涯中的忠实朋友及助手，不吃猫是因为它有灵性、能捉老鼠。他们的"黑圣女祭典"十分隆重，要敬献美食和甜酒。他们的饮食相当洁净，除注意个人卫生外，还善于用丰富的传统医药学知识来调配饮食、防疫健身。

4. 毛利人饮食的特色

毛利人是大洋洲新西兰的最古老的土著民族，他们的膳食以甘薯为主，还有土豆、南瓜、蕨根和芋类，喜食牛羊肉、禽蛋、海鱼和昆虫，重视时果和鲜蔬，营养较为均衡。他们的烹调中有两项绝活：一是善于利用地热蒸制牛羊肉和土豆，名为"夯吉"；二是"烧石、烤饭"，即先将灶内的鹅卵石烧红，再泼一瓢冷水，接着将分层摆放芋头、南瓜、白薯、猪肉、牛排、鸡、鱼的铁丝筐置于灶中，上盖树叶草皮，再洒上湿土，最后用稀泥糊严，经过数小时即可成熟，撒盐与胡椒粉后即可食用。该族还建有神圣的聚会厅，用于祭祀、殡葬、迎宾和宴乐。聚会厅广集毛利建筑、雕饰、彩绘、编织和音乐艺术之精华，光辉夺目。宾主一起行毛利礼，讲毛利语，吃毛利饭（烧石烤饭），唱毛利歌，倾诉友情。

此外，他们一般不吃狗肉和珍鸟，不吃带沾汁和过辣的菜；忌讳 13 和星期五，忌讳当众剔牙和嚼口香糖；平常吃饭与喝水也大都不愿被人看见，普遍习惯以手抓食。

5. 因纽特人饮食的特色

因纽特人是北极地区的土著民族，该族春捕巨鲸、夏采海带、秋射麋鹿、冬猎海豹，生活辛劳而单纯；与外界较少来往，大体上还保留着远古的遗风。由于恶劣的地理、气候环境及相对封闭的生活习俗的制约，因纽特人的饮食文化基本上处于由生食向熟食发展的渐进过程中，其主要特征如下。

以海鱼、海鸟、海兽、海带和北极地区野生植物为主要食源。其中，植物浆果与海豹油搅拌而成的"爱斯基摩冰淇淋"，独角鲸的皮包裹杨树花制成的"爱斯基摩口香糖"，还有生海带卷，都可以大量补充维生素 C，调配营养，是他们饮食生活中的卓越创造。

因纽特人的炊饮器皿也较原始、简陋，烹调方法极为粗放；生食的比重很大，熟食亦是断生即可；菜式的变化甚少，特异的海象肠、鹿角髓和海豹眼是最好的美味；因纽特人食量大，口味偏好肥浓腥膻；偶尔饮用高价换回的白酒和啤酒。

因纽特人保留着原始公社制的遗习，对于共同捕获的猎物，击中的猎手优先择取，其他人等均分剩余部分；各家有储存食物的天然冰库——雪屋，当族人或邻里断炊时，可以自由借取，以后要如数归还。

近年来，由于科学探险者和旅游观光客大量涌入北极地区，因纽特人频频接收到现代文明的信息。这些表现在饮食上，一部分因纽特人开始尝试西餐和方便食品，炊饮器具亦有改进，饭菜质量因此有所提高。

复习思考题

一、简答题

1. 宗教的发展经历了哪几个阶段？

2. 基督教和犹太教是什么关系？基督教主要有哪几个宗派？

3. 与拥有不同信仰的人或人群进行文化交流时，需要注意哪些问题？

4. 中国传统服装和西方服装最明显、最本质的差别是什么？

5. 一个民族传统服饰的形成，主要受到哪些因素的影响？

6. 礼仪有哪些主要功能和类型？

7. 试述中西方礼仪文化差异。

8. 民俗形成的主要原因是什么？

9. 简述汉族春节、清明节、端午节、中秋节的主要节庆活动，并对其各民俗事象作以解说。

10. 如何理解孔子的"食不厌精、脍不厌细"？

11. 比较说明韩国、日本、印度、泰国的饮食风味的异同。

二、论述题

1. 有人说，中国传统艺术就像是一首清新隽永的五言绝句，而西方艺术就像是一首激情澎湃的英雄史诗。结合自己平日体会及本书相关内容，谈谈你对这个比喻的看法。

2. 请说说中西方礼仪差异的文化根源。

3. 简要解说泰国的宋干节与万佛节的民俗事象。

4. 写一篇论述家乡饮食文化的文章。

第四章 世界地域文化

第一节 欧美国家

"欧美国家"与"欧美"这一地域是两个不同的概念,"欧美"是"欧洲"和"北美"两地区的所有国家和地区的统称,而"欧美国家"则广义上和通常意义上不包括东欧的原共产主义阵营的国家。因此,本文所提"欧美国家"主要指西欧、南北欧和北美的经济发达国家,具体包括:德国、法国、英国、西班牙、瑞典、瑞士、挪威、奥地利、意大利、芬兰、美国及加拿大。

一、帝国汇集之地——欧洲国家文化

(一)欧洲概况

欧洲(Europe),"欧罗巴洲"的简称,是世界第六大洲,位于东半球的西北部,北临北冰洋,西临大西洋,南临大西洋的属海地中海和黑海。其面积为 1 016 万 km²(包括岛屿),仅占世界陆地总面积的 6.8%,约为亚洲面积的二分之一,非洲面积的三分之一,北美面积的二分之一。欧洲大部分地区地处北温带,因此气候温和而湿润。

欧洲由 45 个国家和地区构成。在地理上,习惯把欧洲分为南欧、西欧、中欧、北欧和东欧五个地区。南欧包括斯洛文尼亚、克罗地亚、波斯尼亚和黑塞哥维那、马其顿、罗马尼亚、保加利亚、阿尔巴尼亚、希腊、土耳其的一部分、意大利、梵蒂冈、圣马力诺、马耳他、西班牙、安道尔和葡萄牙。西欧包括英国、爱尔兰、荷兰、比利时、卢森堡、法国和摩纳哥。中欧包括波兰、捷克、斯洛伐克、匈牙利、德国、奥地利、瑞士、列支敦士登。北欧包括冰岛、法罗群岛(丹)、丹麦、挪威、瑞典和芬兰。东欧,指欧洲东部地区,在地理上指爱沙尼亚、拉脱维亚、立陶宛、白俄罗斯、乌克兰、摩尔多瓦和俄罗斯欧洲部分。

欧洲的人口总数约为 7.1 亿,占世界总人口的 11%,密度相当大,多数集中在城市,西部人口分布最密。欧洲绝大部分居民为白种人,即欧罗巴人种。日常使用的语言约有 32 种,居民分属印欧语系和乌拉尔语系。属印欧语系的居民占全洲总人口的 95%,包括斯拉夫、日耳曼、拉丁、阿尔巴尼亚、希腊、凯尔特语族等民族;属乌拉尔语系的民族包括芬兰、乌戈尔、萨莫耶语族的民族。居民多信仰天主教、基督教新教和东正教等。

欧洲是资本主义经济发展最早的一洲，工业生产水平和农业机械化程度均较高。生产总值在世界各洲中居首位，其中工业生产总值占的比重很大，但大多数国家粮食自给不足。西欧工业发展程度较高的国家主要为德国、法国和英国，其次为比利时、荷兰和瑞士等。德国、法国和英国的工业生产在世界工业生产中均居前列。

（二）欧洲历史

欧洲拥有悠久而辉煌的历史。早在公元前 4000 年至前 2500 年欧洲就出现了巨石文化，在南欧和西欧的分布尤为广泛。地中海东部的爱琴海被认为是欧洲文明的发祥地。公元前 2000 年左右，古希腊人的祖先在爱琴海的克里特岛定居，古希腊文明由此诞生，并逐渐发展出城邦文化。公元前 5 世纪，古希腊走向衰落，随后，古罗马帝国建立。公元前 6 世纪，古罗马国家兴起，并逐渐发展成一个囊括半个欧洲及北非、西亚在内的庞大帝国，而意大利半岛则成为其政治和经济的核心区域。公元 3 世纪后，罗马帝国日趋衰落，原先居住在北欧的日耳曼人及居住在东欧的斯拉夫人相继大举入侵，这一历史进程所伴随的人口大迁移和经济、文化的广泛交流，大大促进了欧洲的全面发展。

中世纪时期，许多王国相继建立，战争频发。15 世纪至 16 世纪，以西班牙、葡萄牙和英国为代表的一些南欧及西欧国家萌生出资本主义。通过地理大发现和对外殖民地扩张，西班牙、葡萄牙、荷兰、法国和英国相继发展成为世界强国，在随后的资产阶级革命和产业革命中，西欧进一步确立了在欧洲经济、文化中的领先地位。由于资本主义的迅速发展，19 世纪欧洲的经济、文化水平在世界上已遥遥领先，欧洲列强的殖民地遍布各大洲，几千万欧洲人移居海外，这对世界人文地理和经济地理产生了极大的影响。20 世纪初，由于帝国主义的极度扩张，欧洲先后成为两次世界大战的策源地和主战场，为此，欧洲也深受重创。1917 年，欧洲诞生了世界上第一个社会主义国家——苏联。受其影响，第二次世界大战后又涌现出一批新的社会主义国家。自 20 世纪 50 年代起，以北大西洋公约组织成员国为一方，以华沙条约缔约国为另一方，在欧洲形成了政治上和军事上的长期对峙，而这一形势至今依然没有根本变化。

在第二次世界大战结束以后的 40 年中，欧洲的经济得到了迅速的恢复与发展，在世界上仍有广泛的影响及举足轻重的作用。由于原有基础或社会制度等不同，战后欧洲各地区的发展速度差异较大，虽然南欧、中欧和东欧发展较快，但西欧和北欧的经济及科技发展总水平在整个欧洲仍处于领先地位。

1992 年，欧盟成员国签署了欧盟条约。由此"欧洲计划"从具有诸多政治因素的经济共同体转变为更深层次的联盟。

（三）欧洲文化

欧洲文化既是一个包含各民族文化特点的多样性文化，又是一个拥有共同文化内涵的统一性文化。

1. 古希腊文化

古希腊文化产生于欧洲古典时期公元前 1200 年—公元 476 年。作为古典文化的代表，古希腊文化在西方乃至世界都占有极其重要的地位。

在文学方面，古希腊文学作品反映了欧洲从氏族社会向奴隶制社会过渡时期的现实生活，体现了古代世界的人们对战争与和平、人与自然之间的关系的思考。这些作品不仅为整个西方文学的发展奠定了基础，也为人们研究古希腊世界的历史与社会提供了丰富的文献资料。这一时期的著名作品有《荷马史诗》和《伊索寓言》。

在哲学方面，生于雅典的苏格拉底普遍被后人认作西方哲学的奠基者。其学生柏拉图写下许多哲学作品，并创办了著名的柏拉图学院。而柏拉图的学生亚里士多德则在形而上学、诗歌、逻辑学、政治、生物学及物理学等诸多领域都有丰富成果。由此，苏格拉底、柏拉图和亚里士多德被世人称为"希腊三贤"。

古希腊音乐——欧洲最古老的音乐，体裁极为丰富，包括祭祀歌、饮酒歌、婚礼歌、情歌、庆贺歌、对神灵的赞美歌和对英雄的颂歌等。多为载歌载舞的形式。古希腊音乐的地位随着叙事诗和音乐剧的兴盛而不断提高。

2. 古罗马文化

古罗马人在广泛吸收各邻族的优秀文化成果，特别是古代希腊人卓越的文化成就的基础上，根据本国社会、经济、政治发展的需要，创造了自己独特的文化——古罗马文化。3 世纪以后，东罗马皇帝查士丁尼一世对帝国法律大全进行了系统的整理和编纂，由此形成了欧洲历史上第一部完备的法律文献——《查士丁尼民法大全》，即《民法大全》，这部法律文献对后世立法产生了深远影响。

罗马人是伟大的工程师和建筑师，长方形教堂、著名的罗马圆形剧场和凯旋门都具有典型的古罗马建筑风格。罗马天主教会所使用的唯一一种语言——拉丁语，在 18 世纪以前为欧洲学者普遍使用。如今，欧洲许多国家的语言都由拉丁语发展而来，如：意大利语、法语、西班牙语和葡萄牙语等。甚至是世界上最为通用的英语，其每三个单词中就有一个来自拉丁语。由此可见古罗马人创造的拉丁字母对世界文化做出了重大贡献，而现今的拉丁字母表仍在全世界通用。古罗马的文学作品亦是非常丰厚，代表人物及作品有古罗马文学之父埃纽斯的史诗《编年史》、普劳图斯的喜剧作品《商人》、西塞罗的散文《致阿提库斯书》等。

3. 文艺复兴

文艺复兴是在中世纪晚期发源于意大利佛罗伦萨，13 世纪末兴起于意大利各城市，随后扩展至西欧各国，并于 16 世纪盛行于欧洲的一场思想文化运动。该运动揭开了近代欧洲历史的序幕，被认为是中古时代和近代的分水岭；马克思主义史学家将其定为封建主义时代和资本主义时代的分界线。

文艺复兴对近代早期欧洲的学术生活造成了深远的影响，其影响遍及文学、哲学、艺术、政治、科学、宗教等知识探索的各个方面。它是新兴资产阶级在意识形态领域里引发的一场革命风暴，也被称为"出现巨人的时代"。其代表人物包括文艺复兴先驱但丁，人文主义之父彼特拉克，意大利民族文学的奠基者薄伽丘，文艺复兴时期最完美的代表人物有达·芬奇，法国小说家拉伯雷，意大利画家拉斐尔，绘画家、雕塑家和建筑师米开朗琪罗，人文主义思想家和空想社会主义奠基者托马斯·莫尔，天才戏剧家和诗人莎士比亚，现实主义作家、戏剧家和诗人塞万提斯，西班牙戏剧之父维加，天文学家哥白尼、开普勒和第谷，物理学家伽利略，探险家哥伦布和麦哲伦等。其中，莎士比亚、但丁、达·芬奇，被称为"文艺复兴三巨人"。文艺复兴时期的作品，集中体现了人文主义思想，其最具代表性的作品有：但丁的《神曲》、薄伽丘的《十日谈》、马基雅维利的《君主论》、拉伯雷的《巨人传》等。人文主义是文艺复兴的核心思想，它肯定"人"是现世生活的创造者和享受者，提倡个性自由，在历史发展过程中起了很大的推动作用。

然而，文艺复兴运动在传播过程中过分强调人的价值，在传播后期造成个人私欲膨胀，物质享受和奢靡泛滥等一系列的负面影响。但总的来说，"文艺复兴"是资产阶级的思想解放运动，在人类文明发展史上标志着一个伟大的转折。恩格斯曾对其做出高度评价："这是一次人类从来没有经历过的最伟大的、进步的变革，是一个需要巨人而且产生了巨人——在思维能力、热情和性格方面，在多才多艺和学识渊博方面的巨人的时代。"

此外，欧洲的基督教文化、宗教改革及启蒙运动都是欧洲文化的重要组成部分。它们形成了强大的社会思潮，启迪了人们的思想，并得到广泛传播，推动了资本主义的发展，由此促进了社会进步。

二、昔日的"日不落帝国"——英国文化概述

英国，全称为大不列颠及北爱尔兰联合王国（The United Kingdom of Great Britain and Northern Ireland），是位于欧洲西部的一个岛国，由英格兰、苏格兰和威尔士的大不列颠岛及爱尔兰岛东北部北爱尔兰和周围的一些小岛组成。隔北海、多佛尔海峡、英吉利海峡与欧洲大陆相望，陆界的北爱尔兰这部分与爱尔兰共和国接壤。官方及通用语言均为英语，威尔士北部则使用威尔士语，而苏格兰西北高地及北爱尔兰部分地区仍使用盖尔语。

（一）英国文化特征

1. 文化多元化

英国是一个多元文化的国家，拥有大约 6060 万来自不同种族、宗教和文化背景的人口，其艺术、音乐、文化和饮食一直受到来自世界各地不同国家的人民和民族习惯的影响。

数百年来，不同的民族在英国安定下来并把自己的东西流传下来。根据 2016 最新的人口普查显示，大约有 800 万人（约占英国总人口的 14%）是来自于少数民族群体。其中有一些社会团体在第一个千年的时候就开始在英国定居了，其中包括凯尔特人，不过在罗马人入侵后，他们被赶到了苏格兰、威尔士和康沃尔。当罗马人入侵后，有许多罗马人开始定居

英国，也正是他们最先把黑人带到了英国。而随着罗马政权的瓦解，北欧移民进入英国，其中有丹麦人、盎格鲁人和撒克逊人。1066 年以后，犹太人也开始在英国定居，吉卜赛人从 16 世纪开始进入英国，而穆斯林则是从 18 世纪开始进入英国。大英帝国瓦解后，在 20 世纪四五十年代，英国吸引了大批来自加勒比海的移民，到 20 世纪六七十年代，来自印度、巴基斯坦和孟加拉国的移民也开始涌入英国。现在，英国常常会为政治和宗教流亡者及寻求庇护的人提供庇护。近些年来，随着欧盟的扩大，许多东欧人也开始进入英国。

英国每年总是会举办各种与文化、社会和宗教有关的活动与节日，反映出一个多文化并存的英国。如十月的"黑人历史月"，二月的"同性、双性、变性历史月（LGBT Month）"，以及"斋月"等。

2. 扩张型的文明——殖民主义

英国的多元文化之所以如此丰富多彩与其海外殖民扩张政策密不可分。1588 年，英国击败西班牙"无敌舰队"，树立海上霸权。1600 年，侵入印度。1688 年，英国的势力扩至非洲，在冈比亚等地进行海盗式的抢劫及贩卖黑人奴隶。1652—1674 年，与荷兰的三次战争获胜后，夺取了荷兰在北美的新尼德兰殖民地。18 世纪，英国与法国数次交战，并最终击败法国，确立世界殖民霸权。由于政治、经济及技术已趋于成熟，英国兴起了一场产业革命。到 19 世纪中叶的维多利亚时期，英国成为世界上最先进的工业国家，在生产及贸易方面跃居世界首位；而经济的繁盛使英国得以到处推行炮舰政策，夺取海上霸权，侵占殖民地，大肆搜刮别国财富。19 世纪后期，英国征服了缅甸和马来西亚，夺取了荷兰在南非的殖民地，并侵占了位于大洋洲的新西兰及其他许多岛屿，19 世纪后期是大英帝国的全盛时期。此时，英国占有的殖民地比本土大 111 倍，成为第一殖民大国，称霸世界，其在海外统治的地域遍及欧、亚、美、非、大洋洲，号称"日不落帝国"。

3. 传统与开放并存

英国是一个非常重视传统的国家。英国王室是现存最古老的王族，它在 1600 年以前就非常强大。历代君主的加冕仪式都严格奉行完全一样的传统，这使得英国王室的加冕典礼成为现存的、并依然在举行的最古老的仪式。英国人曾经创造了世界的辉煌，在他们眼里，似乎一切旧事物都是美好的，他们认为经受了时间考验的东西肯定优于现代的同类产品。因此，英国人素来以悠久的文化传统而自豪，并不遗余力地保护一切可以称得上是"古迹"的东西，表现出强烈的荣誉感和怀旧感。这虽然表现了他们保守的一面，却也反映出他们对古代文明和古老传统的高度重视。

同时，英国又是一个多元化开放思想的国家。英国尊重个人自由，具有民主、公平的竞争意识及创新精神。英国是世界上最早建立议会制度的国家，距今已有 700 多年的历史。议会的建立，使国家民主管理得到了较好的体现。

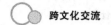

（二）英国文化举例

1. 宗教

在英国，大多数人是基督教徒。英国于 16 世纪从罗马帝国的统治下独立以后，基督教徒开始统治英格兰教会，并且在原先基督教的基础上做出了一些改革，用新祈祷书改变了以前的罗马基督教堂的礼仪。

英国是一个宗教多元化的国度，宗教信仰自由，因此，在英国各个城市形成了多种不同宗教信仰蓬勃发展的局面。各种不同的宗教和数不胜数的教派在英国都可以找到自己的代表。大部分英国人信仰基督教，而穆斯林则是英国国内最大的非基督教团体，总人数超过 150 万人。此外，印度教、锡克教和犹太教也拥有大量的信徒。

宗教的多元化不仅反映了这个国家的宗教历史进程，更重要的是它还体现了宗教与政治、经济、文化、民族等问题的密切关系。英国原本是一个天主教国家，1529 年，都铎王朝的亨利八世以教皇不同意他与王后离婚为由与罗马教会走向决裂，决裂之后的英国教会改称"圣公会"，并具有国教的地位。但是亨利八世并没有宣布放弃天主教信仰，因此改革后的英国国教保留了天主教传统，这使得圣公会成为一个既有罗马天主教传统，又有新教特点的教派。由于内部成员对天主教遗留问题存在不同的看法，再加上新教的新思想传入，使得英国宗教从近代开始走向了多元化。

英国的宗教信仰历史悠久，其最具代表性的是遍布全国各地令人叹为观止的教堂、寺院和修道院建筑。格拉斯敦伯雷修道院，是以往凯尔特人举行宗教活动的地方。坎特伯雷大教堂的戏剧色彩也非常浓厚。相传，圣奥古斯汀于公元 597 年从罗马来到英国传福音，五年之后，他主持修建了坎特伯雷大教堂。除此之外，很多历史人物都脱胎于英国的宗教历史，其中包括在英国发动新教改革的亨利八世、充满神秘色彩的圣帕特里克。

英国生活的许多方面都反映了其宗教多样性。如许多公立学校都是由宗教团体开办的；有一些电视、广播、印刷出版、网站都是专门为某些宗教团体开办的；还有一些以宗教为基础的政党参加地方选举，如英国伊斯兰教党（Islamic Party of Britain）。

2. 足球

英国是现代足球的发源地，因此，英国也被称为"现代足球之母"。足球在英国的发展已经有超过 100 年的历史，足球文化已经渗透到英国社会的各个角落。英国足球之所以强大，不仅仅是因为它有世界上最昂贵的联赛、薪水最高的球员和教练，更是因为它有无与伦比的足球历史与文化。

在英国，仅足球俱乐部就有 4.3 万余个，每年各个级别的联赛数不胜数，每个地区都有自己的俱乐部，而且还拥有众多拥护者。谢菲尔德足球俱乐部是世界上首批成立的足球俱乐部之一，也是最古老的足球俱乐部之一。此外，有名的球队还包括利物浦队，曼彻斯特联合队，伦敦的阿森纳、切尔西队等。英超联赛的每场比赛几乎都座无虚席，大部分比赛门票开赛一个月前即被抢购一空。

英国人狂热于足球的原因并不难理解。英国足球专栏作家大卫·考恩认为，足球赋予人们一种归属感和神秘的终极崇拜意识，这是人们为之狂热的主要原因。很多英国人在工业时期背井离乡，足球俱乐部就成了他们的精神支柱，同时也融合了一个新生活共同体。而支持足球俱乐部能够平复他们的思乡之情。

许多英国人把足球作为一种内心的宗教信仰，人们可能不会去做礼拜，但是绝对不会错过任何一场重要的足球比赛。虽然基督教作为大部分英国人的宗教信仰，但是一次次的宗教内部丑闻让人们对自己的信仰产生了怀疑。很多英国人开始崇尚足球，无论是教练有多么窝囊，球员有多么无能，英国球迷都会死心塌地的支持俱乐部。很多球迷从小到大都没有去过教堂，但是坚持每周看球赛。

3. 下午茶

大约有 80% 的英国人喜欢喝茶，并且都有喝下午茶的习惯。喝下午茶的习俗始于维多利亚女王时代。最初只是在家中用高级、优雅的茶具来享用茶，后来渐渐地演变成招待友人欢聚的社交茶会，进而衍生出各种礼节，但现在形式已简化不少。虽然如此，但是茶的正确冲泡方式、喝茶的优雅摆设和丰盛的茶点这三点仍被视为喝下午茶的传统而继续流传下来。

在英国的维多利亚式下午茶传统里，以家中最好的房间（如 Solon）及最好的瓷器接待来宾是绝对必要的，而上等的茶品与精致的点心则是下午茶的主角。正统的英式下午茶的点心用三层点心瓷盘装盛，第一层放三明治，第二层放传统英式点心，第三层则放蛋糕及水果，食用顺序由下往上。此外，悠扬的古典音乐和轻松自在的心情也是喝下午茶的必要条件。

维多利亚下午茶作为一门综合的艺术，直到如今，俨然已形成一种优雅自在的下午茶文化，也成为正统的"英国红茶文化"。

三、美洲

美洲（亚美利加洲）位于西半球，面积达 4 206.8 万 km²，占地球地表面积的 8.3%、陆地面积的 28.4%。自然地理将之划分为北美洲和南美洲，而人文地理则将之分为盎格鲁美洲（大多使用英语）和拉丁美洲（大多使用西班牙语和葡萄牙语）。美洲的经济发展很不平衡，以巴拿马运河为界，南美洲国家大都属于发展中国家，而北美洲除美国和加拿大是经济发达国家以外，其他国家也都是发展中国家。在"欧美国家"概念范畴里，美洲国家一般来讲指的是美国和加拿大。

对于印欧文明来说，美洲是随着 15 世纪末以来欧洲各国先后向美洲进行探测和殖民而逐渐为人所知的。1492 年，在文艺复兴运动的"洗礼"下，意大利航海家克里斯托弗·哥伦布到达了"新大陆"，并误认为是印度，以致称当地人为"印第安人"并使这称呼流传至今。1499 年另一名意大利著名航海家、商人和制图师亚美利哥·维斯普西（Amerigo Vespucci）随同葡萄牙船队沿着哥伦布走过的航路到达美洲大陆。根据这次航行路线，他绘制了最早的新大陆地图，并向世界宣布了新大陆的概念。于是，1507 年，人们根据他名字的读音将新大陆命名为"亚美利哥"洲。后来，又依照其他大洲的名称构词形式，将"亚美利哥"改成了"亚美利加"。起初，这一名字仅指南美洲，到1541年在麦卡托的地图上，将北美洲也算为美洲的一部分。其后，欧洲各国对美洲进行了几个世纪的殖民掠夺，一直到1776年，美洲才诞生了第一个西方殖民独立国家——美国，到19世纪初拉丁美洲各国才相继独立。

以印第安人为依托，美洲有着十分丰富灿烂的文化。早在哥伦布发现美洲大陆时，美洲已有约2 000万印第安人，其中大约100万人住在现在的加拿大和美国中北部，其余绝大部分住在现在的墨西哥和美国南部。据历史学家考证，这些土著印第安人的祖先是亚洲的蒙古人，约在25 000年前，经由白令海峡到达美洲大陆。他们没有自己的文字，却有着丰富的口头文学。他们创造了举世闻名的奥尔梅克、玛雅、特奥蒂瓦坎、托尔特克、阿兹特克等古代印第安文化。就其地理位置来说，这些古代印第安文化主要是发生在如今的拉丁美洲国家和地区（主要是墨西哥），因此，关于这些内容，本书将在"拉丁美洲国家"一节进行具体的介绍。就本节所涉及的北美主要经济强国美国和加拿大来看，北美洲文化主要是殖民文化，以1492年哥伦布发现"新大陆"为起点并一直延续到19世纪中期。在后面的"美国"一节里，将就其历史的发展进行较为具体的描述。

四、美国

美国，全称"美利坚合众国"（the United States of America），是一个由50个州和一个联邦直辖特区组成的宪政联邦共和制国家。其东濒大西洋，西临太平洋，北靠加拿大，南接墨西哥。国土面积超过962万 km^2，位居全球第四；人口总量超过三亿。美国是联合国安理会5个常任理事国之一，在全球的政治、经济、军事、娱乐等众多领域影响巨大。

美国是一个由多民族移民构成的国家，其民族构成大致为：白人、西班牙语裔或拉丁裔、非洲裔、印第安人及阿拉斯加土著居民、亚裔。移民们在开发美国的同时，也带来了各自独特的文化习俗与宗教信仰，经过长期的沉淀、融合，形成了当今美国五彩的多元文化性。因此，要了解美国社会与文化，首先应该对美国的历史发展有一个基本了解。

（一）历史概况

1. 殖民地时期

继哥伦布到达美洲后，欧洲殖民主义国家纷纷前往美洲新大陆，或开展贸易交往，或探寻黄金宝地，或掠夺自然资源，或安置移民定居。17世纪初至18世纪30年代，英国开始向北美大批移民，也有许多来自法国、德国、荷兰、爱尔兰等其他国家的移民，主要由一些失去土地的农民、生活艰苦的工人及受宗教迫害的清教徒所组成。他们定居于沿岸地区，到18世纪中叶，逐渐形成了13个英国殖民地，在英国的最高主权下有各自的政府和议会。

这13个殖民地区因气候和地理环境的差异，造成了各地经济形态、政治制度与观念上的差别，形成了三个各具特色的区域。新英格兰殖民地居住者大多为清教徒，他们的宗教信仰和生活方式构成了这一带的主要社会和文化特征；中部诸殖民地人口结构复杂，除英国人外，还有相当多的荷兰人、德国人、瑞典人等，是一个多元文化共存的区域，因此，这一地区的社会风气比较开放，吸收外来文化的能力也较强；南部殖民地以农业为主，文化模式主要建立在种植园对贫穷白人、白人"契约奴"和非洲黑奴的压迫和剥削基础上，其历史影响极为深远。

2. 独立战争

由于自身内政外交的问题，英国在 1763 年之前对北美殖民地长期采取放任政策，疏于管理，造就了殖民地人民广泛参与政治、自我治理的状态。到 18 世纪中期，殖民地的经济、文化、政治已相对成熟，虽然殖民地议会仍信奉英王乔治三世，但他们追求与英国国会同等的地位，并不想成为英国的次等公民。为了追求自由和财富，北美殖民地开始寻求经济上的独立，减少对英国的依赖，这引来了英国的不满。为此，从 1651 年起至美国独立战争爆发，英国制定、颁布了一系列旨在贯彻、执行其重商主义（mercantilism）政策的条例和法令。同时，于 1763 年宣布"冻结"阿巴拉契亚山脉以西的土地，不准殖民地居民向西开拓，对其课以重税，并要求其解散议会，这使得殖民地居民发动了大规模的反抗斗争，如"波士顿惨案""波士顿倾茶事件"。此后，在波士顿等城市的带领下，殖民地各地先后组织起"通讯委员会"，相互协调反英斗争的行动。1774 年 9 月 5 日，除佐治亚州外，12 个殖民地的代表会议选派 56 名代表，在费城召开第一届大陆会议，通过宣言，并建立大陆协会。1775 年 4 月"莱克星顿的枪声"揭开了美国独立战争的前奏。同年 5 月，第二次大陆会议召开，战争与独立的决心得以坚定。次年 7 月 4 日大陆会议通过了《独立宣言》，宣布 13 个殖民地独立，美利坚合众国从此正式诞生。最终，在乔治·华盛顿的带领下，北美殖民者在对英国的独立战争中赢得了胜利。1783 年《巴黎和约》签订，英国承认美国独立。至此，美国独立战争宣告胜利结束。

3. 联邦政府的建立和建国方针的确立

革命的成功，使美国人民有了以立法形式表达他们政治观念的机会。1787 年，联邦制宪会议在费城举行，华盛顿被推选为主席。他们采取一项措施，即中央的权力是一般性的，但必须有审慎的规定和说明，同时，他们也接受一项事实，那就是全国性政府必须有税收、铸造货币、调整商业、宣战及缔结条约的权力。此外，为了防止中央权力过大，孟德斯鸠的均衡权力学说和洛克的社会契约理论得以采纳，即在政府中设置三个相互平等合作与制衡的部门，即立法、行政、司法三种权力相互制衡而不使任何一种权力占据控制地位。

1789 年 4 月，华盛顿被推选为美国第一任总统，由亚历山大·汉密尔顿任财政部长，托马斯·杰斐逊任国务卿。这时，分别以汉密尔顿和杰斐逊为代表的工商主义观点和小规模农业经济观点都得以不同程度的实施发展，人民的自由也随着政治意识的提高和文化教育的普及而得到加强。

4. 西进运动

共和国成立后，随着美国制造业和种植园经济的逐步发展，美国的经济市场开始扩大，对原材料的需求日益增加。同时，随着自然人口的增长和外来移民的大量流入，原先 13 个州的土地越显狭窄拥挤，可开垦的土地日渐稀少。在这种情况下，美国人把目光转向了辽阔的西部疆域。

早期的西进运动主要源于南部地区和北部新英格兰地区，尽管移居的人来自社会的各个阶层，但他们的共同目标都是为了在那片处女地上拥有土地并寻到社会自由，以构筑自己的"梦"。而能否实现自己的"梦"，主要取决于个人的奋斗精神和个人的创造力，因为家庭背景、社会地位等因素在这片没有社会组织的荒野里没有实质意义。因此，从价值观的意义上讲，西进拓荒的过程在相当程度上孕育了美国人的个人主义思想和平等主义观念。

然而，西进运动给原本世代居住在此的印第安土著人带来的却是灾难和血泪。美国政府采取软硬兼施的政策，迫使印第安人的生活空间不断缩小，使得他们的文化习俗不停地遭受破坏、甚至毁灭。

5. 南北战争

西进运动大规模开展后，随着美国疆土的扩大和新州的建立，美国南北之间经济发展极不平衡，常为奴隶制度争吵，矛盾冲突日益尖锐。南方在全国政治上的主要方针，就是保护和扩大"棉花与奴隶"制度所代表的利益，建立蓄奴州；而北部各州主要是依赖自由产业工人的制造业、商业和金融业，期望建立的是自由州。

1860 年代初期，11 个南方的州脱离联邦，另组政府；北方则表示，为了统一将不惜付出任何代价。1861 年，内战爆发。这场美国人面对面的流血战，打了四年，最后以 1865 年北方的胜利而告终。这项胜利不但显示美国恢复统一，还表示从此全国各地不再施行奴隶制度，美国的平等自由精神又得到了新的发展。美国从此走向一个中央集权化的现代国家。

6. 美国资本主义的发展和帝国主义的兴起

19 世纪初期，美国开始工业化，内战之后，就步入成熟阶段，经济呈现繁荣状态，快速从一个农村化的共和国变成了城市化的国家，其快速发展的关键因素是美国人的科技发明和科学技术向生产力的转化。

值得关注的是，伴随着美国经济的发展，美国大众文化也在 20 世纪初兴起。随之而来的"从众心理"现象导致美国社会的趋同性日益加剧，个性的鲜明性日益弱化，与经济的繁荣共同推动了当时美国社会实利主义和物质享受主义现象的盛行。同时，自第二次世界大战以来，美国一边在国际上大力遏制苏联，一边在国内大肆推行反共政策。这种对人们意识形态方面的控制显然有悖于美国自由与民主的传统精神。所以，20 世纪 50 年代中期，一批美国艺术家率先举起反抗大旗，抗议美国主流社会中的政治僵化状态和文化从众倾向。

自 1960 年以来，美国从城市移居到郊区的人口不断增加，1970 年，居郊人口超过了居城人口。20 世纪 60 年代初期，黑人问题成为美国内部最主要的问题。20 世纪 60 年代中期，许多美国人开始不满政府的对外政策。此外，由于工业的发展，人口的集中，20 世纪 60 年代后期，生态环境的污染倍受关注。

（二）价值观

美国产生于北美大陆的发现、开发和发展过程中，根植于资产阶级的自由、平等、共和等理想主义观念之中，是一个意识开放、多民族、多元文化共存的国家。美国人的价值观是美国人对生活的理解和认识、向往和追求、发现和诠释，与美国的历史经历、社会发展有着千丝万缕的联系。

1. 宗教价值观

从17世纪初欧洲清教徒来到"新大陆"希望建立起他们的"山巅之城"时起，宗教与美国的政治、经济、社会及文化就形成了密切的联系。美国是西方国家中各种教派最多、最活跃、最自由的国家。美国多项民意测验显示：宗教信仰在美国极为普遍，信仰者占美国人口的绝大多数，有的是某教会正式成员，有的虽相信上帝却不属于任何教派。根据有关统计资料显示，除新教（基督教）、罗马天主教和犹太教三大主要宗教外，美国还有东正教、伊斯兰教、印度教、佛教等其他250多个宗教派别。

由于早期移民美国的多为欧洲人，所以，美国的宗教价值观主要呈现西方文明中的宗教、人文观念，认为"上帝的选民"应该是彼此平等的，崇尚诚实待人以体现上帝的博爱精神，强调勤奋工作以得到上帝的嘉奖。这种思想为美国人崇尚平等、竞争的观念奠定了基础。此外，出于担心任何人都可能会犯罪的顾虑，早期的清教徒文化认为世间的一切权力都应受到某种限制。这种思想对美国宪法中有关制约与平衡条款的设立也起到了一定的推动作用。

由于很多美国人对神学理论缺乏兴趣并厌恶深奥晦涩的教义，所以美国的教会组织在布道传教时都尽量简化教义，注重伦理道德的宣传，并关注与人们日常生活息息相关的社会问题。此外，随着科技的发展应用，教堂的各种设备也向现代化方向更新，各种活动也日益丰富起来，教堂由具有单一功能的礼拜场所变为了融礼拜、社交、娱乐和教育于一体的综合活动中心，不断为个人和家庭提供认同感。长此以往，美国的宗教信仰日益朝着世俗化方向发展，其社会功能和社会意义不断上升。

由于美国在建国初期便以法律形式规定"政教"严格分离、互不相干，因此，美国从未发生过"政教"严重对立、激烈斗争的局面，相反，美国的宗教力量渗透于美国社会的各个层面，在缓解美国诸多社会矛盾冲突、维系美国社会道德秩序、推动社会进步等各方面起着相当重要的作用。

2. 政治价值观和法律价值观

美国《独立宣言》中最著名的段落是："我们认为下述真理是不言而喻的：人人生而平等，造物主赋予他们若干不可让与的权利，其中包括生存权、自由权和追求幸福的权利。"

纵观美国历史及其宪法制定以来两百多年的历史，在政治价值观和法律价值观上，美国受英国哲学家约翰·洛克的"契约论"及"天赋人权观"的影响极大，立国之初就致力于"献身于所有人生而平等"的主张，认为国家的建立旨在保障民众生存、自由和财产的安全，推进社会福祉，这些都在美国的宪法中得以明确的体现，而美国的政治机器基本上是围绕这个价值观而运转的。

3. 教育价值观

无论是早期移民出于对宗教自由平等的追求，还是后来美国民众出于对个人价值和个人尊严的追求，美国人提出"机会均等"的概念，认为每个公民都应该享有平等的机会，而实现这一信念的首要途径就是享有平等的受教育机会，因此，美国人非常重视教育，认为教育是立国之本，并致力于培养具有创造力、独立思考和操作能力及团队合作能力的国民。而基于人口不断扩张和民族文化日益多元化的现状，国家出于培养国民民族意识和发展国家经济的需要，也大力提倡发展教育事业，制订了各项教育改革计划（如《美国 2061 计划》《美国2000：教育战略》《2000 目标：教育美国法》《不让一个孩子落伍》《美国国家教育技术计划》），形成了各级学校、教育机构和教育机制（如特许学校、家庭学校、择校补助金券计划）。美国教育的普及程度很高，国民基本文化素质很不错，而且美国的教育是越往上水平越高，研究生教育的水平最高，因此吸收了全世界的青年精英，属于典型的"倒金字塔结构"。美国的学校非常独立，不受政治干预，被看成是一块"特殊的区"，其一流的大学多为历史悠久的私立学校。1999 年，美国教育总投资额已占其国内生产总值的 7.7%，达到6 350亿美元。目前，美国是世界上教育事业最为发达的国家之一。

4. 生活价值观

（1）个体主义价值观。讨论美国文化，就势必会讨论到个体主义价值观，因为美国社会盛行的是个体主义，而且早已形成了这样的一种文化现象。"个体主义（individualism）"是法国历史学家和政治家亚历克西·德·托克维尔创造的术语，指竭力强调个人自由、不受外来约束的一种政治和社会哲学。在跨文化交流领域，个体主义则是指一种个体间松泛结合的社会文化模式，在这种模式里，个体更为看重的是自我追求、自制、独立的实现。在美国发展的历史进程中，个体主义显然起到了一定的推动作用。

由于美国建国之初对阶级和等级的区分较少，政府的限制较少，而土地则较为肥沃，人们可以去努力开发。在这一过程中，个人的努力和能力被不断强调，个体主义成为美国人的金科玉律。正是在个体主义价值观的推动下，正是凭借这样的奋斗意识和竞争意识，美国才得以逐步发展壮大。在当今美国社会，从职业流动性上，也能看出美国人具有较强的个人奋斗意识和竞争意识。据统计，美国约 50% 的年轻人都离开自己出生成长的地方，到别处读书或独立奋斗闯荡自己的事业。此外，只要有选择余地，一般美国人都不愿意从事"无向上流动倾向的工作"（jobs with no upward mobility）。离开一家公司到其另一家公司谋职，或者干脆寻求一种新的职业，对于很多美国人来说，是出于自愿的决定，目的往往是为了获得较高的薪金、较早的晋升，或者为了更好地施展自己的才能。

此外，个体主义还特别强调对个人私生活的保护和尊重，不允许其他人对之轻易地进行刺探、干扰或侵扰。对别人私生活的打探、干扰，往往被美国人认为是非常讨人厌的事情，在英语里也有很多词汇用以形容这类令人生厌的行为。

（2）时间观。美国人普遍看重时间的价值，注重速度和效率。有这样一种说法，即美国人是钟表的奴隶。美国人把时间看作一种实体性的物质，可以衡量、切分或组合。在当今的美国社会，最小的时间集（set）为 5 分钟。例如，一个人迟到了 5 分钟，他自己肯定会意识到这一点，会向别人表示歉意。再者，美国人办事非常有计划性，注重效率，通常，临时的通知安排是不受欢迎的。由于自己非常珍惜时间，所以美国人也不喜欢那些浪费别人时间的人。多数美国人会在日程表上写满计划安排，把时间分成一段一段的，然后按照事先的计划安排，在一段时间内集中精力做好一件事情，这是美国人喜欢的办事风格，也是文化学家霍尔所说的"单时制"（monochronism）观念。而能否有依照计划遵守期限有效率地办好事情，不仅会关系到团体、个人的信誉和利益，在某些情况下甚至牵涉到法律责任。因此，美国人的生活节奏很快，就连商务会谈中的礼节性寒暄也往往不多，有时难免给人造成美国人冷漠不好相处的感觉。

第二节　亚洲国家

一、太阳升起的地方——亚洲国家文化

亚洲（Asia）是亚细亚洲的简称，在世界七大洲中面积最大。绝大部分土地位于东半球和北半球。东、北、南三面分别濒临太平洋、北冰洋和印度洋，西靠大西洋的属海地中海和黑海，面积 4 457.9 万 km²。亚洲地跨寒、温、热三带，因此，大陆性气候强烈，季风性气候典型，气候类型复杂。

亚洲共有 48 个国家和地区。在地理上，习惯把亚洲分为东亚、东南亚、南亚、西亚、中亚和北亚。东亚包括中国、朝鲜、韩国、蒙古和日本。东南亚包括越南、老挝、柬埔寨、缅甸、泰国、马来西亚、新加坡、印度尼西亚、菲律宾、文莱、东帝汶等国家和地区。南亚包括斯里兰卡、马尔代夫、巴基斯坦、印度、孟加拉国、尼泊尔、不丹。西亚也叫西南亚，包括阿富汗、伊朗、阿塞拜疆、亚美尼亚、格鲁吉亚、土耳其、叙利亚、黎巴嫩、巴勒斯坦、约旦、伊拉克、科威特、沙特阿拉伯、也门、阿曼、阿拉伯联合酋长国、卡塔尔和巴林。中亚包括土库曼斯坦、乌兹别克斯坦、吉尔吉斯斯坦、塔吉克斯坦和哈萨克斯坦的南部。北亚指俄罗斯的亚洲部分，包括西伯利亚地区、乌拉尔山以东、阿尔泰山脉以北，哈萨克斯坦以北、蒙古国以北、中国以北、日本以北、白令海峡以西的地区。

亚洲的历史和文化都非常悠久。它是佛教、伊斯兰教和基督教三大宗教的发源地。世界四大文明古国中的中国、印度和古巴比伦都位于亚洲。18 世纪工业革命以前，由于世界的经济重心在亚洲，所以大部分人类的技术成就都产生于此。亚洲人发明了烧制陶器和冶炼矿石，苏美尔人首先发明了文字和系统的灌溉工程，中亚的游牧民族发明了马鞍和车轮，中国人发明了瓷器、马镫、火药、指南针、造纸术和印刷术，并最早种植稻谷。印度人和阿拉伯

人发明了十进位计算技术。亚洲各种地方性的医药技术即使在今天也非常有效，很多地区仍在使用。目前西方和东方的许多乐器是同一起源，所以非常相似，如小提琴和二胡，吉他和琵琶，双簧管和唢呐，几乎相同的东西方的笛子。其实这些乐器多数都是起源于中东地区。中国、阿拉伯、印度等各亚洲民族的文化对世界文化有着巨大影响。

由于亚洲地域广大，民族众多，文化的多样性很强，差异很大，几乎没有统一的"亚洲文化"，而是呈现出异彩纷呈的特点。

二、菊与刀共舞——日本文化概述

日本，是位于亚洲大陆东岸外的太平洋岛国。领土由北海道、本州、四国、九州四个大岛和 3 900 多个小岛组成。日本实行君主立宪政体，为单一民族国家，国内大城市主要有东京、大阪和神户等。

美国学者鲁恩·本尼迪克特夫人在《菊花与刀》一书中写道："大和民族是世界上很奇异和独特的民族，他们既是顺和温良、彬彬有礼的，又是崇尚武力、坚忍不拔和具有爆发力的民族；他们一手捧着柔美秀丽的菊花，一手提着锋利的刀剑，总是神情紧张地耸立在地球之巅"。

（一）日本文化特征——东西方文化的混血儿

1. 日本的岛国特征

（1）国土面积狭小。日本是一个岛国，国土面积仅 37.8 万 km^2，是一个狭长的弧形列岛。岛上崇山峻岭，除了森林、原野、湖泊、沼泽外，可供居住的土地面积仅为国土面积的 21%。

（2）多火山、多地震的国家。日本大部分地区在火山带内，经常有火山爆发。全国大小火山有 200 多座，其中 1/3 是活火山，占全世界活火山的 1/10。

日本还处在"环太平洋断裂带"上，地质构造极为复杂，其中最为显著的一个特征就是地震频繁。因此，破坏性的地震是极为平常的事情。据统计，日本每年的地震多达 1 000～10 000 次，有感地震也有 1 500 次左右，平均每天 4 次。

（3）自然资源匮乏。日本除了有一定储量的森林、硫黄、锌外，其他绝大部分工业原料和燃料都依靠进口；日本的森林茂密，但其木材自给率约占 40%，60% 要进口。粮食也不例外，虽然从单位面积的产量看，其水稻产量居世界第一位，但其粮食自给率只有 50% 左右，另外的 50% 需要进口。

（4）单一民族国家。全国人口大约 1.2 亿，居世界第七位，除了约 2 万阿伊努族人外，其余 99% 以上都是大和民族。如此单一的民族构成，在一个人口众多的现代化大国中确实是非常罕见的。民族构成的单一性，在客观上加强了日本文化的同质性和作为一个单一大家庭的日本集体主义意识。

狭小的国土、匮乏的资源、频繁的灾害铸就了日本人对民族、国家的使命感。每一个日本人从小就牢牢树立了民族、国家的观念。在日本人看来，自己似乎不是作为生物学意义上的人来到这个世界上的，而是作为日本人、作为大和民族的一分子来到这个世界上的。如留学美国密歇根大学的一位日本青年，仅仅因为没有获得优胜奖，就遥对富士山，纵身于太平洋的波涛骇浪之中；在世界马拉松比赛获得亚军后瘫倒在地的君原还硬撑着说："能够发扬日本民族的传统，我感到高兴。"进入世界拳击比赛前八名的寿冈在出场前说："如果我在这里失败了，将会给日本带来耻辱。"

2. 中华文化——日本文化之源

（1）中国儒学在日本的传播。现代日本文化的渊源可以说是中华文化，而对日本影响最大的则是中国的儒家学说。

据记载，公元 377 年，汉代书籍传到日本，第二年，有一个叫王仁的人带了 10 卷《论语》和 1 卷《千字文》东渡日本，献给应神天皇。由此儒学开始传入日本。公元 701 年，日本天皇为了巩固儒学，参考唐代制度，制定了《大宝律令》。《大宝律令》对儒学在国家教育中的地位、组织体制和教学内容都有明确规定：把儒学作为贵族子弟在大学的必修课程，并明确将《孝经》《论语》《礼记》等儒家经典列为大学的必读书目。在奈良、平安时代，天皇敕封孔子为"文宣王"，命各地祀孔。政府诏令每户人家必须藏有《孝经》1 本，使儒学跃出上层社会，进入寻常百姓之家，成为维持社会稳定的教化手段。

（2）中国儒学在日本的变异。以孔子为宗师的中国儒学，曾经给日本古代带来巨大影响。但是一种文化植入另一国时，不可避免地会产生变异。日本儒学和中国儒学虽然同源，但日本人对儒家思想的理解和中国人的理解是不同的。具体表现在三个方面。

①中国儒学以"仁"为核心，日本儒学以"忠"为核心。"仁"即"爱人"，当以"仁"为核心的儒学传入日本后，日本民族立即对其进行了改造，即按日本的社会文化需求把"忠"作为日本儒学的核心。

"忠"指的是诚意待人，以诚相待。在中国儒学看来，"忠"是"爱人"的积极表现，是指自己良心的诚实真挚。在中国民间，"忠"的意识并没有"孝（体现家族、血缘关系）"的意识浓厚，就连官方也很重视"孝"。可是，在日本"忠"的基本含义在于完全献身于主人，即为了效忠主人，可以完全牺牲自己。

中国人把孔子的"以忠效主"解释为"仆人忠心侍主，绝不违背自己的良心"，日本人则理解为"仆人必须为主人献出自己的一切"。当效忠于主人与"孝"发生冲突时，在日本人的内心深处，就会自觉地将个人良心绝对服从于君主的命令。只有克服自己的道德心，服从君主命令的人才会被称为忠臣。为了忠于自己的君主，日本人不惜献出自己的性命。而且，在日本，"忠"的概念还与"家"和"祖先"等家族主义的要素及天皇等国家主义的要素结合在一起，成为日本人普遍尊崇的伦理道德之一。

②中国儒学传到日本之后，日本人开创了儒学"庶民化"和"通俗伦理化"的新阶段。比如对"勤勉"的理解，在中国儒学中主要是指做学问方面要刻苦钻研，而日本的"勤勉"，

已经不仅仅是指对学问的刻苦钻研，而是包括重视一切劳动之意。

③中国儒学认为："君子喻以义，小人喻以利""君子重义，小人重利"。与这种贱商的经济观不同，日本儒学将中国儒学和西方经营之道结合起来，提出了追求利润、致力家业和"高产乃为善"的经济伦理观。

3. 西方文化为近代日本的强大提供人文支持

（1）日本对西方文化的被动接受。日本在江户时代，曾经一度闭关锁国，时间长达 200 多年。在这种政策的禁锢下，日本社会内部萌生的资本主义生产关系发展受到阻碍。另外，日本民族的创造力和民族的进取精神也逐渐丧失，形成了一种目光短浅，盲目排外、狭隘的岛国本性，严重阻碍了日本社会的发展。

而后，面对欧美军舰大炮的威胁，日本人看到了自己的不足，为了抵制西方列强的侵略，谋求民族的独立和国家的富强，日本人开始认识到了解西方、研究西方以至吸收西方先进文明的必要性。日本的思想家们开始由原来的"攘夷论"者转变为"开国论"者。他们主张大量引进西方先进科学技术，发展日本近代物质文明，这些思想推动了日本的明治维新运动。

（2）全方位、多层次地引进西方文化。1871 年 10 月和 1872 年 1 月，明治政府先后派使节团前往美国、欧洲，考察各国的政治法律、财政经济、文化教育，以便全方位、多层次地引进西方文化。

在政治文化上，引进近代君主立宪政体，建立民主政体。初步确立了类似欧美资产阶级国家三权分立政体的雏形。

在观念文化上，借鉴西方的人本主义和民主自由思想。设立洋学堂，派出留学生，大兴教育，西方的自由民权思想、功利主义、利润意识在日本开始传播。

在社会结构、经济文化上，引进西方社会组织形态和近代资本主义工业经济。高薪聘请欧美技师，开办民航工厂，兴修铁路，建立电信局，购置、建造先进枪械和军舰，建立近代化军队。

西方先进文化的引进为近代日本的强大提供了人文支持。到第一次世界大战期间，日本的资本主义经济迅速发展，并于 19 世纪末完成了轻工业革命，于 20 世纪初完成了重工业革命。到第一次世界大战结束，日本已经从落后的农业国变成了先进的工业国，并成为世界五大强国之一。

（二）日本文化之例

1. 茶道

日本茶道源自中国，却具有日本的民族特色。它将日常生活行为与宗教、哲学、伦理和美学融为一体，成为一门综合性的文化艺术活动。从茶本身来说，喝茶是物质享受，通过茶会可以学习茶礼，陶冶性情，培养人的审美观和道德观念。

日本茶道是必须遵照规定程序来进行的喝茶活动，而茶道的精神，就是蕴含在这些看起来烦琐的喝茶程序之中。

日本的茶室，小巧雅致，结构紧凑，以便于宾主倾心交谈。室内设置壁龛、地炉和各式木窗，右侧设"水屋"，供放煮水、沏茶、品茶的器具和清洁用具。

每次茶道举行时，主人必先在茶室的活动格子门外跪迎宾客，虽然进入茶室后，强调不分尊卑，但头一位进茶室的必然是首席宾客（称为正客），其他客人则随后入室。

来宾入室后，宾主相互鞠躬致礼，主客面对而坐，而正客须坐于主人上手（即左边）。这时主人即去"水屋"取风炉、茶釜、水注、白炭等器物，而客人可欣赏茶室内的陈设布置及字画、鲜花等装饰。主人取器物回茶室后，跪于榻榻米上生火煮水，并从香盒中取出少许香点燃。在风炉上煮水期间，主人要再次至水屋忙碌，这时众宾客便可自由地在茶室前的花园中散步。待主人备齐所有茶道器具，水也将要煮沸时，宾客们再重新进入茶室，茶道仪式才正式开始。

在敬茶前，一般要先品尝些甜点心，大概是为了避免空腹喝茶伤胃。敬茶时，主人用左手掌托碗，右手五指持碗边，跪地后举起茶碗（须举至与自己额头齐平），恭送至正客面前。待正客饮茶后，余下宾客才能依次传饮。饮时可每人一口轮流品饮，也可各人饮一碗。饮毕，客人将茶碗递回给主人。主人随后可从里侧门内退出，煮茶，或让客人自由交谈。在正宗日本茶道里，绝不允许谈论金钱、政治等世俗话题，更不能用来谈生意，所以谈的多是些有关自然的话题。

2. 相扑

相扑被誉为日本国粹，亦称角力、角觝，是日本人特别喜欢的一项传统体育运动。比赛时，两个身形肥大的人在直径 4.55 m 的圆形"土表"上，扭在一起，进行角逐，一方将对手扳倒或推出土表外即为胜者。巨人相撞，极富戏剧性。

在日本，相扑运动是高雅的事业，运动员要具备纯真、热心、胸怀宽广的素质及诚实果敢、谦虚的修养。职业相扑运动员称"力士"，力士们身高体胖，膀大腰圆，走起路来一摇一摆，威风凛凛。相扑不以体重分等级，大部分力士体重在 110～150 kg 之间。

比赛开始，相扑手先要进行"热身"仪式，他们脚踏地板举起双手，表示没有携带和隐藏任何武器；用"力水"漱口、"力纸"擦身并抓盐撒在台上，表示洁净和相互尊重；然后双方对峙，相距约 70 cm，两人蹲下，四目圆睁，气势逼人；接着都站起来运气，未运好气的可重来，最多可达 5 次。

台下四方角各坐一位裁判，台上有一位穿着传统的肥袍、戴高帽、拿礼扇的"行司"进行裁判，他高声地评论相扑运动员的每一个动作。行司要公正地判定胜负，如果双方同时倒下，一刹那间他没有看清楚，则由台下 4 名裁判合议胜负。相扑选手用推、撞、顶、摔展开较量，只要踏出土表之外，哪怕是脚趾或脚后跟出界也算输；在土表内，脚底以外的身体任何地方，哪怕是一个手指着地也算失败；双方都摔出土表之外，则以先触地者为输，胜负十分清楚。相扑比赛规则十分严格，交手时，不可抓对方腰以下部位，不允许揪对方的头发、耳朵，不可以拧、打、踢、蹬对方，违者将被罚出场外。

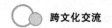

3. 能剧

日本能剧的产生可以追溯到 8 世纪，随后的发展融入了杂技、歌曲、舞蹈和滑稽戏等多种艺术表现形式。今天，它已经成了日本最主要的传统戏剧。这类剧主要以日本传统文学作品为脚本，在表演形式上辅以面具、服装、道具和舞蹈。

能剧表现的是一种超现实世界，其中的主角人物是以超自然的英雄的化身形象出现的，由他来讲述故事并完成剧情的推动。现实中的一切，则以面具遮面的形式出现，用来表现幽灵、女人、孩子和老人。

对于能剧演员来说，最重要的是在表演时戴的面具。能剧面具对于能剧表演者来说是十分重要的，他们尊面具为圣，表演时穿的衣服、袜子等都可以给人看，唯独面具会像珍宝一样放在铺上锦布的木盒中，别人不可以随随便便地观看。

能剧即将上演的时候，由于表演时穿的衣服十分宽大，需要别人帮忙穿，假发也需要别人帮忙戴好并系好，但是，演员绝对要自己戴上面具。他们相信，一个面具，是独一无二的一个角色的灵魂，不能让别人侵犯。而能剧的面具，大致可以分为男、女、老、幼、灵、鬼六大类，表演能剧却戴错面具，是十分失礼的。

戴面具的时候，演员会小心翼翼地从木盒中取出面具，两手捏着面具的两侧，把面具的正面对着自己的脸，说："我要演你了。"这是千百年来的传统，每个表演者都会这样做。说完，就小心翼翼地把面具反过来戴好。在戴上面具之后，演员即不再是自己，而是面具上所表现的人物。

三、恒河岸边的辉煌——印度文化概述

恒河，从喜马拉雅山出发，走过一个被孟加拉湾、阿拉伯海和印度洋环抱的亚洲半岛，滋润了这一方土地，也孕育了一片光辉灿烂的文明，成为一个国度的"圣河"。而这个幸运之国，就是印度。

（一）印度文化的特点

印度文化具有十分鲜明而又强烈的特色，在世界上曾经产生过巨大的影响，并以它的异常丰富、玄奥和神奇深深地吸引着众人。

1. 印度传统文化的宗教性

宗教从古至今一直主宰着人们的精神生活，左右着人们的价值观念和行为准则。印度历史上曾先后产生并流行过多种宗教。印度教、佛教、锡克教均起源于印度。此外，世界主要的宗教如伊斯兰教、基督教、犹太教等在印度都有自己的信徒。印度教是印度最古老最主要也是最正统的宗教，对印度社会和文化的影响也最为久远、广泛和深刻。印度教的历史可以追溯到公元前 1500 年左右问世的吠陀教。佛教诞生于印度东部，并逐渐向印度西部及南部扩散，到阿育王时代成为全国性的宗教。

多种宗教在印度的长期共存和印度人民对宗教的虔诚信仰，形成了印度文化浓郁的宗教色彩。宗教渗透于社会生活的各个方面，宗教生活和宗教文化成为人们精神生活的中心。国家政治法律的制定，人的道德观念的形成，以及各民族的传统风俗习惯，都是在宗教的影响下发展起来的。印度教、佛教和伊斯兰教都在印度创造了辉煌灿烂的宗教文化。印度教丰富的典籍和神话令人惊叹，印度教巍峨的神庙和精美的雕刻是世界上独具特色的人文景观。卷帙浩繁的佛教三藏典籍本身就是一个光彩四射的思想文化宝库。印度佛教雕刻、绘画和建筑蔚为壮观，达到了很高的艺术水平。莫卧儿王朝时期的印度穆斯林建筑达到了建筑艺术的顶峰。举世闻名的泰姬陵瑰丽而秀逸，是这一时期建筑艺术的代表作。今天，这一建筑奇迹已成为印度的象征。凡印度文化所涉及的文学、建筑、雕刻、绘画、音乐、舞蹈、民俗更是以宗教为中心，方方面面无不具有极为强烈的宗教性。

2. 印度传统文化的多样性

富庶的古代印度是众多外部民族向往的乐土。在漫长的岁月中，先后有来自非洲、欧洲和亚洲的黑种人、白种人和蒙古种人到这里定居。此外，印度有数以百计的民族和众多的部落。现今人口在 5 000 万以上的民族就有 10 个。这些民族和部落都有自己的宗教信仰和文化传统。印度还是一个多语言的国家。这些语言可以划分为四个语系，占世界语系总数的四分之一。印度目前使用的主要语言有 18 种之多。其中 13 种属于印欧语系，4 种属于达罗毗荼语系。虽然印度语和英语同为印度联邦的官方语言，但后者才是印度实际通用的语言。一言以蔽之，操着不同语言并信仰不同宗教的不同民族产生了不同的文化，使印度文化呈现出举世罕见的多样性。

印度的每个宗教在次大陆都有它的信徒。在印度，信仰印度教的人占绝大多数，约85％，其次为伊斯兰教、基督教、佛教、犹太教、拜火教等，所有不同宗教都能和谐相处。整个印度次大陆遍布无数漂亮的庙宇、雄伟的教堂、宏大的清真寺、香火旺盛的佛教庙、犹太教堂和拜火教寺院。印度西部的商业大都市孟买可以说是印度宗教、种族、语言多样性的一个缩影。市内除了以上各教的庙、堂外，还有著名的亚美尼亚教堂、神道教庙和大同教庙。

3. 印度文化的包容性

在漫长的历史长河中，印度对外来文化采取了兼容并蓄的方式，所以，在印度不同类型的地域文化、语言文化和宗教文化里，既或多或少地保留着各种不同的本土文化成分，又与外来文化融为一体。

每次外来民族的入侵，都给印度文化带来不同的成分。它们丰富了印度文化，并与本土文化融合，使之不断推陈出新。同时，外来民族也无不在历史的长河中为印度民族所同化。印度已知的历史可以追溯到公元前 2000 年，以雅利安人第一次在印度北部定居的移民浪潮为开始。移民很可能和当地居民发生了激烈冲突，但显然是印度伟大的同化精神和忍耐精神取胜，而这种精神一直持续到现在。在以后的一千年间，雅利安人遍布整个印度，创造了大部分早期梵语文献，如《梵经》《吠陀本集》《奥义书》和两大史诗《摩诃婆罗多》《罗摩衍那》。

（二）印度文化举例

1. 舞蹈

印度舞蹈历史悠久，早在印度河文明时期，印度先民就很喜欢跳舞。在哈拉帕和莫亨殊达罗出土的文物中，就有青铜舞女雕像和男舞者石雕像，这些都是当时流行舞蹈的佐证。印度舞不仅舞姿优美，而且善于通过手势和眼神传情达意，可谓独成一派。

从地区角度看，印度舞蹈可分为北印度舞蹈和南印度舞蹈两类。北印度舞蹈主要有克塔克舞和曼尼普利舞。南印度舞蹈主要有婆罗多舞和格塔克里舞。两类舞蹈所采用的音乐节奏和旋律不同，表现形式也不同。跳北印度舞时，腿须笔直，身体曲线始终保持流线型，这种舞蹈讲究用夸张的面部表情和丰富的手部动作，结合华丽的服饰和化妆，通过肢体语言而非音乐来传情达意；而跳南印度舞时，腿可弯曲，身体幅度变化很大，更具欣赏性。

印度舞节奏明快，一段4分钟的舞蹈，就有50多个动作。包括手势、眼神、内心所想、面部表情，这种变化万千的姿势可以代表人的七情六欲，甚至可以代表天地山水等自然景物和昼夜等自然现象。比如，印度舞的一个重要元素——手姿，就有100多种，每一种手姿都有特定的意义，有的代表美丽，有的代表和平，有的代表生气，有的甚至表示丑陋。印度人相信手姿是人和神交流的符号，而不同的神喜欢不同的手姿。比如用手指脸的姿势表示美丽，荷花手姿是表演给神看时常用的手姿。

正式表演时，舞者身着华丽舞衣，头戴花环，佩以耳环、手镯和脚镯，它们往往发出悦耳的声响，伴随着强烈的节奏，加上各种手姿和眼神，可谓奇妙非凡，魅力无穷，令观者眼花缭乱。

2. 瑜伽

瑜伽（梵文 Yoga 音译）本意是"和谐、统一"的意思，它是源于古老印度的一种强身术，通过肉体和精神的修持达到身心和谐统一、强身健体和开发人体潜能的作用。至今已有5 000年的历史。

瑜伽有自己的一套从肉体到精神极其完备的修持方法，它能把散乱的精神集中并使之平静下来。瑜伽修炼首先着眼于身体的强健，然后要求身心融合为一，并在此基础上，引导修持者进入完美的境界。在瑜伽修炼过程中，修持者逐渐深化自己内在精神，从外到内，从感觉到精神、理性，而后到意识，最后把握自我，使自我同内在的精神融合为一，以达到天人合一。

瑜伽的修持方法分八个阶段进行。

（1）道德首要。没有道德，任何功法都练不好。必须以德为指导，德为成功之母，德为功之源。瑜伽道德基本内容：非暴力、真实、不偷盗、节欲、无欲。这是瑜伽要求修持者首先遵守的道德规范。

（2）自身的内外净化。外净化为端正行为习惯，努力美化周围环境；内净化为根绝六种恶习：愤怒、贪欲、狂乱、迷恋、恶意、嫉妒。

（3）体位法。即姿势锻炼，能净化身心，保护身心，治疗身心。体位法种类不可胜数，它们分别对肌肉、消化器官、腺体、神经系统和肉体等组织起良好作用。不仅可以提高身体素质，还可以提高精神素质，使肉体、精神保持平衡。

（4）呼吸法。指有意识地延长吸气、屏气、呼气的时间。吸气是接受宇宙能量的动作，屏气是使宇宙能量活化，呼气是去除一切思考和情感，同时排除体内废气、浊气，使身心得到安定。

（5）控制精神感觉。精神在任何时候都处于两个相反的矛盾活动中，首先是欲望和感情相纠缠，其次是同自我相联系的活动。控制精神感觉，就是抑制欲望使感情平和下来。

（6）集中意识于一点或一件事，从而使精神安定平静。

（7）冥想、静定状态。只能通过实际体验去加以理解，难以描述。

（8）修持者进入"忘我"状态，即意识不到自己的肉体在呼吸、自我精神和理智性的存在，已进入了无限广阔的宁静世界。

以上八个阶段综合起来即瑜伽。

3. 礼仪与禁忌

印度人相互见面的礼节，有合掌、举手示意、拥抱、摸脚、吻脚。一般两手空着时，口念敬语"纳马斯堆"，同时要施合掌礼。合掌之高低，对长者宜高，两手至少要与前额相平；对晚辈宜低，可齐于胸口；对平辈宜平，双手位于胸口和下颌之间。若一手持物，则口念"纳马斯堆"，同时要举右手施礼。对于长辈，或对某人表示恳求时，则施摸脚礼（即用手摸长者的脚，然后再用手摸一下自己的头，以示自己的头与长者的脚相接触）。摸脚礼和吻脚礼是印度的最高礼节。印度东南部的一些少数民族的人与客人相见时，总把自己的鼻子和嘴紧紧贴在对方的面颊上，并用力地吸气，嘴里还要念叨着："嗅一嗅我！"以示其对客人的尊敬。印度安达曼群岛上的森蒂耐尔人，在与久别挚友重逢时，双方要交替互坐膝头，并热烈地拥抱数分钟，以表示相逢后的喜悦心情。印度伊斯兰教徒的见面礼节是按其传统宗教方式，用右手按胸，同时点头，口念"真主保佑"。现代在社交场合上的印度男人们，也开始施行握手礼节了，但印度妇女除了在重大外交场合外，一般不与男人握手。

印度人大多信奉印度教，他们忌讳白色，认为白色表示内心的悲哀，习惯用百合花当作悼念品。他们忌讳弯月的图案。他们把1、3、7视为不吉利的数字，所以总要设法避免这些数字的出现。他们忌讳左手传递东西或食物，也不愿见到有人使用双手与他们打交道。印度教徒最忌讳众人在同一盘中取食，也不吃别人接触过的食物，甚至别人清洗过的茶杯，也要自己再洗涤一遍后才使用。

伊斯兰教徒禁食猪肉，也忌讳使用猪肉制品。由于印度人敬牛如神，所以他们也禁食牛肉。

印度耆那教徒有忌杀生，忌食肉类，忌穿皮革和丝绸的民间习俗。他们甚至把飞虫等都列入不能误伤的范围，就连地里种的萝卜、胡萝卜等蔬菜也都忌吃。印度阿萨姆邦的居民，对来访客人不品尝他们敬上的槟榔果是极为不满的，认为这样是对主人的不友好和不信任。

印度的锡克教人禁止吸烟。印度人不爱吃蘑菇、笋、木耳、面筋等，也不喜欢旺火爆炒而成的菜肴。

4. 印度文学

印度文学（Indian literature）是印度古典梵语文学和 10 世纪前后发展起来的各地方语言文学的总称。印度是世界文明古国之一，宗教发达，种族复杂，语言众多，而印度文学则以丰富多彩著称于世。

印度最古老的文学作品是以诗歌为主要形式的《吠陀》，吠陀的原意是"知识"，后来转化为对婆罗门教、印度教经典的总称，包括《吠陀本集》《梵书》《森林书》《奥义书》等。《吠陀》反映了雅利安人侵入次大陆后印度的社会情况，对于人们了解和研究古代印度的社会经济文化和风俗习惯具有重要的史料价值。作为宗教经典，它影响了古印度人的生活。作为文学作品，它的文体形式和各种神话传奇对印度后来文学的发展产生了较大的影响。

古印度文学中最珍贵的遗产是著名的两大史诗《摩诃婆罗多》和《罗摩衍那》，它们被誉为世界文化宝库中的两颗明珠，其文学价值完全可与古希腊的《荷马史诗》相媲美。

《摩诃婆罗多》的书名意为"伟大的婆罗多族的故事"，全诗共有 18 篇，是古代文明世界最长的一部史诗。它主要描写婆罗多族的两支后裔俱卢族和般度族之间为争夺王位而进行的战争。结果般度族获胜，取得了王位，但也遭受了惨重损失，最后，两族的兄弟在天国相遇。除了这个核心情节外，该史诗中也穿插了许多神话传说、寓言故事、宗教、哲学、政治、伦理等方面的内容，堪称是一部早期印度历史和文化的百科全书，它反映了雅利安人由军事民主制向国家过渡时期的社会情况。

《罗摩衍那》的书名意为"罗摩的漫游"或"罗摩传"。全诗分七篇，以罗摩和其妻子悉多悲欢离合的故事为主线，描写了古印度宫廷内部和诸国间的斗争，并反映了雅利安人向南印度扩张的过程。罗摩原是阿逾陀城十车王的长子，因遭小王后的嫉妒，与妻子悉多、弟弟罗什曼被流放到森林中。其间，魔王抢走了悉多，并把她带到了楞伽城（在今斯里兰卡）。罗摩与神猴王哈奴曼结盟，率猴兵打败魔王，最终救出悉多，并归国为王。这部作品结构新颖巧妙，故事生动曲折，人物性格鲜明，对自然景色的描写也十分细腻，达到了情景交融的境界，因而被视为长篇叙事诗的典范，对后来印度和世界文学产生了深远的影响。

古印度的小说以《佛本生经》和《五卷书》最为著名。前者年代在公元前 3 世纪左右，通过讲述佛陀前生经历的形式，将 500 多个故事、寓言、童话汇集成册。后者是一本寓言故事集，最早成书年代难以确定，作者以许多启人智慧的寓言教导三个厌烦正规教育的王子，帮助他们掌握统治术，并表达了自己对生活和人生的观察与思考。这两部作品都具有寓意深刻、寓言生动的特点，是印度和世界文学中的瑰宝。

第三节　拉丁美洲国家

一、拉丁美洲概况

众所周知的拉丁美洲这个概念实际上不是一个地理意义上的大陆。它不像北美洲和南美洲一样作为地球七大洲之一。拉丁美洲是一个政治文化意义上的称呼。拉丁美洲通常是指美国以南的北美洲和南美洲的地区，地理上处于北纬 $32°42'$ 和南纬 $56°54'$ 之间。由于这一地区的人民所操的语言主要是西班牙语和葡萄牙语，同属于拉丁语系，所以被称为拉丁美洲（由于西班牙语和葡萄牙语同属于欧洲伊比利亚半岛的语言，所以在历史上也有人称为伊比利亚美洲。在世界范围内，拉丁美洲的称谓更为普遍，本书即使用拉丁美洲这个称谓。）拉丁美洲各国的历史、政治和文化比较接近，而与美国和加拿大这两个以英语和法语为母语的国家差别很大。

拉丁美洲南北方向相对狭长，南北全长 11 000 多 km，东西最宽处 5 100 多 km，东面是大西洋，西面是太平洋，南近南极洲。总面积约 2 056.7 万 km^2。2008 年时总人口约 5.77 亿人。主要是印欧混血种人和黑白混血种人，然后为黑人、原住民（印第安人）和白种人。根据肤色的深浅，这里的人被称为"咖啡＋牛奶"，肤色越浅的，就是牛奶加得多的咖啡。当今人类已知的三大基本种族：蒙古利亚人种、欧罗巴人种和尼格罗-澳大利亚人种，都是现代拉丁美洲人民的民族-种族的来源。普遍认为，拉丁美洲原住民（印第安人）属蒙古利亚人种；后居住在拉丁美洲的殖民者（西班牙和葡萄牙）和欧洲移民（主要为意大利、法国、德国、乌克兰和巴尔干半岛国家）属于欧罗巴人种；被当作奴隶贩运到拉丁美洲的非洲裔黑人属于尼格罗人种。由于历史原因，拉丁美洲各国的人种分布有很大差异。以欧洲移民为主的阿根廷、乌拉圭和哥斯达黎加以白人为主，其中阿根廷白人占总人口的 97％，乌拉圭白人占 90％；以非洲裔黑人移民为主的海地、牙买加、巴巴多斯、多米尼加等加勒比海的岛国，黑色人种占多数；古代原住民（印第安人）的主要聚居区，如秘鲁、玻利维亚仍然以蒙古利亚人种为主；混血人种占大多数的国家，如墨西哥，比例超过 80％。拉丁美洲地区的复杂的民族-种族情况是由拉丁美洲特有的历史文化的逐渐演变形成的，其中的演变过程由简入繁，所掺杂的因素也越来越多，纷繁复杂。现在真正属于某种单一人种的单纯血统的拉丁美洲人已经不多了，大部分都属于两种或两种以上人种的混血种族。20 世纪以来，大量的日本、印度、中国和其他亚洲国家的人移居拉丁美洲，增加了拉丁美洲人种的复杂程度。华裔最早集中于巴西、秘鲁、墨西哥、古巴和巴拿马。到 20 世纪 50 年代后，华裔逐渐移民到阿根廷、委内瑞拉、智利和巴拉圭等国。

拉丁美洲的历史文化演变通常被认为经历了三个阶段。第一阶段是古代原住民族文化时期（由于对于拉丁美洲古代民族的称呼有多种，如：印第安人、土著人、原住民。这几个称呼在政治文化认同上有较大分歧，故本书使用"原住"这个较少带有歧视感的称谓）；第二阶段是以 1492 年哥伦布发现"新大陆"为起点一直到 19 世纪中期，被称为殖民文化时期。第三阶段是以 19 世纪拉丁美洲各国摆脱殖民统治纷纷独立为起点，一直到现在。这三个阶段又称为拉丁美洲文化发展的古代、近代和现代三个阶段。

二、拉丁美洲古代文明

拉丁美洲的古代文明主要有三个文明中心：玛雅文明、印加文明和阿兹特克文明。

（一）玛雅文明

拉丁美洲三大古代文明中最早的一支——玛雅文明，是世界文明史上的奇葩。玛雅文明是神秘的，何时兴起何时因何灭亡都无从考究。对于现代人来说，玛雅文明就是建立在考古发现和各种传说的综合体上的。它大约起始于公元前后，兴盛于公元 3 世纪，到公元 10 世纪，又不知何故中断了。著名的玛雅金字塔、玛雅城邦、数学历法及农业技术都证明了玛雅文明的璀璨。玛雅文明地区气候干旱，灌木丛生，几乎没有地表水。对比玛雅文明与传统上的人类四大古代文明，可以发现它们之间的巨大差别。人类四大古代文明都发源于大河流域：古埃及文明有尼罗河，中华文明有黄河和长江，古印度文明有恒河与印度河，古巴比伦文明有幼发拉底河和底格里斯河。玛雅文明却非起源于大河流域，而是崛起在贫瘠的火山高地和茂密的热带雨林之中。依据现代考古发现，玛雅文明划分为三个时期，公元前 1500—公元前 300 年称为前古典期或形成期，公元前 300—公元 900 年为古典期，公元 900—1600 年为后古典期。

到目前为止，在中美洲陆续发现了 100 多个古代玛雅的小城，其中最著名的有蒂卡尔、帕伦克、奇陈依查和乌克斯马尔等。考古学家们考察了这些古城遗址上的金字塔、石庙、石坛、石碑、石柱等建筑，从断壁残垣中推测古代玛雅城市的规模、社会和宗教生活及玛雅人在天文和数学方面所取得的辉煌成就。玛雅从来没有一个统一的强大帝国，整个玛雅地区分成数百个城邦，然而玛雅各城邦在语言文字、宗教信仰、习俗传统上却属于同一个文化圈。

2005 年 4 月，考古学家在危地马拉北部丛林中发现一座早期玛雅金字塔。经过几个月的考古研究后，他们在这座金字塔内发现了迄今最古老的玛雅文字，研究认为，玛雅文字最早出现于西元前后。而此次发现的最古老的玛雅文字总共有 10 个，这些文字是被早期生活在美洲的玛雅人用石头雕刻而成。一开始，考古学家认为这些文字可能是玛雅金字塔内壁画下的题字，但当他们将这些被发掘出的古迹用放射性碳元素测定年代法进行详细分析后惊奇地发现：这 10 个象形文字的年代大约在公元前 3 世纪到公元前 2 世纪之间，而金字塔内壁画的年代大约在公元前 100 年，这意味着 10 个象形文字在壁画完成前的 100 多年就已经被雕刻在金字塔内。

玛雅人的历法是世界上最完美的历法，他们的历法体系由三种历法构成，即神历、太阳历和长纪年历。神历又称卓尔金历，传说由天神制定。每年 260 天，由 20 个神明图像和 1

到 13 的数字，通过不断组合循环，不断搭配组合，得到 260 种组合图标，用以代表 260 天。

太阳历是玛雅人根据天文测算而来的。一年分 18 个月，每个月 20 天，另加 5 天作为禁忌日，全年就是 365 天。玛雅人经过长期的星象观察、周密计算，将一年的长度认定为365.242129 天。而现代科学所测定的地球的天文年的长度为 365.242198 天，这个数值与玛雅太阳历相差不足千分之一！

更为奇妙的是，当玛雅神历的年轮回了 73 圈后，便和转了 52 圈的太阳历年回到同一个标记上，由此形成一个 52 年的大周期。玛雅人深信历史会一再地重演，周期就是太阳历的52 年。而神历与太阳历纪年重合的那一天，玛雅人所有的宗教建筑都要重建。考古学家在发掘玛雅的金字塔时，在许多金字塔的内部不断发现更古老的金字塔神庙。玛雅金字塔就好像是一个石头砌的竹笋，不断生长、扩建。而考古发现玛雅金字塔的每两层之间修建时间相隔都是 52 年。

玛雅长纪年历极适于推算悠远漫长的历史刻度。玛雅人可以用长纪年历准确无误地记下几千万年中的每一个日子。考古学家根据 16 世纪西班牙入侵玛雅的时间，再依照碑文上记录此事的计数单位往回推算，发现玛雅纪年的元年竟为现代公元纪年的公元前 3114 年 8 月13 日！长纪年历是建立在极其发达的数学思维之上的。玛雅人有一个被称为"人类头脑最光辉的产物"的数学体系。在这个体系中最先进的是"0"这个符号的使用，它的发明与使用比最早使用"0"的印度还要早一些，而比欧洲人大约早了 800 年。

在以千万年为单位推算的无尽循环的漫漫历史长河中，玛雅人认识到生与死都如同朝露，这种强烈的沧桑感是玛雅世界观的精髓，使他们的艺术作品中充满了对时间无限循环的颂扬和对人生短暂、世事沧桑的感慨。

公元前 1500 年前后，玛雅地区出现陶器，陶器的出现标志着玛雅前古典期的开始。这时玛雅人的"玉米革命"已经完成。玉米这种河谷中的野草经过几千年的培育，变成了既甜美又富有营养的粮食。而有了这种易种保收的庄稼，玛雅人便定居下来，并制作陶器，以存储玉米。玛雅人的肉食相对较少，他们的果腹之物主要就是玉米。他们自称是玉米人，而他们的文明也被称作"玉米文明"。

考古发现，到了 9 世纪，玛雅所有的城邦突然被遗弃，那些繁华的都市几乎在同一时期——湮灭，瞬间荒芜。未留下任何解释，辉煌的古典期文明匆匆降下帷幕，一出波澜壮阔的历史剧戛然而止。再没有人踏上过那些院落的地面和金字塔的石阶。他们走了，却把一个千古谜题留给了后世。玛雅人为什么弃城而去？火山爆发？地震？飓风？瘟疫？还是农民起义？内战频发？外敌入侵？商路转移？……各种各样的推测被提出，却又都没有充足的证据。没有文献参考的考古学家们只好依据文明的蛛丝马迹，对玛雅文明的来与去，进行种种推测。近年来"生态危机论"被提出，看上去很像这道谜题的最终答案。

玛雅文明虽然是城市文明，却是建立在玉米农业的根基之上。自古以来，玛雅农民采用一种极原始的"米尔帕"耕作法：他们先把树木统统砍光，经过一段时间干燥以后，在雨季到来之前放火焚毁，以草木灰作肥料，覆盖住贫瘠的雨林土壤。烧一次种一茬，其后要休耕 1~3

年，有的地方甚至要长达 6 年，待草木长得比较茂盛之后再烧再种。当古典期文明繁盛、人口大增时，农业的压力越来越大，人们更多地毁林开荒，同时把休耕时间尽量缩短，然而这样一来，土壤肥力下降，玉米产量越来越少。玛雅文明在人口大发展之后，面临着生态环境恶化、生活资源枯竭的严重问题，作为人口主体的农民食不果腹，社会状况一落千丈。

有学者认为，严格的等级划分是导致后古典期文明衰落之后，玛雅文明销声匿迹的首要原因。玛雅人高深的知识和文化只掌握在极少数贵族和祭司的手中，占玛雅人口绝大多数的下层劳动者完全是文盲。而这些养尊处优的贵族知识分子，在繁华殆尽后难以生存，乃至很快消失，也带走了辉煌无比的玛雅文明。而留下来的为数众多的普通玛雅农民，自然无法读懂那些本来就一无所知的文字和史书了。

当然最大胆的设想，是所谓的"玛雅文明外星说"，即外星人曾像神一样降临中美洲，创造了不可思议的玛雅文明。有人说他们是来采矿，那些金字塔就是他们的仓库。

玛雅文明从公元 9 世纪开始逐渐失去光彩，西班牙殖民者的入侵又给了后古典期支离破碎的玛雅世界最后一击，支撑文明体系的精神世界和记载它们的书籍双双失落。1519 年，西班牙探险家科尔特斯（Hernan Cortez）率领西班牙军队横扫墨西哥，征服了正处于文明鼎盛时期的阿兹特克帝国。此时，玛雅文明已近尾声，但在尤卡坦半岛上，还残存着一些玛雅小邦。1526 年，一支西班牙探险队前往尤卡坦，试图用暴力建立西班牙殖民地，并强制推行基督教信仰。不肯屈服的玛雅人展开了长达百余年的游击战，直到 1697 年，最后一个玛雅城邦在西班牙人的炮火中灰飞烟灭。

现在，仍有将近 200 万玛雅人生活在祖先的土地上，使用着近 25 种玛雅语，然而他们对过往的历史几乎一无所知。他们和丛林深处的废墟一同缄默着，共同构成了失落文明的遥远背影。

（二）印加文明

印加人原为原住民（印第安人）中克丘亚人的一支，居住在今秘鲁南部高原，以狩猎为生。印加为最高统治者的尊号，意为"太阳之子"。自公元 15 世纪起势力强盛，而极盛时期的疆界以今秘鲁和玻利维亚为中心，北抵哥伦比亚和厄瓜多尔，南达智利中部和阿根廷北部，首都在秘鲁南部的库斯科。16 世纪初由于内乱日趋衰落，1532 年被西班牙殖民者灭亡。

据传其最早的统治者曼科·卡帕克于公元 1000 年左右（一说为 1200 年）率领部落从的的喀喀湖地区向北迁移，最后定居于库斯科地区，并以此为中心，逐渐向外扩张，占领整个库斯科河谷。传说印加在亡国前共历 12 个统治者，15 世纪初第八代王维拉科查（？—1437 年在位）时，印加人的势力在安第斯山地区逐渐强大。第九代王帕查库蒂（1438—1471 年在位）征服秘鲁高原的大部。其子托帕·印加·尤潘基（1471—1493 年在位）征服奇穆文化地区（今厄瓜多尔），后又扩张到秘鲁南部沿海地区。十一代王瓦伊纳·卡帕克（1493—1525 年在位）时，印加人征服整个安第斯地区，并建立起强盛的国家，在他的统治下，帝国达到顶峰。1531 年，瓦伊纳·卡帕克死后，长子瓦斯卡尔与异母弟阿塔瓦尔帕为争夺王位而发生内战，双方伤亡极大，加之瘟疫流行，国家元气大伤。1532年，西班牙殖民主义者皮萨罗侵入印加帝国，诱捕并处死国王阿塔瓦尔帕，立曼科·卡帕克二世为印加王。次年11月，占领首都库斯科。1536年，曼科·卡帕克二世发动反对西班牙人的起义，1537年被镇压。但其他起义者的反侵略斗争一直延续到1572年，至此印加帝国灭亡。

印加人的文化在安第斯山地区古代原住民（印第安人）文化的基础上有所发展。印加人重视农业，主要农作物是玉米和马铃薯。水利灌溉工程发达，最长的水渠长达113 km。印加人已能开采金、银、铜、锡等金属，其生产工具和武器均以青铜制造。金、银、铜等制作的首饰和日用器皿也很精巧。主要手工业部门除金属加工外，还有制陶、纺织等行业。陶器造型优美，纹饰绚丽。纺织品主要为棉毛织物，其中有时夹有金线或鲜艳的羽毛，图案丰富多彩。首都库斯科城的宫殿、庙宇和城墙均以巨石建造，衔接处不用灰泥，但仍极密合，刀片亦难插入，显示了高超的建筑技巧。

印加人的基层社会组织是农村氏族公社。耕地归公社所有，产品分三部分，分别归属太阳神、国王和公社成员，用于供应祭祀和祭司生活需要、政府和军队开支及维持公社成员生活，所有土地均由公社成员耕种。实行劳役制，25～50岁的男子均需服劳役。公共工程的兴建通过轮流抽调壮劳力的劳役形式来完成。

印加实行中央集权制。其都城库斯科号称世界中心，国王称为萨帕印加（独裁执政者），是政治、军事和宗教的最高首脑，被尊为太阳神在人间的化身。全国以库斯科为中心，分为4个大行政区，由印加贵族任总督。

印加人已有一定的天文知识和历法。历法有太阳历和太阴历两种。医学也有一定水平，使用许多草药治病，已能制作木乃伊，对麻醉药物颇有研究，并掌握开颅术等外科技术。印加人主要崇拜太阳，自称为太阳的后代。月亮、土地及其他星宿也被崇拜，但地位较低。仍保持着图腾崇拜和祖先崇拜的残余，各氏族公社以动物命名，视祖先为公社的保护神。印加人已确立国家信仰及祭司教阶制度，祭司阶层享有特殊地位。全国的宗教中心是库斯科城中的太阳神庙（金宫）。每逢农事周期的各个节日，都要举行祭典，祭典上的牺牲主要是动物，但当印加王出征或发生巨大自然灾害时，则以活人为牺牲。

（三）阿兹特克文明

阿兹特克人又名墨西卡人、特诺奇人，属纳瓦语系，主要分布在今墨西哥中部和南部。约公元12世纪末从北部进入墨西哥中央峡谷，灭托尔特克文化，并于1325年在特斯科科湖中的岛上开始建立特诺奇蒂特兰城。阿兹特克人定居特斯科科湖畔之后，继续向外扩张，此后百余年里，以武力先后征服阿托米等部族。

15世纪上半叶，阿兹特克人与附近的特斯科科和特拉科潘两个部落结盟，建立起中美洲当时最为强大的部落联盟，国王蒙特苏马一世（1440—1469年在位）被称为蒙特苏马大帝。蒙特苏马二世在位时疆域东抵墨西哥湾，西达太平洋，南部扩大到危地马拉，达到阿兹特克军事统治的顶峰。1519年，西班牙殖民者科尔特斯利用阿兹特克人的内部矛盾，进攻阿兹特克国家,蒙特苏马二世在入侵者面前摇摆不定,最后成为西班牙殖民者的傀儡,于1520年6月向人民劝降时被群众击伤而死。科尔特斯在所谓悲惨之夜侥幸逃命后,又于1521年卷土重来,阿兹特克人在新国王夸乌特莫克率领下,与围城的西班牙殖民者展开殊死搏斗,最后由于粮食和水源断绝,加之天花肆虐而失败。1521年8月,西班牙人占领特诺奇蒂特兰,在城中大肆屠杀,并将该城彻底毁坏,后在其废墟上建立墨西哥城。

阿兹特克文明有发达的农业,主要作物有玉米、豆类、南瓜、马铃薯、棉花、龙舌兰等,其中龙舌兰是其特产。饲养火鸡、鸭、狗等禽畜。阿兹特克人利用特斯科科等湖泊发展人工灌溉系统,据说在特诺奇蒂特兰城南的霍奇米尔科有1.5万条人工管道,至今仍存900条。手工业相当发达,有金、银、铜、宝石、皮革、纺织、羽毛、陶器等各种工艺品。首都特诺奇蒂特兰面积约10万km^2,人口达30万。城内街道、广场设置整齐,全城有超过10 km长的防水长堤,并有两条石槽从陆地引淡水入城。城内有神殿、王宫、行政官署、贵族宅邸、游戏场、学校等建筑。城北的市场是国内贸易中心,据记载可同时容纳6万人交易货物,比西班牙的市场还大。

阿兹特克的最高首领由部落会议从特定的家族中推举,实际上是最高军事酋长,但尢世袭权,并可被部落会议罢黜。阿兹特克人同与之结盟的部落结成统一的政治和文化共同体,最高军事酋长即为联盟统帅。联盟所征服的部落需向联盟割让土地和纳贡,但可保有自己的部族神和习俗,并由自己的酋长管理。特诺奇蒂特兰城分为四大区,分属四大胞族。下面共分为20个氏族,各氏族有自己的氏族神、祭司和寺庙,享有处理内部事务的权利。由各氏族选出代表出席酋长会议。

阿兹特克人的社会组织以民族为基础,实行公社土地所有制,但已开始出现阶级划分,贵族、祭司、武士和商人构成社会的统治阶级。贵族拥有土地和自己的姓氏,子女可受到特殊教育。平民接受农、工和战技等专业教育,是军队的主体。最下层是奴隶,主要来自战俘和罪犯。

阿兹特克文明在发展过程中,吸收了托尔特克文化和玛雅文明的许多成就,但自己也有独创。其文字仍属图画文字,但已含有象形文字成分。在天文历法方面,使用太阳历与圣年历,并已知一年为365天,每逢闰年补加一天。在医学方面,知道利用各种草药治病,并已使用土法麻醉。阿兹特克人的陶器和绘画均极精致,建筑和艺术也达到了相当高的水平。其首都特诺奇蒂特兰的公共建筑物多以白石砌成,十分瑰丽壮观。一般房屋的周围,会在固定的水面的木排上种植花草,形成了水上田园。城中心的主庙基部长100 m、宽90 m,四周有雉堞围墙环绕,塔顶建有供奉主神威济洛波特利和雨神特拉洛克的神殿,其祭坛周围有蛇头石雕,坛下发现的重达10 t的大石上,刻有被肢解的月亮女神图案,1790年在墨西哥城中心广场发现的"第五太阳石"直径近4 m,重约120 t,刻有阿兹特克宗教传说中自创世以来四个时代的图像,显示了阿兹特克人石雕艺术的高度水平。

宗教在阿兹特克人生活中占有重要地位。居民相信灵魂永存,并相信存在至高无上的主宰。他们崇拜自然神,如太阳神、月神、云神、雨神、玉米神等,部落主神威济洛波特利被视为太阳神和战争之神。国王被看成神的化身，祭神时要以战俘为牺牲。其特异习俗之一是以活人为祭品，每年有数千人被祭神灵。武士以献身祭坛为荣。

三、拉丁美洲近代文明

拉丁美洲原是原住民劳动生息的地方。但自 1492 年西班牙、葡萄牙的冒险家踏上拉丁美洲以后，很快就全部沦为这两个国家的殖民地。16 世纪末，英、法、荷等国从西班牙手中夺去了西印度群岛的一些岛屿，南美洲大陆边缘和中美洲的少数地区。19 世纪初，西、葡霸占的地方纷纷宣告独立。

哥伦布"发现"新大陆后，从 16 世纪初起，一批批西班牙人闯入美洲，在各地以利剑和十字架进行残酷的征服和殖民活动，给原住民带来了空前的痛苦、流血，并斩断了原住民的文明发展进程。在这场悲剧中，原住民口大量减少，神庙被捣毁，金字塔被夷平，文化遗产或被洗劫一空，或被付之一炬，原住文明遭到毁灭性破坏。据研究，1492—1550 年间，欧洲殖民者在美洲的征服活动消灭了两种文化的最早接触点——加勒比各岛屿的原住民。欧洲殖民者还大量屠杀中部墨西哥的居民。在所述地区，1525 年有人口 2 500 万人，而到 1605 年下降为 100 多万人。在南美洲中部安第斯山区，古代印加文化也遭到极大的摧残。在这一地区，1525 年有 350 万～600 万人，1561 年降至 150 万人，而到 1754 年更降为 60 万人。16 世纪的文化冲突，16 和 17 世纪采矿业中的奴隶制或徭役制，以及 17 世纪大庄园的债务奴隶制，都是构成美洲原住民人口下降的重要原因。

在另一方面，在美洲殖民地化过程中，西班牙人为了巩固其政治统治和开发殖民地经济，也将他们代表中世纪的物质和精神文化产品输入新大陆。譬如，在物质方面，殖民者从欧洲带来了小麦、稻子、咖啡、柑橘、苹果、梨、桃、无花果、甘蔗等作物，也带来了马、牛、羊、猪等牲畜；从非洲带来了香蕉树、山药、珍珠鸡等。在精神方面，通过数百年的殖民地化过程，欧洲文明最古老的基础——希腊、罗马文化传统和基督教学说扩展到了美洲各地，并逐渐成为该地区的主体文化。为了让欧洲文化能一代代传下去，欧洲殖民者在军事征服后不久，便在美洲建立起各种文化设施。由于基督教传播和殖民地政治经济发展的需要，欧洲式的高等教育首先在殖民地得到发展。从 16 世纪起，西属美洲在建立西班牙式的大教堂和修道院的同时，也创建了神学院及其他各类学院和大学。而在巴西，葡萄牙殖民者的后代可以进入耶稣会创办的学校和葡萄牙的科英布拉大学学习。

这一切使得美洲社会、文化出现了一个飞跃，并打破了它的长期封闭状态，而同世界其他地区的经济、文化发展联系在一起，这在客观上无疑具有进步意义。它彻底打破了 1492 年之前美洲单一的原住文明模式，而由一系列新的文化要素构成，其种族、语言、宗教、生活方式等都发生了翻天覆地的变化。

新种族——混血种人，产生于新、旧大陆的各个种族即欧洲人、美洲原住民和非洲裔黑人的结合混血、文化变样与融合的进程中，其人种主要包括巴西、委内瑞拉、哥伦比亚、安的列斯群岛和中美洲的大部分居民，他们最早是在大庄园制和奴隶制下通过不同种族的混居和混血而产生的，由种族、文化和语言特点方面极不相同的各个种族混血而成，是欧洲殖民统治的副产品。而原住民是遭受欧洲殖民扩张强烈冲击的原美洲文明的幸存者。他们受到上述扩张的严重损害，但后来为构成现代民族社会而重新进行种族的整合。实际上，他们已不可能恢复其原先的文化，因为其文化本身已发生了深刻的变化，并且他们还需要努力适应各种客观条件。

以原住民为主要成分的国家，其基本问题是要将原住文化继承下来，又要将与之对立的现代文化整合到生活中。一方面，欧洲文化的贡献在于：各种技术工艺、制度和意识形态内容已渗入原住民的文化遗产中，但这是以原住民重新确定其生活方式和改变其价值观为代价的；另一方面，古代原住文化财富虽然遭受损害而收缩，但某些成分还是顽强地保持下来了，例如语言、社会组织形式、宗教信仰和价值观。此外，还有民间知识、独特的艺术风格等文化遗产，它们现今仍被作为确定民族特性的手段而得以发展。

1. 语言的多样性

从墨西哥北部边界的格朗德河起到南美洲南端的麦哲伦海峡，绝大多数人都以伊比利亚语言即西班牙语和葡萄牙语为基础语言，但是同时还存在美洲土著语言和非洲黑人语言的影响。尽管后者已残缺不全，但还是具有一定的使用价值。由于其语言的多样性，且语言结构尚不稳固，拉丁美洲某些国家为了巩固社会文化的基本一致性，在保持目前的语言框架的前提下，采取相应的措施使得语言结构趋于稳定。西班牙语地区91％的人讲单一语言；而葡萄牙语地区97％的人讲单一语言，可见在这两个地区绝大部分人都讲西班牙语或葡萄牙语。此外，西班牙语地区近4％的人以美洲原住语为其单一语言；在葡萄牙语地区近0.7％的人只讲地区语言。在西班牙语地区，还有约3％的居民操着两种语言——原住语和西班牙语；在葡萄牙语地区，只有极少数人讲双语——原住语和葡萄牙语。

美洲的西班牙语和葡萄牙语都具有广泛而明显的语言学上的一致性，其中近期出现的方言并不多，语言的地区差别不大，其语言差别并不妨碍各地区操着同一语言者之间的交流。由于它们已成为群众交流的手段，文学、科学或其他性质的书面著述日益增多，这一切加速了语言的统一性。然而，美洲的西班牙语和葡萄牙语均吸收了不少原住语言成分，在词汇、语音、语法方面发生了一定的变化。

2. 富有美洲特色的基督教

在美洲殖民地化的过程中，基督教会从一开始就依靠武力在神学领域占据了统治地位。但是它并未达到彻底消灭土著宗教的目的，因为经过最初的两种文化、两种宗教的冲突之后，原住民（印第安人）通过各种手段保存了其宗教的某些成分，而基督教传教士为了迅速推进传播教义的活动，在保持基督教的基本原则不变的前提下，也采取灵活的态度，将原住宗教的残余部分融入基督教的总结构中，这样就产生了富有美洲特色的基督教形式。部分民间节日是基督教与原住宗教的某些成分相融合的结果，其主要特点是：根据原住宗教礼仪历法确定基督教节日的日期，并尽可能地把欧洲人的习俗与美洲原住民的传统结合在一起，从而产生了独特的民间节日，如墨西哥的亡人节；在基督教的影响下，产生了欧洲所没有的、独特的民间节日，如客店节。拉丁美洲基督教的许多节日反映了阿兹特克人通过历法确定的古老礼仪和祭祀。而到殖民地时期，基督教传教士鼓励印第安人将其亡人节仪式与基督教的亡人纪念结合在一起，这样就形成了墨西哥风格的亡人节。每年 11 月 2 日亡人节期间，人们手拿扫帚、鲜花、食品和吉他来到墓地。扫墓后，人们就在墓地野餐、弹唱。墨西哥的亡人节是文化交融的产物，亡人节的欢快气氛体现了原住民对死亡持有独特的乐观主义态度。

综上所述，拉丁美洲大陆的混合型文化形成的过程是一幕历史的悲喜剧：多种文化经历了最初的激烈冲突之后，逐渐走上了相互调和、妥协与融合的道路。正如一位墨西哥学者所指出的，无论是原住文化还是欧洲文化，在新大陆都有它们的历史功勋。

四、拉丁美洲现代文明

随着 19 世纪开始的拉丁美洲各国摆脱殖民统治的独立运动，拉丁美洲各国的文化逐渐进入了复苏和繁荣阶段，尤其是从 20 世纪中叶开始，拉丁美洲各国的现代文明进入了快速发展和爆炸阶段。主要表现在文学、舞蹈和音乐等方面，形成了拉丁美洲独特地域的艺术形式并在世界范围内影响广泛。从 1945 到 2010 年，共有 6 位拉丁美洲文学家获得诺贝尔文学奖。智利女诗人米斯特拉尔（Gabriela Mistral，1889—1957 年）在 1945 年首度为拉丁美洲获此殊荣；1960 年墨西哥诗人兼散文家奥柯塔里奥·帕斯（Octavio Paz，1914—1998 年）获奖；危地马拉作家米格尔·阿斯图里亚斯在 1967 年获奖；智利诗人巴勃罗·聂鲁达（Pablo Neruda，1904—1973 年）1971 年再次获奖；哥伦比亚小说家加西亚·马尔克斯（Gabriel Garcia Marquez，1927—2014）则在 1982 年获此殊荣；马里奥·巴尔加斯·略萨在 2010 年获得了迟到的诺贝尔文学奖。

这些都证明了拉丁美洲文学在当今世界文学之林的非凡成就和特殊地位。当今社会，拉丁美洲的舞蹈和音乐更以其自由奔放和独特的个性征服了世界。

（一）现代拉丁美洲文学

现代拉丁美洲文化的基本要素大部分形成于殖民地时期。在西班牙和葡萄牙等宗主国的多年殖民统治下，欧洲各种文化成分被移植到新大陆，并最终成为主体。殖民时期，宗主国的语言、宗教和教育几乎完全替代了原住民族文化。拉丁美洲文学的创作和风格上，大体继承了同时期欧洲的文学特点。由于历史的继承性，这种外源性的文化结构一直保持至今，但是其形式和内容在不同时期表现出变化。

现代意义上的拉丁美洲文学史应该是殖民地时期文学（16 世纪—19 世纪初），此后经历了独立运动时期文学，即新古典主义时期文学（1790—1826 年）；民族文学发展时期，这一时期又可分为浪漫主义时期（19 世纪 30 年代至 90 年代）和现代主义文学时期（1882—1916）。进入 20 世纪之后，拉丁美洲文学在经历了世纪初期的现实主义——地域小说的兴盛后，在与欧美现代派文学接轨中进入先锋文学时期。拉丁美洲新小说的崛起还必须要追述到

20 世纪 30 年代先锋派文学的宇宙主义。宇宙主义源自墨西哥作家巴斯康塞洛斯的《宇宙种族》。"宇宙种族"本意为拉丁美洲种族，又称第四种族，是世界各种族交杂的产物，具有无与伦比的"世界性"和"宇宙精神"。宇宙主义思潮先由墨西哥和阿根廷对拉丁美洲形成南北夹攻的势态，而后席卷了整个拉丁美洲。20 世纪 40 年代前后，在拉丁美洲发生了一场如何借鉴西方现代派文学的争论，争论的焦点围绕在两个问题上：该不该借鉴，如何借鉴？这场争论说明，在当时拉丁美洲作家已经具备走向世界的自信与能力，而且找到了一条适合于自己发展的道路——整合，20 世纪中期崛起的新一代拉丁美洲作家大都直接经受了世界文坛涌动的形形色色的思潮、流派的冲击、洗礼和整合，这与拉丁美洲与欧洲、北美之间难以割舍的历史文化渊源和政治经济关系有着必然的联系。拉丁美洲作家从拉丁美洲走向世界，又从世界走回拉丁美洲。如魔幻现实主义作家们，大多都在欧洲参加过西方超现实主义等西方文化文学流派，却具有一个共同的信念：他们的作品表现的始终是美洲的神奇的现实。进入 20 世纪 60 年代后，拉丁美洲的辉煌时代——文学"爆炸"时期到来了。拉丁美洲文学以非凡的气势迅速走向世界，大批优秀的作家、作品涌现，震惊了世界文坛，饱受赞誉。这是拉丁美洲文学的黄金时代，也是拉丁美洲文学史上空前繁荣发展的时期。事实上，在拉丁美洲文学史上从来没有过地道的欧洲式的现实主义。20 世纪 20 年代，拉丁美洲的现实主义小说突破了欧洲 19 世纪现实主义典范小说中的现实主义局限，形成了具有拉丁美洲特色的现实主义，马尔克斯正是这一意义上的现实主义作家。1967 年马尔克斯的魔幻现实主义小说《百年孤独》的发表，就是最典型的代表，使得这一意义在世界范围内获得了巨大的成功与一致的承认。

拉丁美洲文学"爆炸"和魔幻现实主义都是属于拉丁美洲文学特有的文学现象。二者都代表了拉丁美洲文学在当代的辉煌和世界性成就。尽管魔幻现实主义在 20 世纪六七十年代流行并达到最高艺术水平，产生了马尔克斯《百年孤独》这样的巨著，但也只是文学"爆炸"这一现象中的亮点之一。文学"爆炸"时期的文学成就是多元的，是由多元发展繁荣的文学流派共同构成的，除魔幻现实主义之外，幻想小说、结构现实主义小说，甚至包括传统的现实主义小说都取得了举世瞩目的成就。

（二）音乐与舞蹈

混血也是拉丁美洲音乐和舞蹈的特色。在这里，所谓的欧洲风格、非洲黑人风格，都已经染上拉丁美洲新大陆的色彩，获得了新的生命。原住民（印第安人）的音乐节奏比较单纯。没有弦乐器是原住民（印第安人）乐器的一大特色，传统乐器是笛、奥卡里（埙）等管乐器，或鼓、摇响器等打击乐器。流传到拉丁美洲的欧洲伊比利亚半岛的西班牙、葡萄牙音乐文化，一方面与西欧音乐文化具有共同基础，另一方面又深受伊比利亚半岛上自古遗留下的一部分独具特色的东方各民族音乐文化的影响。无论是音阶、旋法，或是节奏、和声、歌唱发声法等多方面都表现出欧洲其他地区所没有的因素。特别是节奏，和舞蹈流行地区的节奏基础相结合并呈现出独特的发展趋向。大多是三个拍子的音乐，但又不像圆舞曲那样单纯刻意于每拍，而把每拍分割成细小的音符，创造出独特的律动感，如"波莱罗"舞曲型的节奏等。另外，像 3/4 拍和 6/8 拍在每隔一小节就会交替出现复杂而有生气的节奏。在乐器方面，以被称为"西班牙国民乐器"的吉他为代表，在所有拉丁美洲国家受到欢迎，并且吉他的种类有多种。虽然当今的原住民（印第安人）音乐中经常采用吉他、小提琴、竖琴等弦乐器，但这些都是 16 世纪以来由欧洲人带来的，或是受欧洲的影响而在拉丁美洲制造出来的。而给予拉丁美洲音乐影响的欧洲音乐，不仅是伊比利亚的民歌、民俗音乐、都市性通俗歌曲、歌剧和小歌剧等舞台音乐，还有很多像小步舞曲、圆舞曲等不同的音乐形式在传入拉丁美洲后，也融入了当地的色彩。如维也纳圆舞曲变成了热带圆舞曲；巴西的进行曲不是德国式的军队进行曲，而是一种类似于狂欢节舞曲的乐曲。

非洲黑人音乐的最大特色是与生俱来的良好而丰富的节奏感。在拉丁美洲的古巴、海地、巴西等黑人人口众多的国家，有大小不同的鼓、摇响器、擦弦体鸣乐器等多种多样的打击乐器，产生出复杂而丰富多彩的节奏、节拍。这些非洲支系的美洲黑人的音乐节奏大致上以 2 拍为基础，但又绝不像进行曲和狐步舞曲那样单纯地分割成 2 拍，而是以两种、三种，甚至三种以上的节奏同时重叠进行的混合节奏，在不断加入切分音（错开强拍位置）的基础上，产生出充满活力的律动。以伦巴、曼博、桑巴为代表，作为"拉丁节奏"而广受世界欢迎的音乐，几乎都是以非洲节奏为基础的。

与其说是原住民（印第安人）的音乐文化按照古代样式被传承下来，不如说是一方面吸收了种种影响，另一方面是作为表达生活于现实中的人们的情感，而加进了许多微妙的变化。拉丁美洲民间音乐的发展分为三个阶段：①纯粹原住印第安曲调，五声音阶；②原住印第安音阶的所谓"混血化"，产生类同于欧洲大小调的印欧混血种音阶；③"混血再混血"，就是用非洲黑人的装饰音和变化装饰音使音阶进一步繁复。

拉丁舞作为源于拉丁美洲的多种舞蹈形式的统称，已经在全世界范围内广为流传。其中阿根廷的探戈和巴西的桑巴不仅在当地的狂欢节上有热情奔放的表演，而且成为世界各地高雅舞蹈场所的主角，并确定为世界性的体育舞蹈比赛项目。拉丁舞同样具备了拉丁文化的渊源和特点——混血。拉丁舞的起源地本身便拥有着悠久而丰厚的民间音乐舞蹈传统，而后又融合了葡萄牙和西班牙的舞蹈遗产、非洲裔黑人带来的非洲节奏及欧美的芭蕾和现代舞技术与美学。

第四节 非洲国家

一、骄阳的印记——非洲国家文化

打开世界地图，人们很容易注意到紧靠欧、亚两洲的大陆——非洲。非洲的全称是阿非利加洲，意思是阳光灼热的地方，陆地面积 3 029 km²，约占世界陆地总面积的 1/5，为世界第二大洲。她位于亚洲的西南面，东濒印度洋，西临大西洋，北隔地中海与欧洲相望，东北角习惯上以苏伊士运河为非洲和亚洲的分界。非洲大陆是地球七大洲中唯一被赤道横贯中部的大洲，因而大部分领土都位于热带地区之内，自然景观对称分布在赤道两边，任何一个踏上这块土地的人，都会为她优美壮阔的自然风光倾倒。

非洲民族以高加索种的闪族、含族，以及黑种的黑族和苏丹黑人、班图黑人为主。不过由于文化发展迟缓，知识程度普遍低下，虽然非洲地下资源丰富，各地皆有丰富矿产，如金、铜、铁、锰、铀及非金属矿等，但只有少部分被开发，且过去都属于欧洲殖民地，经济结构并不健全；加上自然环境恶劣，不是太干就是过湿，而许多小国政治未臻稳定，种族复杂，遂造成非洲各国普遍处于贫穷状态。

尽管如此，非洲却仍然是人类的摇篮。她是人类进化史上从古猿到森林古猿、拉玛古猿、"完全形成的人"——能人、直立人、智人、直到现代人都存在过的大陆。当地出土的化石表明，早在100多万年以前，一种会使用工具的灵长类动物，即刚刚直立行走、并将进化为智人的早期人类，已经出现在东非草木茂盛的高原之上。这些发现使人类学家得出了非洲是人类诞生地的结论。考古学的材料证明，非洲各族人民很早就创造并发展了生机盎然、欣欣向荣的人类文化。非洲大陆的文化呈现出多样性和发展不平衡的特点。北非是世界古老文明的发祥地之一。中部和南部非洲（即撒哈拉沙漠以南的热带非洲，因其居民主要为黑人，故被称为"黑非洲"），各文明发展则相对迟缓。

二、尼罗河的女儿——埃及文化概述

埃及位于非洲东北部，是世界四大文明古国之一。在漫长的历史进程中，埃及文化从萌生到辉煌，在世界文化史的瑰丽画卷上挥洒了属于本民族的浓墨重彩。总的说来，她是具有非洲特点的阿拉伯文化，其间又夹杂着利凡特文化的特点，即法国、希腊、土耳其和叙利亚文化的混合体。而在这里所要涉及的话题，也以古埃及文化为主体。

（一）崇尚传统的文化性格

提起埃及文化，人们总会对她源远流长的灿烂历史深怀敬意。正如古希腊历史学家希罗多德说埃及"是尼罗河的赠礼"，蜿蜒如带的尼罗河，慈母般地哺育了她的子女，埃及人在这里繁衍生息。尼罗河流域有其特殊的地理环境：西面是鲜有人至的利比亚沙漠，偶有绿洲点缀其间；东面虽然距离红海不远，但仍被缺乏水源的阿拉伯沙漠隔开，几乎形成一道无法逾越的屏障；南面是尼罗河的上游，河道狭窄，水面湍急；北面是地中海岸，浅滩、暗礁星罗棋布。流经森林和草原地带的尼罗河，每年七月至十一月定期泛滥，浸灌了两岸干旱的土地；含有大量矿物质和腐殖质的泥沙顺流而下，也在两岸逐渐沉积下来，成为肥沃的黑色土壤。这样的地域环境，虽然几乎造成埃及与世隔绝的局面，但同时又为古埃及人提供了天然的保护屏障和丰富的矿物资源，这让古埃及人在很长的一段时期里免于外族的侵略，也孕育了他们阔肩膀、黑皮肤的健壮体魄及沉稳、自信而乐观的性格特征。正因为埃及的自然环境及居民都有其独特的特点，所以埃及文化同样在世界文明中具有与众不同、卓尔不凡的特色。

从古王国时期起，埃及便形成了中央集权的君主统治。法老是国家最高统治者，总揽宗教、司法、财政、军事等一切大权。法老被崇奉为全埃及最高神"拉"的儿子。法老的意志就是命令，就是法律，因此他又是"真理"之神玛特的化身。在法老之下，有一套专制集权的官僚行政机构，还设立了常备军，由国王直接掌握。古埃及的政治经济大权全部集中在以法老为代表的奴隶主手中，反映了其奴隶主专制的本质。古王国时期建造的那些庞大的王陵——金字塔，就是君主专制的象征。

埃及文化的基本特点是在古王国时期和中王国时期奠定的。埃及人习惯于回顾往事，相信他们祖先的遗风是最好的。在大约 3 000 年的时间内，埃及文化一直谋求与创世以来就存在的自然秩序保持一致。由于相信宇宙不变，埃及人并不推崇那种叫作变化、发展的进步，他们更尊重制度、传统和权威。但这并不等于说，埃及人就是一个故步自封的保守民族。他们在与近东和地中海区域各民族的接触中，特别是从新王国时代开始，通过军事征战、贸易往来与外部世界发生了较为密切的联系。通过与西亚文化及希腊文化的交往、融合，古埃及传统文化的内容得以丰富，并且对后来的希腊、罗马文化的发展产生了很大影响。

（二）信仰多神和来世的宗教思维

宗教在古埃及的生活中意义重大。古埃及人是一个信仰多神教的民族。他们认为，各个生活领域都有一个或几个神在主宰。神既有动物形的，也有人形的。第十八王朝法老阿蒙霍特普四世进行了宗教改革，企图建立对于太阳神的一神崇拜，但改革最终以失败而告终。不过，这并没有妨碍宗教在古埃及特殊而重要的地位。宗教渗透到埃及人生活的方方面面。值得注意的是，在诸神中，太阳神拉神及尼罗河神阿塞利斯神，被认为拥有主宰宇宙的能力。他们交替着占据至尊地位，其他神则往往处于从属地位。

在古王国时期，对太阳神——拉神的崇拜是其主要的宗教崇拜，其主要作用是保护国家和整个民族永存不灭。法老是该信仰在地上的神的代表，通过他的统治来维持拉神的统治。但拉神不仅仅是一个保护神，它还是公道、正义、诚实和维持普天下道德规范的神，它在精神上甚至是物质上都不给任何人以偏袒。

对阿塞利斯神的敬奉源于一种自然崇拜。这个神祇体现出植物的生长力和尼罗河的繁殖力。据说在远古时代，阿塞利斯受上苍的派遣，来到人间，他是一个仁慈而公正的统治者，教民农耕及其他手艺。后来遭到他的弟弟塞托的暗害，尸体被剁成肉块，抛于各地。他的妻子同时也是他姐妹的艾希思把这些肉块拼合起来，奇迹般地使他重生，成了统治下界的冥王，并被尊为尼罗河、土地及丰收之神。实际上，阿塞利斯的死亡和复活体现了秋天尼罗河水的降落和春天洪水的到来。同时，阿塞利斯的品格激发了普通埃及人的情感，埃及人认为这些神祇的经历反映了他们自己生活的苦难和胜利。尤为重要的是，人们开始认为阿塞利斯的死亡与复活说明死亡是可以战胜的。一个人只要笃信神明，就能够得到长生不死的恩典。

这可以说是古埃及宗教思想中最独特的来世观。在古埃及人的眼里，现世只是短暂的一瞬，来世才是永恒长存的。他们极为关心死后的生活，在生前就开始为来世做准备，倾其所有修建和装饰坟墓，以便来世有一个舒适而富有的家。此外，对尸体也要采取保护措施，千方百计地防止死者在阳间遗体的消失。因为，没有尸体，灵魂便无所依附，人就无法获得重生。所以，尸体要制成木乃伊，以保证它保存久远。对于富人而言，他们死后留下的大宗财产，是让人用来给他们的木乃伊置办食物和其他必需品，以便在冥世继续享用。即便是最简陋的坟墓，也会在死者遗体旁边摆放几个陶罐、一些工具和几件个人用品。就算是那些难以随葬的物品，古埃及人也会代之以模型，这些模型制作精巧，与真品别无二致。当然，死者要获得新生，进入永恒之国，还必须经过冥王阿塞利斯的审判，得到他的认可。

（三）埃及文化的历史意义

今日的埃及已经失去了昔日的雄风。更有一阵一阵热风，卷起遍地黄沙，使这个文明古国显得阴霾满天。然而，今日的风沙，所侵蚀的只是埃及的躯体，埃及的灵魂，却长存于世。埃及的灵魂系于埃及人所创造的文化：她的象形文字虽然已经失去了生命力，但那类似字母的 24 个单音符号，是腓尼基字母赖以产生的基础，而腓尼基字母又是东西方多种字母之源。古埃及人所创作的许多神话传说和神的形象，早就越出了国界，进入地中海和世界各地，尤其在希腊神话中常常能见到它们的影子。有人甚至认为，西方文化中对天堂、地狱的构思及人临终前祷告和忏悔的习惯就是受到了埃及宗教的影响。玻璃、麻布、纸草、墨水、历法、日晷、水钟的发明更是影响深远。在建筑、雕塑及手工艺品方面，埃及人的精妙之处至今还罕有能望其项背者。

古埃及文化，经腓尼基、叙利亚、犹太、克里特、希腊、罗马人的辗转传递，早已变成人类文化遗产的一部分。埃及给人类所留下来的这笔文化遗产，虽饱经天灾人祸，但与其他民族所遗留的相比，仍然要算是丰富的。埃及文化甚至越过万水千山影响到了遥远的中国。如泉州开元寺大雄宝殿前阶下须弥座束腰部刻有狮身人面浮雕。石阶的东、西两侧各有狮身人面雕刻 37 个，形状不一，神态各异：有的头发蓬松，四足立地；有的昂首舞爪，张着大口；有的两耳垂肩，爪持莲花；有的向前奔驰，回首顾盼。经过史学家的考证，它们原是一座婆罗门寺内的雕塑，后被拆迁搬到开元寺。而这些雕塑与埃及的狮身人面像有极深的渊源。其经由埃及传入希腊，借亚历山大大帝东征传至印度，最后从印度洋传到了泉州。可见，古埃及文化极大地丰富了世界文化的宝库，为人类文明的进步做出了巨大贡献。

（四）埃及文化举例

1. 金字塔的建造

埃及的象征莫过于金字塔，它们是古代埃及国王（法老）的坟墓，其建筑构造表现了惊人的技巧。因其形似汉字的"金"字，中国人称之为"金字塔"。它们大多分布于距开罗不远的尼罗河西岸。

金字塔的建造始于第三王朝的第一个国王乔赛尔。当时，他让著名的建筑设计师伊蒙霍特普为他设计一座坟墓，伊蒙霍特普最初设计建造了一个巨大的石造马斯塔巴，地点在萨卡拉。但乔赛尔和伊蒙霍特普自己都不满意，觉得不够庄严雄伟。于是伊蒙霍特普便在它上面又加了五个一层比一层小的马斯塔巴，这就成了现在仍可见到的乔赛尔的层级金字塔，它高61.2 m，底边东西长123.3 m，南北长107.4 m。在金字塔的底下有走廊和墓室，在金字塔旁建有祭庙，整个建筑群则用围墙围了起来。

第四王朝第一个国王斯涅弗鲁时，建造了三个金字塔。他的第一座金字塔在麦杜门，原为一个层级金字塔，后来将各层阶梯填平，成为一个角锥体的金字塔。其后，他又命人在达淑尔为其建造一座角锥体的金字塔，但由于设计上的误差，建到一半时发现角度太大，不得不改变角度，从而成了一座菱形金字塔，或称弯曲形金字塔。对此，斯涅弗鲁当然不满意，于是他又命人在达淑尔建造了另一座真正为角锥体的金字塔。可以说，斯涅弗鲁时期是从层级金字塔向真正角锥体金字塔转变的时期。

最大的金字塔是第四王朝的胡夫国王时修建的，其建筑师是胡夫的兄弟海米昂，地址被选在孟菲斯附近的尼罗河西岸的基泽。该金字塔高146.5 m，每边边长约为230 m。据说该金字塔用了约230万块大小不等的石头，平均每块重约2.5 t。墓室原建在塔底，后又在塔的中部建了墓室。此金字塔的入口在塔北面离地面13 m处，呈三角形，从而使塔身的重量均匀地散开，不致将通道口压垮。整座金字塔所用的石块经过精工打磨平滑后，才被叠砌起来，缝隙密合，不施泥灰，却连薄薄的刀片也难以插进去。据希腊史学家希罗多德估计，仅仅修建这座金字塔就动用了10万劳工，费时20年。

在胡夫的金字塔旁，还有该王朝的哈佛拉和孟卡拉两个国王的金字塔。在哈佛拉金字塔前不远处有该国王的一个狮身人面像，该像用整块石头凿刻而成，希腊人称之为斯芬克斯，高约20 m，长约50 m。据说其面部是仿照哈佛拉的像雕成的。古埃及人认为，狮子是进入天国门户的守护者。

古代埃及国王为什么要将坟墓修建成金字塔的形式呢？这有两种说法。传统认为，这种坟墓形式是埃及王陵形式自然发展的结果，即从前王朝的画墓，到早王朝的马斯塔巴，到乔赛尔的层级金字塔，最后发展成角锥体的金字塔。英国学者爱德华兹在《金字塔》一书中提出了另外一种解释。他认为，金字塔的修建，与古埃及的宗教崇拜有关。因为，古埃及人相信人死后灵魂会升天，而层级金字塔的阶梯就是国王灵魂上天的天梯。1954年在胡夫金字塔旁的地下发现的大木船，也是用作运载国王灵魂升天的船；而角锥体的金字塔则象征了对太阳神的崇拜，因为金字塔的四条棱线就形似太阳的光芒。他认为，斯涅弗鲁时期是这两种不同的宗教观念的转换时期。

金字塔是古埃及文明的象征，是古埃及人民智慧和创造力的结晶。但是金字塔的修建加重了人民的负担，耗费了国家的人力和财力，加剧了国内的阶级矛盾，削弱了君主专制的实力。希罗多德和狄奥多拉都记载说，那个时代的人民对修建金字塔满怀愤怒，甚至可能爆发过起义运动。

2. 生活中的喜好与禁忌

埃及人对绿色和白色有很深的感情。一般人都厚爱这两种颜色，并有把绿色喻为吉祥之色，把白色视为快乐之色的说法。他们对生活中经常遇到的数字也有喜厌之分。一般人都比较喜欢"5"和"7"。认为"5"会给人们带来"吉祥"，认为"7"是个值得人崇敬的完整数字。因为"安拉"创造世界用了 6 天的时间，在第 7 天休息，所以人们办一些重要的事情总习惯采用"7"。例如，有很多咒语、祷告要说 7 遍；朝觐者回来后，第 7 天请客；婴儿出生后，第 7 天宴请；还有纪念婚后 7 日，纪念去世后 7 日，等等。他们有把葱视为真理标志的习惯。他们非常喜爱仙鹤，认为仙鹤是一种吉祥鸟，它美丽又华贵，象征着喜庆和长寿。埃及人宠猫、敬猫如神，并视猫为神圣的精灵。在埃及人的心目中，猫是女神在人间的象征，是幸运的吉祥物，是受人崇敬的国兽。

针是缝衣的工具，几乎是家家必备的日常用品，但在埃及人的心目中有几分神秘的色彩。每天下午 3—5 点，埃及人绝不买卖针，这已成为他们生活中的一条不成文的戒律。据传说，每天的这个时间里，会有天神下凡赐给人们一些生活必需品，但天神要亲自体察人们各自的境遇。越是富有的人，得到的赏赐会越多；越穷的人，所得的赏赐则越少。而穷人整天总是穿针引线，缝缝补补，为了使穷人得到的赏赐多一些，免于窘困终身，所以人们在这个时段绝不买卖针。在这个神话传说的影响下，埃及的一些人甚至连夜晚也不敢做针线活，认为这样会给自己的母亲带来灾祸。农村里有些妇女把借针也看作忌讳之事，在非借不可时，出借人要把针插在面包里递给借针的人，借针的人也不敢当面用手把针取出来。针有时也成为一些妇女相互对骂的口头语，如果一个妇女被人骂作针，那她便如同受了奇耻大辱，痛不欲生。如今，针在埃及人的心目中仍有其独特的、传奇般的地位，对针的忌讳也沿袭下来。

埃及人（穆斯林皆如此）认为"右比左好"，右是吉祥的，做事要从右手和右脚开始，握手、用餐、递送东西必须用右手，穿衣先穿右袖，穿鞋先穿右脚，进入家门和清真寺先迈右脚。究其原因，穆斯林"方便"和做脏活时都用左手，因此左手被认为是不干净的，用左手与他人握手或递东西是极不礼貌的，甚至被视为污辱性的。

三、龙虾之国——喀麦隆

喀麦隆共和国位于非洲中西部，南与赤道几内亚、加蓬、刚果接壤，东邻乍得、中非，西部与尼日利亚交界，北隔乍得湖与尼日尔相望，西南濒临几内亚湾。全境类似三角形，南部宽广，往北逐渐狭窄，乍得湖位于它的顶端。南北最长距离约 1 232 km，东西约 720 km。全国地形复杂，除乍得湖畔和沿海有小部分平原外，全境大多是高原和山地。西部和中部为平均海拔 1 500～3 000 m 的高原，成为尼日尔河、刚果河和乍得湖等水系的分水岭。西南近海处的喀麦隆火山是西非的最高峰，海拔 4 070 m。全国共有大小部族 230 余个，是一个多部族国家。南部居住的大部分是属于班图族的贝蒂、巴胡因、杜阿拉、巴萨等部族，主要从事农业生产或以海洋和内河捕鱼为生。北部的主要居民富拉尼族以放牧为生。西部的主要居民则是巴米累克族和巴蒙族，主要从事农业、手工业和商业。东部居住的主要是巴亚、姆布姆等部族，从事农业和牧业生产。喀麦隆共和国由于其地质与文化的多样性，而有"小非洲"的美誉。

喀麦隆约有 20％居民信奉伊斯兰教，穆斯林大都是北方的富拉尼族和西部的一些部族；约有 35％的人信奉天主教和基督教新教，主要分布在南部及沿海地区；另外约有 45％的居民信奉拜物教，主要分布在内地及边远地区。

（一）人为刀俎——沉重的被侵略时期

在 15 世纪末葡萄牙殖民者入侵西非之前，喀麦隆境内已经先后形成一些部落王国和部落联盟国家，并逐渐发展起以自给自足为主的农业经济。16 世纪开始，继葡萄牙之后，荷兰、英国、法国和德国等贩卖奴隶的欧洲商人先后来到喀麦隆，于是喀麦隆沿海及武里河口，特别是杜阿拉很快成为殖民者掠夺奴隶的中心。17 世纪中叶，荷兰人在武里河口建立了贸易站。到 19 世纪初期，杜阿拉、比姆比亚和里奥德雷成了贩卖奴隶的重要港口。在此期间，由于殖民者的挑拨离间，各部落间发生了连绵不断的战争，使喀麦隆自然经济的发展受到严重阻碍。1830 年和 1870 年英、法两国先后与当地酋长签订协定，于喀麦隆沿岸建立起若干"合法的"贸易站。但是德国殖民者后来居上，抢在英、法之前，于 1884 年宣布喀麦隆为德国保护国（行政中心设在杜阿拉），并于 1902 年并吞了喀麦隆全境。德国强占土地的行径引起当地人民的强烈愤慨，1911—1913 年间，杜阿拉人先后奋力反抗，但是在殖民当局的血腥镇压下均归失败。殖民者掠夺到土地后进行大量开垦，并引进咖啡、可可、橡胶等经济作物品种，建立起种植园。与此同时，德国还采取强迫当地人民服劳役的办法修筑公路、铁路和港口。由于德国殖民者强占大量肥沃的土地，并以强制手段迫使当地农民进入种植园劳动，同时种植园主还征用了大批家用奴隶，因此，喀麦隆传统的农业遭到严重破坏，而殖民地种植园经济也就在这种情况下建立了起来。

第一次世界大战期间，英、法殖民者乘德国战事不利之机，分别派出军队占领喀麦隆。1919 年 7 月 10 日，英、法签订《米尔纳—西门协定》，瓜分了德国的保护国喀麦隆。第一次世界大战后，国际联盟承认了英、法的占领，喀麦隆便成为英、法的委任统治地。第二次世界大战后，联合国再次确认喀麦隆为英、法的托管地：占全喀麦隆土地面积 5/6、人口 4/5 的东喀麦隆为法属托管地；占土地面积 1/6、人口 1/5 的西喀麦隆则为英属托管地。喀麦隆法属托管地于 1957 年 5 月成立"自治政府"，并根据联合国决议于 1960 年 1 月 1 日宣布独立，成立喀麦隆共和国，由阿希乔出任总统。喀麦隆英属托管地则于 1960 年 2 月 11—12 日举行公民投票，结果其北部并入尼日利亚，南部与喀麦隆共和国合并，并于同年 10 月 1 日组成喀麦隆联邦共和国。1972 年 5 月 20 日制定新宪法，取消联邦制，成立中央集权的喀麦隆联合共和国，并于 1984 年 1 月正式改国名为喀麦隆共和国。

（二）殖民地的烙印——"龙虾之国"的由来

在葡萄牙语里，"喀麦隆"的意思是"虾的国度"。喀麦隆名称的由来是因为喀麦隆境内的萨纳加河中盛产龙虾。1472 年，一位名叫费尔南多波的葡萄牙殖民主义者率领着一支探险队乘船来到萨纳加河。他们逆流而上，进行探险旅行，想找到黄金和珍贵的资源。由于在航船上待得太久，整天只能吃腊肉、土豆等单调的食物，探险队员们开始觉得乏味至极，难以下咽。大厨为此很着急，想尽办法为大家改善伙食。一天，大厨站在甲板上，忽然发现了水里来回游动的鱼虾，觉得这是给探险队员们打牙祭的绝佳食品。于是，他赶紧撒网捕捞，一网收回来，发现里面竟全是生猛鲜活的龙虾。厨师大喜过望，连忙精心烹制了美味可口的龙虾大餐。费尔南多波急不可待地品尝了一个，觉得味道之鲜美，简直无法用言语形容。他高兴得手舞足蹈，并大声叫着"喀麦隆！喀麦隆！"也就是龙虾的意思。后来，费尔南多波干脆把萨纳加河改名为喀麦隆河，意思是生产龙虾的河流。

1502年和1524年，另一位葡萄牙探险家达·迦马也率领规模庞大的探险队来到西非海岸，听说这条生产龙虾的河流之后，也不禁亲自来到这里考察。他发现果然是名不虚传，于是，他就把这块地方绘制在地图上，标识为"喀麦隆"。1884年，德国人登上这块富饶的土地的时候，也对这条生产龙虾的河流产生了浓厚的兴趣。他们来到萨纳加河，尝到了传说中的美味。于是，在他们攻占了喀麦隆全境之后，依旧沿用葡萄牙殖民者对该地的原命名"喀麦隆"。从此，龙虾之国喀麦隆的名称就一直延续下来，直到今天。

事实上，非洲的大多数地名都和西方殖民统治有关。这些稀奇古怪的名称，不是来源于西方殖民者对眼前新鲜的非洲大地的第一印象，就是来源于西方殖民统治之中的某些事件。人们不但可以在非洲地名中看到诸如维多利亚、圣劳伦斯、亚历山大等富有北欧色彩的名字，还可以从中发现葡萄牙语、英语、西班牙语、法语、荷兰语等多种语言的痕迹。仅仅从非洲的众多地名当中，就可以看到非洲不断被奴役、被剥削、丧失尊严的历史。

（三）喀麦隆文化举例

1. 饮食

喀麦隆人的主食有大米、面饼、甜食等，主要菜肴有西红柿、辣椒、觅菜、葱头、土豆，还有牛肉、羊肉、鸡、鱼、虾等。喀麦隆人招待贵宾的一份菜是把棕榈蛆加上盐、胡椒和洋葱放在一个椰壳里用微火煮食，别具风味。

在喀麦隆，吃饭时须备两种水，一种供饮用，一种供洗手用。因为他们是吃手抓饭，所以必须饭前洗手。而非洲人没有喝开水的习惯，自来水便是饮料。喀麦隆盛产杧果，常见的就有10多种，其中腰子形的杧果以肉厚、多汁、香甜可口为优点，深受青睐。

2. 雕刻

喀麦隆雕刻艺术比较发达，面具和木雕都十分有名。面具艺术是黑人雕刻艺术最完美的表现形式。它把抽象法则、概括手法、象征主义、超自然主义等许多艺术手法和风格体现得淋漓尽致。喀麦隆著名面具有：朝族的象头舞蹈面具，是串珠装饰应用在造型艺术方面的杰出作品；巴蒙族面具，世俗特点浓重，形象夸张而又含着诙谐，给人以享受之感；杜阿拉族羚羊头面具，是由黑、白、红三色菱形块构成的几何图形，雕琢风格粗犷中见精细，是喀麦隆面具之佳品；科维雷族心型面具，别具风韵，显示出抽象的美感。

喀麦隆人物雕像具有非洲造型艺术的基本特点。一是以表现祖先为主要题材，因为非洲的艺术与人们的信仰和宗教密切相关。艺术家们工作的首要目的是宗教利益。二是把人体分成头、躯干、腿三个明显部分，但头的比例过大，下肢有时很短。如果因此而认为非洲艺术家不懂人体解剖学，那就错了。在非洲人看来，祖先的头或首领的头，应该是一个充满智慧、具有伟大思想、力量和正义的头，而身体的其他部分只不过是头的支撑物罢了。为突出头部，喀麦隆艺术家处理手法往往过于夸张、变形，给人以稀奇古怪之感；有的则把人物和动物的特征在头部有机地混为一体，给人以模糊之感。

复习思考题

一、简答题

1. 感恩节是欧洲特有的节日吗？
2. 英国人就餐时是左手拿刀，右手拿叉吗？
3. 简要谈谈中国和西方文化对日本文化的影响。
4. 印度传统文化有哪些特点？
5. 当代拉丁美洲国家人民所使用的两种主要语言是什么？
6. 古代玛雅人的历法由哪几种历法组成？
7. 截至 2011 年，有多少个拉丁美洲作家获得诺贝尔文学奖？分别是谁？
8. 除了金字塔，你对埃及文化还有哪些了解？请简要谈谈。
9. 喀麦隆为什么被称为"龙虾之国"？

二、论述题

1. 通过参考课外资料，说说天主教、新教和东正教的异同点。
2. 为什么说拉丁美洲人是"咖啡＋牛奶"？
3. 谈谈拉丁美洲现代文学"爆炸"的形成和发展。

第五章　中外文化差异与交流

第一节　中国文化的总体特征

中国传统文化就其最基本的特征来说可以概括为如下几个方面。

一、重伦理、倡导道德至上

中国传统文化是一种伦理型文化，最重要的社会根基是以血缘关系为纽带的宗法制度，它在很大程度上决定了中国的社会政治结构及其意识形态。家族是中国人生活的主要舞台，也是历代统治者建立统治秩序的重要基础。由家庭而家族，再集合为宗族，组成社会，进而构成国家，这种家国同构，父是家君，君是国父，家国一体渗透到了中国古代社会生活的最底层。这种家国同构的宗法制度是形成中国传统文化重伦理、倡道德的根本原因。

在这种家国同构的宗法观念下，个人被重重包围在群体之中，因此特别重视家庭成员之间的人伦关系，如父慈、子孝、兄友、弟恭之类。这种人伦关系的实质是对家庭各个成员应尽的责任和义务加以规定，父母对子女有抚育的责任，子女对父母有奉养的义务。这就是儒家所倡导的"人道亲亲"。由"亲亲"的观念出发，引申出对君臣、夫妻、长幼、朋友等关系的整套处理原则。其中"孝道"是最基本的原则，"百善孝为先"。由此衍生出"君为臣纲"，孝道转化为治国之道。于是，个人对国家社会的责任就变成了对权威无条件的伦理服从。高居于万民之上的君主就获得了维护自己统治权的堂而皇之的理论依据，并把以道德教化控制臣民变为现实，这就是"以孝治天下"。

将这种忠孝原则推广开来，用以处理个人与社会、个人与他人的关系，其基本的道德原则就是"能近取譬"。即以自身做比喻，来考虑如何对待别人，古人叫作"设身处地""推己及人"。用孔子和孟子的话说："老吾老以及人之老，幼吾幼以及人之幼""己欲立而立人，己欲达而达人""己所不欲，勿施于人"。

中国古代传统文化这种重伦理、倡道德的原则，到宋代被进一步发展形成"厚德载物"的思想。张载就明确提出"民，吾同胞；物，吾与也"。认为所有的人都是同一父母所生的亲兄弟，一切万物都是人类的朋友。一个有道德的人，应以极其宽厚仁慈的爱心来对待自己的同类，以至一切有生命的东西。一方面，"要设身处地、爱人如己"，另一方面，还要有爱护一切生命的博大胸怀。由此，形成"仁民爱物"的文化特色。

从崇尚伦理道德的原则出发，中国传统文化特别重视"内圣外王"之道，即在政治上，要求实行"王道"和"仁政"，要以德治国。在个人修养上，中国传统文化特别重视个人的道德修养、完善人格，以"圣人"为最高的理想境界。"为学"的目的就是要使自己成为一个道德上的"完人"。因为"治国"与"修身"二者是紧密地结合在一起的。为了"治国"就必须"修身"。只有努力进行道德修养，使自己成为一个道德高尚的人，才能把国家治好。在中国的传统教育中，重伦理、倡道德始终处于核心地位，德教为先，育人重德。从先秦的孔孟荀一直到宋明以后的程朱理学、陆王心学都始终把伦理道德教育作为中心，以"明人伦"为宗旨。

在中国的传统文化中，伦理思想贯穿其始终，融汇在中国传统的哲学、政治、历史、文学、教育思想中，并且紧密地结合在一起，这是中国传统文化最显著的特征。

二、重和谐与统一

中国的文化形态中以人伦关系为中心的人和主义价值观和行为追求，占据着重要的位置，是中华民族突出的特征。强烈的和谐意识使中华民族具有强大的民族凝聚力和民族向心力。

中国传统文化重和谐与统一的特点，首先体现为人与自然的和谐。在人与自然的关系上，中国古代的思想家提出了"天人协调"的观点。《周易大传》认为，太极是天地的根源，天地是万物的根源。"有天地，然后有万物；有万物，然后有男女；有男女，然后有夫妇"。这就肯定了人类是自然界的产物，是自然界的一部分，它把自然界和人类社会看作是一个统一的整体。既然人与自然是一个统一的整体，那么人的一切活动就要自觉地与自然相协调。因此《易传》的作者在《文言》篇中提出"与天地合德"的观念，《文言》说："夫大人者，与天地合其德，与日月合其明，与四时合其序，与鬼神合其吉凶。先天而天弗违，后天而奉天时，天且弗违，而况于人乎？""先天"指在自然变化之前对自然加以引导，"后天"指遵循自然的变化。这实际是说，一方面，"大人"在天地间具有调整、引导自然的功能；另一方面，又必须遵循自然的变化规律。这种关系协调说不失为一种全面而辩证的观点。

与《易传》天人协调说相近的观点还有《中庸》"与天地参"的学说。《中庸》提出："唯天下之至诚，为能尽其性。能尽其性，则能尽人性。能尽人之性，则能尽物之性。能尽物之性，则可以赞天地之化育。可以赞天地之化育，则可以与天地参矣"。圣人能够尽量了解自己的本性，也就能了解天地万物的本性，这样就可以赞天地、育万物，就可以与天地并立为三，以达到天与人和谐一致。

汉宋以后，天人协调的思想溶入"天人合一"的观念中，并进一步得到发展和发挥。西汉董仲舒主张"人副天数"说，到宋代的张载、程颢、朱熹等人都主张"天人合一""天人一物"。张载认为万物同属一气之变化，人物之性本来同一，我与物，内与外，原无间隔。

他在著名的《西铭》中以比喻讲人生。以天喻父，以地喻母，以同胞兄弟喻人与人，以同类喻人与物之关系，主张泛爱所有的人，兼爱所有的物。人生的理想是天人的谐调，肯定"天人合一"是"诚明"境界，诚是最高的道德修养，明是最高的智慧。以天人合一为诚明，也就是以天人合一为最高觉悟。

中国传统文化重视和谐与统一的特征，还体现在人与人的关系上，主张"贵和尚中"。中国文化把协调人际关系放在首位，必然强调和谐。孔子主张"礼之用，和为贵"。孟子提出"天时不如地利，地利不如人和"。"人和"是取得事业成功的必备条件。把民众的"和合"作为民众道德的直接体现，认为学习和合，就是学习道德，民众只要能够和合，就能产生"莫之能伤"的强大力量。反之，天下不安定的原因就是"内之父子兄弟作怨仇，皆有离散之心，不能相和合"。

三、重实际、追求稳定

中国文化是一种大陆型的农业文化，几千年来，以农为主，重农抑商一直是历代统治者积极推行的政策。农业文明简单重复的生产方式决定了中国文化具有注重实际，追求稳定的特点。

黄河与长江孕育的华夏大地，土壤肥沃，四时分明，为早期先民们的生存繁衍提供了较为丰厚的自然地理条件。尽管古代的生产工具落后，生产力水平低下，但人口与土地的比例适中，若无大的自然灾害或遇到兵荒马乱，"日出而作，日入而息，凿井而饮"，先民们也大体可以年复一年、世世代代地优游自乐，因为农业生产所需要的条件除了土地肥沃、四时有序、风调雨顺外，只要勤于耕作即可。这是一种简单而又重复，朴素而又实际的生产方式，长期处在这种生产方式下的中华民族便毫无疑问形成了重实际而轻玄想，重稳定而轻变动的文化品格。老子"鸡犬之声相闻，老死不相往来"的小国寡民理想，孟子"五亩之宅，树之以桑……百亩之田，勿夺其时"的仁政规划，陶渊明"榆柳荫后檐，桃李罗堂前"的优美田园风光，都是农业文明中先民生活理想的写照。以农业为根基的中国，农业生产的节奏与整个国家政治、经济、文化生活的节奏息息相通。

农业生产是一种在四季的循环往复中进行的简单重复的再生产。一方面，"一分耕耘，一分收获"使中华民族变成了一个淳朴务实的民族。利无幸至，力不虚掷，空话无补于事，实心做事必有所获，因此，即使在不从事农耕的士大夫中，"大人不华、君子务实"也一直被历代圣贤所大力提倡。另一方面，农业生产的再生产过程与四季的有序轮回使中华民族对于"恒常"和"变易"的体会颇具辩证性质。变是一时，而变有"道"可循，"恒"才是远，这种"恒"与"变"关系的辩证法使中华民族"安土乐天"，不喜变动。有人把中国文化的这一特点概括为"实用—经验理性"，并以此为起点对中华民族所具有的法古守成、容易满足、求是务实等特点进行分析，总结出了许多较为准确的中华文化特点。

四、重理性与人文教养

中国传统文化重视理性和人文教养的特点，首先表现在中国文化以人为本，而不是以神为本，具有超宗教的情感和功能。人类精神以神话和宗教为开端，这是当今学者的共识。而宗教的基本功能，就是通过对超自然的神灵的顶礼膜拜与狂热信仰，以求解脱在现实中的痛苦和对世界的迷惑。在人类的封建时代，差不多所有的国家和民族都处于宗教的统治之下，唯独中国是一个例外。中国自西周开始就出现了"重民轻神"的思想。西周统治者的信条是"敬天保民""明德慎罚""民之所欲，天必从之""天视自我民视，天听自我民听"。在宗教的外壳里明显地孕育着理性主义和人文精神。《礼记》说："周人尊礼尚施，事鬼敬神而远之，近人而忠焉。"

超越了宗教，摆脱了神的控制，靠什么来支撑人们的精神信念和维系社会关系呢？这就是道德理性。所以中国传统文化不仅重视人文精神，而且重视人文教养。在中国的历史中，在维系社会伦理道德，调节个人心理平衡和精神生活方面，不是依靠外在的"上帝"或"神"的力量，而是强调通过主体内在的道德自觉来约束自我、提升自我、完善自我，并通过自我的完善来维系社会关系。因而，中国传统文化重视以礼乐精神为核心的人文教养。通过道德教育、礼乐的熏陶，从道德和艺术入手进行人格理想和人生境界的培养，从而使人不断地从动物的状态中摆脱出来，并得到升华，以进入到一种高尚的精神境界。因而从孔子开始就非常重视诗教和乐教，认为"兴于诗，立于礼，成于乐"。在孔子心目中，立志而后学诗，学诗而后知礼，知礼以后才能从音乐的启迪中去自觉地陶冶性情。孔子本人就善于欣赏乐曲："子在齐闻《韶》，三月不知肉味，曰，不图为乐之至于斯也。"在孔子看来，诗有助于振奋精神，陶冶性情；礼有助于立身处世；乐有助于完美情操。正是在这个意义上，他整理《诗经》，并把诗列为六艺之一。正是从孔子的倡导开始，中国的诗词，从先秦的《诗经》到唐诗、宋词，达到了很高的成就。

第二节　中西方文化的差异及其产生的原因

中西文化差异问题一直是文化研究的热点问题。中华文明和西方文明是两种完全不同的文明，中华文化和西方文化分属两种完全不同的文化类型，这两种文化在很大程度上极性相反，故具有特别鲜明的对立性质，其文化差异性之大，足以用"两个极端"来形容。中西文化的这种差异，对双方的经济和文化交流产生了深远的影响。了解中西文化的差异，并探究这种差异形成的原因，有利于人们在同西方世界的交往中，互相理解，和谐共存，共同发展。

一、历来对中西方文化差异的比较

中西文化的差异问题，近百年来一直是中国思想界讨论的热点。早在洋务运动时期，随着西方科学技术的引进，这种讨论就展开了。至戊戌变法时期，维新派思想家对此进行了认真的探讨。如翻译家严复在其《论世变之亟》一文中，就从社会发展的角度，阐述了中西文化的重大差异。他说："尝谓中西事理，其最不同而断乎不可合者，莫大于中之人好古而忽今，西之人力今以胜古；……中西方之别在于自由。中国人不讲自由，对其深畏；中国最重三纲，而西人首明平等；中国亲亲，而西人用人以贤；中国以孝治天下，而西人以功治天下；中国尊主，而西人隆民；中国贵一道而同风，而西人喜党居而州处。……其于为学也，中国人夸多识，而西人尊新知；其于祸实也，中国委天数，而西人恃人力。"

五四时期，许多学者进一步阐发了这一论题。新文化运动旗手陈独秀曾在《新青年》上撰文《东西民族根本思想之差异》，认为，东西民族一静一动，一重家族一重个人，一重感情一重实力。其后的李大钊、唐君毅也提出了类似观点。近年来又有中国是性善文化，西方是性恶文化；中国是乐感文化，西方是罪感文化；中国是一元文化，西方是多元文化等不同说法。

在这些比较中，学者们的观点多扬西抑中，对中国的旧文化多持否定的态度。如李大钊所著《东西文明根本之异点》，在比较了中西文化差异后，着重指出了东方文化的几大短处：厌世观流行；惰性过重；不尊重个性；轻侮妇女；缺乏同情心；专制主义兴盛。胡适则在《我们对于西洋近代文明的态度》一文中，从文化进化论观点出发，认为中国人在物质方面知足求安，在智识方面安于愚昧，不注重发现真理并征服自然，只图安分守己，只做顺民。相反，他认为西方近代文明的特点正是"不安分""不知足""努力奋斗"，而"神圣的不知足是一切革新一切进化的动力"。

不过也有部分学者倾向于肯定中国文化精神中的积极因素。如梁漱溟在其《东西文化及其哲学》中认为，西方文化是以意欲要求向前为根本精神的，中国文化是以自为调和持中为其根本精神的。他认为东方文化本身没有什么不及西方之处，只是成熟太早，不合时宜。除此之外，五四时期的"东方文化派"及后来号称新儒家的某些学者如钱穆、张君劢等几乎是以国粹主义的立场对中国文化精神给予全面的赞颂。

西方学者对中西文化差异的系统探讨始于17世纪。当时大批来华的传教士通过书信、著述和翻译将中国的社会面貌及文化思想介绍到欧洲，激起了欧洲学者研究中国的热潮。其中比较有名的是德国学者莱布尼茨的论述，他在其《中国近史》中写道："择要而论，就生活上的必要、技术与经验科学考察，两方都不相上下，互有特长。若就思维与思辨的科学而言，则欧洲实较中国为优越。……因为他们缺乏证明的技术，所以即令我们的劳动者具有一般的几何学知识，也可以使他们满足。在军事领域，他们实远不及欧洲，这并不是中国人无知，而是因为中国人厌恶人类的这一罪恶，同时具有较基督教更为高深的学理，所以极力避免战争。事实上，我们在中华民族中发现了优美的道德，即在道德上，中华民族呈现着异样的优越。……在实践哲学方面，换言之，即在生活与人类实际方面的伦理与政治，我们实不足与中国相比较。因为中国民族在可能的范围内，相互团结以实现公共的安全与人类的秩序。"

至 18 世纪欧洲启蒙运动前期，西方思想家仍然非常推崇中国文化。但 19 世纪之后，以黑格尔为代表的另一代学者却持截然相反的态度。黑格尔在其《哲学史讲演录》中毫不客气地说："孔子是一个实际的世间智者，在他那里思辨哲学史一点也没有——只有一些善良的、老练的、道德的教训，从里边我们不能获得什么特殊的东西。"20 世纪西方学者对中西文化差异做出全面探讨的不多，其中较有代表性的是英国哲学家罗素。他在《中西文化之比较》中说："我们的文化最显著的长处是科学方法，中国人的最显著的长处是对人生之目标的看法。"著名德国社会学家马克斯·韦伯则认为西方社会的精神气质是以理性主义为取向的，而中国文化的社会气质则是以传统主义为基本特征的。

所有这些中西学者的观点往往各取所需或失之笼统，但他们的探讨为今天认识中西文化精神的异同提供了十分有价值的启示。

二、中西方文化的差异

中西方之间的文化差异广泛表现于各个文化领域，但就差异的基本精神而言，可以归结为以下几点。

（一）文化精神的核心：人文传统与科学精神

在比较中西文化差异的时候，可以把中华文化的人文传统与西方文化的科学精神分别视作这两种文化精神的核心。当然，这两者并非截然对立，它们在这两个文化系统中的存在形态也不是非此即彼；人文主义也曾是西方精神的重要特征之一。但是，必须指出的是，中国的人文传统与西方文艺复兴以来倡导的人文主义不是一回事。西方的人文主义原是反抗神权的利器，它肯定人的价值，强调人的能力。认为人为万物的尺度，宇宙的骄子，鼓励人们发展科学，探索真知，征服并驾驭自然。这种观点为西方以认识和利用自然为宗旨的科学体系的建立提供了原动力。而中国的人文传统，则是指中国全部传统文化的核心都是围绕着人的社会存在而建立起来的，它不刻意于宗教与神灵的寄托，也不追求纯自然的知识体系，而是专注于社会关系的和谐与道德人格的完善。

中国文化的人文传统主要体现在以下诸方面。①中国文化较其他文化更早地摆脱了宗教神权的控制，发展出民重神轻的思想。无论是郑国子产的"天道远，人道迩"，还是孔子的"敬鬼神而远之"，都反映了这种非宗教的早熟理性；中国文化的另一大支脉——道家，它所指示的超脱之路，也是人性的自由与超脱，而不是向神的皈依；即便是后来的佛教，为了在中国生存和发展，也演化出"佛向性中作，莫向身外求"的思想。②中国传统文化中赖以维系社会和谐的是以"仁"为中心的道德体系，而行"仁义"的先决条件是个体人格的自我修养。个体道德的完善是修治之路的第一环。古人认为，做到了这一点，"人皆可以为尧舜"，可以"赞化育，参天地"。③把主要的精力放在人文学科方面，只关心与人伦道德有关的思想学说，而不热心于逻辑认识体系和自然科学体系的建立。④主张尊重自然，顺应自然，追求人与自然的和谐共生。

与中国文化不同，西方文化是以科学精神为核心的。其科学精神主要表现在三个方面：理性精神、客观态度和对探求真理的执着。

西方的理性精神主要表现为承认客观世界的可认知性，对真理的虔诚信念，在各个领域中对逻辑推论、证明法则普遍遵从，以及在科学活动中对概念、范畴、抽象理论等科学研究方法的偏好等。无论是古希腊的科学体系和民主政体、罗马的法律，还是近代欧美的经济运行模式，都是在这种理性原则的指导下建立起来的。虽然在西方历史上也有过反理性的宗教痴迷，但是即便是在黑暗时期的神学家眼里，真理依然是追求的对象。他们认为神与真理都是可以认识的，甚至认为追求真理的过程就是认识上帝的过程。在不动摇宗教理论根基的前提下，他们并不排斥对自然科学的研究。

西方文化对待事物的客观态度主要表现在尊重物质世界的客观规律上，这在科学研究中则表现为注重实验和实证。西方科学非常注重实践和实用，认为任何假设和科学理论都必须具备可检验性；任何观点的建立必须要基于客观的证据。这在关于"中国历史上是否存在夏朝"这一争论上就表现得非常明显。在我国的教科书上，中国的文明史都是从夏朝开始的；但是西方学术界则认为，在没有考古证据证明之前，宁可信其无，不能信其有。西方文化的这种客观精神对西方人行为的影响是重实利、重效用的生活方式的普遍化，在文学艺术上的表现则是重写实、求逼真的模仿再现型的审美观点长期处于主流地位。而对于中国山水画那种不讲究严格比例关系的写意绘画，早期西方人就觉得非常奇怪。

（二）关于人的观念：群体认同与个人本位

尽管中西文化的价值系统中都把人放在中心位置上，但是对人的理解截然不同。西方文化强调人作为有理智、尊严和自由意志的独立个体的地位，要求人对自己的命运负责。而中国文化则习惯把人看作社会的一分子，重视人的社会价值，认为人是他所属社会关系的派生物，他的价值因群体而存在并借此显现。因而要无条件地将自己的命运和利益都托付给所属的群体。这两种不同角度的人论思想观念造成了中西文化不同的人格理想及相应的社会政治结构。

以家庭为基础单元的社会结构形式决定了中国人的社会存在首先依存于以血缘关系为纽带的家庭和宗族集团。他在这一亲属集团中拥有某种在集团之外无法获得的安全而固定的地位。于是他被固定在这张关系网上，在这里他可以满足自己的一切社会性需要，同时也履行各种必不可少的义务，并以一种内外有别的标准去理解和处理集团之内与外的不同事物。在这种条件下，人与人之间最基本的关系是相互依赖，而依赖的程度则视血缘关系的亲疏程度而定。由于这种血缘关系至上的观念，致使中国人在建立其他社会关系时，也尽可能地用血缘关系来比附，如结拜金兰、同门辈分的称呼，等等。这种群体认同原则同时也要求每个人必须严格遵从并适应他在家庭关系网乃至整个社会结构中被确定的身份和角色，不能有所逾越。因而他应当自觉接受"礼"的约束。

中国文化的群体认同精神对于调节人际关系，促进社会稳定和增强民族凝聚力产生过积极的影响。但这种以家庭为本位的群体原则在更大程度上限制了中国人的个体价值和个人创造活力的实现，并对旧的传统秩序的长期延续发挥着强大的维系效应。

与中国不同的是，西方世界由于极早就形成了农、工、商并重的经济结构，商品经济非常发达。在此基础上形成的以平等交换为基础的商业原则，促进了个体意识的觉醒和成熟，并由此孕育出西方个体本位的文化精神。

在个体与群体关系上，西方文化把肯定人作为个体存在的价值，看作是人类社会结合的基础。他们肯定人的价值和权利，鼓励人的个性和创造力的发展。这种思想弱化了血缘亲属之间的依赖关系，强调了个人的独立和利益，使得"合理利己主义"的原则得到了西方社会的普遍认同。这种"合理利己主义"原则与中国文化要求不考虑甚至主动牺牲个人利益，以履行对他人和群体的义务的奉献精神形成了鲜明的对比。为了协调人与人之间的利益矛盾，西方发展出了平等互利的契约原则和相对完善的法律思想与法律体系，并为其建立西式民主政治体制奠定了基础。

（三）文化性格：中庸和平与崇力尚争

从群体本位和个体本位的不同原则出发，不可避免地导致了中西文化在性格和社会价值取向上的差异，导致了中国人注重节制、追求和谐和平稳的文化性格与西方人鼓励竞争、追求功利、崇尚力量和进取的价值目标的差别。这一差别不仅体现在双方的思想和行为方式上，也充分表现在中西文学的不同风格中。

中国文化从自己的群体价值目标出发，必然把协调人际关系放在首位。而要达到这一目的，就必须将实现社会平衡的要求作为调整个人言行的尺度，做到"允执其中"。这便是儒家所说的"修身"。并由此而衍生出"中庸""中和"的价值原则和人格标准。《论语》也说："中庸之为德也，其至矣乎。"

中庸的核心便是思想行为的适度和守常。归结到对个体人格的要求，则是要为人庄重、谨慎，节制个人的情感、欲望，反对固执一端的偏激片面，以达到处事通达圆融。但是在一般民众的世俗生活中，儒家理想的中庸之道实际上是不可能实现的，于是鼓励中行、不争的结果导致了本为儒家所不齿的乡愿人格的蔓延。圆滑世故、明哲保身成了中国人的处事原则，这固然为社会保持和平所不可缺少，但由此衍生出的不思变化、不求进取的文化氛围无疑消融了中国社会发展和进步的动力。

中庸和平精神渗透到文学艺术的创造中，便形成了中国艺术特有的中和之美。它表现为优雅宁静、冲淡平和的审美境界，"乐而不淫，哀而不伤"的感情节制，以及含蓄、婉曲、简隽的艺术传达。中国古代艺术的这种精神则主要体现在诗歌方面，儒家很早就提出了"温柔敦厚"的诗教说。实际上不仅是诗，自六朝以来中国出现的佛教雕刻艺术、人物山水花鸟画及中国的古典音乐，无一不充分显示出追求恬静淡远、喜尚柔和优美的文化品格。

而以个体的商业活动为经济基础的西方文化，始终把"利"与"力"看作是健康的价值，它鼓励人们积极地追求现实功利，并在平等的基础上展开竞争，努力获取个人的最大利益和幸福。要在竞争中成功，就必须击败对手，这既需要有实力做后盾，还应当有敢拼敢斗的冒险精神，由此便形成了西方人崇力好斗尚争的民族性格和文化精神。它主要表现在三个方面：功利主义的道德原则；强烈的竞争意识和冒险精神；对力量和实力的崇拜。

西方文化的这种精神，在西方艺术上的反映是以表现勇于冒险、创新，以歌颂庄严的力量与强烈的激情为特色的崇高型艺术成为西方文艺的主流。从荷马史诗的英雄气概到贝·多芬的交响乐，西方艺术史上一个个里程碑无不以其所描述的人与命运抗争的悲壮历程，以及直率铺张的激情使人体验到动人心魄的阳刚之美，从而创造出与中国艺术截然异趣的情境。

（四）文化形态：内向与开放

中国人平稳求实的大陆性文化性格凝聚而成的民族精神除了中庸和平的思想行为模式外，还表现为求统一、尚传承、重内省、轻开拓的文化心态，从而形成了以自我保存、向心凝聚为宗旨的发展方针和独立自足、稳定绵延的文化形态。相反，西方各民族则形成了热烈好动、重汲取、求变化、广拓展的文化精神。

中国文化是一个自成系统的以农业为主的文化。农业文化的一大特点是偏重经验的积累，因此很容易形成尊经尚古，重视传承的观念。这种思想又很容易产生厚古薄今的传统，孔子本人的态度就是一个非常典型的例子。这种文化传统使中国文化具有强固的尊统求合、尚古拒变的历史惯性，一切异言异服的改良开拓、新学新政的革弊创举都很难有存身之地，历史进步的脚步不免阻滞。

简而言之，这是一种内省式的文化。它对中国传统文化的影响主要体现为眼光向内，重视内部的统一和凝聚，追求以我族为中心的一元价值系统，而在文化的横向交流和吸收上采取被动的姿态。由于中国文化早期的高度发展，形成了较高的文化势能，以致它在与周边文化的碰撞与交流中，总能成功地以本位文化为中心，同化或改造异质文化，并且以雍容包纳的气度把某些外来文化的因子转化为自身文化的一部分。即使在遭到异族武力征服时也能保持文化的统一和延续。这固然充分显示了中国文化强大的涵摄力，但同时也使得中国士大夫们很难想象在世界上还会有与自己的文化处在同样发展水平，甚至更为先进的域外文化。因此，他们把以华夏为中心由内向外的辐射扩散视为文化传播的基本途径，把中国式的礼乐教化、纲常伦理视为衡量各国文明水准的共同尺度，而对于来自他民族的文明成果则采取以尊临卑或视而不见的鄙薄轻蔑态度。正如孟子所称："吾闻用夏变夷者，未闻变于夷者也。"这种夷夏有别的统属观念根深蒂固，以致在古代中国人的词典里，外国人便意味着无知、粗野和文化未开，不仅没想到向他们学习，甚至不屑于去了解他们。如此夜郎自大的天朝心态，自然不可能客观公正地看待异质文化，也不可能通过平等开放的文化交流积极汲取其他文化的营养，促进本位文化的发展与更新。

西方文化则自始至终都充满着开放的精神。这种精神首先表现在它总能把目光投向世界，善于从不同的异质文化中汲取精神养料。与在相对孤立状态下发展起来的中国文明不同，西方文化早在希腊文明产生之初，便开始从东地中海沿岸的各先进文明中汲取养分。即使是在中世纪早期那样的混乱时代，这种态势也依旧得到了保持。直至西方资本主义工业文明已遥遥领先于东方封建制度的18世纪，启蒙思想家们还在孜孜不倦地试图从中国寻求"道德的新世界"。除了主动向内吸纳，西方文化还积极向外开拓。其开拓活动首先表现在开发农业生产基地和商业贸易市场，其次是对外的扩张征服与殖民，最后是文化的传播与输出。当然这三方面很多时候是联结在一起的，并常常伴有侵略与掠夺的性质，就像19世纪以来西方列强在中国的所作所为一样。

求变务新的创造进取精神是西方文化开放性的另一显著体现。西方人总是不安于现状，不满足于已有的财富与成就，而是把目光投向未来，期待着事物在流动中日新月异地发展，努力创造着新的明天。这与中国文化的崇古守常形成了鲜明的对比。

早在古希腊时期，这种关于事物运动和变化的观点便已非常流行。古希腊哲学家赫拉克利特就曾提出过"一切都是变化的，无物常住"，"人不能两次踏进同一条河流"，"太阳每天都是新的"。文艺复兴以来，随着资本主义的发展，变化、突破、超越、更新的思想更是成为西方社会普遍的意识时尚。一切不同于传统的新思潮、新理论，任何标新立异的艺术观点和流派都会受到人们特别的关注和重视，即使它并未臻至成熟和完善。而一旦这些新的思想发现或艺术创造为大众所普遍接纳，发展出自己成熟的形态，并开始确立自己的权威时，它便立刻会受到来自新方向的挑战，并很快会像它曾抛弃过的传统思想一样被送进历史陈列馆。西方现代主义运动兴起以来，哲学、美学与艺术思潮的流变就充分体现了这一精神。

同样，从近代以来西方哲学、美学与艺术思潮令人眼花缭乱的流变中也不难看出，西方文化的突破创新常常表现为片面掘进。它既不专注于整体平衡的建立，也不重视稳定的常态和传统价值的维持，而是在不断的自我否定中锐意求新，努力向外探求开拓。如赫拉克利特所说："一切都是斗争所产生的。"这种永不安定的变动固然有助于文化的更新与发展，但正像马克思所指出的，它无法形成新的固定关系和稳定价值。这就使它不易形成一定的衡态机制，从而使许多新的文化创造难以发展到成熟完美的境界。

以上几点，都是中西方文化在基本精神上的差异。至于这两种文化的差异在各个具体文化领域，如思维方式、宗教思想、文化艺术等领域的具体表现，由于涉及甚广，限于编著者能力及本书篇幅，就不再一一详细论述。

三、中西方文化差异产生的原因

中西方的这种巨大的文化差异是怎么产生的呢？要解决这个问题，首先要了解一下文化本身的一个有趣的特性，以及影响文化发展的若干因素。

文化本身具有自我适应性，或称自我协调性。即文化具有自我协调、自我组织的能力，它能随着环境的不断变化，不断地丰富并改变自己，以达到与所在环境相协调的最佳状态。就好比一杯水，一旦它被泼洒到地上，它就会依据某一种力的作用向四面八方渗透，或者是遇到一种阻碍暂时停顿下来，或者突破阻碍继续渗透。总之，最后会形成一种和周围事物互联互动的不规则形状。也就是说，文化是可以自我协调、自我组织、自我规范、自我节律、自我适应的。它最后总能在由许多互动、互构的因素组成的复杂环境中找到一种最佳的存在方式。换而言之，就其自身适应其周围环境而言，没有一种文化是不好的，没有一种文化是不合理的。当然，这么说，并不意味着所有的文化都一样好。从不同的层面上比较，文化还是有高下优劣之分的。

那么，文化是如何与周围的环境互动相适的呢？影响文化发展的因素主要有哪些呢？从纯理论上说，影响文化的因素可能是无穷的，不过可以从中提取出一些主要的因素，并且将它们分成两大类。

一类是先天因素，也可以称作横向决定因素，因为它们主要是在历史的特定时期起着巨大的作用，越往后影响力越发减弱。也就是说，这些因素主要包括文化所在地区的自然环境情况，如气候、地形、资源等。它们对文化的最初形成具有奠基性作用，直接决定着文化的最初形态和以后的大致走向。另一类是后天因素，也可以称作纵向诱导因素，它们是在文化发展的过程中逐渐衍生出来的，随着文化本身的发展，它们反过来对文化也起着越来越显著的熏染和催变作用。这一类因素都是功能性较强的工具，也分为两类：一类是不具形的，包括思想、语言、文字、科技等；另一类是具形的，包括所有物质性的器具。

（一）先天因素——自然环境

关于自然环境，特别是地理环境对人类文化发展的影响问题，是长期以来争论比较激烈的问题之一。环境决定论者认为，人类的体质特征、心理特征、民族特性、文化发展、社会进程等，均受到自然环境条件的支配。这种观点自古希腊时代起就已经存在，直至工业革命后，随着人类改造自然能力的增强，这种否定人类主观能动性、带有宿命论色彩的观点才开始受到许多学者的批判。双方的争论旷日持久，以至于后来矫枉过正，形成了偏激的观点：认为人类可以战胜并支配自然，使其为己所用，而无须顾忌自然的惩罚。

实际上，自然环境对文化的发展是否具有决定性的影响，应该具体问题具体分析。应该说，在人类文明的早期，自然环境对文化的影响是起决定性作用的；而随着人类社会的发展，人类的主观能动性逐渐增强，自然环境的影响力逐渐减弱。也就是说，环境的影响作用与历史发展的时间进程是成反比的。它主要在特定时期起重要作用，就纵向发展而言，是呈递减趋势的。

1. 地理位置

稍微比较一下中国和欧洲的地形图，就能发现一个显而易见的问题。

中国的地形是一个典型的次大陆。东边是浩瀚的太平洋，在近代以前，是缺乏可以横渡的交通工具的。用黑格尔的话来说，它是古代中国人"陆地的中断"。南边是变幻莫测的南海和热带雨林，在近代以前，贸易断断续续，远称不上是繁忙的交通要道，因此对中国早期文化的影响也极为有限。西边是高原和雪山，有西南和西北两处通道和外界相通。西南通道非常隐秘，并且地处蛮荒，险恶无比，汉武帝时曾派出探险队探访，却无人生还。西北的丝绸之路，是古代中国和外界交往的主要通道，而影响中国文化的异质元素，主要就是从这里传入的。但即便是如此，它也是一条险象环生的旅途，并且经常受到脆弱的中亚政局的影响。北方是狂暴的游牧民族生活的大草原和戈壁滩，除非迫不得已，中原王朝没有主动和他们打交道的兴趣；再往北，是寒冷的西伯利亚。这种几近封闭的环境在很大程度上隔绝了异域文化，促使中国人形成了"天下中心"的观念。加上临近只有来中国"取经"和朝贡的"学生"，并且缺乏高度发达、足以和中国抗衡的文明中心，便使古代中国人形成了"天朝上国"的优越心理。

另外，从内部来说，虽然黄河和长江横贯大陆，但是它们并没有成为文化传播的障碍。从历史的经验来看，只要占据了肥沃的黄土高原，就能西取巴蜀，东临华北，南吞吴越，一统中国。而汉民族的人口优势，使得这种易于统一的战略形势更为明显。这种由地形带来的长久大一统的历史给中国人民带来了长久的和平，也造就了中国人追求和谐安宁、缺乏竞争精神的性格。

欧洲的地理环境比较开放。南边风浪适宜的地中海，是造物主对欧洲天然的恩赐。对古代欧洲人来说，它更像是廉价而又快捷的高速公路，将其与北非、西亚这些先进的文明中心连接起来。与古代日本人一样，罗马帝国之后的欧洲人自认为处于荒蛮之地，文化落后，所以非常乐于学习。

欧洲的地形也非常奇特，很像一只手掌。掌心是被阿登高原和莱茵河分开的法国和德国，手腕是古俄罗斯基辅地区，斯堪的纳维亚半岛、不列颠群岛、比利牛斯半岛、亚平宁半岛、巴尔干半岛则像五个伸出的手指。各个区块之间都有天然屏障隔开。大致来说，区块间的领土面积相差不是太悬殊；每个区块的民族成分相对单一，相比于全欧洲而言，也没有哪一国的民族能形成绝对的人口优势。这种状态和中国截然相反。从历史经验来看，哪怕是拿破仑和希特勒这样的野心家也没能统一全欧洲；即使统一了，这么复杂的地理环境和民族成分也会是长治久安的障碍。

这种分裂而又大致平衡的地理形势，造就了一个紧张而又竞争激烈的欧洲。由于国家林立，恩怨纠结，加上资源紧张，"落后就要挨打"这句话不一定适合古代中国，但用它来描述中世纪的欧洲是再形象不过。在古代中国，一项发明创造或者一种新的思想如果被当政者否决，那么它恐怕很难再有出头之日；但是在欧洲，此处碰壁却可以逼出成就，而拒绝接受新生事物的国家就会被时代潮流远远地抛在后面，或者还会遭到对手毫不留情的打击。正是这种充满残酷竞争的动态平衡，造就了西方文化独特的性格魅力。

2．气候与物种资源

中国文化和西方文化最显著的区别在于中国文化是一种农业文化，而西方文化则更多地带有商业文化的色彩。为什么会产生这种差别呢？首先要谈到的是气候和土壤因素。

中国古代的农业发源地主要有两个：北方的黄土高原和南方的稻作区域。这两大区域基本上以秦岭为界，相比于欧洲，它们在农业的发展方面都有其天然的优势。

中国南方的大部分地区属于典型的亚热带季风气候，每年的冬、夏两季分别受到来自蒙古-西伯利亚的寒流和来自热带海洋的暖湿气流的交替控制。在这两种气流的交替作用下，气候四季分明，夏季高温多雨，冬季低温少雨。这种气候非常适合发展农业，对水稻等夏季快速生长的高产作物尤其有利。而欧洲在这方面则有点先天不足。地中海气候的特点是夏季高温干燥，冬季温和多雨。这种不协调的配合，对农作物的生长极为不利。所以欧洲和西亚只能种植生长缓慢的耐旱作物，此外还需要发展木本经济作物和畜牧业来弥补农作物低产的不足。而中国北方的黄土高原，虽然也缺少降水，但是其土壤系由每年秋冬季南下的西伯利亚寒流搬运的中亚、蒙古高原等地的风化细沙历经千万年沉积而成，土质细腻，富含养分，只要组织得当，灌溉到位，也极易丰产。

在农作物的培育上，水稻的种植对中国文化影响深远。水稻是一种生长快速，产量极高的作物，同时也是一种需要精耕细作的作物，它需要密集的劳动力。它使得单位面积的土地能养活更多的人口，但同时也将大量的人口束缚在土地上。在和平年代，往往造成人口的爆炸性增长与土地日益紧张的局面。另外，由于耕作技术的原因，水稻只能小块种植，这种情况并不利于技术的革新；事实上，在人口膨胀的情况下，技术的革新会使原有的劳动力大量闲置，从而引发新的社会问题。

不管怎么说，早期中国在发展农业上的这种优势，使得农耕生产方式一经确立，便充分展示出其相对于其他产业的压倒性优势。农业在中国古代社会中占据支配地位不是偶然的。相比之下，由于农作物产量的关系，欧洲的耕地面积和人口之间始终处于一种较为平衡的状态。当然，他们也不得不发展其他产业，比如经济作物、畜牧业和工商业，以便与其他文明地区互通有无。由此，中西方文化走上了两条截然不同的道路。

农耕使得中国人安居乐业而不思流动，同时也逐渐发展起复杂的家族网络，最终形成强大的宗法制度。同时，人口的滋生也产生了在稠密的血缘群体中如何处理人际关系的问题。儒家学说的最初核心就是关于伦理关系，中庸的功能之一就是自我约束以达到和谐共处。在这种强调集体主义的宗法社会里，个人的社会地位与能力更多的是由其所在的血缘群体赋予的，个人的命运与家族紧密相连。所以保持家族的凝聚力与荣誉感远高于尊重个人的个性。也就是说，中国旧式的集体主义精神是以对个性的一定程度的压抑为代价的。因此，个人主义是不受欢迎的。这大概也是古代中国人崇尚平等无争的大同社会的原因之一。

中国式农业文化的另一个特点是抑商，这当然是和重农相配套的。但是，如果考察中国先秦的历史，也可以认为，抑商政策起初被推行是为了生存于乱世。在冷兵器的战争时代，壮丁数量和后勤保障是战争胜利的两大决定性因素。农业人口的数量，不只影响着一国的农作物供应量，更直接决定着国家可掌控、可征发的壮丁数；而抑商便于国家控制流通领域，以确保战争的后勤供应。只是后来随着统一政权的兴起，抑商的目的、手段和实质都发生了重大改变。统治者发现这一政策非常有利于维护其政权的稳定，因此将其作为一项国策保留了下来。

西方文化则截然相反，它受到海洋文化和商业文化的强烈影响。古代的欧洲人，只身漂洋过海去经商，靠的是个人非凡的勇气和决断能力，而不是家族血缘关系的庇护。高额的利润激发他们的冒险精神，艰险的旅途引发他们征服困难的雄心壮志。其中展现的更多的是个人主义，而不是中国式的宗族权力。关于这一点，黑格尔在其《历史哲学》中作过生动的描写："大海给了我们茫茫无定、浩浩无际和渺渺无垠的观念；人类在大海的无限里感到他自己的无限的时候，他们就被激起了勇气，要去超越那有限的一切。大海邀请人类从事征服，从事掠夺，但是同时也鼓励人类追求利润，从事商业。平凡的土地、平凡的平原流域把人类束缚在土地上，把他卷入无穷的依赖性里面。……航海的人都想获利，他们是冒了生命财产的危险来求利的。……从事贸易必须要有勇气，智慧必须和勇敢结合在一起。"可见西方文化的这种商业性格不仅造就了其崇尚冒险与征服的个人主义传统，同时也为其科学管理能力的培养打下了良好的基础。

另外，古代的农业基本上是靠天吃饭的，由于各自的农业资源不同，导致了中西文化对天人关系，或者说对大自然的态度也截然不同。这一点，将在后文予以讨论。

（二）后天因素

1. 语言和文字

自然环境作为一种横向决定因素，奠定了文化的基础，但这个基础如何发生衍化，还有赖于其他因素的作用。在文化各方面的发展形成过程中，还有其他非常重要甚至具有决定性意义的东西，如语言、文字、哲学思想、科学技术及各种发明。它们都属于纵向的诱导因素，在文化发展演变的过程中产生，同时又在文化的衍化方向方面起进一步的定型作用。本处主要通过文字来讨论非具形的因素，具形的发明和器物不再赘述。

汉字是一种由图画演变而来的文字，图像感很强，虽然它现在已经不完全是象形文字而主要是形声字了，但仍然残存着相当多的象形特点。因此，汉字很容易在使用者的大脑中熏陶出一种形象定式思维，使用汉字的人理解事物时习惯于侧重从形象方面去了解事物，从宏观方面去把握事物。而西方印欧语系的文字则是一种字母文字，字母组成的单词符号与相对应的事物之间并不存在有机联系，这便有利于培养使用者脱离具体物象的抽象思维能力。

同时，西方字母文字还是一种非常精细的语文，它的语法非常发达。比如英语就有性、数、格，有主、谓、宾、状，有名、动、形、数、量、代词等一大套分类。因为字母文字缺乏类似于汉字那种直接表意功能，所以需要发达的语言系统来弥补。它们的表意系统需要一个庞大的语法系统来加以界定，使每个字词的含义被抽象性的符号定位，被烦琐的语法规则制约。西方人从小就注重学习语法，这有利于培养一种条分缕析的思维能力。而所谓的科学理论，在很大程度上就是一种条分缕析的理论体系，一种概念体系。西方的科学理论体系在形态上很类似臻于精密的语法系统。或者说，它的语法体系里面包含着科学推理的基本成分，它的形式逻辑实际上就是语言成分里已经包含的那些内容。所以西方人只要强化语法训练，加上日积月累的熏陶，就能具备基本的科学推理能力。

所以，中国人的形象思维能力相对强一些。在特别需要形象思维的领域，例如写诗填词，中国人就比较擅长；另外，古代很多与生活联系紧密、实践性强的技术发明，也很需要想象力，中国人在这方面也很容易取得超前的成绩。所以西方人，例如研究中国古代科技史的李约瑟对此就很疑惑：中国古代的科学理论实际上并不发达，而技术却出人意料地先进。

汉字的这种直接表意功能通过潜移默化造就了中国人超强的想象力和具象思维能力，使得古代中国人经常能发明或发展出一些非常实用的东西；而抽象的纯粹符号类的理论思考和现象背后的逻辑推理，则因为与现实生活存在距离，而容易被忽略，由此导致了古代中国往往是技术超前，但理论科学比较薄弱。

关于语言文字，还有一点值得注意：中西方的语言和文字之间的关系是不一样的。西方是语言规范文字，中国是文字规范语言。印欧语系的语言注重语音变化，但是声音语言往往变动不居，很容易发生流变。一旦语音发声流变，拼写就要紧跟上去，文字就因语言而改变。所以西方的文字，从古到今，拼写变化特别大。不说几千年前，就是莎士比亚的著作，如果不将他的拼写现代化，大部分英国人都很难看懂。这种文字跟着语言走的特点，使得西方字母文字由原来的两三种演化成现代的几乎一国一种，甚至一国几种。而中国的文字自秦始皇统一中国以来，就具有一种超稳定的结构。中国各地的语言，发音各式各样，但是文字始终是统一的。因为语言服从于文字。文字成为中国文化中强有力的统一因子，深刻地影响着中国文化。

2. 思维模式

由于具象思维能力发达，中国人的思维模式是立体的，综合性很强，就好像汉字的字形；而西方人由于偏重抽象而严密的逻辑推理，其思维模式是流线性的，一环紧扣一环，也如同他们的文字。中国人在思考问题的时候喜欢由远及近，善于把握整体，往往把前后左右的东西都预见到，给自己留下很多退路；而西方人则秉持二元对立的思维方式，不是 A 就是非 A。所谓的真理只有一个，二者必居其一。这是典型的西方态度，而不是传统的中国态度。中国文化不光会考虑对立面，还讲究阴阳互补。中国人喜欢说："天下一致而百虑，同归而殊途。"

中国人的思维模式中直观成分较多，善于从整体的观点来看个别的东西，所以往往能一下子把握住事物的本质特点，一语中的。西方人则理智分析的成分多，他们喜欢从个体出发，由一个很小的点，推理扩张成面。如果没有实证的东西，没有一整套的推理过程，他们是不承认、不认可某种结论的。

3. 哲学思想

中西文化差别产生的原因很多，但论及最核心的要素，却是在哲学上。确切地说，是在对待自然或者物质世界的态度上。这个问题，既是各种具体的中西文化差异产生的重要原因，也是中西文化差异的最重要的表现。

中国文化强调"天人合一"，表达人与自然的关系。这种思想的产生，与中国的农业生产环境有着直接的关系。因为农耕文明最显著的特点就是靠天吃饭，中国人敬畏自然；而自然给予中国人的农业生产环境也称得上优越，所以中国人又亲近自然。从汉字的构成上也可以看到这一点。汉字作为一种图画性质的文字，还保留着它与外部世界的联系，就像刚刚出生的、脐带尚未剪断的婴儿。当人们看到汉字的时候，它总能把你拖向客观世界，使人们感到自己是自然界的一部分，感到人本身与它及它所表征的自然界是同体的。

西方文化则强调天人相争。这仍然可以从他们所处的地理环境条件来加以解释。他们的生存条件远比中国恶劣，他们必须与之做斗争，进而征服它们。因此西方一定要产生哥伦布式的冒险人物；也一定要产生那种斗天斗地的思想，这都是和西方民族的整个生存条件息息相关的。因此他们和自然的关系是对立的，不是战胜自然，就是成为自然的奴隶。

所以，中国产生了"天人合一"的思想，强调人的自然属性和与物质世界的统一性；而西方世界早在古希腊时期就区分了"我"与"非我"，即主观世界和客观世界。值得注意的是，"我"与"非我"的这种划分方法，是非常痛苦的。因为意识被归结于主观世界，而肉体却归于客观世界，"人"本身都被分成了相对立的两部分。它蕴含着西方人主观世界和客观世界剧烈的矛盾冲突。西方文化的这种彻底的二分法，造就了意识世界与物质世界的对立。在这种情况下，发挥人的主观能动性，发展起自然学科研究自然、征服自然，就成为它的使命。

第三节　中外文化交流的历史

一、丝绸之路

1877 年，德国地理学家李希霍芬在他所写的《中国》一书中，首次把汉代中国和中亚南部、西部及印度之间的以丝绸贸易为主的交通路线，称作"丝绸之路"（德文作 Seidenstrassen，英文作 the Silk Road）。其后，德国历史学家赫尔曼（A. Herrmann）在 1910 年出版的《中国和叙利亚之间的古代丝绸之路》一书中，根据新发现的文物考古资料，进一步把丝绸之路延伸到地中海西岸和小亚细亚，并确定了丝绸之路的基本内涵，即它是古代中国经由中亚通往南亚、西亚及欧洲、北非的陆上贸易交往的通道，因为大量的中国丝和丝织品经由此路西传，故将此路称作"丝绸之路"，简称"丝路"。

丝绸之路的基本走向形成于两汉时期。它东面的起点是西汉的首都长安（今西安），经陇西或固原西行至金城（今兰州），然后通过河西走廊的武威、张掖、酒泉、敦煌四郡，出玉门关或阳关，穿过白龙堆到今罗布泊地区的楼兰。汉代西域分南道北道，南北两道的分岔点就在楼兰。北道西行，经渠犁（今库尔勒）、龟兹（今库车）、姑墨（今阿克苏）至疏勒（今喀什）。南道自鄯善（今若羌），经且末、精绝（今民丰尼雅遗址）、于阗（今和田）、皮山、莎车至疏勒。从疏勒西行，越葱岭（今帕米尔）至大宛（今费尔干纳）。由此西行可至大夏（在今阿富汗）、粟特（在今乌兹别克斯坦）、安息（今伊朗），最远到达大秦（罗马帝国东部）的犁靬（又作黎轩，在埃及的亚历山大城）。另外一条道路是，从皮山西南行，越悬渡（今巴基斯坦达里尔），经罽宾（今阿富汗喀布尔）、乌弋山离（今锡斯坦），西南行至条支（在今波斯湾）。如果从罽宾向南行，至印度河口（今巴基斯坦的卡拉奇），转海路也可以到达波斯和罗马等地。这是自汉武帝时张骞两次出使西域以后形成的丝绸之路的基本干道，换句话说，狭义的丝绸之路指的就是上述这条道路。

历史上的丝绸之路也不是一成不变的，随着地理环境的变化和政治、宗教形势的演变，不断有一些新的道路被开通，也有一些道路的走向有所变化，甚至废弃。比如敦煌、罗布泊之间的白龙堆，是一片经常使行旅迷失方向的雅丹地形。当东汉初年打败蒙古高原的北匈奴，迫使其西迁，而中原王朝牢固地占领了伊吾（今哈密）以后，开通了由敦煌北上伊吾的"北新道"。从伊吾经高昌（今吐鲁番）、焉耆到龟兹，就和原来的丝路北道会合了。南北朝时期，中国南北方处于对立的状态，而北方的东部与西部也时分时合。在这样的形势下，南朝宋齐梁陈四国与西域的交往，大都是沿长江向上到益州（今成都），再北上龙涸（今松潘），经青海湖畔的吐谷浑都城，西经柴达木盆地到敦煌，与丝路干道汇合；或更向西越过阿尔金山口，进入西域鄯善地区，与丝路南道汇合，这条道被称作"吐谷浑道"或"河南道"，今天人们也叫它作"青海道"。还有从中原北方或河西走廊向北到蒙古高原，再西行天山北麓，越过伊犁河至碎叶（今托克马克附近），进入中亚地区。这条道路后来也被称作"北新道"，它在蒙古汗国和元朝时期最为兴盛。

除了陆上丝绸之路外，从汉代开始，中国人就开通了从广东到印度去的航道。宋代以后，随着中国南方的进一步开发和经济重心的南移，从广州、泉州、杭州等地出发的海上航路日益发达，越走越远，从南洋到阿拉伯海，甚至远达非洲东海岸。人们把这些海上贸易往来的各条航线，统称之为"海上丝绸之路"。

二、海上丝绸之路的开拓

秦汉时期，我国政治统一，经济发展迅速，为海外贸易的出现奠定了基础。海上商道此时已经兴起，据《汉书·地理志》记载，载货的船舶从合浦郡的徐闻县（今广东湛江徐闻县）出发，航行五个月即可到达都元国（今马来半岛），再继续航行，可先后抵达邑卢没国，湛离国（今缅甸沿岸），然后弃舟步行十余日可到夫甘都卢国（今缅甸蒲甘城附近），从此处再乘船航行，最后到达黄支国（今印度）。回程从黄支国起始，利用季风，先到南边的已程不国（今斯里兰卡），继续航行可抵达中途的皮宗（今马来半岛），过皮宗后，转向东北航行回国。这条航线，是我国开辟最早的一条远洋航线，以商品贸易为主，标志着我国古代对外贸易的海上"丝绸之路"的开辟，这条航线一直延续到南朝未有改变，南朝著名高僧法显就是乘船由这条航线从斯里兰卡和印度回国，这在他的著作《佛国记》中有记载。

为适应海上远洋航行，发展海外贸易，秦汉时期，我国就已开始建造海船。今广州中山路曾发现秦汉时造船工场的遗址。从造船平台推算，当时的造船工艺水平已能建造长 30 m，宽 5～7 m，载重 25～30 t 的海船。当时广州也是最早的海上对外贸易港口，魏晋南北朝时期，它与狮子国（今斯里兰卡）、印度、波斯、大秦的海上贸易交往就已相当频繁。据史书记载："海上每岁数至，外国贾人以通贸易（《梁书·王僧孺传》）"。此时，泉州也由于其特殊的地理位置，成为海上对外交往的运输中转站，当时已有载货的海船经由此地驶往南海诸国。据《续高僧传》中记载，梁太清二年（548 年），就有一位名叫拘那罗陀的印度僧人，由南海到建康（今南京）。后来，他又从泉州乘船到棱加修国（今马来西亚），中途因遇大风而曾停留在越南。陈天嘉六年（565 年），他又乘船到泉州，后改乘大船回国。秦汉时期海上"丝绸之路"的兴起，为我国远洋运输和对外贸易的开辟提供了必要的物质条件。但此时我国经济中心在中原地区，陆地的"丝绸之路"正处于繁荣时期，是对外贸易的主要渠道，加之人们抵御海上风险的能力有限，直接阻碍了海上"丝绸之路"的发展。

隋唐时期，随着政治的稳定，经济的繁荣，国力的增强，为海外贸易提供了坚实的物质基础。随即，海上远洋航线不断发展。随着我国经济中心的南移，作为传统陆地的"丝绸之路"已不能适应唐代经济，特别是对外贸易的发展。加之唐与东、西突厥之间的战争，阿拉伯与波斯、灭萨珊王朝的战争。尤其是安史之乱后，陆地上的这条传统商道被崛起的吐蕃切断，这多少影响了陆地"丝绸之路"的通畅。为了适应生产发展和对外贸易的需要，必然要发展海上商道，这些因素就必然促进海上"丝绸之路"的进一步发展。

宋代，陆上"丝绸之路"被西夏王朝所占据，海外贸易受阻，南宋偏安江南，对外交往主要依靠海路，此时，南方已成为全国的经济中心，城市经济的发展带动了商品经济的繁荣，统治者实行奖励海外贸易的政策。因此，海外贸易成为宋代经济发展的重要内容之一。

元代的大统一，为海外贸易的繁荣奠定了坚实的基础。为扩大海外贸易的规模、数量，元代又先后开辟了黄海和渤海两条南北航线，并与传统的海上航线和港口沟通起来，将海外贸易向内地延伸，加强了内地与海外的经济联系，使得海外贸易更加繁荣。通过海上"丝绸之路"与元朝交往的国家由南宋时期的 140 多个，增加到 220 多个，中国贸易的船只在南印度和中国之间的海路航线上独占鳌头。

宋代时期，我国的造船技艺和航海水平在隋唐的基础上又有了较大的发展。所制造的海船载重量更大，设计更为先进。据史籍记载，当时泉州、广州等地的造船工场所建造的海船载重量可达数万斛，并普遍采用了水密舱结构。尤其设计出了一种"上平如衡，下则如刀"的尖底船，特别适宜在较深的水域中行驶。为适应远洋航行的需要，更好地在茫茫大海中辨别航向，中国人聪明地将水浮法指南针应用于航海事业中，极大地提高了中国人航海的技艺水平。指南针在远洋航行中的应用，是我国对世界航海技术的突出贡献，也是世界航海技术史上的一个飞跃，它不仅解决了在恶劣气候中海上寻找方向的问题，也提高了航海的安全性。宋元时代造船技艺的提高和导航技术的更新，成为使海上"丝绸之路"繁荣的物质条件。南宋由于宋金战争和政权南迁，使泉州港的海外贸易迅速发展。据史料记载，南宋时，泉州与 70 多个国家与地区有贸易往来。

元代统治者对泉州的海外贸易相当重视，使之成为当时沟通亚非国家的东方巨港，东起朝鲜半岛，中及东南亚地区，西至印度洋、波斯湾乃至非洲东北部的广大地区，有近百个国家和地区的外商与货船云集于泉州港。闻名世界的意大利人马可·波罗，于 1292 年奉元世祖忽必烈之命出使伊儿汗国，就是由泉州出发。后来，他在《马可·波罗行记》中是这样描绘泉州的："在这个商埠，商品宝石、珍珠的贸易之盛，的确是可惊的。"并认为，泉州比埃及的亚历山大更加繁荣。

经济发展，社会稳定，交通发达，对外开放，城市兴盛，必然推动社会的进步，古今中外，概莫能外。海上"丝绸之路"的开辟和发展，直接促进了我国南方经济的繁荣，巩固了其经济中心的地位，同时也促进了我国东南沿海港口城市的繁荣。广州、泉州、明州、扬州等直接连接海上"丝绸之路"的港口，也随着海外贸易的发展先后兴起繁荣，成为我国古代城市发展中的佼佼者。明清之际，由于统治者采取闭关自守的"海禁"政策，抑制了海上贸易的发展，使封建经济走向衰落，其直接影响便是海上"丝绸之路"的萧条。

三、佛教东传对中国文化的影响

东汉时期，佛教以其强大的生命力成为意识形态的主宰。据汉文史料记载，第一位赴华传教的高僧来自天竺，而佛教由丝绸之路传入我国，之后便成为魏晋南北朝时期思想文化的主流。佛教东传始于东汉中期。据《后汉书》记载，东汉明帝在一天夜里梦见一位浑身发着金光的神人从天而降，第二天便召集大臣询问，博学的大臣博毅回答说："听说西城有神，名叫'佛'。陛下梦见的一定是他了。"明帝立即派官员蔡愔等人由丝绸之路前往天竺，寻访佛法。途中，蔡愔一行遇见了两位由天竺来我国传教的僧人摄摩腾和竺法兰。在蔡愔的邀请下，二位高僧用白马驮着佛像和《四十二章经》，与蔡愔等人一同来到东汉的都城洛阳。明帝下令为他们修建一座寺院，并为纪念白马驮经，取名"白马寺"。从此，佛教东传的历史便翻开了第一页，洛阳有了佛教第一祖庭——白马寺，摄摩腾和竺法兰则长住寺中直到逝世，把佛经译成了中文。这座著名的古寺至今仍屹立在洛阳东郊，寺门外立着白马石雕，寺内摄摩腾、竺法兰两位传教高僧的墓前松柏常青。

最早自西向东行进在古丝绸之路上的僧人中，比较著名的还有安世高、佛图澄、鸠摩罗什等人。据《高僧传》记载，安世高是安息国（亚洲西部的古国）的王子，因信奉佛教，厌弃宫廷尘世，一生以游历和传教为业。东汉汉桓帝时，他由中亚沿丝绸之路来到东汉的都城洛阳定居，从事佛经翻译，20 余年间共翻译佛经 30 余部，可谓有开创之功。佛教在我国的传播，与安世高在洛阳译经有着直接关系。他为中印宗教文化交流付出了巨大努力，受到后世信众的尊敬。

佛教在中国 2 000 多年的流传过程中，通过自身文化的优势和特点呈现出对中国文化的强大渗透力，并对汉代以来的整个中国文化产生了极其广泛而深刻的影响，同时，又使自己融入中国各类具体文化形态当中，充实并丰富了中国的文化。

（一）佛教对中国思想文化的影响

中国人的来世观在《左传》中已有所表述，但当时对中国的影响并不大。自佛教东来后，"阎罗""地府""灵魂"等概念相继从印度传入中国，尤其是报应观念的传入，更是对中国社会造成了深远的影响。

佛教宣传因果报应理论，强调"未作业不起，已作业不失"，强调人们的现实社会地位和各种遭遇都是自身前世作善恶业的结果，今世所作的业将决定来世的命运。这种理论和中国固有的报应观念相融合，长期积淀在人们的心里，形成了深沉的善有善报、恶有恶报的观念，为约束自身的言行、奉行去恶从善的道德准则奠定了深厚的思想基础。此外，佛教还提倡忍辱以求得好报，带来了容忍、宽容、忍辱、忍受、忍让的心理影响。佛教讲普度众生、布施，这也生发出同情心理、助人精神，而这些心态和精神对于维护社会的稳定和人际关系的和谐是有积极作用的。

（二）佛教对中国文学的影响

在说唱文学方面，佛教起到了极为重要的作用。自南北朝以来，佛教为了进一步在民间吸引信徒，扩大影响，开始推行经文的"转读""梵呗"和"唱导"三种宣传教义的方法。"转读"也叫"唱经""咏经"，即诵读佛经，使人听懂。"梵呗"，佛教歌赞，是用声音感人。"唱导"，宣唱开导，讲经说法。这些方法是把佛教深入地传到民间去的方式。由于有诵读、讲说、歌唱、赞叹，有说有唱，说唱结合，因此，不仅开佛教"俗讲"的风气，还导致了变文、宝卷、弹词、鼓词等通俗说唱文学的产生，从而使中国的文学走向发生了改变，逐步走向通俗化。

在中国古典小说方面，无论是体裁，还是内容，都与佛教有着密切的关系。印度佛经注重形式上的布局和结构，如《佛所行赞经》《佛本行经》《普曜经》是长篇故事，《须赖经》是小说体作品，《维摩诘所说经》《思益梵天所问经》是半小说体、半戏剧体的作品。这些形式、体裁在中国唐代以前基本上是没有的。唐代佛教僧侣创造变文，用"俗讲"的方式来说唱佛经，同时也说唱世俗故事，这也影响了唐人的"说话"，而"说话"后来发展为宋代的"话本"，并进一步发展成为后来的章回体小说。

佛教还为我国古代志怪小说和神魔小说提供了故事来源。如《搜神记》《幽明录》《西游记》《封神演义》，这些小说的内容都包含了大量的佛教因素。这样一来，中国的神话世界比以前丰富很多，尤其是中国的动物神话多了很多，比如，中国以前是不重视猴的，现在有关猴的动物神话举不胜举。

（三）佛教对中国语言的影响

一方面，佛教的传入使中国出现了音韵学，影响了中国语言的发展。

印度声明学（训诂和词汇学）影响了汉语体系的发展，因明学（认识论和逻辑学）则影响到逻辑思维的发展。佛教文化是汉语文化源之一，它推动了汉语语言方法论的变化。汉字是以音节为单位的象形文字、表意文字，南朝时的人在佛教梵音的影响下，把字音的声调高低分为平、上、去、入四声，用于诗的格律，推动了音韵学的前进和律体诗的产生。在注音方式上，东汉以来盛行的直音改用反切，这也可能与受梵文拼音的影响有关。至于唐末僧人守温制定的汉语三十字母，宋代在此基础上形成的汉语 36 个字母，36 即汉语语音的 36 个声母及分析汉语发音原理及发音方法的学科"音韵学"，都是梵语语言体系汉语化的产物。还有佛教音义之书，由于保存了大量久已失传的古代字韵和其他文史典籍，又为古籍的辑佚、校勘、训诂提供了宝贵的资料。在语法学方面，佛教对汉语的句法结构也产生了潜在的影响，如判断句用"是"来承接主宾语，句末则不再使用"矣""焉""也""耳"等语气词。

另一方面，在中国文学语言方面，佛教典籍中不少优美的典故和具有艺术美的新词语被引进了我国六朝尤其是唐以后的文学作品中，极大地丰富了我国文学语言的宝库，有的甚至成为人们常用的稳定的基本词汇。比如世界、如实、实际、觉悟、彼岸、因缘、三昧、烦恼、解脱、方便、平等、相对、绝对、知识、功课、一针见血、三生有幸、三头六臂、五体投地、隔靴搔痒、拖泥带水、本地风光、唯我独尊、不可思议、快马加鞭、皆大欢喜、表里不一、大千世界、痴人说梦等，都成了日常用语。

（四）佛教对中国艺术的影响

这是佛教与中国文化关系最密切的领域之一。汉魏以来，佛教在建筑、艺术和音乐等方面都取得了辉煌的成就，使得中国艺术大放异彩，进入了崭新的阶段。

佛教建筑主要是寺塔，这是随佛教的传入而发展起来的。最古老的是石窟寺，其中举世闻名的如敦煌、云冈、龙门三大石窟，都是根据印度佛教造型艺术，糅合中国民族形式建造的。又拿今天汉族地区 124 座全国佛教重点寺院来说，如白马寺、登封少林寺、南粤福严寺、南台寺、广州光孝寺、韶关南华寺等，都是建筑各有特色的拥有上千年历史的名刹古寺；五台山的南禅寺、佛光寺是至今保持完整的古代木结构寺院，寺内彩塑精美绝伦。中国的佛塔建筑大约起源于三国时代，除了印度式的，多为中国式样，采取中国原有的阁楼形式，建成可供凭眺的阁楼式建筑。藏传佛教的寺庙，一般都有庞大的建筑群，体现了藏族古建筑艺术的特色和汉藏文化交流后形成的风格。

佛教美术主要是绘画、雕塑，随佛教的传入中国后也逐渐具有了中国的民族特色。早在梁代，以善画佛像而闻名于世的张僧繇，就是佛画中国化的开创者和推动者，创立了笔法简练的"张字样"，在南北朝后期影响很广。北齐佛画家曹仲达创立了"曹字样"，其特点是衣服紧窄，与印度笈多王朝的雕刻风格相近。唐代吴道子创立的"吴字样"，其特点是衣带宽博，飘飘欲仙，突出了浓重的中国风格。佛教的壁画也很著名，敦煌莫高窟和麦积山石窟都保存有大量佛教壁画，敦煌 570 个石窟中至今仍保存的壁画约 6 万 m^2，这些作品色彩艳丽，辉煌灿烂，具有极高的审美价值。

佛教音乐也是佛教艺术的重要方面。佛教认为，音乐有"供养""诵佛"的作用，在举行宗教仪式时都要用音乐——声乐和器乐，以增加庄严气氛。佛教音乐传入中国后被称为"呗"。由于汉梵语音不同，导致曲调难以通用，约在三国时，佛教音乐就改"梵"为"秦"，用中国的音调来配唱经文，形成了中国佛教音乐。中国地域辽阔，佛教音乐在其创作过程中，由于各地方言、地方民间音乐和风俗习惯的差异而形成了各种各样的独特风格。佛教在唐代进入鼎盛时期，佛教音乐家辈出，在创作、演唱、演奏上都达到了前所未有的水平。佛教音乐对中国民间说唱音乐、音韵学、乐律、音阶、音型、音调和字谱学的发展都产生了重大影响。

四、西学东渐

西学东渐是指近代西方学术思想向中国传播的历史过程，作为史学术语，通常是指在明末清初及晚清民初两个时期，欧洲及美国等地学术思想的传入。五四运动时期，知识分子中的一部分激进派接受了马克思主义，也是西学东渐进程的一部分。

西学东渐历时300多年，可以大致分为两个时期：前一时期从1582年利玛窦入华传教到1724年雍正禁教，历时140多年，跨越16世纪至18世纪，明清两朝，其工作主要归于传教士；后一时期从1811年至20世纪初叶，近100年，集中于晚清，其工作不只归于传教士，还要归于西方商人与平民教授。1900年以后，由于留洋学生的归国，中国新兴知识分子形成了一定的规模，中国人开始自主地引入西学，西方传教士在西学东渐中的作用渐显式微，退居次要地位。

自1582年以来，大批西方传教士入华传播天主教，同时将西方文明传入中国，其中显著代表是西方的科学技术。西方科学技术的传入对中国产生了深远的影响。前一时期传入的主要是西方古代科学技术，而后一时期则是近代科技。这一西方文明的传入伴随天主教、基督教传播与西方殖民扩张，因而，也成为西方殖民扩张的一部分，或称之为文化殖民。这一跨越5个世纪的文化传播，对中国的发展起到了正反两方面的作用。从消极方面讲，它成为中国殖民化的一支重要力量。自1840年起，中国逐渐沦为殖民地，直到1949年才建立中华人民共和国。从积极方面讲，西学东渐在客观上加速了中西文化的融合，特别是西方科学技术在中国的传播，为中国科学技术的近现代化和中国的工业化和现代化奠定了基础。

前后两个时期相比较，前一时期，参与西学东渐的传教士人数较少，活动地域狭窄，主要限于北京，在南京、杭州、上海、福建、山西和陕西也有少量活动，西学传播活动及传播内容都不多。这一时期的西学传播主要表现为个人活动，传教士的组织性与团体性表现不明显。崇祯修历时，几位传教士被组织在历局工作。但这一组织是明廷的官方组织，传教士的活动仍是个人活动。

后一时期，参与西学东渐的传教士人数较多，活动几乎遍及当时中国的主要城市，西学传播活动和传播内容也多得多。这一时期，传教士的活动表现出强烈的团体性和组织性，诸如以教会、协会、书馆、学校的形式开展西学传播活动。历史的发展将这一时期分为三个阶段。

第一阶段，1811—1842 年。1843 年，清廷在第一次鸦片战争中失败，开放广州、上海等 5 个通商口岸。在此以前，由于清廷禁教，传教士只能在南洋一带活动。但这些活动为日后进入大陆打下了基础。当时的新加坡、马六甲、巴达维亚成为传教士的活动中心。

第二阶段，1843—1860 年。1843 年，清廷开埠以后，传教士随即进入上海、广州、福州、厦门、宁波五城市活动。这五城市与香港成为西学传播的重镇，特别是上海已成为西学传播中心。这一阶段，翻译并出版了数量可观的西方科学书籍，诸如《几何原本》后九卷、《代微积拾级》等。一些进步的中国知识分子放眼世界，积极吸收西方先进的科学技术，并参与了西书翻译工作。

第三阶段，1860—1900 年。1860 年，清廷在第二次鸦片战争中失利，被迫再开天津、汕头、烟台、台南、营口、琼州、镇江、南京、九江、汉口、淡水等通商口岸。基督教顺势深入到中国内陆。中国开明官绅也深刻认识到中国的贫弱，李鸿章、张之洞、左宗棠等人极力推行洋务运动，西学传播达到了空前活跃的局面。西学传播机构骤然增多，不但有教会所办的学校、出版机构、医局，而且还有清廷官方开办的京师同文馆和江南制造局翻译馆这样的机构。这一阶段，西学译著量多面广，科技书刊占大部分，同时介绍西方社会政治法律制度、风土人情和文化的书刊也有相当数量。以广学会和《格致汇编》为代表的西学普及逐步展开，西学深入到中国社会的各个阶层，为中国社会的变革准备了一定的条件。

在西学东渐这段时期中，中国人对西学的态度由最初的排拒，到逐渐接受，甚至要求"全盘西化"。在西学东渐的过程中，借由来华洋人、出洋华人、各种报刊、书籍，以及新式教育等作为媒介，以澳门、香港、其他通商口岸及日本等作为重要窗口，西方的哲学、天文、物理、化学、医学、生物学、应用技术、地理、政治学、社会学、经济学、法学、史学、文学、艺术等大量传入中国，对于中国的学术、思想、政治和社会经济都产生了重大影响。

（一）明末清初耶稣会传教士的到来

明万历年间，随着耶稣会传教士的到来，对中国的学术思想有所触动。此时的西方科学技术开始迅速发展，而中国这时科学技术的发展已经非常缓慢，大大落后于同时期的欧洲。传教士在传播基督教的教义的同时，也传入大量的科学技术。当时中国的一些士大夫及皇帝接受了科学技术知识，但是在思想上基本没有改变。

清朝的西学东渐，由于雍正的禁教，加上罗马教廷对来华传教政策的改变而中断，但较小规模的西学传入并未完全中止。此时的西学传入，主要以传教士和一些中国人对西方科学著作的翻译为主。1605 年利玛窦辑著《乾坤体义》，被《四库全书》编纂者称为"西学传入中国之始"。当时对中国的影响主要在天文学、数学和地图学方面，由于只在少数的士大夫阶层中流传，而且大部分译书深藏于皇宫，所以没有能够很好地普及。

传教士在这一阶段中扮演着相当重要的角色，当时主要以天主教耶稣会为主的传教士们（较晚亦有方济各会、多明我会等的教士），在试图将天主教传入中国的同时，引入了西方的科技学术思想，译著了大量的西方学术相关书籍。其中扮演起重要角色的有利玛窦、艾儒略、汤若望等人。在 19 世纪的西学东渐中，基督新教的传教士也开始进入中国，天主教士也随着口岸的开放来往于各地，他们成立教会学校、医院，并开设印书馆、设立期刊，译著大量的各种书籍，这对于西学的传入是有很大贡献的。

（二）鸦片战争前后直到五四运动前后

19 世纪中叶前后，西方人再度进入中国，并以各种媒介带来西方的新知识。但由于鸦片战争及英法联军的刺激，促使清朝政府在 1860 年代开始，便推行洋务运动，这也促使西方的科学技术再一次传入中国。当时的洋务人士主要采取"中学为体，西学为用"的态度来面对西学，主要关注的则是西方的先进武器及相关的器械运输等，而未曾试图对西方的学术思想加以学习，因此，在这期间，学术思想方面的传入主要借由西方传教士创办的媒体，以及洋务机构中为军事目的顺道译著的书籍。

甲午战争以后，中国当时面临着国破家亡的命运，许多有识之士开始更积极全面地向西方学习，出现了梁启超、康有为、谭嗣同等一批思想家。他们学习西方大量的自然科学和社会科学的知识，在政治上也要求改革。这一时期大量的西方知识传入中国，影响非常广泛。许多人通过转译日本人所著的西学书籍来接受西学。进入民国时期，由于对政治的不满又进一步致使知识分子们提出全盘西化的主张，在五四运动时期，这种思想造成了极大的影响。这一波的西学东渐，一直持续到当代而未止。

西学东渐导致中国近代自然科学、社会科学即"新学"的启蒙和建立。资本主义新文化传入中国，经过中国人的构筑，生发出中国的新学，从而改变了中国传统的封建文化结构；对旧的思想文化而言，西学的确是一种"新质"。在近代八十年的历史发展过程中，"三纲五常"的孔学儒教逐步让位给维新、共和的新学，炼丹术和阴阳五行说也被声、光、电、化之说所取代。就连有着科学成分但基本上是以经验形态存在的中医中药学，也受到了西医的挑战，从而经历检验、改进而有所损益。历史上的古圣先王、名贤名儒也在西哲西儒面前失去了往昔至高无上的地位。在西学的启迪和催化下，中国近代的思想家和学者参合中西学，建立了中国近代社会科学、自然科学，即与旧学相对立的新学。

在这个过程中，西学本身也在中国经历过鉴别，并通过中国的内因而发挥作用，中学则在解体中保存精华，得到了改造和提高。事实上，西方的哲学、政治学、经济学、历史学、文学、社会学、教育学和各类自然科学，有的直接传入中国，有的取代中国旧学，有的和中国文化相交融，有的作为一种元素被吸收进中国文化的体系中，有的则只是中国先进人物的批驳对象，成为中国古代亡灵的牺牲品。其中的佼佼者，如严复翻译的《天演论》，实现了西学和中国文化的结合，远胜于母本——赫胥黎《进化论与伦理学》在中国与西方的影响。的确，西学的传入推动了中国近代文明的发生、发展，但西学又只有经过中国人再创造，而且和中国的传统文化科学的结合，才能扎根于中国的土壤。

西学东渐导致近代知识分子群的出现，导致士林风气的变化，自 1902 年兴学堂后，到

1911 年，全国有小学 86 318 所，中学 833 所，大专学校 122 所。清末民初留学生达 7 000 人之多。仅 1901—1924 年，以庚子赔款派遣出国的留美学生就多达 689 人。由于派遣留学生和国内废科举、兴学堂，许多青年人沐浴欧风美雨，学习西学，中国近代社会出现了日渐增大的资产阶级、小资产阶级知识分子群。被梁启超赞为"晚清思想界彗星"的谭嗣同就是这种转化的典型之一。谭少时好旧学，是传统文化孕育出的封建士人，但三十岁以后为救国图存，"究心泰西天算格致"，逐步形成资产阶级世界观和政见。他研究过《几何原本》，并作过题解补充。在《石菊影庐笔识》中论及大气层、日心说、气象、光学等科学知识。在与友人的通信中，还探讨过星球起源和演变、万有引力、地球运行轨道、地球重量和体积等，并著有《以太说》《论电灯之益》等自然科学论文，至于对西方政史和经济思想的接受就更为广泛，并冶炼出了杂糅中西思想的政治哲学著作《仁学》。在西学的影响下，尚未受儒家思想支配的中国士林发生了风气的变化。在"海西政治家言"的猛烈冲击下，诸如"重义理轻艺事"，"明其谊不谋其利，明其道不计其功"的伦理观念、价值观念逐步解体，与之相联系的重农轻商的社会习俗也缩小并退出了原有阵地。知识分子中崇实致用，重科学技艺，求民主自由的风气日渐加浓。

西学东渐也推动了中国近代官办、民办资本主义工厂企业的建立。这些工厂企业既依靠西学西艺西技，也反过来推动西学西艺西技，两者相互为用，互为前提。

西学东渐推动了中国的改革运动、革命运动。中国的维新变法、辛亥革命、新文化运动，固然是在民族危机的推动下所发生的政治、思想运动，但这些运动又无不是以西学为精神武器。那些安坐旧营的士子之所以能转变成改革者、革命者，都依赖于向西方学习，把西学进行一番加工和再创造，并与中国文化相汇通，构筑自己的思想体系。列宁把孙中山称为"受过欧洲式教育的人"，并说他"从欧美汲取解放思想"（中共中央马克思恩格斯列宁斯大林著作编译局．列宁选集：第 2 卷．北京：人民出版社，2012.）是完全正确的。马克思主义也是西学，在新文化运动中得以广泛传播，特别是在十月革命、五四运动的推动下，在中国开拓了阵地。

复习思考题

一、简答题

1. 从文化气质或文化的基本精神上来说，中西方文化的差异主要体现在哪些方面？

2. 自然环境能否决定文化的特质和类型？自然环境在中国传统文化形成过程中产生了哪些影响？

3. 纵览中外文化交流的历史，你认为影响文化交流的因素主要有哪些？

二、论述题

1. 请根据自己的感想和体会，归纳中国文化的总体特征。

2. 请谈谈你对中外文化交流前景的看法，以及需要注意的问题。

参 考 文 献

[1] 胡文仲. 跨文化交际学概论. 北京：外语教学与研究出版社，2012.

[2] 彭凯平，王伊兰. 跨文化沟通心理学. 北京：北京师范大学出版社，2009.

[3] 严文华. 跨文化沟通心理学. 上海：上海社会科学院出版社，2008.

[4] 史密斯，彭迈克，库查巴落. 跨文化社会心理学. 严文华，权大勇，等译. 北京：人民邮电出版社，2009.

[5] 谭自强. 图解跨文化交流学. 北京：世界图书出版公司，2010.

[6] 何芳川. 中外文化交流史. 北京：国际文化出版公司，2008.

[7] 辜正坤. 中西文化比较导论. 北京：北京大学出版社，2007.

[8] 徐行言. 中西文化比较. 北京：北京大学出版社，2015.

[9] 张岱年，方克立. 中国文化概论. 北京：北京师范大学出版社，2008.

[10] 杨英杰. 中外民俗. 天津：南开大学出版社，2006.

[11] 李世平. 中外民俗概论. 重庆：重庆出版社，2007.

[12] 王衍军. 中国民俗文化. 2版. 广州：暨南大学出版社，2011.

[13] 何宏. 中外饮食文化. 北京：北京大学出版社，2016.

[14] 林乃燊. 中国饮食文化. 上海：上海人民出版社，1989.

[15] 赵荣光. 中国饮食文化概论. 2版. 北京：高等教育出版社，2008.

[16] 李维冰，周爱东，林刚. 国外饮食文化. 沈阳：辽宁教育出版社，2005.

[17] 吕乃基，樊浩. 科学文化与中国现代化. 合肥：安徽教育出版社，1993.

[18] 卞洪登. 丝绸之路. 北京：中国经济出版社，2007.

[19] 沈济时. 世界的中国：丝绸之路. 北京：中华书局，2010.

[20] 杜继文. 中国佛教与中国文化. 北京：宗教文化出版社，2003.

[21] 尚智丛. 传教士与西学东渐. 太原：山西教育出版社，2012.

[22] 裔昭印. 世界文化史. 增订版. 北京：北京大学出版社，2010.

[23] 董小川. 世界文化史. 北京：高等教育出版社，2002.

[24] 方汉文. 东方文化史. 上海：上海外语教育出版社，2007.

[25] 孟昭毅，曾艳兵. 外国文化史. 北京：北京大学出版社，2008.

[26] 宋擎擎，李少晖. 非洲文化的面貌与精神. 北京：中国水利水电出版社，2006.

[27] 胡世建. 拉丁美洲：历史与现状. 北京：旅游教育出版社，1994.

[28] 刘文龙，袁海君. 拉丁美洲文化概论. 上海：复旦大学出版社，1996.

[29] BRIGGS A, CLAVIN P. Modern Europe：1789-Present. 2nd ed. Pearson Education Limited，2003.

[30] RENE ALBRECHT CARRIE. The unity of Europe：an historical survey. London：

Secker & Warburg Ltd，1966.

［31］李尔山，邵如林. 佛教东传：始于丝绸之路 ［N］. 中国民族报，2009-6-22.

［32］李北海. 拉丁美洲：和谐的民族　和谐的文化 ［J］. 当代世界，2009 （8）.

［33］刘文龙. 现代拉丁美洲文化科学的外源性 ［J］. 拉丁美洲研究，1993 （4）.

［34］吴爱宁. 中西礼仪文化差异探析 ［J］. 理论导刊，2007 （8）.

［35］慈玉鹏. 霍夫斯泰德的国家文化维度模型 ［J］. 管理学家，2010 （12）.

［36］萨默瓦，波特. 跨文化传播. 4 版. 闵惠泉，王纬，徐培喜，译. 北京：中国人民大学出版社，2010.

［37］荣新江. 中古中国与外来文明. 修订本. 北京：生活·读书·新知三联书店，2014.

［38］邓晓芒. 中西艺术精神比较 ［N］. 解放日报，2011-9-22.